한서지리지 · 구혁지
(漢書地理志 · 溝洫志)

李容遠 解譯

한서지리지(漢書地理志)
한서구혁지(漢書溝洫志)는 어떤 책인가?

『한서지리지(漢書地理志)』와 『한서구혁지(漢書溝洫志)』는 한(漢)나라의 반고(班固 : 32~92)가 지은 『한서』 총 120권 가운데 제28권과 제29권에 해당한다. 그 분량은 많지 않지만 어려운 한자가 자주 등장해 상당히 난해한 편이다.

그런데도 필자가 『한서』 지리지에 관심을 가진 까닭은, 한국 고대의 지명이 체계적으로 등장하는 최초의 사서이기 때문이다. 한국 고대사를 공부하다 보면 지명(地名)은 꼭 극복해야 할 대상이고, 그러다 보면 『한서』 지리지를 뒤적이게 된다. 그러다가 지난해 초 관훈클럽의 신영기금의 후원을 받게 된 것을 계기로 용기를 내어 『한서』 가운데 지리지와 구혁지를 번역하기로 했다.

『한서(漢書)』는 어떤 책인가?

『한서』는 전한(前漢) 200여 년 동안의 일을 기록한 역사서로, 『사기(史記)』와 더불어 중국 사학사(史學史)를 대표하는 저작이다. 후한 초기의 역사가인 반고(班固)가 지었으며, 모두 120권으로 구성되었다. 『전한서(前漢書)』 또는 『서한서(西漢書)』로도 불린다.

반고의 아버지 반표(班彪)는 일찍이 『사기』에 무제(武帝) 이후의 일이 기록되지 않은 점을 아쉬워해 스스로 역사서 편집에 나섰다. 그래서 『후전(後傳)』 65편을 편집했는데, 일을 완성하지 못하고 죽었다. 반고는 아버지의 뜻을 이어 역사를 편수(編修)하는 일을 시작했으나 '국사를 임의로 개작(改作)한다'는 모함으로 인해 투옥되었다. 이에 동생인 반초(班超)가 적극적으로 구명에 나서고, 문화·역사 등에 이해가 깊은 후한 2대 황제인 명제(明帝, 재위 57~75)가 이를 받아들여 석방되었다.

반고는 『한서』 집필에 다시 전념해 장제(章帝)의 건초(建初, 76년) 연간에 완성했다. 다만 8표(八表)와 10지(十志) 중 천문지(天文志) 부분을 완성하지 못하고 죽었으므로 누이동생인 반소(班昭)가 화제(和帝)의 명을 받아 이 부분을 완성했다고 한다.

『한서』는 흔히 『사기(史記)』와 비교된다. 『사기』는 삼황오제(三皇五帝) 등 중국 상고시대부터 한나라 무제까지를 기록한 통사(通史)인데 비해, 『한서』는 전한(前漢)만을 다룬 단대사(斷代史)라는 특징을 가지고 있다. 한나라 고조(高祖) 유방(劉邦)부터 왕망(王莽)의 신(新)나라 멸망까지를 기록했다. 12제(帝)의 기(紀)를 비롯해 8표(八表), 10지(十志), 70열전(七十列傳) 등은 총 10여만 자로 구성되었다.

『한서』의 제28권인 지리지는 동양의 지리서 가운데 가장 오래되었으며, 역사서 중에서도 처음으로 지리 부문을 별도로 집약한 귀중한 연구 자료이다. 중국의 전 국토를 구획하고 군(郡)과 현(縣)으로 구분해 놓았기에, 고대 중국사를 연구하는 학자들에게는 없어서는 안 되는 유일한 참고서이다.

중국은 주(周)나라가 쇠퇴하고 춘추시대(春秋時代)와 전국시대(戰國時代)를 거쳐 진(秦)나라 시황제(始皇帝)가 천하를 통일했다. 시황제는 천하를 군현(郡縣)으로 나누어 다스렸으나 당시 사정을 알려주는 문서화한 지리서는 전해지지 않았다. 그런 까닭에 사마천(司馬遷 : BC 145~86?)이 『사기』를 기록할 때에도 지리 부문은 다루지 못했던 것이다.

반고는 지리지인 제28권을 상·하로 편찬하면서 자서(自敍)에서 말했다.

"곤(坤 : 땅)은 땅의 형세를 만들어 높고 낮은 아홉 등급을 있게 했다. 옛날 황제(黃帝)와 당(唐)의 요(堯)임금 시대까지는 대략 국가가 1만 개 있었다. 화합토록 해 동쪽과 서쪽을 정하고 남쪽과 북쪽 지역도 다스렸다. 하(夏), 은(殷), 주(周)의 삼대(三代)를 손익(損益)시켜 내려와 진(秦)나라와 한(漢)나라에 이르렀다. 다섯 등급으로 갈라서 다스리면서 군(郡)과 현(縣)의 제도를 세웠다. 대략 산과 개울을 표시하고 그 길을 갈라서 밝게 했다. 이에 지리지(地理志)를 기술한다."

반고가 지리지를 기록하면서 귀중하게 여긴 내용이 바로 '산과 개울(川)을 표시하고 그 길을 갈라서 밝게 했다'는 데 있다.

또 '지리지'는 『서경(書經)』의 우공(禹貢)편을 기초로 해 저술했는데 고대 중국에서는 전세(田稅)를 부(賦)라 했고, 제후들이 바치는 토산물을 공(貢)이라고 했으며, 두 가지를 통틀어 공물이라고 기록했다. 역사를 거쳐 오는 동안 고대에는 행정구역이 자세하지 않았고 국경도 대충 구획했으나, 이 지리서를 토대로 그 뒤의 제후국, 군국(君國), 현(縣)의 경계가 확실해져 일목요연하게 되었다.

아울러 지리지를 완성함으로써 그 동안 중국의 전체 인구와 각 군(郡)의 인구는 얼마인지, 전체 가구 수는 얼마인지, 지역 특산물은 무엇인지, 기후·풍토·토지의 특성은 어떠한지 등등 각 지역의 장단점이 확연하게 파악되었다.

각 지역의 생활습관과 풍속, 나라의 경계구역(境界區域)이 어디까지인지도 자세히 기록되었다. 뿐만 아니라 고대의 중국 국가들은 명칭만 존재하고 실제로 어느 지역에 존재했는지 알 수가 없었다. 그러나 지리지가 완성된 후로는 각 왕조의 궁궐·누대(樓臺) 등과 각 제후국의 궁(宮)·대(臺)와 수도(首都)의 소재가 확실하게 드러났다.

기록만으로 남은 고대의 수많은 제후국과 각 왕조가 실제로 존재했다는 사실이 지리상으로 확인된 것이다.

한(漢)이 우리 옛 땅에 설치했다는 한사군(漢四郡)의 위치에 대해서는 지금도 사학계에서 논란이 되고 있지만, 이 지리서는 한사군인 현토·임둔·낙랑·진번 역시 기록해 연구에 단초를 제공

하고 있다.
 '지리지'에는 구혁(溝洫: 봇도랑)지가 필수적으로 따라야 했다. 당시의 강은 지리를 인식하는 데 중요한 요소였다. 강의 위치를 확인해야 땅의 위치도 확인할 수 있기에 말미에 구혁지(溝洫志)를 번역해 함께 엮었다.
 반고는 구혁지를 찬술한 이유를 다음과 같이 말했다.
 "중국이 사재(四載: 의복, 음식, 침구, 탕약)를 옮기는 데 온갖 개울[川]이 이를 인도했다. 오직 하수(河水)만이 어려움을 주어 재앙이 후대에 이르렀다. 상(商: 殷)나라가 운명이 다하고 주(周)나라로 천명이 옮긴 뒤 다시 진(秦)나라에 이르러 남쪽의 물가를 텄다. 한(漢)나라에 이르러서는 북쪽으로 하수의 여덟 가지 지류(支流)를 없앴다. 문제(文帝)는 하수를 산조(酸棗)에서 막았고 무제(武帝)는 호가(瓠歌)를 지었다. 성제(成帝) 때 하평(河平)의 연호(年號)가 있은 뒤에 드디어 비가 주룩주룩 내렸다. 이 때문에 구혁(봇도랑)을 파 이르도록 해 나라를 이롭게 했다. 이에 구혁지를 기술한다."
 이와 같이 지리지에는 필수적으로 구혁지가 따르게 마련이다. 본래는 지리지만을 번역하려 했으나 지리와 구혁은 바늘과 실과 같은 존재임을 알고는 구혁지도 함께 했다.
 그렇다면 『한서(漢書)』 120권을 편찬한 반고(班固)는 어떤 사람인가?
 반고(班固)는 후한 초기의 사람이다. 자는 맹견(孟堅)이며, 사마천(司馬遷)보다 약 180년 후에 출생했다. 사가(史家)인 반표(班彪)의 아들이다. 그의 아우는 서역도호(西域都護)인 반초(班超)이며, 반소(班昭)는 여동생이다. 섬서성(陝西省) 함양(咸陽)이 고향이다. 그의 가계는 선비 집안으로 이름을 날렸으며, 아버지 반표는 당대의 저명한 사학자였다. 그러나 기록에 의하면 반고의 가정은 그리 넉넉하지 못했다. 동생인 반초는 처음 학문에 뜻을 두고 후한의 수도인 낙양(洛陽)으로 갔으나, 공부를 계속하려면 필사(筆寫)를 하면서 어머니를 봉양해야 하는 가난에 시달

릴 수밖에 없음을 깨닫고 학문을 포기, 무인이 되었다고 했다.
　반면 반고의 학문적 재질은 일찍부터 드러났다. 16세에 수도 낙양의 최고 교육기관인 태학(太學)에서 학문을 닦았다. 아버지의 죽음을 계기로 낙향해 본격적인『한서』편집 작업에 들어갔다. 그러나 62년경 국사를 개작한다는 모함을 받아 투옥되었다. 아우 반초의 노력으로 명제(明帝)의 용서를 받은 뒤 20여 년을 매달려『한서』를 완성했다. 화제(和帝) 때 두헌(竇憲)의 중호군(中護軍)이 되어 흉노 원정에 수행한 뒤 92년 두헌의 반란사건에 연루되는 바람에 옥사했다. 이러한 죽음에도 불구하고, 반고는 60여 년의 생애에서『한서』라는 불멸의 사서(史書)와 함께 자신의 이름을 남긴 것이다.
　필자는 한학에 천학비재(淺學菲材)함에도 욕심만 많아 3년여 각고(刻苦) 끝에 어렵사리 지리지와 구혁지를 함께 묶어 내놓았다. 완벽을 구하지 못한 점이 그저 송구할 따름이다. 오로지 강호(江湖) 제현(諸賢)의 질책을 구할 뿐이다.

2007. 10. 9.
목동 서재에서　지덕(遲德) 씀

차 례

한서지리지(漢書地理志)
한서구혁지(漢書溝洫志)는 어떤 책인가? / 3

한서지리지(漢書地理志) 상(上)

제 1장 개요(槪要) / 16

1. 수레와 배를 만든 황제(黃帝) 임금 … 16
2. 우(禹)는 먼저 기주(冀州)를 다스리다 … 20
3. 연주(兗州)를 개발해 다스리다 … 22
4. 청주(靑州)를 다스리고 이족에게 목축을 가르치다 … 24
5. 서주(徐州)를 다스려 몽산과 우산에서도 농사를 짓다 … 25
6. 양주(揚州)를 다스려 물이 일정해졌다 … 27
7. 형주(荊州)의 강수와 한수를 합류시키다 … 29
8. 예주(豫州)에서 4개의 물을 황하로 빠지게 하다 … 32
9. 양주(梁州)의 민산과 파산 일대를 농경지로 가꾸다 … 33
10. 옹주(雍州)를 다스려 서쪽 오랑캐의 질서를 잡다 … 35
11. 산을 중심으로 많은 업적을 남기다 … 38
12. 약수, 흑수, 황하, 양수를 다스리다 … 40

13. 9주(九州) 곳곳이 잘 다스려지다 … 44
14. 서주(徐州), 양주(梁州)를 옹주(雍州), 청주(靑州)에 합하다 … 48
15. 주(周)나라 작위(爵位)는 다섯 등급이다 … 53

제 2장 군(郡)과 현(縣)의 위치 / 59

1. 경조윤(京兆尹) … 59
2. 좌풍익(左馮翊) … 61
3. 우부풍(右扶風) … 65
4. 홍농군(弘農郡) … 67
5. 하동군(河東郡) … 69
6. 태원군(太原郡) … 71
7. 상당군(上黨郡) … 72
8. 하내군(河內郡) … 73
9. 하남군(河南郡) … 75
10. 동군(東郡) … 77
11. 진류군(陳留郡) … 79
12. 영천군(潁川郡) … 80
13. 여남군(汝南郡) … 81
14. 남양군(南陽郡) … 84
15. 남군(南郡) … 87
16. 강하군(江夏郡) … 89
17. 여강군(廬江郡) … 90
18. 구강군(九江郡) … 91
19. 산양군(山陽郡) … 92
20. 제음군(濟陰郡) … 94
21. 패군(沛郡) … 94
22. 위군(魏郡) … 97

23. 거록군(鉅鹿郡) … 98
24. 상산군(常山郡) … 99
25. 청하군(淸河郡) … 101
26. 탁군(涿郡) … 102
27. 발해군(渤海郡) … 104
28. 평원군(平原郡) … 105
29. 천승군(千乘郡) … 106
30. 제남군(濟南郡) … 107
31. 태산군(泰山郡) … 108
32. 제군(齊郡) … 110
33. 북해군(北海郡) … 111
34. 동래군(東萊郡) … 113
35. 낭야군(琅邪郡) … 114
36. 동해군(東海郡) … 117
37. 임회군(臨淮郡) … 120
38. 회계군(會稽郡) … 121
39. 단양군(丹揚郡) … 123
40. 예장군(豫章郡) … 125
41. 계양군(桂陽郡) … 126
42. 무릉군(武陵郡) … 127
43. 영릉군(零陵郡) … 129
44. 한중군(漢中郡) … 130
45. 광한군(廣漢郡) … 131
46. 촉군(蜀郡) … 132
47. 건위군(犍爲郡) … 133
48. 월수군(越嶲郡) … 134
49. 익주군(益州郡) … 135
50. 장가군(牂柯郡) … 137
51. 파군(巴郡) … 159

한서지리지(漢書地理志) 하 (下)

제1장 군(郡)과 현(縣)의 위치 / 142

52. 무도군(武都郡) ⋯ 142
53. 농서군(隴西郡) ⋯ 143
54. 금성군(金城郡) ⋯ 144
55. 천수군(天水郡) ⋯ 145
56. 무위군(武威郡) ⋯ 147
57. 장액군(長掖郡) ⋯ 148
58. 주천군(酒泉郡) ⋯ 149
59. 돈황군(敦煌郡) ⋯ 150
60. 안정군(安定郡) ⋯ 151
61. 북지군(北地郡) ⋯ 152
62. 상군(上郡) ⋯ 153
63. 서하군(西河郡) ⋯ 155
64. 삭방군(朔方郡) ⋯ 157
65. 오원군(五原郡) ⋯ 158
66. 운중군(雲中郡) ⋯ 159
67. 정양군(定襄郡) ⋯ 159
68. 안문군(鴈門郡) ⋯ 160
69. 대군(代郡) ⋯ 161
70. 상곡군(上谷郡) ⋯ 163
71. 어양군(漁陽郡) ⋯ 164
72. 우북평군(右北平郡) ⋯ 165
73. 요서군(遼西郡) ⋯ 166
74. 요동군(遼東郡) ⋯ 167

75. 현토군(玄菟郡) … 171
76. 낙랑군(樂浪郡) … 171
77. 남해군(南海郡) … 172
78. 울림군(鬱林郡) … 173
79. 창오군(蒼梧郡) … 174
80. 교지군(交趾郡) … 175
81. 합포군(合浦郡) … 175
82. 구진군(九眞郡) … 176
83. 일남군(日南郡) … 176
84. 조국(趙國) … 177
85. 광평국(廣平國) … 178
86. 진정국(眞定國) … 178
87. 중산국(中山國) … 179
88. 신도국(信都國) … 181
89. 하간국(河間國) … 182
90. 광양국(廣陽國) … 183
91. 치천국(甾川國) … 183
92. 교동국(膠東國) … 184
93. 고밀국(高密國) … 184
94. 성양국(成陽國) … 185
95. 회양국(淮陽國) … 185
96. 양국(梁國) … 186
97. 동평국(東平國) … 187
98. 노국(魯國) … 188
99. 초국(楚國) … 189
100. 사수국(泗水國) … 189
101. 광릉국(廣陵國) … 190
102. 육안국(六安國) … 190
103. 장사국(長沙國) … 191

제 2장 진(秦)나라 통일 후 분리지역 / 193

1. 진경사(秦京師:內史) … 193
2. 진(秦)나라 땅[地] … 195
3. 위(魏)나라 땅 … 201
4. 주(周)나라 땅 … 206
5. 한(韓)나라 땅 … 207
6. 조(趙)나라 땅 … 212
7. 연(燕)나라 땅 … 215
8. 제(齊)나라 땅 … 218
9. 노(魯)나라 땅 … 222
10. 송(宋)나라 땅 … 224
11. 위(衛)나라 땅 … 226
12. 초(楚)나라 땅 … 228
13. 오(吳)나라 땅 … 229
14. 월(粵:越)나라 땅 … 233

한서구혁지(漢書溝洫志)

봇도랑 / 238

1. 우(禹)임금이 홍수를 다스리다 … 238
2. 서문표(西門豹)가 업령(鄴令)이 되다 … 240
3. 대사농(大司農)이 된 정당시(鄭當時) … 242
4. 용수거(龍首渠)를 만들다 … 245

5. 하수(河水)에서 호자(瓠子)를 쓰다 … 246
6. 정국거(鄭國渠)를 일으키다 … 249
7. 흉노(匈奴) 때문에 공사를 하다 … 251
8. 성제 때 하수(河水)가 터지다 … 255
9. 또다시 하수(河水)가 터지다 … 258
10. 허상(許商)의 안(案)을 따르다 … 259
11. 평당(平當)이 하수를 통제하다 … 262
12. 하수(河水)를 사용하는 중책(中策) … 267
13. 하수(河水)를 다스린 자는 수백 명이었다 … 270

한서지리지 원문자구색인(原文字句索引) / 275
한서구혁지 원문자구색인(原文字句索引) / 297

제1권
한서지리지(漢書地理志) 상(上)

제1장 개요(槪要)
제2장 군(郡)과 현(縣)의 위치

제1장 개요(概要)

 지리지(地理志)란 중국(中國)에서 시조(始祖)로 여기는 황제(黃帝)를 기점으로 우(禹)가 황하(黃河)의 범람하는 홍수를 다스리고, 또 중국을 9개 주(州)로 나눈 업적 등을 기록한 것이다.
 이 글을 우공(禹貢)이라 하는 것은 고대 중국에서 전세(田稅)를 부(賦)라 했고 제후(諸侯)들이 바치는 토산물(土産物)을 공(貢)이라 하였는데, 그 공물에 관한 기록이라는 뜻이다. 그러나 실제로 여기서는 공(貢)과 부(賦) 양자를 모두 일컫는 말로 쓰이고 있다.
 우가 홍수를 다스리고 나서야 백성은 안정된 생활을 할 수 있게 되었고, 백성이 정착하게 되면서 조세(租稅)제도가 확립되었던 것이다.

 1. 수레와 배를 만든 황제(黃帝) 임금
 옛날 황제(黃帝) 임금이 계셨다.
 배와 수레를 만들어 서로 통하지 않던 곳을 건느게 해 널리 천하를 통행할 수 있게 했다. 1만 리의 땅을 네모지게 나누고 넓은 들을 구획하고, 주(州)로 경계를 두어 백리에 이르는 나라를 1만 곳이나 만들었다.
 이런 까닭에 『주역(周易)』의 비괘(比卦)의 상(象)에서 선왕(先王)을 일컬어 "선왕(先王)이 모든 나라를 건설해 제후를 가까이했다."라 하고, 『서경(書經)』의 우서(虞書) 요전(堯典)에서 "온 천하가 평화롭다."라 한 것에서 이러한 것을 알 수 있는 것이다.

　당(唐)의 요(堯)임금은 홍수가 일어나 산을 삼키고 언덕을 뒤덮자 천하를 나누어 12주(州)로 만들었다. 이때 우(禹)를 시켜서 홍수를 다스리게 했다. 물과 땅이 이미 평평해지니 다시 9주로 재편한 뒤 지역에 따라 오복(五服)을 반열시켜서 각각에게 토지를 나누어 주고 그들에게 맡겨 세금과 공물을 바치게 했다.

　우(禹)는 땅을 다스렸는데 산에 이르면 나무를 베어 버리고 높은 산과 큰 강을 안정시켰다.

　　昔在黃帝[1] 作舟車以濟不通 旁行[2] 天下 方制萬里 畫埜[3] 分州 得百里之國萬區[4]
　　是故易[5] 稱 先王建萬國 親諸侯 書云[6] 協和萬國 此之謂也
　　堯遭洪水 裹山襄陵[7] 天下分絶 爲十二州 使禹治之 水土旣平 更制九州[8] 列五服[9] 任土作貢[10]
　　曰 禹敷土[11] 隨山栞木[12] 奠高山大川[13]

1) 黃帝(황제) : 성은 공손(公孫)이다. 복희(伏羲), 신농(神農)과 함께 3황(三皇) 가운데 한 사람이다. 헌원(軒轅)의 언덕에서 태어났다고 해서 헌원(軒轅)이라 불렀다. 땅을 다스린 토덕(土德)으로 왕이 되었다. 중국 의술(醫術)의 비조(鼻祖)이기도 하다.
2) 旁行(방행) : 사방으로 나아가다.
3) 方制劃埜(방제 획야) : 방제(方制)는 제도를 방역(方域)을 삼다. 획(劃)은 경계의 뜻임. 야(埜)는 野(야)의 옛 글자.
4) 萬區(만구) : 실제로 1만 군데라는 의미보다는 모든 땅이라는 의미로 썼다.
5) 易(역) : 『주역』의 비괘(比卦)의 상사(象辭)이다.
6) 書云(서운) : 『서경』 요전(堯典)에 나오는 구절.
7) 裹山襄陵(회산양릉) : 裹는 懷(회)와 같고, 襄(양)은 駕(가)의 뜻이라 했다.
8) 九州(9주) : 9주는 기(冀), 연(兗), 청(靑), 서(徐), 형(荊), 양(揚), 예(豫), 양(梁), 옹(雍)주이다. 이에 병(幷), 유(幽), 영(營)주를 더해 12주라 한다.
9) 列五服(열오복) : 오복을 반열하다. 오복은 임금이 계신 수도를 중심으로 순

18 한서지리지(漢書地理志)

▶춘추시대(春秋時代)의 중국

한서지리지(漢書地理志) 상(上) 19

차적으로 나눈 다섯 구역을 말한다. 전복(甸服), 후복(侯服), 수복(綏服), 요복(要服), 황복(荒服)이다.
10) 任土作貢(임토작공) : 토지를 맡겨 세금, 공물의 차이를 정하다.
11) 敷土(부토) : 나누어 땅을 다스리다. 여기서부터 아래의 문장은 모두 하서(夏書) 우공(禹貢) 편의 문장이다.
12) 隨山㝢木(수산간목) : 수(隨)는 이르다의 뜻임. 간(㝢)은 간(刊)의 옛 글자이다.
13) 高山大川(고산대천) : 정하다. 곧 안정시키다. 우(禹)임금이 산의 형상을 따라 나무를 쪼개서 표식을 하고 물을 터서 도랑을 통하게 하여 높은 산과 큰 개울이 각각 안정을 얻은 것이다.

2. 우(禹)는 먼저 기주(冀州)를 다스리다

기주(冀州) 호구산(壺口山)에서 시작해 양산(梁山)과 기산(岐山)까지 다스렸고, 태원(太原) 땅을 닦고 악산(嶽山) 남쪽 기슭에 이르렀으며, 담회(覃懷)에서 일을 완성해 장수(章水)가 가로질러 흐르는 곳까지 이르렀다.

그 곳의 흙은 희고도 부드러웠다. 그 부세(賦稅)는 상상급(上上級)에 속했으나 상중급(上中級)의 땅도 섞여 있으며, 그 곳의 밭은 중중급(中中級)에 속했다.

항수(恒水)와 위수(衛水)가 잘 다스려지니 대륙(大陸)이라는 호수 근처에서는 농사를 잘 지을 수 있게 되었다.

동북쪽에 사는 오랑캐들은 갖옷을 바쳐왔다. 그들은 갈석산(碣石山)을 오른쪽으로 끼고 황하(黃河)로 들어왔다.

▨ 우는 홍수를 다스리기 위해 중국 전역을 돌아다니며 지형(地形)을 샅샅이 조사하게 되었다. 홍수를 다스린 후, 그때까지 제대로 정리되어 있지 않았던 전 국토를 9주(九州)로 크게 구분했는데 이후 중국을 9주라고 일컫기도 한다. 후대에 더욱 세분화되고 확대되었으나 우가 정한 9주의 분류가 기초가 되었다. 기주(冀州)가 당시 정치·경제·문화의 중심지였으므로 가장 먼저 정리하게 되었고, 차례로 9주를 다스린 내용을

적고 있다.

※ 여기서부터 아래 p. 47까지는 『서경』의 '우공(禹貢)' 편과 같은 것이다. 이의 번역은 송(宋)나라 때 주희(朱熹)의 제자인 채침(蔡沈)의 『서경집전(書經集傳)』 주석을 저본으로 하고, 『한서』의 안사고(顔師古)의 주석을 보탰다.

冀州[1]旣載壺口[2]治梁及岐[3]旣脩太原[4]至于嶽陽[5]覃懷[6]底績[7]至于衡漳[8]厥土惟白壤[9]厥賦[10]上上[11]錯[12]厥田中中 恒衛旣從[13]大陸[14]旣作 鳥夷[15]皮服[16]夾右碣石[17]入于河[18]

1) 冀州(기주) : 중국 상고시대 황제(黃帝) 때부터의 정치·문화의 중심지. 양하(兩河)의 사이라고 했다. 또 요(堯)임금의 도읍지이다.
2) 載壺口(재호구) : 재(載)는 시작하다. 곧 땅을 다스리기 시작하다. 호구(壺口)는 산 이름으로 호구산(壺口山)이며 하동(河東)에 있었고, 지금의 산서성(山西省) 길현(吉縣) 서남쪽에 위치한다.
3) 治梁及岐(치량급기) : 양산과 기산까지 다스리다. 양(梁)은 양산(梁山)으로 여량산(呂梁山)이라고도 하는 산의 이름인데 하양(夏陽)에 있었으며, 지금의 산서성(山西省) 이석현(離石縣)에 위치한다. 기(岐)는 기산(岐山)으로 호기산(狐岐山)이라고도 하는 산의 이름인데 미양(美陽)에 있었고, 기주(岐州) 기산현 전괄영(箭括嶺)이며, 지금의 산서성(山西省) 개휴현(介休縣)에 위치한다.
4) 脩太原(수태원) : 태원(太原)은 당시의 진양(晋陽)이다. 수(脩)는 닦는다는 말로 정리한다는 뜻이요, 태원(太原)은 땅 이름으로 지금의 산서성(山西省) 영하현(榮河縣)과 문희현(聞喜縣) 사이에 위치한다.
5) 嶽陽(악양) : 악산(嶽山)의 양지쪽. 곧 남쪽 기슭이다. 악(嶽)은 악산(嶽山). 곧 태악(太嶽)을 가리키는데, 태원(太原)의 서남쪽이며 지금의 산서성(山西省) 곽현(霍縣) 동남쪽에 위치한다. 이곳은 요(堯)임금의 도읍지인 평양(平陽)이었던 곳이라고도 전한다.
6) 覃懷(담회) : 하수에 가까운 지방 이름. 지금의 하남성(河南省) 무척현(武陟縣)이라 한다.
7) 績(적) : 땅을 다스리는 일을 가리킨다.

8) 衡章(형장) : 장수(章水)가 가로질러 하수로 흐르다. 형(衡)은 횡(橫)과 같고 가로지르다의 뜻이다. 장(章)은 물 이름으로 장수(章水)를 말하며, 지금의 하북성(河北省) 부성현(阜城縣)에서 황하(黃河)와 합류한다.
9) 白壤(백양) : 희고 부드럽다. 양(壤)은 부드러운 흙을 가리킨다.
10) 賦(부) : 나라에서 정해서 받는 세금.
11) 上上(상상) : 부세(賦稅)의 등급 중 가장 높은 등급이다. 곧 상상급(上上級). 토질(土質)의 좋고 나쁨에 따라 아홉 등급으로 나누었는데, 그것은 상상(上上) 상중(上中) 상하(上下) 중상(中上) 중중(中中) 중하(中下) 하상(下上) 하중(下中) 하하(下下)이다.
12) 錯(착) : 여기서는 상상(上上)보다 아래의 질(質)인 상중(上中)이 섞여 있었다는 뜻이다.
13) 恒衛旣從(항위기종) : 항(恒)은 항산(恒山)에서 흘러내리는 항수(恒水), 위(衛)는 지금의 하북성(河北省) 영수현(靈壽縣)을 흐르는 위수(衛水)를 가리킨다. 종(從)은 여기서는 다스려져서 물이 흐르게 되었음을 가리키는 말.
14) 大陸(대륙) : 여기서는 지금의 하북성(河北省) 평향현(平鄕縣)에 있는 호수(湖水)를 가리키는 말이다.
15) 鳥夷(조이) : 중국 동북쪽에서 살던 미개인. 새와 짐승을 잡아서 그 고기를 먹고, 그 가죽으로 옷을 만들어 입는다. 곧 오랑캐를 가리키는 말이다. 하왕조 이전의 중국 민족과 가장 빈번하게 접촉했던 묘족과 같은 이민족(異民族)을 말한다. 고대 중국에서는 동북쪽에 살고 있던 이민족들을 모두 이(夷)라고 불렀다.『사기(史記)』등 다른 사서(史書)에서도 모두 조이(鳥夷)라고 기록되어 있다.
16) 皮服(피복) : 갖옷. 짐승의 가죽[毛皮]으로 만든 옷.
17) 碣石(갈석) : 산 이름으로 갈석산(碣石山)을 가리킨다. 지금의 하북성(河北省) 창려현(昌黎縣)에 위치한다.
18) 河(하) : 황하(黃河)를 말한다.

3. 연주(兗州)를 개발해 다스리다

제수(沛水)와 황하 사이의 지역이 연주이다.

한서지리지(漢書地理志) 상(上) 23

　아홉 갈래의 황하를 서로 잘 흐르게 해 뇌하(雷夏)를 호수(湖水)로 만들고 옹수(雍水)와 저수(沮水)를 합류(合流)하게 했다. 뽕나무가 잘 자라는 토지에서는 누에를 먹이게 하니 언덕 위의 사람들이 평지로 내려와 살았다.
　그 곳의 흙은 검고 기름져서 풀이 우거지고 나무도 높이 잘 자랐다.
　그 곳의 밭은 중하(中下)인데, 부세(賦稅)는 9등(九等)이었다. 13년 동안 일구고 가꾸어서야 부세가 다른 고을과 같아졌다.
　그 곳의 공물(貢物)은 칠(漆)과 명주실과 대바구니와 무늬를 넣어 짠 비단이었다. 그 곳 사람들은 제수(泲水)와 탑수(漯水)에 배를 띄워 황하에 이르렀다.
　▨ 지금의 산동성 서부(西部) 지역이며, 연주를 다스린 우(禹)의 업적을 말하고 있다.

　泲河[1]惟兗州　九河[2]既道[3]　雷夏[4]既澤　雍沮[5]會同[6]　桑土[7]既蠶是降丘宅土[8]　厥土黑墳　屮繇木條[9]　厥田中下　賦貞[10]　作[11]十有三年乃同[12]　厥貢漆絲　厥篚織文[13]　浮[14]于泲漯[15]　通于河
1) 泲河(제하) : 제수(泲水)와 황하(黃河)를 말한다.
2) 九河(구하) : 아홉 갈래의 황하. 옛날 황하의 지류(支流)가 9개이었음을 가리킨다. '이아(爾雅)'에 도해(徒駭), 태사(太史), 마협(馬頰), 복포, 호소(胡蘇), 간(簡), 결(絜), 구반(鉤般), 격진(鬲津)이 있다고 했다.
3) 道(도) : 도(導)와 같은 뜻으로 인도하다. 곧 물을 잘 통하게 했다는 말.
4) 雷夏(뇌하) : 호수 이름. 제음 성양(城陽) 서북쪽에 있었다. 뇌택(雷澤)이라고도 하는데, 지금의 산동성(山東省) 동남쪽에 위치한다. 『사기(史記)』에 의하면 순임금이 여기서 고기를 낚았다고 한다.
5) 雍沮(옹저) : 옹수(雍水)와 저수(沮水). 둘 다 뇌하(雷夏)로 들어간다고 한다.
6) 會同(회동) : 모여서 한 줄기가 되었다는 말. 곧 합류(合流)를 가리킨다.
7) 桑土(상토) : 뽕나무를 가꾸기에 알맞은 땅.
8) 是降丘宅土(시강구택토) : 그리하여 언덕 위의 사람들이 내려와 평지에서 살았다. 시(是)는 그리하여라는 뜻이고 택(宅)은 살다의 뜻이며, 토(土)는 평

지라는 뜻. 곧 홍수를 피해 높은 데로 올라가서 살던 사람들이 홍수가 다스려 지면서 마음 놓고 평지로 내려와서 살았다는 말.
9) 條(조) : 길게 자라다. 곧 높이 크게 자란다는 말.
10) 貞(정) : 아홉 번째. 정(正)과 통하는 말로, 우(禹)가 아홉 고을 중 연주(兗州)를 가장 늦은 아홉 번째로 다스렸는데, 그 곳 부세(賦稅)의 등급이 일의 순서대로 바르게[正] 아홉 번째라는 뜻의 말이다.
11) 作(작) : 여기서는 다스리다의 뜻이다.
12) 乃同(내동) : 이에 같아졌다. 곧 13년을 더 일구고 가꾼 뒤에야 다른 여덟 고을과 같아졌다는 말.
13) 織文(직문) : 무늬를 넣어서 짠 비단.
14) 浮(부) : 뜨다. 곧 배를 타다.
15) 漯(탑) : 물 이름인 탑수(漯水). 지금의 산동성(山東省) 우성현(禹城縣)에서 발원해 동으로 고원현(高苑縣)을 거쳐 바다로 흐른다.

4. 청주(靑州)를 다스리고 이족에게 목축을 가르치다

바다와 태산(泰山) 사이의 지역이 청주다.

우이(嵎夷) 지방을 다스리고 나니 유수(惟水)와 치수(甾水)가 소통(疏通)되었다. 그 곳의 흙은 희고 매우 기름졌는데 바닷가는 넓은 갯벌이었다.

그 곳의 밭은 상(上)의 하(下)급이고, 부세(賦稅)는 중상(中上)이었다. 그 공물(貢物)은 소금과 갈포(葛布)와 해산물이 섞여 있었다. 태산 골짜기에서는 명주실과 모시와 납과 소나무와 괴석(怪石)이 났다.

내산(萊山)의 이족(夷族)들에게 목축을 하게 하니, 그들은 바구니에 산누에고치에서 뽑은 실을 담아 바쳤다.

그 곳의 백성은 문수(汶水)를 지나서 제수(沛水)에 이르렀다.

▨ 우가 청주(靑州) 지방을 다스리고 이 지방에 사는 이족(夷族)에게 목축업을 가르친 것을 기록했다.

청주는 지금의 산동성 동부(東部) 지역이다.

海岱[1]惟靑州 嵎夷[2] 旣略 惟甾[3] 其道 厥土白墳[4] 海瀕廣潟[5] 田上下 賦中上 貢鹽 絺[6] 海物惟錯 岱畎絲 枲 鉛 松 怪石 萊夷[7] 作牧[8] 厥棐檿絲[9] 浮于汶[10] 達于濟

1) 岱(대) : 대종(岱宗). 곧 태산(泰山)을 가리킨다.
2) 嵎夷(우이) : 곧 양곡(陽谷)이며, 동해변(東海邊)을 가리킨다. 일설(一說)에는 우리 나라를 가리키는 말이라고도 하지만, 당시 중국의 세력이 우리 나라까지는 미치지 못했다.
3) 惟甾(유치) : 유수(惟水)와 치수(甾水). 유수는 지금의 산동성(山東省) 거현(莒縣)에서 발원해 창읍(昌邑)에서 바다로 흘러 들어가는 물의 이름이고, 치수는 지금의 산동성 내무현(萊蕪縣)에서 발원해 수광현(壽光縣)을 거쳐 바다로 흘러 들어가는 물의 이름이다. 지금의 『서경』에는 유치(淮淄)로 되어 있다.
4) 白墳(백분) : 희고 매우 기름지다. 희고 비옥(肥沃)하다.
5) 潟(석) : 염분이 있는 땅.
6) 絺(치) : 고운 칡으로 짠 천. 칡베. 갈포(葛布).
7) 萊夷(내이) : 내산(萊山)에 사는 오랑캐. 양잠을 하고 거문고와 비파를 탔다고 했다. 내산에 사는 이족(夷族). 내산은 지금의 산동성 황현(黃縣)에 위치한다.
8) 作牧(작목) : 목축(牧畜)을 가르쳐 하게 했다는 뜻이다.
9) 檿絲(염사) : 산누에고치에서 뽑은 실을 가리킨다.
10) 汶(문) : 문수(汶水). 지금의 산동성 내무현(萊蕪縣)에 그 수원(水源)을 두고 서남쪽으로 흘러 제수(濟水)와 합류(合流)했는데, 지금은 운하(運河)로 흘러 들어간다.

5. 서주(徐州)를 다스려 몽산과 우산에서도 농사를 짓다

바다와 태산과 회수(淮水) 사이의 지역이 서주다.
회수와 기수(沂水)를 다스리니 몽산(蒙山) 지방과 우산(羽山) 지방에서도 농사를 지을 수 있게 되었으며, 대야호(大埜湖)에 둑을 쌓으니 동원(東原) 땅이 평야가 되었다.

그 곳의 흙은 붉고 차지며 기름져 풀과 나무가 잘 자라서 무성해졌다.

그 곳의 밭은 상(上)의 중(中)인데, 부세(賦稅)는 중(中)의 중(中)이었다.

그 곳의 공물로는 오색(五色)의 흙과 우산(羽山) 골짜기에서 나는 여름꿩의 깃과 역산(嶧山)의 남쪽 기슭에서 홀로 자라는 오동나무와 사수(泗水) 가에서 나는 부경(浮磬)의 돌 따위였다.

회수 가의 이족(夷族)은 진주와 물고기를 바쳤는데, 그들의 공물 바구니에는 검은 무늬를 넣어 짠 흰빛의 비단이 담겨 있었다.

그 곳의 백성은 회수나 사수에서 배를 타고 황하에 이르렀다.

▨ 서주는 지금의 산동성 남부와 회수 이북의 지방으로 우가 서주를 다스린 것과 서주의 지형, 토산물 등을 적고 있다.

海岱及淮[1]惟徐州 淮沂[2]其乂 蒙羽[3]其藝[4] 大野旣瀦[5] 東原[6]底平[7] 厥土赤埴墳 草木漸包[8] 田上中 賦中中 貢土五色[9] 羽畎[10] 夏狄[11] 嶧陽[12]孤桐[13] 泗瀕[14]浮磬[15] 淮夷蠙珠[16] 臮魚 厥篚玄纖縞[17] 浮于淮泗 達于河

1) 淮(회) : 회수(淮水). 지금의 하남성(河南省) 동백산(桐栢山)에서 발원(發源)해 안휘성(安徽省)과 강소성(江蘇省)을 거쳐서 바다로 들어가는 물의 이름인데, 지금은 물길이 많이 바뀌었다.

2) 淮沂(회기) : 회수(淮水)와 기수(沂水). 회수는 대부산(大復山)에서 나온다. 기수(沂水)는 태산(泰山)에서 나온다. 지금의 산동성(山東省) 몽음현(蒙陰縣)에 수원(水源)을 두고 남쪽으로 흘러 강소성(江蘇省) 비현(邳縣)에서 사수(泗水)와 합류하는 물의 이름인데, 대기하(大沂河)라고도 한다.

3) 蒙羽(몽우) : 몽산(蒙山)과 우산(羽山). 몽산은 지금의 산동성(山東省) 비현(費縣)에 위치한 산의 이름이고 우산은 지금의 산동성 담성(郯城)에 위치한 산의 이름이다.

4) 藝(예) : 여기서는 곡식을 심을 수 있다. 또는 농사를 지을 수 있다는 뜻으로 쓰였다.

5) 大野旣瀦(대야기저) : 대야호(大野湖)에 둑을 쌓아 물이 넘치지 못하게 하

였다는 뜻이다. 대야(大野)는 지금의 산동성에 있는 호수 이름이다. 저(豬)는 물을 머물게 하다. 埜는 野의 옛 글자이다.
6) 東原(동원) : 땅 이름. 지금의 산동성 동평현(東平縣)과 태안현(泰安縣)에 걸쳐 있었다.
7) 底平(저평) : 평탄해졌다. 곧 농사 짓기가 좋아졌다는 뜻이다.
8) 漸包(점포) : 점점 자라서 무성해지다. 점(漸)은 자란다는 뜻이고, 포(包)는 무성하다는 뜻이다.
9) 土五色(토오색) : 청(靑), 적(赤), 백(白), 흑(黑), 황(黃)의 다섯 가지 빛깔의 흙. 지금의 제성(諸城)과 서주(徐州) 동산(銅山)의 오색토(五色土)는 유명하다.
10) 羽畎(우견) : 우산(羽山)의 골짜기.
11) 夏狄(하적) : 적(狄)은 적(翟)이며, 여름꿩. 꿩의 일종으로, 그 깃털로 기를 장식한다.
12) 嶧陽(역양) : 역산(嶧山)의 양지쪽. 곧 역산의 남쪽 기슭. 역산은 지금의 산동성(山東省) 역현(嶧縣)에 있는 산의 이름이다.
13) 孤桐(고동) : 홀로 자라는 오동나무. 고동(孤桐)은 거문고와 비파 등의 악기를 만드는 데 좋은 재료였다.
14) 泗瀕(사빈) : 사수(泗水)의 물가. 사수(泗水)는 지금의 산동성 사수현(泗水縣)에서 발원(發源)해 남으로 흘러 강소성(江蘇省) 청하현(淸河縣)에서 회수(淮水)와 합류하는 물의 이름이다.
15) 浮磬(부경) : 흙 가운데에서 물에 뜬 듯이 두드러지게 나타난 경석(磬石). 경(磬 : 경쇠)을 만드는 원석(原石)이다.
16) 淮夷蠙珠(회이빈주) : 회이(淮夷)는 회수의 오랑캐. 빈주(蠙珠)는 조개에서 나는 진주를 가리킨다.
17) 玄纖縞(현섬호) : 검은 무늬를 넣어서 짠 비단. 호(縞)는 흰 비단.

6. 양주(揚州)를 다스려 물이 일정해졌다

회수(淮水)와 바다 사이의 지역이 양주다.
팽려라는 호수에 둑을 쌓으니 철 따라 옮겨 다니는 물새들이 그 곳에 살게 되었다. 세 갈래의 물줄기를 바다로 흘러들게 하니 진택의 못물이 일정해졌다.

호숫가에는 가늘고 또 굵은 대나무들이 잘 자랐으며, 그 곳의 풀은 우거지고 나무들은 높이 뻗어 올랐다.

그 곳의 흙은 진흙으로 밭의 등급은 하(下)의 하(下)인데, 그 부세는 하(下)의 상(上)이며, 중(中)의 하(下)도 섞여 있었다.

그 곳의 공물은 금(金) 은(銀) 동(銅) 세 가지와 요(瑤) 곤(琨)이라는 구슬과 가늘고 굵은 대나무, 상아(象牙), 짐승의 가죽, 새의 깃털, 소의 꼬리털, 그리고 목재였다.

조이족(鳥夷族)은 풀로 만든 옷을 입었는데, 그들의 바구니에는 조개무늬의 비단이 담겨 있었고, 귤과 유자(柚子)를 보자기에 싸서 공물로 바쳤다.

강과 바다를 따라 오르면 회수(淮水)와 사수(泗水)에 이르게 된다.

▨ 우(禹)가 다스린 양주(揚州) 지방의 토질과 풍물을 기록했다.

양주는 회수(淮水) 이남을 가리키는데, 지금의 절강성과 강서성이 모두 포함된다.

淮海惟揚州 彭蠡[1]旣豬 陽鳥[2]逌居[3] 三江[4]旣入 震澤[5]厎定[6] 篠簜旣敷[7] 屮夭[8]木喬 厥土塗泥 田下下 賦下上錯[9] 貢金三品[10] 瑤琨[11]篠簜 齒[12] 革 羽毛[13] 鳥夷[14]卉服[15] 厥篚織貝[16] 厥包橘柚[17] 錫貢[18] 均[19]江[20]海 通于淮泗

1) 彭蠡(팽려) : 호수 이름. 옛날 팽택현(彭澤縣)의 서북쪽에 있었고 지금은 강서성(江西省)에 있으며, 중국에서 두 번째로 큰 호수인 지금의 파양호(鄱陽湖)를 가리킨다.
2) 陽鳥(양조) : 철 따라 서식처를 옮겨 다니는 철새. 후조(候鳥).
3) 逌居(유거) : 그 곳에 산다. 서식처(棲息處)로 삼는다는 뜻.
4) 三江(삼강) : 안사고는 북강(北江), 중강(中江), 남강(南江)이라 했다. 어느 하천(河川)을 가리키는지, 그 설(說)이 구구하다. 누강(婁江), 동강(東江), 송강(松江)을 가리킨다고 한다.

5) 震澤(진택) : 안사고는 오(吳)의 서쪽에 있었으며, 곧 구구(具區)라고 했다. 지금의 태호(太湖)를 가리킨다. 강소성(江蘇省)과 절강성(浙江省)에 걸쳐 있다.
6) 底定(지정) : 일정하게 되었다는 뜻.
7) 篠簜旣敷(소탕기부) : 가는 대나무와 굵은 대나무(장대)가 자라 번졌다는 말. 소(篠)는 가는 대나무, 탕(簜)은 굵은 대나무(장대)이다.
8) 夭(요) : 여기서는 우거지다, 무성하다의 뜻이다.
9) 上錯(상착) : 하상(下上)의 위인 중하(中下). 곧 여섯 번째 등급도 섞여 있다는 뜻.
10) 金三品(금삼품) : 쇠붙이의 세 가지. 곧 금(金)과 은(銀)과 동(銅)을 말함.
11) 瑤琨(요곤) : 요(瑤)와 곤(琨) 두 가지 모두 옥돌의 이름으로 미옥(美玉)을 가리키는 말.
12) 齒(치) : 이빨. 여기서는 코끼리의 이빨인 상아(象牙)를 말한다.
13) 毛(모) : 터럭. 여기서는 소의 꼬리털을 말한다.
14) 鳥夷(조이) : 섬에 사는 이족(夷族)을 가리킨다. 새를 잘 잡는다고 했다. 앞에서도 조이(鳥夷)가 나왔는데, 그것은 동북 지방의 이족을 가리킨 말로 여기서 말하는 조이와는 다르다.
15) 卉服(훼복) : 온갖 풀로 만든 옷.
16) 織貝(직패) : 조개무늬를 넣어서 짠 비단.
17) 包橘柚(포귤유) : 귤과 유자를 싸다. 유자는 귤처럼 생겼는데, 크기가 더 크고 그 맛이 시다.
18) 錫貢(석공) : 공물(貢物)을 바치다. 납공(納貢).
19) 均(균) : 평평하다는 뜻.
20) 江(강) : 장강(長江). 곧 양자강(揚子江)을 가리킨다. 보통 하(河)는 황하(黃河)를 가리키고 강(江)은 양자강(揚子江)을 가리킨다.

7. 형주(荊州)의 강수와 한수를 합류시키다

형산(荊山)과 형산(衡山)의 남쪽 기슭 사이의 땅이 형주(荊州)다.

강수(江水)와 한수(漢水)를 합류시켜 바다로 흘러들게 하니 아홉 갈래의 강줄기가 크게 바로잡혔다. 타수(沱水)와 잠수(潛水)가 소통되니 운택(雲澤)의 바닥이 드러나고 몽택(夢澤)의 물도 다스려졌다. 그 곳의 땅은 진흙이 많아 밭은 하(下)의 중(中)인데, 부세(賦稅)는 상(上)의 하(下)였다.

그 곳의 공물은 새의 깃털, 소의 꼬리털, 상아(象牙), 가죽, 금, 은, 동, 참나무·산뽕나무·향나무·잣나무, 거친 숫돌·고운 숫돌, 살촉을 만드는 돌, 단사(丹砂) 등이었고 조릿대인 균(菌)과 노(簵), 호(楛)나무 등은 운택(雲澤)과 몽택(夢澤)에 가까운 세 나라에서 공물로 바쳐 이름이 났다.

보따리와 궤짝에 가시 있는 띠풀을 넣고 보자기로 쌌으며, 바구니에는 검은 비단과 붉은 비단, 둥글지 않은 구슬과 수실이 달린 끈을 담았다. 구강(九江)에서는 공물로 큰 거북을 바쳤다.

그들은 배를 타고 강수(江水), 타수(沱水), 잠수(潛水), 한수(漢水)를 거슬러 올라가 낙수(洛水)를 거쳐 남쪽 황하에 이르렀다.

▨ 지금의 호북성과 호남성 일대의 형주(荊州) 지방을 다스린 것과 토질과 풍물을 적고 있다. 옛날 형주 지방과 양주 지방은 오늘날 중국의 곡창지대로 손꼽히고 있는 지역이었다.

荊[1] 及衡陽[2] 惟荊州 江漢[3] 朝宗[4] 于海 九江[5] 孔殷[6] 沱潛[7] 旣道 雲夢[8] 土[9]作乂 厥土塗泥 田下中 賦上下 貢羽旄 齒革 金三品 杶 榦栝柏[10] 厲砥砮丹[11] 惟箘簬楛[12] 三國[13] 底貢厥名[14] 包匭菁茅[15] 厥篚玄纁[16] 璣組[17] 九江納錫[18] 大龜 浮于江沱潛漢 逾于洛[19] 至于南河

1) 荊(형): 형산(荊山). 지금의 호북성(湖北省) 남장현(南漳縣)에 위치한 산의 이름이다.
2) 衡陽(형양): 형산(衡山)의 남쪽 기슭. 형산(衡山)은 지금의 호남성(湖南省) 형산현(衡山縣)에 위치하는데, 순전(舜典)에 나오는 남악(南岳)이 그 산이다.
3) 江漢(강한): 장강(長江)과 한수(漢水). 강(江)은 장강(長江), 곧 양자강

(揚子江)을 가리키는 말이다. 한(漢)은 한수(漢水)로 지금의 섬서성(陝西省) 영강현(寧羌縣)에 그 수원(水源)을 두고 지금의 무한(武漢)에 이르러 장강(長江)과 합류한다.
4) 朝宗(조종) : 강물이 바다로 흘러 들어가는 것을 비유하여 이르는 말로, 제후(諸侯)들이 천자(天子)를 찾아뵙는 듯이 한다고 해서 이르는 말이다. 조(朝)는 제후가 봄에 천자를 뵙는 것, 종(宗)은 제후가 여름에 천자를 뵙는 것을 말한다고 한다.
5) 九江(구강) : 아홉 갈래의 강줄기. 지금의 동정호(洞庭湖)로 들어가는 아홉 줄기의 강을 이르는 말이라고 하나 그 설(說)이 구구하다.
6) 孔殷(공은) : 크게 바로잡히다. 공(孔)은 크다는 뜻이고, 은(殷)은 바로잡는다는 뜻이다.
7) 沱潛(타잠) : 타수(沱水)와 잠수(潛水). 타수는 지금의 호북성(湖北省) 지강현(枝江縣)에서 장강(長江)으로 합류되는 물의 이름이고 잠수는 잠수(涔水)라고도 하는데, 지금의 호북성 잠강현(潛江縣)에 흐르던 물의 이름이다.
8) 雲夢(운몽) : 운(雲)은 운택(雲澤)으로 당시 장강(長江) 남쪽에 있던 호수를 가리키고 몽(夢)은 몽택(夢澤)으로 장강 남쪽에 있던 호수 이름이다.
9) 土(토) : 호수의 바닥이 드러났다는 뜻. 곧 운택(雲澤)과 몽택(夢澤)의 바닥이 드러났다는 말.
10) 杶幹栝柏(춘간괄백) : 모두 나무 이름이다. 춘(杶)은 참나무로 수레를 만드는 데 사용했다고 하며, 간(幹)은 산뽕나무로 활을 만드는 데 사용했다고 한다. 괄(栝)은 향나무. 백(柏)은 잣나무.
11) 厲砥砮丹(여지노단) : 여(厲)는 입자가 거친 숫돌을 말하고 지(砥)는 입자가 고운 숫돌을 말한다. 노(砮)는 살촉으로, 여기서는 살촉을 만드는 데 쓰는 돌을 말한다. 단(丹)은 단사(丹砂)로 붉은 물감의 원료이다.
12) 菌簵楛(균노호) : 균(菌)과 노(簵)는 조릿대를 말하는데, 둘 다 가늘고도 단단해서 화살대로 사용되었다. 호(楛)는 호나무로 역시 가늘고 단단해서 화살대를 만드는 데 적합했다고 한다.
13) 三國(삼국) : 세 나라. 운택(雲澤)과 몽택(夢澤) 근처에 있던 세 나라를 뜻한다. 구체적으로 어느 나라인지는 미상(未詳)이다.
14) 底貢厥名(지공궐명) : 공물을 바쳐 그 이름이 널리 알려진 것.

15) 包匭菁茅(포궤청모) : 가시가 달린 띠풀을 궤짝에 넣고 다시 보자기로 쌌다는 말. 포(包)는 보자기로 싸다, 궤(匭)는 궤짝, 청모(菁茅)는 가시가 달린 띠풀로 당시 종묘에서 제사 지낼 때 그 풀에다 술을 걸렀다고 함.
16) 玄纁(현훈) : 비단. 현(玄)은 검은 비단. 훈(纁)은 붉은 비단을 말한다.
17) 璣組(기조) : 기(璣)는 구슬. 둥글게 다듬지 않은 구슬. 조(組)는 끈. 구슬 같은 것을 매다는 수실이 달린 끈.
18) 納錫(납석) : 공물로 바치다.
19) 洛(낙) : 낙수(洛水). 지금의 섬서성(陝西省) 낙남현(雒南縣)에 수원을 두고 낙양(雒陽)을 거쳐 공현(鞏縣)에서 황하와 합류하는 물이다.

8. 예주(豫州)에서 4개의 물을 황하로 빠지게 하다

형산(荊山)과 황하(黃河) 사이의 땅이 예주다.
이수(伊水), 낙수(雒水), 전수(瀍水), 간수(澗水)의 물을 황하로 빠지게 하니 형수(滎水)와 파수(波水)의 물이 못을 이루었다. 가택(荷澤)의 물을 맹저(盟豬)라는 못으로 끌어들였다.
그 곳의 땅은 부드러우나 낮은 쪽의 흙은 기름지면서도 검고 단단했다. 밭은 중(中)의 상(上)인데, 부세(賦稅)는 상(上)의 중(中)이고, 상(上)의 상(上)이 섞이기도 했다.
그 곳의 공물은 칠(漆)과 모시와 갈포(葛布)와 모시옷감이고, 바구니에는 가는 무명실을 담았으며, 명령에 따라서 경석(磬石)을 가는 숫돌을 바치기도 했다.
그들은 낙수에 배를 띄워 황하에 이르렀다.
▨ 예주(豫州)는 지금의 하남성으로 도읍지와 가장 가까운 곳에 위치하고 있었다.
예주의 백성들은 주로 황하를 이용해 도읍지와 왕래했는데, 서쪽에서는 낙수(洛水)를 따라 황하로 들어가 황하를 거슬러 도읍지에 이르렀다. 우가 예주를 다스린 것과 예주의 풍물과 토질의 성질을 기록했다.

荊河[1]惟豫州 伊雒瀍澗[2]既入于河 滎波[3]既豬 道荷澤[4] 被盟

豬[5] 厥土惟壤 下土[6]墳壚[7] 田中上 賦錯上中[8] 貢漆枲[9]絺紵[10] 棐
纖纊[11] 錫貢[12]磬錯[13] 浮于洛 入于河

1) 荊河(형하) : 형산(荊山)과 황하(黃河)를 가리킨다.
2) 伊雒瀍澗(이락전간) : 모두 물 이름이다. 이(伊)는 이수(伊水)로 육혼산(六渾山)에서 나오는데, 지금의 하남성(河南省) 노씨현(盧氏縣)에 수원(水源)을 두고 동북쪽으로 흘러 낙양(雒陽)에서 낙수(雒水)와 합류하는 물이고 낙(雒)은 낙수(雒水)를 가리키며, 전(瀍)은 전수(瀍水)로 곡성산(穀成山)에서 나오는데, 지금의 하남성 맹진현(孟津縣)에 그 수원을 두고 동쪽으로 흐르다가 언사(偃師)에서 낙수와 합류하는 물이다. 간(澗)은 간수(澗水)로 민지산(澠池山)에서 나오는데, 지금의 하남성 민지현(澠池縣)에서 발원(發源)해 역시 낙양(雒陽)에서 낙수로 합류되는 물이다.
3) 滎波(형파) : 물 이름으로 형수(滎水)와 파수(波水)를 가리킨다.
4) 荷澤(가택) : 호수 이름이며 호릉(湖陵)에 있었다. 지금의 산동성(山東省) 정관현(定關縣)에 옛 자취만 남아 있다고 한다.
5) 盟豬(맹저) : 맹저(孟豬)이며, 연못 이름. 황하의 북쪽에 있었다. 지금의 하남성 상구현(尙丘縣)에 있다.
6) 下土(하토) : 낮은 곳의 흙. 밑흙.
7) 壚(노) : 검고 단단한 흙.
8) 錯上中(착상중) : 상(上)의 중(中)으로 둘째 등급인데, 상(上)의 상(上)인 첫째 등급이 섞이기도 했다는 말.
9) 枲(시) : 모시풀. 곧 모시의 원료.
10) 紵(저) : 모시베. 이미 옷감으로 짜인 모시.
11) 纖纊(섬광) : 가는 무명실.
12) 錫貢(석공) : 명(命)에 따라서 바치는 공물.
13) 磬錯(경착) : 경석(磬石)을 가는 숫돌.

9. 양주(梁州)의 민산과 파산 일대를 농경지로 가꾸다

화산(華山)의 남쪽 기슭에서 흑수(黑水)까지의 땅이 양주다. 민산(岷山)과 파산(嶓山) 일대를 농경지로 가꾸어 농사를 짓

게 하고, 타수(沱水)와 잠수(潛水)를 소통시켰다. 채산(蔡山)과 몽산(蒙山) 일대도 잘 정리해 농사를 지을 수 있게 했으며, 화수(和水)의 이족(夷族)을 잘 다스리는 공적을 이루었다.

그 곳의 흙은 검푸른 색을 띠었다. 밭은 하(下)의 상(上)이었는데, 부세(賦稅)는 하(下)의 중(中)에 세 가지로 섞여 있었다.

그 곳의 공물은 질이 좋은 황금과 철(鐵), 은(銀), 강철, 살촉돌, 경석(磬石) 등과 곰·말곰·여우·너구리 등의 털가죽으로 짠 융단이었다.

서경산(西傾山)에서 나는 산물은 환수(桓水)를 통해서 들어올 수 있었으며, 잠수(潛水)에 배를 띄워 면수(沔水)를 지나서 다시 위수(渭水)를 거쳐 황하를 가로질러 들어왔다.

▨ 우(禹)는 지금의 사천성과 섬서성 남부인 양주(梁州)를 다스려 사람들에게 농사를 짓고 그곳에 정착하게 했다.

華陽[1] 黑水[2] 惟梁州 岷嶓[3] 旣藝 沱潛[4] 旣道 蔡蒙[5] 旅平[6] 和夷[7] 厎績[8] 厥土靑黎[9] 田下上 賦下中三錯[10] 貢璆[11] 鐵銀鏤[12] 砮磬熊 羆狐狸織皮[13] 西傾[14] 因桓[15] 是倈 浮于潛 逾于沔[16] 入于渭[17] 亂[18]于河

1) 華陽(화양): 화산(華山)의 북쪽 기슭. 화산(華山)은 순전(舜典)에 나오는 서악(西岳)이다.
2) 黑水(흑수): 지금의 금사강(金沙江)을 이르는 말이라고 하지만 여러 가지 설(說)이 있다.
3) 岷嶓(민파): 둘다 산의 이름으로 민산(岷山)과 파산(嶓山). 민산은 문산(汶山)이라고도 하며, 지금의 사천성(四川省) 송반현(松潘縣)에 있는 양자강(揚子江)의 발원지(發源地)라고 한다. 파산은 지금의 섬서성(陝西省) 영강현(寧羌縣)에 있는데, 반총산(潘冢山)이라고도 해 한수(漢水)의 발원지라고 한다.
4) 沱潛(타잠): 모두 물의 이름으로 타수(沱水)와 잠수(潛水)를 가리키는데, 앞에서 나온 형주(荊州)의 타수와 잠수와는 다르다. 타수는 민강(泯江)의 지류(支流)인데 지금의 사천성 관현(灌縣)에서 갈라져 노현(瀘縣)에서 양자강과 합류하며, 잠수는 가릉강(嘉陵江)의 북쪽 지류인데 지금의 사천성 광

원현(廣元縣)에 있다.
5) 蔡蒙(채몽) : 산 이름으로 채산(蔡山)과 몽산(蒙山)를 가리킨다. 지금의 사천성 아안현(雅安縣)에 있다.
6) 旅平(여평) : 정리해 고르게 해놓았다는 뜻. 여기서 여(旅)는 정리한다는 뜻이고 평(平)은 고르게 했다는 뜻으로 경작할 수 있게 했다는 말이다.
7) 和夷(화이) : 안사고는 땅 이름이라고 했다. 화수(和水) 근처에 사는 이족(夷族).
8) 厎績(지적) : 다스린 공적을 이루었다는 말.
9) 靑黎(청려) : 푸르고 검은 빛깔. 검푸른 빛깔.
10) 下中三錯(하중삼착) : 하(下)의 중(中)에 세 가지로 섞여 있었다. 곧 아홉 등급 중 여덟 번째 등급인데다가 일곱 번째 등급과 아홉 번째 등급이 섞여 있었다는 뜻이다.
11) 璆(구) : 옥(玉)을 이르는 말이나 여기서는 질(質)이 좋은 황금을 말한다.
12) 鏤(누) : 강철(鋼鐵).
13) 織皮(직피) : 털가죽으로 짠 융단.
14) 西頃(서경) : 산 이름으로 임조(臨洮)의 서남쪽에 있으며, 서경산(西頃山)을 가리킨다. 지금의 청해성(靑海省)에 있는 노찰포랍산(魯察布拉山)이라고도 한다.
15) 桓(환) : 물 이름으로 환수(桓水)를 가리킨다.
16) 沔(면) : 물 이름으로 면수(沔水)를 가리킨다. 한수(漢水)의 지류이다.
17) 渭(위) : 물 이름으로 위수(渭水)를 가리킨다. 지금의 감숙성(甘肅省) 위원현(渭源縣) 조서산(鳥鼠山)에 그 수원을 두고 동관(潼關)에 이르러 황하로 들어간다.
18) 亂(난) : 흐르는 물줄기를 똑바로 가로질러 건너가는 것.

10. 옹주(雍州)를 다스려 서쪽 오랑캐의 질서를 잡다

흑수(黑水)에서 서하(西河)까지 사이의 땅이 옹주다.
약수(弱水)를 서쪽으로 흐르게 하고, 경수(涇水)를 모아 위수(渭水)가 굽이치는 곳으로 흘러들게 했으며, 칠수(漆水)와 저수

(沮水)를 소통시켰고, 예수(澧水)도 함께 합쳐지게 했다.

형산(荊山)과 기산(岐山)을 정리하고, 종남산(終南山)과 돈물산(惇物山)을 거쳐 조서산(鳥鼠山)까지 이르게 했으며, 평야와 진펄에서 공을 이루고 저야호(豬壄湖)까지 다스리니 삼위산(三危山) 일대에서도 사람이 살 수 있게 되어 삼묘족(三苗族)이 크게 다스려졌다. 그 곳의 흙은 누렇고 부드러워 밭은 상(上)의 상(上)인데, 부세(賦稅)는 중(中)의 하(下)였다.

그 곳의 공물은 옥경(玉磬)과 옥돌 등이었다.

적석산(積石山) 기슭에서 배를 띄워 용문산(龍門山)의 서하(西河)에 이를 수 있고, 위수가 굽이치는 곳에 이를 수 있었다.

짐승의 털가죽으로 짠 융단은 곤륜(昆崙)과 석지(析支)와 거수(渠叟) 지방에서 났는데, 서쪽 오랑캐들도 이를 잘 따라서 질서가 잡혔다.

▨ 지금의 섬서성과 감숙성(甘肅省)에 해당하는 옹주(雍州)를 우(禹)가 다스린 것과 옹주의 토질, 옹주에서 생산되는 풍물을 적고 있다.

우가 백성들을 가장 괴롭히던 극심한 홍수를 다스려 9주(九州)로 나누고 안정된 생활을 할 수 있도록 한 공적을 차례대로 열거했다.

이와 같은 큰일을 이루었기에 우는 순임금으로부터 천자의 자리를 물려받을 수 있었고 백성의 마음을 모을 수 있었다.

黑水[1] 西河[2] 惟雍州 弱水[3] 旣西 涇屬渭汭[4] 漆沮[5] 旣從[6] 澧水[7] 逌同 荊岐[8] 旣旅 終南惇物[9] 至于鳥鼠[10] 原隰[11] 底績 至于豬壄[12] 三危[13] 旣宅[14] 三苗[15] 丕敍 厥土黃壤 田上上 賦中下 貢璆琳琅玕[16] 浮于積石[17] 至于龍門[18] 西河 會于渭汭 織皮昆崙 析支 渠叟 西戎[19] 卽敍

1) 黑水(흑수) : 물 이름. 지금의 감숙성(甘肅省) 감주(甘州)에 있는 장액계산(張掖鷄山)에 그 수원(水源)을 두고 남으로 돈황(燉煌)을 거쳐 남해(南海)로 빠졌다고 한다. 앞에서 나온 양주(梁州)의 흑수(黑水)와는 다르다.

2) 西河(서하) : 안사고는 곧 용문(龍門)의 하수라고 했다. 물 이름. 지금의 산서성(山西省)과 섬서성(陝西省) 사이의 성(省)의 경계를 남북으로 해 흐르

는 황하(黃河)의 일부를 가리킨다.
3) 弱水(약수) : 물 이름. 지금의 감숙성에 있는 장액하(張掖河)를 가리킨다.
4) 涇屬渭汭(경촉위예) : 경(涇)은 물 이름으로 경수(涇水)를 가리킨다. 지금의 감숙성 화평현(化平縣)에 그 수원을 두고 있으며, 동쪽으로 흘러 섬서성 고릉현(高陵縣)에서 위수(渭水)와 합류한다. 촉위예(屬渭汭)는 한 줄기로 모아 위수(渭水)가 굽이치는 곳으로 끌어들였다는 뜻.
5) 漆沮(칠저) : 둘 다 물 이름으로 칠(漆)은 칠수(漆水)를 가리킨다. 풍(馮)과 익(翊)의 낙수(洛水)이다. 지금의 섬서성 동관현(東官縣) 동북쪽에 위치하는 대신산(大神山)에 그 수원을 두고 서남쪽으로 흘러 섬서성 요현(耀縣)에서 저수(沮水)와 합류한다. 저(沮)는 저수(沮水)를 가리킨다. 지금의 섬서성 요현(耀縣)쪽에 그 수원을 두고 동남쪽으로 흘러 칠수(漆水)와 합류하고 두 물이 한 줄기가 되어 다시 조읍(朝邑)에서 위수(渭水)와 합류한다.
6) 從(종) : 다스려지다. 곧 유통(流通)시키다의 뜻.
7) 灃水(예수) : 물 이름. 지금의 섬서성 영섬현(寧陝縣)의 동쪽 진령(秦嶺)에 그 수원을 두고 함양(咸陽)에 이르러 위수와 합류한다.
8) 荊岐(형기) : 둘 다 산 이름이다. 형(荊)은 형산(荊山)을 가리킨다. 지금의 섬서성 부평(富平)에 위치한다. 앞에서 나온 형주(荊州)의 형산(荊山)과는 다르다. 기(崎)는 기산(岐山)을 가리킨다. 지금의 섬서성 기산현(岐山縣)에 위치한다.
9) 終南惇物(종남돈물) : 종남(終南)은 산 이름으로, 종남산(終南山)을 가리킨다. 지금의 섬서성 장안(長安) 남쪽에 위치한다. 돈물(惇物)은 산 이름으로, 돈물산(惇物山)을 가리킨다. 지금의 섬서성 무공현(武公縣) 남쪽에 위치한다.
10) 鳥鼠(조서) : 조서(鳥鼠)는 산 이름으로, 농서(隴西) 수양산(首陽山) 서남쪽에 위치한다. 지금의 조서산(鳥鼠山)을 가리키며, 감숙성 위원현(渭源縣)에 위치한다.
11) 原隰(원습) : 평야와 진펄. 원(原)은 들. 곧 평야. 습(隰)은 진펄. 곧 진창으로 된 벌.
12) 豬壄(저야) : 호수 이름으로 저야호(豬壄湖)를 가리킨다. 지금의 감숙성 양주(涼州)에 있었다.

13) 三危(삼위) : 산 이름으로 삼위산(三危山)을 가리킨다. 지금의 감숙성 돈황현(燉煌縣) 남쪽에 위치한다. 순전(舜典)에 나오는 지방 이름이 아니다.
14) 宅(택) : 사람이 농사를 지으면서 살 수 있게 되었다는 뜻.
15) 三苗(삼묘) : 본래 유묘씨(有苗氏)의 종족인데 이곳에 옮겨 살면서 셋으로 나뉘어져 삼묘라고 했다.
16) 球琳琅玕(구림랑간) : 네 가지가 모두 옥과 옥돌을 이르는 말로 옥의 종류를 말한다.
17) 積石(적석) : 산 이름으로 금성(金城)의 서남쪽에 있는 적석산(積石山)을 가리킨다. 지금의 대설산(大雪山)을 이르는 말이라고도 하는데, 청해성(青海省) 남쪽에 위치한다. 대적산(大積山)이라고도 한다.
18) 龍門(용문) : 산 이름으로 용문산(龍門山)을 가리킨다. 지금의 산서성 하진(河津)과 섬서성 한성(韓城) 사이에 위치한다. 중국에는 이 밖에도 용문산이라는 이름을 가진 산이 여러 곳에 있다.
19) 昆崙 析支 渠叟 西戎(곤륜, 석지, 거수, 서융) : 곤륜(昆崙)은 산 이름이며 지방 이름. 황하의 발원지로 지금의 감숙성 서녕현(西寧縣)에 해당한다. 석지(析支)는 지방 이름이며, 지금의 청해성 북쪽과 감숙성 귀덕현(貴德縣)에 걸친 지역에 해당한다. 거수(渠叟)는 지방 이름이며, 지금의 섬서성 회원현(懷遠縣) 북쪽에서 몽고(蒙古)에 이르는 지역에 해당한다. 서융(西戎)은 서쪽 오랑캐. 중국 서쪽 지방에 살던 미개인(未開人)을 가리킨다. 곤륜(昆崙), 석지(析支), 거수(渠叟)에 거주하던 사람들은 모두 서융(西戎)에 해당하는 족속들이었다.

11. 산을 중심으로 많은 업적을 남기다

견산(汧山)과 기산(岐山)에서 시작해 형산(荊山)까지 다스려 나아가 황하를 건너 호구산(壺口山)과 뇌수산(雷首山)을 지나 태악(大嶽)에 이르렀다.

지주산(厎柱山)과 석성산(析城山)을 거쳐 왕옥산(王屋山)까지 나아갔으며, 태행산(太行山)과 항산(恒山)을 거쳐 갈석산(碣石山)에 이르러서는 바닷가에 이르렀다.

서경산(西傾山)과 주어산(朱圉山)과 조서산(鳥鼠山)에서 시작해 태화산(太華山)까지 나아갔으며, 웅이산(熊耳山)과 외방산(外方山)과 동백산(桐柏山)을 거쳐서 배미산(陪尾山)에 이르렀다.
파총산(嶓冢山)에서 시작해 형산(荊山)까지 다스려 나아갔으며, 내방산(內方山)을 거쳐서 대별산(大別山)까지 이르렀다.
민산(岷山)의 남쪽 기슭에서 시작해 형산(衡山)에 이르렀으며, 아홉 줄기의 강물을 지나 부천원산(敷淺原山)까지 이르렀다.
▧ 중국의 여러 산을 중심으로 우(禹)가 이룬 업적을 나열했다. 당시의 산들은 9주(九州) 안에 있는 산들이다.

道[1]汧[2]及岐 至于荊山[3] 逾[4]于河 壺口 雷首 至于大嶽 厎柱 析城 至于王屋 太行 恒山 至于碣石[5] 入于海[6]
西傾[7] 朱圉 鳥鼠 至于太華[8] 熊耳 外方 桐柏 至于倍尾[9]
道嶓冢[10] 至于荊山 內方[11] 至于大別[12] 岷山之陽 至于衡山[13] 過九江 至于敷淺原[14]

1) 道(도) : 인도하다. 다스리다. 여기서는 시작해 다스려 나아갔다의 뜻.
2) 汧(견) : 산의 이름인 견산(汧山). 견현의 서쪽에 있다. 지금의 섬서성(陝西省) 농현(隴縣)에 위치하는데, 오악산(吳嶽山)이라고도 한다.
3) 岐 至于荊山(기 지우형산) : 앞에 나온 옹주(雍州)의 기산(岐山)과 형산(荊山).
4) 逾(유) : 지나가다. 거치다. 여기서는 양산(梁山)의 용문(龍門)을 지나가다. 황하를 건넜다는 뜻이다.
5) 壺口 雷首 大嶽 厎柱 析城 王屋 太行 恒山 碣石(호구, 뇌수, 태악, 지주, 석성, 왕옥, 태행, 항산, 갈석) : 모두 기주(冀州)에 있는 산 이름. 호구산과 태악산과 갈석산은 앞의 기주편에 나왔고, 뇌수산은 지금의 산서성(山西省) 영제현(永濟縣)에 위치하며, 지주산은 지금의 하남성(河南省) 섬현(陝縣) 동북쪽에 위치하며 황하를 끼고 있다. 석성산과 왕옥산은 지금의 산서성 양성현(陽城縣)에 위치하며, 태행산은 산서성 진성현(晉城縣)에 위치하고, 항산은 지금의 하북성 곡양현(曲陽縣)의 서북쪽과 산서성 혼원현(渾源縣)의 동남쪽

에 위치하는 산으로 순전(舜典)의 북악(北岳)은 항산을 말하는 것이다.
6) 入于海(입우해) : 바다로 들어간다. 곧 바닷가에 이른다.
7) 西傾(서경) : 양주(梁州)편에 나오는 서경산을 말한다.
8) 朱圉 鳥鼠 太華(주어, 조서, 태화) : 모두 옹주(雍州)에 있는 산 이름. 주어산은 한양(漢陽)의 기현(冀縣)에 있었는데, 지금의 감숙성 복강현(伏羌縣)에 위치하며, 속칭 백암산(白巖山)이라 불린다. 조서산은 옹주편에 나왔고 태화산은 화음산(華陰山)으로 오악(五嶽)의 하나인 화산(華山)을 말하는 것으로 지금의 섬서성 화음현(華陰縣)에 위치한다.
9) 熊耳 外方 桐柏 陪尾(웅이, 외방, 동백, 배미) : 모두 예주(豫州)에 있는 산 이름. 웅이산은 지금의 하남성 노씨현(盧氏縣)에 위치하며, 외방산은 오악의 하나인 숭산(崇山)을 말하며, 동백산은 하남성 동백현(桐柏縣)에, 배미산은 안육(安陸)의 동북쪽에 있으며, 지금의 산동성 사수현(泗水縣)에 위치한다.
10) 嶓冢(파총) : 파총산(嶓冢山). 산의 형태가 무덤(冢)처럼 생겼다. 앞에서 나온 양주(梁州)의 파산(嶓山)과 같다.
11) 內方(내방) : 내방산(內方山). 지금의 호북성 종상현(鐘祥縣)에 위치하는데, 장산(章山)이라고도 한다.
12) 大別(대별) : 산 이름으로 대별산(大別山)을 가리킨다. 지금의 호북성 한양현(漢陽縣) 동북쪽에 위치하는데, 노산(魯山)이라고도 한다.
13) 衡山(형산) : 산 이름으로 앞에 나온 형주(荊州)의 형산(衡山)과 같으며, 순전(舜典)에 나오는 남악(南岳)과 같다.
14) 敷淺原(부천원) : 산 이름으로 부천원산(敷淺原山)을 가리킨다. 확실한 위치는 알 수 없는데, 지금의 강서성 구강현(九江縣)에 위치한 여산(廬山)이라는 설(說)이 유력하다.

12. 약수, 흑수, 황하, 양수를 다스리다

약수(弱水)의 물을 인도해 합려산(合藜山) 쪽으로 흐르게 했으며, 나머지 흐름은 유사(流沙)로 흐르게 했다.

흑수(黑水)의 물을 인도해 삼위산(三危山) 쪽으로 흘러서 남쪽 바다로 빠지게 했다.

황하(黃河)를 인도해 적석산(積石山)을 거쳐 용문산(龍門山)에 이르도록 했고, 남쪽으로는 화산(華山)의 북쪽 기슭에 이르도록 했으며, 동쪽으로 지주산(厎柱山)에 이르러서는 다시 동쪽으로 흘러 맹진(盟津)에 이르도록 했고, 이어 동쪽으로 낙수(洛水)의 굽이를 지나 대비산(大伾山)에 이르도록 했으며, 북쪽으로 항수(降水)를 지나 대륙호(大陸湖)에 이르도록 하고, 다시 북쪽으로 아홉 물줄기로 나누어지게 했다가 그것을 함께 다시 황하로 모아 바다로 빠지게 했다.

파총산(嶓冢山)의 양수(漾水)를 인도해 동쪽으로 흘러서 한수(漢水)가 되게 했고, 다시 동쪽으로 흘러 창랑지수(滄浪之水)를 이루게 했으며, 삼서(三澨)를 지나 대별산(大別山)으로 이르게 했고, 남으로는 장강(長江)에 흘러 들어가도록 했는데, 동쪽으로 괸 물이 팽려호(彭蠡湖)를 이루었고, 또 동쪽으로는 북강(北江)이 되어 바다로 흘러 들어갔다.

민산(岷山)에서부터 장강(長江)을 다스리기 시작해 동쪽으로 따로 타수(沱水)를 이루게 했고, 다시 동쪽으로 흘러 예수(醴水)에 이르게 했으며, 구강(九江)을 지나 동릉(東陵)에 이르게 하고, 동쪽을 비껴 흘러 북으로 물이 괴어 이루어진 호수인 팽려호(彭蠡湖)와 합류시켜 동쪽으로 흘러 중강(中江)을 이루게 하고 바다로 흘러들게 했다.

연수(沇水)를 인도해 동쪽으로 흘러서 제수(泲水)가 되어 황하로 들어가게 하고, 넘치는 물을 형수(滎水)가 되게 하고는 동쪽으로 나가 도구(陶丘) 북쪽으로 흐르게 했으며, 다시 동쪽으로 흘러 가택(菏澤)에 이르도록 하고, 또 동북쪽으로 흘러 문수(汶水)와 합치게 해 다시 북동쪽으로 흘러서 바다로 흘러 들어가게 했다.

동백산(桐柏山)에서 회수(淮水)를 인도해 동쪽으로 사수(泗水)와 기수(沂水)를 합쳐 동쪽으로 흘러 바다로 들어가게 했다.

위수(渭水)를 인도해 조서동혈산(鳥鼠同穴山)에서부터 동쪽으로 흘러 풍수(酆水)와 합치게 하고 다시 동쪽으로 흘러 경수

(涇水)와 합치게 하고 다시 동쪽으로 흘러 칠수(漆水)와 저수(沮水)를 지나 황하로 들어가게 했다.

낙수(洛水)를 인도해 웅이산(熊耳山)에서부터 동북쪽으로 흘러 간수(澗水)와 전수(瀍水)를 합치게 하고는 다시 동쪽으로 흘러 이수(伊水)와 모이게 했으며, 또 동북쪽으로 흘러 황하로 들어가게 했다.

▨ 중국 대륙을 흐르는 강물을 다스려 치수사업(治水事業)에 성공한 우(禹)임금의 업적을 중심으로 기록했다.

약수, 흑수, 황하를 시작으로 회수, 위수, 낙수 등의 물줄기를 다스린 공적을 차례로 기록했다.

道[1]弱水 至于合藜[2] 餘波[3] 入于流沙[4]

道黑水 至于三危 入于南海 道河積石 至于龍門 南至于華陰[5] 東至于厎柱 又東至于盟津[6] 東過洛汭 至于大伾[7] 北過降水[8] 至于大陸 又北播[9]爲九河 同爲逆河[10] 入于海

嶓冢道瀁[11] 東流爲漢 又東爲滄浪之水[12] 過三澨[13] 至于大別 南入于江 東匯[14]澤爲彭蠡 東爲北江[15] 入于海

岷山道江 東別爲沱[16] 又東至于醴 過九江 至于東陵 東迆[17]北會于匯 東爲中江 入于海

道沇水[18] 東流爲濟 入于河 軼爲榮[19] 東出于陶丘[20]北 又東至于荷[21] 又東北會於汶 又北東入于海

道淮自桐柏 東會于泗沂 東入于海

道渭自鳥鼠同穴[22] 東會于灃 又東至于涇 又東過漆沮 入于河

道洛自熊耳 東北會于澗瀍[23] 又東會于伊[24] 又東北 入于河

1) 道(도) : 인도하다. 곧 물이 범람하지 않도록 물길을 다스려 잘 흐르게 하는 것을 뜻한다.
2) 合藜(합려) : 산 이름으로 주천(酒泉)에 있으며, 합려산(合黎山)을 가리킨다. 지금의 감숙성 장액현(張掖縣)에 위치한다.
3) 餘波(여파) : 나머지 흐름. 남은 물줄기.
4) 流沙(유사) : 돈황의 사막(沙漠). 여기서는 감숙성 정신현(鼎新縣) 동쪽의

사막을 가리킨다.
5) 華陰(화음) : 화산(華山)의 북쪽 기슭. 화산은 앞에 나온 태화산(太華山)과 같고, 음(陰)은 응달쪽을 말하는 것이니 산의 응달쪽은 북쪽 기슭이다.
6) 盟津(맹진) : 나루터의 이름. 지금의 하남성 맹현(孟縣)에 있다.
7) 大伾(대비) : 산 이름으로 성고(成臯)에 있었으며, 대비산(大伾山)을 가리킨다. 지금의 하남성 준현(濬縣)에 위치한다.
8) 降水(항수) : 물 이름. 지금의 하북성 곡주현(曲周縣)과 비향현(肥鄕縣) 사이에 흐른다. 장수(漳水)라고도 한다.
9) 播(파) : 나누어지게 하다. 헤치다.
10) 同爲逆河(동위역하) : 아홉 물줄기로 흩어졌던 흐름이 함께 모여 한 물줄기로 다시 이루어졌다는 뜻. 역(逆)은 영(迎)과 통해 맞는다. 곧 다시 모으다의 뜻이다.
11) 瀁(양) : 물 이름인 양수(瀁水)를 가리킨다. 농서(隴西)의 저도(氐道)에서 흘러 동쪽으로 무관산(武關山)을 지나 남쪽으로 한수로 들어간다. 지금의 섬서성 영강현(寧羌縣)에 그 수원을 두고 동남쪽으로 흘러 면수(沔水)가 되고 다시 한중(漢中)에서 동쪽으로 흘러 한수(漢水)를 이룬다. 양수(養水)라고도 한다.
12) 滄浪之水(창랑지수) : 형산(荊山)에서 나와 동남쪽으로 흘러서 창랑수가 된다. 한수(漢水)의 일부분인 호북성 균현(均縣)에 흐르는 한수를 가리킨다.
13) 三澨(삼서) : 옛 강하(江夏) 경릉(竟陵)에서 흘렀다. 물 이름인 삼삼수(三參水)의 속칭(俗稱). 지금의 호북성 천문현(天門縣)에 흐른다.
14) 匯(회) : 물이 괴어 호수가 되는 것을 말한다.
15) 彭蠡 北江(팽려. 북강) : 팽려는 양주(揚州)의 세 강 중의 하나로 팽려호(彭蠡湖)를 가리킨다. 곧 지금의 파양호(鄱陽湖)를 가리킨다. 북강은 어디인지 자세하지 않다.
16) 沱(타) : 물 이름인 타수(沱水). 앞에 나온 양주(梁州)의 타수(沱水)와 같다.
17) 東迤(동이) : 동쪽으로 물길을 약간 비껴서 흐르게 한다는 뜻.
18) 沇水(윤수) : 물 이름. 지금의 하남성 청원현(淸源縣) 왕옥산(王屋山)에서 발원(發源)해 동쪽으로 흘러 하내현(河內縣)을 거쳐 황하로 빠진다. 제수(濟水)의 상류(上流).

19) 滎(형) : 물 이름인 형수(滎水)를 가리킨다. 앞에 예주(豫州)에서 나왔다.
20) 陶丘(도구) : 땅 이름. 지금의 산동성 정도현(定陶縣)에 해당한다.
21) 荷(가) : 호수의 이름인 가택(荷澤). 앞에 나온 예주(豫州)의 가택(荷澤)과 같다.
22) 鳥鼠同穴(조서동혈) : 산 이름인 조서산(鳥鼠山)의 별칭(別稱).
23) 澗瀍(간전) : 물 이름인 간수(澗水)와 전수(瀍水)를 가리킨다.
24) 伊(이) : 물 이름인 이수(伊水)를 가리킨다.

13. 9주(九州) 곳곳이 잘 다스려지다

9주(州)가 다 같이 잘 다스려지니 사방의 바닷가 구석구석까지 사람이 살 수 있게 되었다. 9주의 모든 산은 나무를 베고 길을 닦아 정비했고, 9주의 모든 하천(河川)은 수원(水源)에서부터 잘 흐르도록 터놓았으며, 9주의 호수는 방죽을 쌓아 막아 놓았다. 이에 사해(四海)의 제후(諸侯)가 임금을 받들었다.

모든 물자가 크게 다스려져 모든 지방이 다 같이 바로잡혔다.

재물과 부세(賦稅)를 신중히 다루어 모두 세 등급으로 나뉘어진 땅에 따라 나라의 부세를 정했다.

백성에게 땅을 나누어 주고, 공경하고 덕으로써 먼저 몸소 실천해 보이니 "내가 행하는 일에 아무도 어기는 사람이 없다."라고 하기에 이르렀다.

수도를 중심으로 해 사방 5백 리의 땅이 전복(甸服)이다. 1백 리 안은 부세(賦稅)로 곡식을 베어 묶어서 단으로 바치도록 했고, 두 번째 1백 리 안은 벼이삭으로 바치게 했고, 세 번째 1백 리 안은 짚과 고갱이만 딴 것을 바치게 했고, 네 번째 1백 리 안은 찧지 않은 낟알을 바치게 했으며, 다섯 번째 1백 리 안은 찧은 알곡식을 바치게 했다.

그 다음 사방 5백 리의 땅은 후복(侯服)이다. 첫 번째 1백 리 안은 경대부(卿大夫)들이 봉(封)함을 받은 땅이었고, 두 번째 1백 리 안은 남작(男爵)들이 봉함을 받은 땅이었으며, 나머지 3백

한서지리지(漢書地理志) 상(上) 45

리 안은 제후(諸侯)들이 다스리는 땅이었다.

  그 다음 사방 5백 리의 땅은 수복(綏服)이다. 3백 리 안의 땅은 백성의 교화(敎化)를 원칙으로 삼았으며, 나머지 2백 리 안의 땅은 무공(武功)을 떨쳐 나라를 지키게 했다.

  그 다음 사방 5백 리의 땅은 요복(要服)이다. 3백 리 안의 땅에는 이족(夷族)들을 살게 했고 나머지 2백 리의 땅은 죄가 가벼운 죄인들을 귀양 보내는 땅이었다.

  그 다음 사방 5백 리의 땅은 황복(荒服)이다. 3백 리 안의 땅에는 만족(蠻族)들을 살게 했고 나머지 2백 리의 땅은 중죄인(重罪人)을 귀양 보내는 유형지(流刑地)로 삼았다. 이렇게 해 동쪽으로는 바다에 닿았고 서쪽으로는 유사(流沙)에까지 미쳤다. 북녘에서 남녘에 이르기까지 명성과 교화가 온 세상에 퍼졌다.

  우(禹)는 현규(玄圭)를 바치면서 그 공이 이루어졌음을 고했다. 뒤에 순(舜)임금이 선양해 하후씨(夏后氏)가 되었다.

  ▨ 우(禹)임금이 치산치수(治山治水)하고 행정적인 체계를 확립해 중국의 방방곡곡이 잘 다스려져서 그의 공적을 크게 칭송한 것을 서술했으며, 그 공적으로 천자의 자리를 물려받은 것을 말한다.

九州[1] 迨同[2] 四奧[3] 旣宅[4] 九山[5] 㭴旅[6] 九川滌原[7] 九澤旣陂[8] 四海會同[9]

六府[10] 孔修[11] 庶土交正[12] 厎愼財賦[13] 咸則三壤[14] 成賦中國 錫土姓[15] 祗台德先[16] 不距[17] 朕行

五百里甸服[18] 百里賦內總[19] 二百里納銍[20] 三百里納秸服[21] 四百里粟[22] 五百里米[23]

五百里侯服[24] 百里采[25] 二百里男國[26] 三百里諸侯

五百里綏服[27] 三百里揆[28]文教 二百里奮武衛

五百里要服[29] 三百里夷 二百里蔡[30]

五百里荒服[31] 三百里蠻[32] 二百里流[33]

東漸[34]于海 西被[35]于流沙 朔 南暨 聲教[36]訖于四海

禹錫玄圭[37] 告厥成功

後受禪於虞 爲夏后氏

1) 九州(9주) : 우(禹)가 중국의 방방곡곡을 돌아다니면서 개척한 아홉 지방. 곧 기주(冀州), 연주(兗州), 청주(靑州), 서주(徐州), 양주(揚州), 형주(荊州), 예주(豫州), 양주(梁州), 옹주(雍州).

2) 逌同(유동) : 이와 같다. 다 같다. 곧 9주(州)가 다 같이 다스려져 질서가 잘 잡혔다는 뜻.

3) 四奧(사오) : 사방 바닷가. 곧 전국 구석구석까지. 오(奧)는 물가의 언덕이라는 뜻.

4) 宅(택) : 사람이 살게 되었다는 뜻.

5) 九山(구산) : 9주의 모든 산을 이르는 말이다.

6) 栞旅(간려) : 나무를 베고 길을 닦는 등 잘 정비되었다는 뜻. 여(旅)는 여기서 정비되다로 풀이된다.

7) 滌原(척원) : 물의 근원부터 잘 흐르도록 다스려 터놓았다는 뜻.

8) 陂(피) : 둑, 제방, 방죽을 쌓았다는 뜻.

9) 會同(회동) : 제후(諸侯)들이 천자를 받들어 모신다는 뜻. 회(會)는 모이다의 뜻이다. 동(同)은 여러 제후가 일시에 모여들어 천자를 뵙고 인사 드리는 것을 말한다.

10) 六府(육부) : 백성이 살아가는 데 있어 밀접한 관계를 가진 모든 물자. 곧 물[水], 불[火], 철(鐵), 나무[木], 땅[土], 곡식(穀食) 등 여섯 가지를 가리킨다.

11) 孔修(공수) : 크게 다스려지다. 매우 잘 다스리다.

12) 庶土交正(서토교정) : 여러 지방을 다 같이 질서를 바로잡다. 서토(庶土)는 여러 지방, 교(交)는 다 같이, 정(正)은 바로잡다의 뜻.

13) 厎愼財賦(지신재부) : 재물과 부세(賦稅)를 신중하게 다루었다. 지(厎)는 여기서는 다루다의 뜻이다.

14) 咸則三壤(함칙삼양) : 땅을 세 등급으로 나누어 모든 백성이 이 법칙에 따르도록 했다는 뜻. 함(咸)은 모두, 칙(則)은 따르도록 정해진 법칙. 삼양(三壤)은 상(上) 중(中) 하(下)의 세 등급의 뜻이다.

15) 錫土姓(석토성) : 백성에게 땅을 주어 충분히 먹고 살게 했다는 뜻. 석(錫)은 주다로 사(賜)와 같은 뜻. 토(土)는 땅, 성(姓)은 백성을 가리킨다.

16) 祗台德先(지이덕선) : 공경히 덕으로 먼저 보이다. 이(台)는 이(以)와 같은

뜻임.
17) 距(거) : 여기서는 막는다의 뜻으로 거(拒)와 같은 뜻임.
18) 甸服(전복) : 서울을 중심으로 해 사방 5백 리의 땅을 가리킨다. 전(甸)은 서울 근교의 지역인 경기(京畿) 지역이라는 뜻.
19) 總(총) : 곡식을 베어 묶어 둔 단.
20) 銍(질) : 곡식의 이삭. 벼이삭.
21) 夏服(갈복) : 짚과 고갱이만 따다. 겉껍질이 그대로 있는 곡식.
22) 粟(속) : 찧지 않은 낟알.
23) 米(미) : 찧은 알곡식. ※이런 다섯 가지 부세(賦稅) 방법은 먼 지방의 백성에게 운반의 부담을 덜어 주기 위한 방법이었다는 설이 있다.
24) 侯服(후복) : 제후(諸侯)들이 다스리는 땅이라는 뜻.
25) 采(채) : 경(卿)과 대부(大夫)들이 봉(封)함을 받은 땅이라는 뜻.
26) 男國(남국) : 남작(男爵)의 계급에 해당하는 제후들이 다스리는 땅. 중국 상고시대의 제후들에게는 공(公), 후(侯), 백(伯), 자(子), 남(男)의 다섯 등급의 계급이 있었다.
27) 綏服(수복) : 나라를 편안하게 다스리는 데 필요한 땅이라는 뜻.
28) 揆(규) : 여기서는 원칙으로 삼았다는 뜻이다.
29) 要服(요복) : 위엄으로 다스리는 땅이라는 뜻.
30) 蔡(채) : 죄질이 가벼운 경죄인(輕罪人)들을 귀양살이 시키는 곳.
31) 荒服(황복) : 잘 다스려지지 않은 거친 땅이라는 뜻.
32) 蠻(만) : 만족(蠻族). 이족(夷族)보다 더 미개했던 민족이다. ※상고시대 중국에서는 주변에 사는 한족(漢族) 이외의 민족을 모두 미개인이라고 해 오랑캐라 불렀다. 동쪽에 사는 민족을 동이(東夷), 서쪽에 사는 민족을 서융(西戎), 남쪽에 사는 민족을 남만(南蠻), 북쪽에 사는 민족을 북적(北狄)이라고 해 업신여겼다.
33) 流(유) : 중죄인(重罪人)을 유배(流配)하는 유형지(流刑地).
34) 漸(점) : 여기서는 바다와 맞닿았다는 뜻이다.
35) 被(피) : 여기서는 유사(流沙 : 사막)에까지 미쳤다는 뜻이다.
36) 聲敎(성교) : 명성(名聲)과 교화(敎化).
37) 禹錫玄圭(우석현규) : 우(禹)는 현규(玄圭)를 바치다. 석(錫)은 여기서는 바

치다의 뜻이다. 현규(玄圭)는 검은 빛깔이 나는 옥으로 만들어진 홀(笏)을 가리킨다.

14. 서주(徐州), 양주(梁州)를 옹주(雍州), 청주(靑州)에 합하다

은나라가 하나라를 따라 바꾸고 고친 것들은 없어졌다. 주나라가 은나라를 이긴 뒤로는 하나라와 은나라를 거울 삼아 따로 떼어내고 보태어 관직을 정하고 직분을 나누었다. 우 임금이 정한 서주와 양주의 두 주를 개편해 옹주와 청주에 합했다. 기주 땅을 나누어 유주와 병주를 설치했다. 주관(周官 : 周禮)에 직방씨(職方氏)를 두어 천하의 땅을 관장하고, 9주로 나라를 나누었다.

동남쪽은 양주라고 한다. 대표적인 산은 회계산이고, 풀과 나무가 무성한 수택(藪澤)은 구구(具區)라 한다. 천(川)으로는 삼강(三江)이 있고, 담수호로는 5호(五湖)가 있다. 특산물은 금(金)과 주석과 대나무 화살이다. 백성은 남자 2명에 여자 5명꼴이다. 가축으로는 닭과 짐승이 모두 적당하고, 곡식은 벼를 심는 것이 좋다.

정남쪽을 형주라고 한다. 대표적인 산은 형산(衡山)이다. 풀과 나무가 우거진 늪지는 운몽(雲夢)이라 한다. 천(川)으로는 강수(江水)와 한수(漢水)가 있고, 담수호로는 영수(潁水)와 잠수(湛水)가 있다. 특산물은 단청과 은(銀), 짐승의 이빨과 가죽이다. 백성은 남자 1명에 여자 2명꼴이다. 기르는 가축과 곡식은 양주와 같다.

하남은 예주라 한다. 대표적인 산은 화산이다. 늪지대는 포전(圃田)이라 한다. 천(川)으로는 형수(滎水)와 낙수(雒水)가 있고, 담수호로는 파수(波水)와 차수(溠水)가 있다. 특산물은 마(麻)와 칠(漆)과 실과 모시이다. 백성은 남자 2명에 여자 3명꼴이다. 가축은 육요(六擾 : 소, 말, 양, 돼지, 개, 닭)가 적당하고, 곡식은 오곡(五穀)을 파종하는 것이 좋다.

정동쪽을 청주라고 한다. 대표적인 산은 기산(沂山)이고, 늪지대는 맹저(孟諸)이다. 천(川)으로는 회수(淮水)와 사수(泗水)가 있고, 담수호로는 기수(沂水)와 술수(沭水)가 있다. 특산물은 꿀과 물고기이고, 백성은 남자 2명에 여자 3명꼴이다. 가축은 닭과 개가 적당하고, 곡식은 벼와 보리가 적당하다.

하동을 연주라고 한다. 대표적인 산은 대산(岱山)이고, 늪지대는 태야(泰壄)라 한다. 천(川)으로는 하수(河水)와 제수(泲水)가 있고, 담수호로는 노수(盧水)와 유수(濰水)가 있다. 특산물은 꿀과 물고기이고, 백성은 남자 2명에 여자 3명꼴이다. 가축으로는 육요(六擾)가 적당하고 곡식은 메기장, 차기장, 벼와 보리가 잘된다.

정서쪽을 옹주라고 한다. 대표적인 산은 악산(嶽山)이며, 늪지대는 현포(弦蒲)이다. 천(川)으로는 경수(涇水)와 예수(汭水)가 있고, 담수호로는 위수(渭水)와 낙수(洛水)가 있다. 특산물은 옥과 돌이며, 백성은 남자 3명에 여자 2명꼴이다. 가축은 소와 말이 적당하고, 곡식은 메기장과 차기장을 심는 것이 좋다.

동북쪽을 유주라고 한다. 대표적인 산은 의무려(醫無閭)이고, 늪지대는 혜양(貕養)이라 한다. 천(川)으로는 하수(河水)와 제수(泲水)가 있고, 담수호로는 치수(菑水)와 시수(時水)가 있다. 특산물은 물고기와 소금이며, 백성은 남자 1명에 여자 3명꼴이다. 가축은 말, 소, 양, 돼지를 기르는 것이 적당하고 곡식은 기장과 피와 벼를 심는 것이 알맞다.

하내(河內)를 기주라고 한다. 대표적인 산은 곽산(霍山)이고, 늪지대는 양우(揚紆)라 한다. 천(川)으로는 장수(漳水)가 있고 담수호로는 분수(汾水)와 노수(潞水)가 있다. 특산물은 소나무와 잣나무이고, 백성은 남자 5명에 여자 3명꼴이다. 가축은 소와 양이 적당하고, 곡식은 메기장과 차기장을 심는 게 적당하다.

정북쪽을 병주라고 한다. 대표적인 산은 항산(恒山)이며, 늪지대는 소여기(昭餘祁)이다. 천(川)으로는 호지(虖池)와 구이(嘔夷)가 있고 담수호로는 내수(涞水)와 이수(易水)가 있다. 특산

50 한서지리지(漢書地理志)

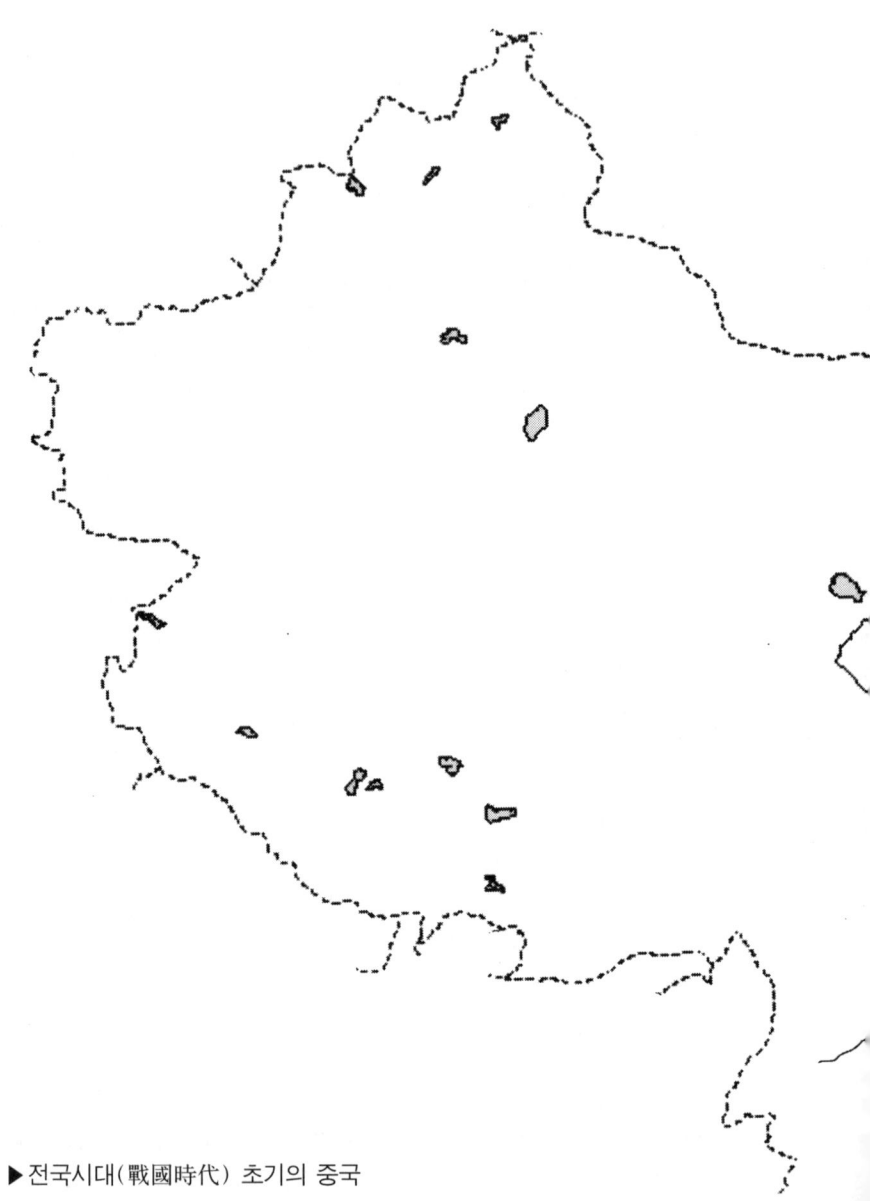

▶전국시대(戰國時代) 초기의 중국

한서지리지(漢書地理志) 상(上)　51

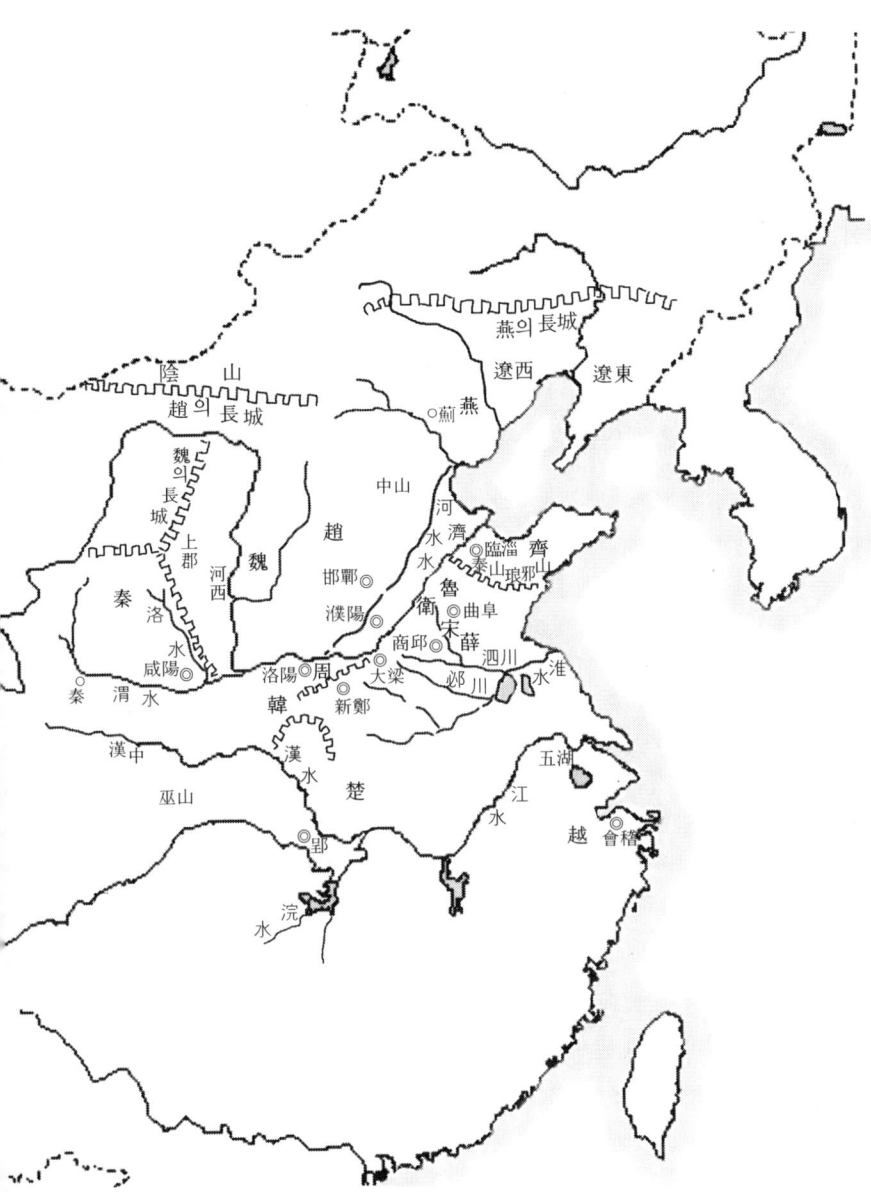

물은 베와 비단이고, 백성은 남자 2명에 여자 3명꼴이다. 가축은 말, 소, 양, 개, 돼지가 적당하고 곡식은 메기장, 차기장, 콩, 보리, 벼를 심는 것이 적당하다.

보장씨(保章氏)가 천문(天文)을 관장하고, 별[星]로써 9주의 땅을 구별한다. 봉(封)한 구역마다 이에 해당하는 분성(分星)을 두어 그 별의 상태에 따라 길흉을 판단한다.

▨ 12개 주에서 다시 합해 9주로 한 것을 말했다. 또 그 땅의 특성과 가축과 곡식들의 알맞은 특성을 기록했다.

殷[1]因於夏[2] 亡所變改
周[3]旣克殷 監於二大而損益之 定官分職 改禹徐 梁二州合之於雍 靑 分冀州之地以爲幽 幷
故周官[4]有職方氏[5] 掌天下之地 辯九州之國
東南曰揚州 其山曰會稽 藪[6]曰具區 川曰三江 浸[7]曰五湖 其利金錫竹箭 民二男五女 畜宜鳥獸 穀宜稻
正南曰荊州 其山曰衡 藪曰雲夢 川曰江 漢 浸曰潁湛 其利丹 銀 齒 革 民一男二女 畜及穀宜 與揚州同
河南曰豫州 其山曰華 藪曰圃田 川曰滎 雒 浸曰波溠 其利林 漆 絲枲 民二男三女 畜宜六擾 其穀宜五種
正東曰靑州 其山曰沂 藪曰孟諸 川曰淮 泗 浸曰沂沭 其利蒲魚 民二男三女 其畜宜雞狗 穀宜稻麥
河東曰兗州 其山曰岱 藪曰泰壄 其川曰河 泲 浸曰盧濰 其利蒲魚 民二男三女 其畜宜六擾 穀宜四種
正西曰雍州 其山曰嶽 藪曰弦蒲 川曰涇 汭 其浸曰渭 洛 其利玉石其民三男二女 畜宜牛馬 穀宜黍稷
東北曰幽州 其山曰醫無閭 藪曰貕養 川曰河 泲 浸曰菑時 其利魚鹽 民一男三女 畜宜四擾 穀宜三種
河內曰冀州 其山曰霍 藪曰揚紆 川曰漳 浸曰汾 潞 其利松柏 民五男三女 畜宜牛羊 穀宜黍稷
正北曰幷州 其山曰恒山 藪曰昭餘祁 川曰虖池嘔夷 浸曰淶易 其

利布帛 民二男三女 畜宜五擾 穀宜五種

而保章氏[8]掌天文 以星土[9]辯九州之地 所封封域皆有分星 以視吉凶

1) 殷(은) : 탕(湯)이 하(夏)나라 걸왕(桀王)을 정벌하고 세운 나라.
2) 夏(하) : 우 임금이 순 임금에게 제위를 물려 받고 그 아들 계(啓)에게 물려주어 세운 나라.
3) 周(주) : 은나라 주왕(紂王)을 무왕(武王 : 發)이 정벌하고 세운 나라.
4) 周官(주관) : 주례(周禮). 주나라의 관직 제도가 기록되어 있다.
5) 職方氏(직방씨) : 사방의 땅을 주관하는 직책. 공물을 할당하는 일도 함께 함.
6) 藪(수) : 풀과 나무가 우거진 늪지대.
7) 寖(침) : 담수호 또는 큰 호수. 浸(침)의 옛 글자.
8) 保章氏(보장씨) : 하늘의 별과 해와 달의 운행을 기록해 대사(大史)를 보좌하고 길하고 흉한 것을 보고하는 직책.
9) 土(토) : 하늘의 토성(土星).

15. 주(周)나라 작위(爵位)는 다섯 등급이다

주 나라의 작위는 다섯 등급으로, 토지는 세 등급으로 나뉘어져 있다.

봉(封)한 땅이 공작(公爵)과 후작(侯爵)은 1백 리(一白里), 백작(伯爵)은 70리, 자작(子爵)과 남작(男爵)은 50리였다. 부용(附庸)을 위하는 데 만족하지 못했다. 대개 1천8백 나라였다. 태호와 황제의 후손으로 당요와 우순시대 후백(侯伯)들은 오히려 보존되어 제왕의 지도와 호적을 이어준 것을 알 수 있다.

주나라 왕실이 이미 쇠약해져 제후들에게서 예악(禮樂)과 정벌이 나오더니, 서로 병탄(竝呑)하고 멸망시켜 수백 년간 여러 나라가 사라졌다.

춘추시대에 이르러서는 오히려 수십 개의 나라가 있었다. 이때는 오패(五覇 : 五伯)가 번갈아 일어나 그 회맹(會盟)을 총괄했다. 점점 쇠퇴해 전국시대에 천하가 분열되니 제(齊)나라, 초(楚)

54 한서지리지(漢書地理志)

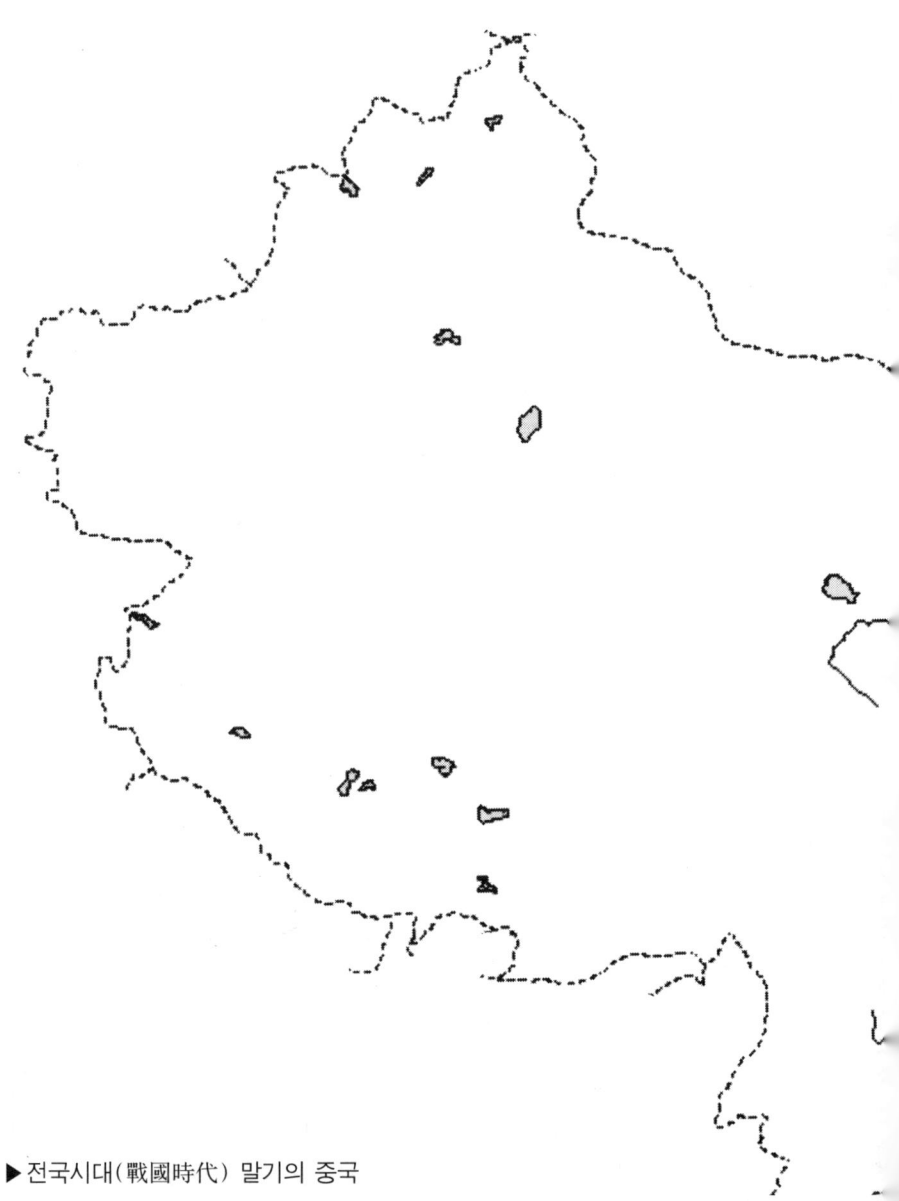

▶전국시대(戰國時代) 말기의 중국

한서지리지(漢書地理志) 상(上) 55

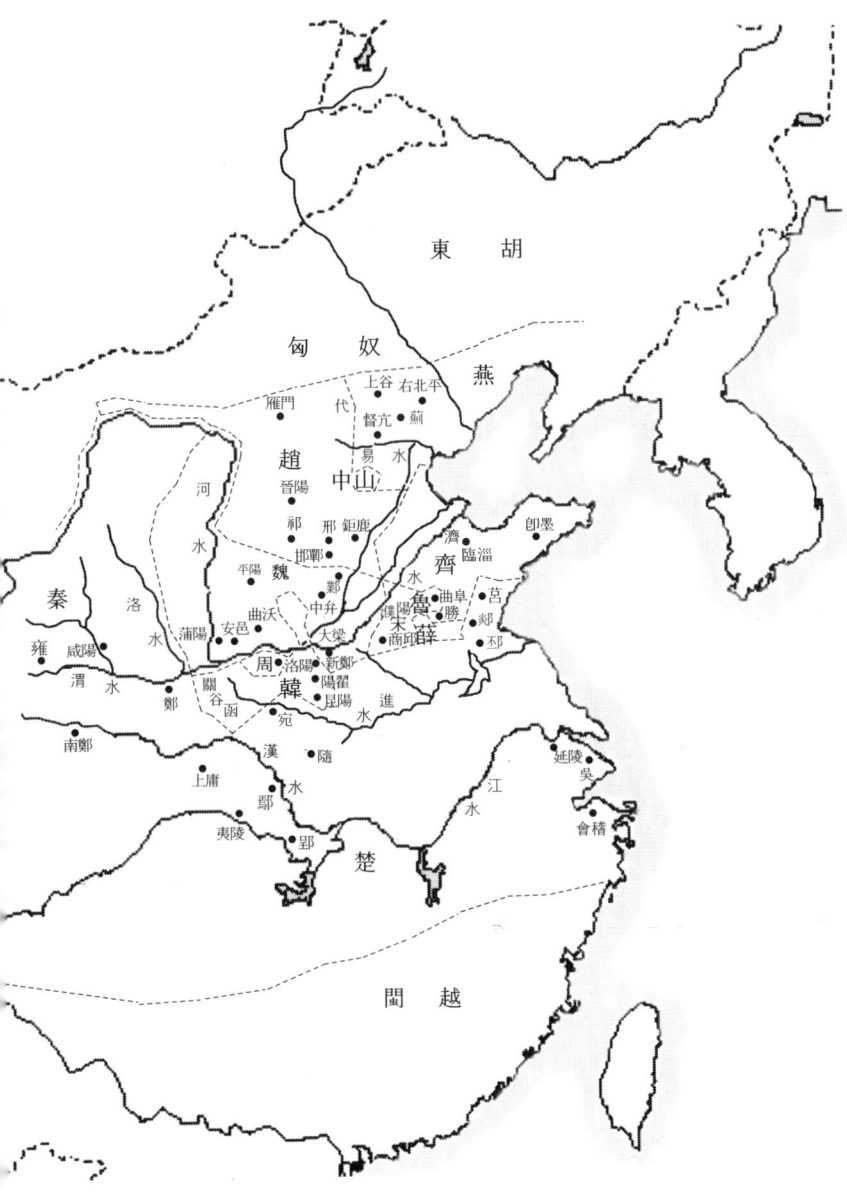

나라, 연(燕)나라, 한(韓)나라, 조(趙)나라, 위(魏)나라, 진(秦)나라 등의 7국(七國)이었다. 수십 년 동안 합종 연횡이 이루어지다 진(秦)나라가 천하를 통일하니 나라 제도가 미약해지고 제후들도 그 지위를 잃었다. 이 때문에 한 자의 땅도 봉하지 않고 천하를 군(郡)과 현(縣)으로 나누었다. 또한 앞서 간 성인(聖人)의 후예들을 정벌해 남아나지 않았다.

한(漢)나라가 일어나서 진나라 제도를 따라 은혜를 높이 하고 행함을 간단하고 쉽게 해 천하를 다스렸다. 무제(武帝) 때에 이르러 호(胡)와 월(越)나라를 물리쳐 땅을 열고 경계를 개척해 남으로는 교지(交阯)를 두고, 북으로는 삭방(朔方)의 주(州)를 두었다. 겸해 서주와 양주와 유주는 하나라, 주나라의 제도를 병행했다.

옹주를 고쳐서 양주라 하고, 양주를 고쳐서 익주라 했다. 모두 합해서 13부(部)에 자사를 두어 선왕들의 자취와는 이미 멀어졌으며 땅 이름 또한 자주 바꾸었다.

이 때문에 옛날의 소문을 캐서 얻고 시(詩)와 서(書)에서 자취를 고증했으며 산과 천에 미루어 표(表)하고, 우공(禹貢)과 주관(周官)과 춘추(春秋)를 계승했으니 아래로는 전국시대와 진나라, 한나라에 미치는 것이다.

▨ 주(周)나라의 작위(爵位) 분배부터 춘추시대(春秋時代)를 거치고 전국시대(戰國時代)를 거쳐서 진(秦)나라가 중국의 7국을 통일하고 한(漢)나라가 천하를 통일한 후 13부(十三部)를 둔 것을 기록했다.

周爵五等[1] 而土三等[2] 公侯百里 伯七十里 子男五十里 不滿爲附庸 蓋千八百國 而太昊 黃帝[3]之後 唐虞侯伯[4]猶存 帝王圖籍相踵[5]而可知 周室旣衰 禮樂征伐自諸侯出 轉相呑滅 數百年間 列國秏盡 至春秋時[6] 尙有數十國 五伯[7]迭興 總其盟會 陵夷至於戰國[8] 天下分而爲七[9] 合從連衡[10] 經數十年 秦遂幷兼四海 以爲周制微弱 終爲諸侯所喪 故不立尺土之封[11] 分天下爲郡縣 盪滅[12]前聖之苗裔[13] 靡有孑遺[14]者矣

漢興 因秦制度 崇恩德 行簡易 以撫海內 至武帝[15]攘卻胡越[16] 開地斥境 南置交阯[17] 北置朔方之州[18] 兼徐梁幽幷夏周之制 改雍曰涼 改梁曰益 凡十三部 置刺史 先王之迹旣遠 地名又數改易 是以采獲舊聞 考迹詩書[19] 推表山川 以綴禹貢 周官 春秋[20] 下及戰國 秦漢焉

1) 周爵五等(주작오등) : 주나라의 다섯 작위. 곧 공(公), 후(侯), 백(伯), 자(子), 남(男).
2) 土三等(토삼등) : 공(公)과 후(侯)는 1백 리(一白里), 백(伯)은 70리, 자(子)와 남(男)은 50리의 땅을 받았음을 말함.
3) 太昊 黃帝(태호 황제) : 태호는 복희씨, 황제는 헌원씨를 가리킨다.
4) 唐虞侯伯(당우후백) : 당(唐)은 요임금, 우(虞)는 순임금, 후(侯)와 백(伯)은 설(契)과 기(棄) 등의 당과 우 시대의 제후들.
5) 圖籍相踵(도적상종) : 도적(圖籍)은 지도와 호적을 말함. 상종(相踵)은 서로 계승하다의 뜻임.
6) 春秋時(춘추시) : 춘추시대. 노(魯)나라 은공(隱公) 1년. 곧 주 평왕(平王) 49년에서 노 애공(哀公) 14년까지 242년을 뜻한다.
7) 五伯(오백 : 五覇) : 춘추시대 제(齊)나라 환공(桓公), 송(宋)나라 양공(襄公), 진(晉)나라 문공(文公), 진(秦)나라 목공(穆公), 초(楚)나라 장왕(莊王)을 이른다.
8) 陵夷至於戰國(능이지어전국) : 능이(陵夷)는 점점 쇠약해지다. 전국(戰國)은 전국시대로 춘추시대 이후 진(秦)나라가 천하를 통일하기까지 204년간을 뜻한다.
9) 爲七(위칠) : 전국 칠웅(戰國 七雄). 곧 제(齊), 초(楚), 연(燕), 한(韓), 조(趙), 위(魏), 진(秦)의 일곱 나라.
10) 合從連衡(합종연횡) : 전국시대 소진(蘇秦)이 주창한 합종설(合從說)과 장의(張儀)가 주창한 연횡설(連橫說)을 뜻한다. 곧 동맹하는 방식을 말한다.
11) 尺土之封(척토지봉) : 한 자의 땅을 봉하다.
12) 盪滅(탕멸) : 정벌해 없애다.
13) 前聖之苗裔(전성지묘예) : 앞서간 성왕(聖王)들의 후예들.
14) 孑遺(혈유) : 나머지. 후손들.

15) 武帝(무제) : 한(漢)나라의 무제(武帝)를 가리킨다.
16) 胡越(호월) : 호(胡)는 북쪽의 오랑캐, 월(越)은 남쪽의 오랑캐를 가리키는 말이다.
17) 交阯(교지) : 지금의 베트남 땅.
18) 朔方之州(삭방지주) : 북쪽의 주. 곧 오랑캐 땅을 주로 만들다.
19) 詩書(시서) : 『시경(詩經)』과 『서경(書經)』.
20) 禹貢 周官 春秋(우공, 주관, 춘추) : 우공(禹貢)은 서경의 우서(虞書) 중 우공을, 주관(周官)은 지금의 주례(周禮)를, 춘추(春秋)는 공자(孔子)가 노나라 242년의 역사를 기록한 책 이름을 말한다.

제2장 군(郡)과 현(縣)의 위치

1. 경조윤(京兆尹)[1]

경조윤은 한(漢)나라 평제(平帝) 원시(元始) 2년에 19만 5천 7백2가구(家口), 인구는 68만 2천4백68구(口 : 명)이다.

12개 현(縣)이 있다. 곧 장안현(長安縣), 신풍현(新豊縣), 선사공현(船司空縣), 남전현(藍田縣), 화음현(華陰縣), 정현(鄭縣), 호현(湖縣), 하규현(下邽縣), 남릉현(南陵縣), 봉명현(奉明縣), 패릉현(覇陵縣), 두릉현(杜陵縣)이다.

▨ 경조윤은 옛 진(秦)나라에서는 내사(內史)였으며, 고제(高帝: 유방) 원년에 새국(塞國)에 속해 있다가 2년에 고쳐 위남군(渭南郡)으로 삼았다. 이후 9년에 없앴다가 다시 내사로 삼았다. 무제(武帝) 건원(建元) 6년에 나누어서 우내사(右內史)로 만들었다. 태초(太初) 원년에 고쳐 경조윤이 되었다.

장안현은 고제(高帝) 5년에 설치되었다. 혜제(惠帝) 원년 초에 성을 쌓기 시작해 6년에 완성되었다. 8만 8백 가구, 인구는 24만 6천2백 명이었다. 왕망(王莽) 때는 상안(常安)이라고 했다.

신풍현은 여산(驪山)의 남쪽에 있었고, 옛 여융국(驪戎國)이며, 진(秦)나라에서 여읍(驪邑)이라고 했다. 고제 7년에 설치되었다.

선사공현은 왕망 때는 선리(船利縣)라고 했다.

남전현은 산에서 아름다운 옥(玉)이 나고 호후산사(壺侯山祠)가 있는데 진효공(秦孝公)이 설치했다.

화음현은 옛 음진(陰晉)이며, 진의 혜문왕(惠文王) 5년에 이름을 영진(寧秦)이라 고치고, 고조 8년에 다시 화음(華陰)이라 고쳤다. 태화산

(太華山)이 남쪽에 있고 사(祠)가 있는데 예주(豫州)에 있는 산이다. 집영궁(集靈宮)은 무제가 세웠다. 왕망 때는 화단(華壇)이라고 했다.

정현은 주(周) 선왕(宣王)의 아우 정환공(鄭桓公)이 다스리던 읍이다. 곧 선왕의 동모제(어머니가 같은 아우)인 우(友)를 봉한 곳이며, 그의 아들 평왕(平王)이 동천(東遷)했다. 철관(鐵官)을 두었다. 이곳은 주나라의 목왕(穆王) 이하가 서정(西鄭)에 도읍해 환공(桓公)이 봉지를 얻지 못했다. 처음에는 정나라 환공이 주의 사도(司徒)가 되어 왕실이 장차 어지러워지자 사백(史伯)과 모의해서 괵(虢)과 회(會)에게 뇌물을 주고 의탁하고 유왕(幽王)이 이미 무너지자 2년에 회가 멸망하고 4년에 괵도 멸망해 정보구(鄭父丘)에 살았다. 이것이 정환공(鄭桓公)이다. 이 때문에 정환공을 봉한 문서가 없어졌다.

호현은 주나라 천자의 사당이 2곳이나 있는 곳이므로 호(胡)라 했다. 무제의 건원년에 호(湖)라고 이름을 고쳐서 불렀다.

하규현과 남릉현은 문제 7년에 설치되었다. 기수(沂水)가 남전곡(藍田谷)에서 나와 북쪽으로 패릉에 이르러 패수(霸水)로 들어간다. 패수 또한 남전곡에서 나와 북쪽으로 위수(渭水)로 들어간다. 안사고(顔師古)는 자수(玆水)라고 했으며, 진(秦) 목공(穆公)이 이름을 바꾸어서 패공(霸功)을 빛냈고 자손에게도 보였다.

봉명현은 선제(宣帝) 때 설치되었다.

패릉현은 옛 지양(芷陽)현이며, 문제(文帝)가 이름을 고쳤다. 왕망 때는 수장(水章)이라 했다.

두릉현은 옛 두백국(杜伯國)인데, 선제 때 이름을 고쳤다. 주나라 우장군(右將軍) 두주사(杜主祠)가 4곳이나 있다. 왕망 때는 요안(饒安)이라 했다.

京兆尹 元始[2]二年戶十九萬五千七百二 口六十八萬二千四百六十八 縣十二[3] 長安 新豊 船司空 藍田 華陰 鄭 湖 下邽 南陵 奉明 覇陵 杜陵

1) 京兆尹(경조윤) : 경사(京師 : 수도)의 태수. 지금의 서울시장과 같은 벼슬이었다.

2) 元始(원시) : 한나라 평제의 연호. 원시 1년은 기원전 2년.
3) 十二縣(십이현) : 경조윤에 소속된 12현이다.

2. 좌풍익(左馮翊)[1]

좌풍익은 원시 2년에 23만 5천1백1 가구, 인구는 91만 7천8백22명이다.

24개 현이 있다. 고릉현(高陵縣), 역양현(櫟陽縣), 적도현(翟道縣), 지양현(池陽縣), 하양현(夏陽縣), 아현(衙縣), 속읍현(粟邑縣), 곡구현(谷口縣), 연작현(蓮勺縣), 부현(鄜縣), 빈양현(頻陽縣), 임진현(臨晉縣), 중천현(重泉縣), 합양현(郃陽縣), 대우현(祋祤縣), 무성현(武城縣), 심양현(沈陽縣), 회덕현(褱德縣), 징현(徵縣), 운릉현(雲陵縣), 만년현(萬年縣), 장릉현(長陵縣), 양릉현(陽陵縣), 운양현(雲陽縣)이다.

▨ 좌풍익은 옛 진(秦)나라의 내사(內史)였는데 고조(高祖 : 劉邦) 원년에 새국(塞國)에 소속되었으며, 고조 2년에 다시 하상군(河上郡)으로 이름을 고쳤다가 9년에 없애고 다시 내사(內史)가 되었다. 무제의 건원(建元) 6년에 나누어 좌내사(左內史)가 되었다가 태초 원년에 좌풍익으로 이름을 고쳤다. 23만 5천1백1 가구, 인구는 91만 7천8백22명이었다.

고릉현은 좌보도위(左輔都尉)가 다스렸다. 왕망 때는 천춘(千春)이라 했다.

역양현은 진(秦)나라 헌공(獻公)이 옹(雍)으로부터 옮겼다. 왕망 때는 사정(師亭)이라 했다.

적도현은 왕망 때는 환(渙)이라 했다.

지양현은 혜제(惠帝) 4년에 설치되었다. 찰알산(巀嶭山 : 당시 嵯峨山)의 북쪽에 있었다.

하양현은 옛 소량(少梁)이다. 진(秦)나라 혜문(惠文)왕 11년에 이름을 고쳤다. 우공(禹貢)에 양산(梁山)이 서북쪽에 있고, 용문산(龍門山)이 북쪽에 있다. 철관(鐵官)을 두었다. 왕망 때는 기정(冀亭)이라 했다.

▶한(漢)나라 때의 서역 개척지역

한서지리지(漢書地理志) 상(上) 63

아현은 왕망 때는 달창(達昌)이라 했다.

속읍현은 왕망 때는 속성(粟城)이라 했다.

곡구현은 구종산(九嵕山)이 서쪽에 있다. 천제공(天齊公)과 선인(僊人)과 오상산(五牀山)과 오제사(五帝祠) 등 4곳이 있다. 왕망 때는 곡훼(谷喙)라 했다.

연작현과 부현은 왕망 때는 수령(修令)이라 했다.

빈양현은 진(秦)나라 여공(厲公)이 설치했다.

임진현은 옛날 대려현(大荔縣)이며, 진(秦)나라가 얻어서 이름을 고쳤다. 하수사(河水祠)가 있다. 예향(芮鄉)으로 옛 예국(芮國)이다.

중천현은 왕망 때는 조천(調泉)이라 했다.

합양현과 대우현은 경제(景帝) 2년에 설치되었다.

무성현은 왕망 때는 환성(桓城)이라 했다.

심양현은 왕망 때는 제창(制昌)이라 했다.

회덕현은 우공(禹貢)이 북쪽으로 형산(荊山)과 통해 남쪽에 있었고, 아래에는 강량원(彊梁原)이 있었다. 낙수(洛水)가 동남쪽에서 위수(渭水)로 들어가고 옹주(雍州)를 적셨다. 왕망 때는 덕환(德讙)이라 했다.

징현은 왕망 때는 범애(氾愛)라 했다.

운릉현은 소제(昭帝) 때 설치되었다.

만년현은 고제(高帝) 때 설치되었다. 왕망 때는 이적(異赤)이라 했다.

장릉현은 고제 때 설치되었다. 5만 57가구, 인구는 17만 9천4백69명이었다. 왕망 때는 장평(長平)이라 했다.

양릉현은 옛날 익양현(弋陽縣)인데, 경제 때 이름을 고쳤다. 왕망 때는 위양(渭陽)이라 했다.

운양현에는 후재(休屠)와 금인(金人) 및 경로신사(徑路神祠) 등 3곳이 있었고, 월(越)나라의 무당인 고양사(䱷䰟祠) 3곳이 있었다.

左馮翊 戶二十三萬五千一百一 口九十一萬七千八百二十二 縣二十四 高陵 櫟陽 翟道 池陽 夏陽 衙 粟邑 谷口 蓮勺 鄜 頻陽 臨晋 重泉 郃陽 祋祤 武城 沈陽 襄德 徵 雲陵 萬年 長陵 陽陵 雲陽

1) 左馮翊(좌풍익): 진(秦)나라 때 이름은 내사(內史)이다. 한나라 무제 건원

(建元) 6년에 좌내사(左內史)로 삼고 좌풍익이라 불렀다.

3. 우부풍(右扶風)
우부풍은 21만 6천3백77가구, 인구는 83만 6천70명이다.

21개 현이 있다. 위성현(渭城縣), 괴리현(槐里縣), 호현(鄠縣), 주질현(盩厔縣), 대현(斄縣), 옥이현(郁夷縣), 미양현(美陽縣), 미현(郿縣), 옹현(雍縣), 칠현(漆縣), 순읍현(栒邑縣), 유미현(隃糜縣), 진창현(陳倉縣), 두양현(杜陽縣), 견현(汧縣), 호치현(好畤縣), 괵현(虢縣), 안릉현(安陵縣), 무릉현(茂陵縣), 평릉현(平陵縣), 무공현(武功縣)이다.

▨ 우부풍은 옛날 진(秦)나라의 내사(內史)인데 고제 원년에 옹국(雍國)에 속해 있다가 2년에 고쳐서 중지군(中地郡)으로 삼았다. 그 후 9년에 없애고 다시 내사(內史)로 삼았다. 무제 건원 6년에 나누어 우내사(右內史)로 삼고 태초 원년에 이름을 바꾸어 주작도위(主爵都尉)로 이름을 고치고 우부풍(右扶風)으로 삼았다. 주작도위는 열후(列侯)들을 관장했다.

위성현은 옛날의 함양(咸陽)이다. 고제 원년에 이름을 신성(新城)현으로 고쳤다가 7년에 없애고 장안(長安)에 포함시켰다. 무제 원정(元鼎) 3년에 위성(渭城)으로 이름을 바꿨다. 난지궁(蘭池宮)을 두었다. 왕망 때는 경성(京城)이라 했다.

괴리현은 주(周)나라에서 견구(犬丘)라고 했고 이왕(懿王)이 도읍했다. 진(秦)나라에서 폐구(廢丘)라고 고쳤다. 고조 3년에 다시 이름을 고쳤다. 황산궁(黃山宮)이 있었고, 혜제 2년에 일으켰다. 왕망 때는 괴치(槐治)라 했다.

호현은 옛 나라 이름이다. 호곡정(扈谷亭)이 있다. 호국(扈國)은 하(夏)나라의 계(啓)가 정벌했다. 풍수(酆水)가 동남쪽에서 나오고 또 휼수(潏水)가 있어서 모두 북쪽으로 상림원(上林苑)을 지나서 위수(渭水)로 들어가고, 배양궁(萯陽宮)이 있는데 진(秦)나라 문왕(文王)이 일으켰다.

주질현은 장양궁(長陽宮)이 있고 사웅관(射熊館)이 있는데 진(秦)나라의 소왕(昭王)이 일으켰다. 영지거(靈軹渠)는 무제가 뚫었다.

대현은 주(周)나라 후직(后稷)을 봉한 곳이다.

욱이현은 『시경』의 '주도욱이(周道郁夷)'의 뜻이다. 견수사(汧水祠)가 있다. 왕망 때는 욱평(郁平)이라 했다.

미양현은 우공(禹貢)에 기산(岐山)이 서북쪽에 있다고 했다. 중수향(中水鄕)은 주(周) 태왕(太王)이 도읍한 곳이다. 고천궁(高泉宮)이 있고, 진(秦)나라 선태후(宣太后)가 일으켰다.

미현은 성국거(成國渠)에서 먼저 위수(渭水)를 받고 동북쪽으로 상림원에 이르러 몽롱거(蒙籠渠)로 들어간다. 우보도위(右輔都尉)가 다스렸다.

옹현은 진(秦)나라 혜공(惠公)이 도읍한 곳이다. 오치(五畤)와 태호(太昊)와 황제(黃帝) 이하 3백3곳이 있다. 덕천궁(棫泉宮)을 효공(孝公)이 일으켰다. 기년궁(祈年宮)은 혜공이 일으켰다. 역양궁(棫陽宮)은 소왕(昭王)이 일으켰다. 철관(鐵官)을 두었다.

칠현은 물이 현의 서쪽에 있다. 철관(鐵官)을 두었다. 왕망 때는 칠치(漆治)라 했다.

순읍현은 빈향(豳鄕)이 있고, 『시경』의 빈국(豳國)이 있으며, 공유(公劉)가 도읍한 곳이다.

유미현은 황제(黃帝)의 아들 사(祠 : 사당)가 있다. 왕망 때는 부정(扶亭)이라고 했다.

진창현에는 상공(上公)과 명성(明星)과 황제(黃帝)의 손자와 순(舜)임금의 아내 육총사(育冢祠)가 있다. 우양궁(羽陽宮)이 있는데 진(秦)나라 무왕(武王)이 일으켰다.

두양현은 두수(杜水)가 남쪽으로 위수(渭水)로 들어간다. 왕망 때는 통두(通杜)라 했다.

견현은 오산(吳山)이 서쪽에 있고, 고문(古文)에는 견산(汧山)으로 여겼으며, 옹주산(雍州山)이 있다. 북쪽에는 포곡향(蒲谷鄕)과 현중곡(弦中谷)이 있고, 옹주(雍州)의 현포수(弦蒲藪)가 있다. 견수가 서북쪽에서 나와 위수로 들어간다. 예수(芮水)가 서북쪽에서 나와 동쪽으로 경수(涇水)로 들어간다. 『시경』의 예액(芮阮)과 옹주(雍州) 천이다.
　호치현은 궤산(垝山)의 동쪽에 있다. 양산궁(梁山宮)이 있는데 진시황(秦始皇)이 일으켰다. 왕망 때는 호읍(好邑)이라 했다.
　괵현에는 황제(黃帝)의 아들과 주(周)나라 문왕(文王)과 무왕(武王)의 사(祠)가 있다. 괵궁(虢宮)이 있는데, 진(秦)나라 선태후(宣太后)가 일으켰다.
　안릉현은 혜제가 설치했다. 왕망 때는 가평(嘉平)이라 했다.
　무릉현은 무제가 설치했다. 6만 1천87가구, 인구는 27만 7천2백77명이다. 왕망 때는 선성(宣城)이라 했다.
　평릉현은 소제(昭帝)가 설치했다. 왕망 때는 광리(廣利)라 했다.
　무공현은 태일산(太壹山)이다. 고문(古文)에는 종남산(終南山)이라 했다. 수산(垂山)을 고문(古文)에는 돈물(敦物)이라 했다. 모두 현의 동쪽에 있다. 사수(斜水)가 아령산(衙領山) 북쪽에서 나와 미(郿)현에 이르러 위수로 들어간다. 회수는 또한 아령산에서 나와 남정현에 이르러 면수(沔水)로 들어간다. 수산과 사수와 포수사(褒水祠) 3곳이 있다. 왕망 때는 신광(新光)이라 했다.

　右扶風 戶二十一萬六千三百七十七 口八十三萬六千七十 縣二十一 渭城 槐里 鄠 盩厔 斄 郁夷 美陽 郿 雍 漆 栒邑 隃麋 陳倉 杜陽 汧 好畤 虢 安陵 茂陵 平陵 武功

4. 홍농군(弘農郡)
　홍농군은 호는 11만 8천91 가구, 인구는 47만 5천9백54명이다.
　11개 현이 있다. 홍농현(弘農縣), 노씨현(盧氏縣), 섬현(陝縣), 의양현(宜陽縣), 민지현(黽池縣), 단수현(丹水縣), 신안현(新安縣), 상현(商縣), 석현(析縣), 육혼현(陸渾縣), 상락현(上雒縣)이다.
　▨ 홍농군은 무제(武帝) 원정(元鼎) 4년에 설치되었다. 왕망 때는 우대(右隊)라고 했다. 철관을 두었는데 민지(黽池)에 있었다.

홍농현은 옛 진(秦)나라의 함곡관(函谷關)이다. 아산령(衙山領) 아래 계곡에서 촉수(燭水)가 발원해 북쪽의 하수로 들어간다.

노씨현은 웅이산(熊耳山)의 동쪽에 있다. 이수(伊水)가 나와서 동북쪽으로 낙수(雒水)로 들어가는데 1개 군을 지나서 4백50리를 흘러간다. 또 육수(育水)가 있는데 남쪽으로 순양(順陽)에 이르러 면수(沔水)로 들어간다. 또 이수(洱水)가 있어서 동남쪽으로 노양(魯陽)에 이르러 또 면수로 들어간다. 모두 2개의 군을 지나서 6백 리를 흘러간다. 왕망 때는 창부(昌富)라 했다.

섬현은 옛 괵국(虢國)이다. 초성(焦城)이 있어서 예부터 초국(焦國)이다. 북괵(北虢)은 대양에 있었고, 동괵은 형양(滎陽)에 있었으며, 서괵은 옹주(雍州)에 있었다. 왕망 때는 황미(黃眉)라고 했다.

의양현은 민지(黽池)가 있는데 철관을 두었다.

민지현은 고제(高帝) 8년에 다시 민지와 중향(中鄕)의 백성들을 합쳤다. 경제(景帝) 2년 초에 성을 쌓고 1만 가구를 옮겨서 현(縣)으로 삼았다. 곡수(穀水)가 곡양곡(穀陽谷)에서 나와 동북쪽으로 곡성에 이르러 낙수로 들어간다. 왕망 때는 섬정(陝亭)이라 했다.

단수현은 단수는 상락(上雒)현의 총영산(冢領山)에서 나와 동쪽 석현(析縣)에 이르러 균(鈞)으로 들어간다. 밀양향(密陽鄕)이 옛 상밀(商密)이다.

신안현은 우공(禹貢)에 윤수(潤水)가 동쪽에 있어서 남쪽의 낙수로 들어간다

상현은 진(秦)나라 재상인 위앙(衛鞅 : 商鞅)의 읍이다.

석현은 황수(黃水)가 황곡(黃谷)에서 나오고, 국수(鞠水)는 석곡(析谷)에서 나와 함께 동쪽으로 여(酈)에 이르러 단수(湍水)로 들어간다. 왕망 때는 군정(君亭)이라 했다.

육혼현은 『춘추』에 육혼융(陸渾戎)은 이곳으로 옮겼다고 했다.

상락현은 의공의 낙수가 총영산에서 나와 동북쪽으로 공(鞏)에 이르러 하수로 들어간다. 2개의 군을 지나서 1천70리를 흘러서 예주(豫州)의 천(川)으로 흐른다. 또 갑수(甲水)가 있고, 진영산(秦領山)에서 나와 동남쪽으로 석(錫)에 이르러 면수로 들어가는데 3개의 군을 지나서

5백70리를 흐른다. 응이산과 획여산(獲輿山)이 동북쪽에 있다.

弘農郡 戶十一萬八千九十一 口四十七萬五千九百五十四 縣十一 弘農 盧氏 陝 宜陽 黽池 丹水 新安 商 析 陸渾 上雒

5. 하동군(河東郡)

하동군은 23만 6천8백96가구, 인구는 96만 2천9백12명이다.
24개 현이 있다. 안읍현(安邑縣), 대양현(大陽縣), 의씨현(猗氏縣), 해현(解縣), 포반현(蒲反縣), 하북현(下北縣), 좌읍현(左邑縣), 분음현(汾陰縣), 문희현(聞喜縣), 호택현(濩澤縣), 단씨현(端氏縣), 임분현(臨汾縣), 원현(垣縣), 피씨현(皮氏縣), 장수현(長脩縣), 평양현(平陽縣), 양릉현(襄陵縣), 체현(彘縣), 양현(楊縣), 북굴현(北屈縣), 포자현(蒲子縣), 강현(絳縣), 호섭현(狐讘縣), 기현(騏縣)이다.

▨ 하동군은 진(秦)나라에서 설치했다. 왕망 때는 조양(兆陽)이라 했다. 근창(根倉)과 습창(濕倉)을 두었다.

안읍현은 무함산(巫咸山)이 남쪽에 있고, 염지(鹽池)가 서남쪽에 있다. 위강(魏絳)이 위(魏)나라를 이곳에 옮기고 혜왕(惠王) 때 대량(大梁)으로 옮겼다. 철관과 염관을 두었다. 왕망 때는 하동(河東)이라 했다.

대양현은 오산(吳山)의 서쪽에 있다. 위에는 오성(吳城)이 있고, 주 무왕이 태백(太伯)의 후예를 이곳에 봉해서 이것이 우공(虞公)이 되었는데 진(晉)나라에서 멸망시켰다. 천자묘(天子廟)가 있다. 왕망 때는 근전(勤田)이라 했다.

의씨현과 해현과 포반현은 요산(堯山)에 수산사(首山祠)가 있다. 뇌수산(雷首山)은 남쪽에 있다. 그러므로 포(蒲)라고 해서 진(秦)나라에서 이름을 고쳤다. 왕망 때는 포성(蒲城)이라 했다.

하북현은 『시경』의 위국(魏國)이 있었는데, 진(晉)나라 헌공(獻公)이 멸망시키고 대부 필만(畢萬)을 봉해서 증손인 위강(魏絳)이 안읍현으로 이사했다.

좌읍현은 왕망 때는 조정(兆亭)이라 했다.

분음현은 개산(介山)의 남쪽에 있다.

문희현은 옛날의 곡옥(曲沃)이다. 진(晋)나라 무공(武公)이 진양(晋陽)에서 이곳으로 이사를 했다. 무제 원정 6년에 지나가다가 이름을 고쳤다.

호택현은 우공에 석성산이 서남쪽에 있다.

단씨현과 임분현과 원현은 우공에 왕욱산(王屋山)이 동북쪽에 있는데 윤수(沇水)가 나오는 곳이며, 동남쪽으로 무덕(武德)에 이르러 하수로 들어가 앞질러서 형양(滎陽)의 북쪽 땅속으로 스며들고 또 동쪽으로 낭괴(琅槐)에 이르러 바다로 흘러 들어가는데 9개의 군을 지나서 1천8백40리를 흐른다.

피씨현은 경향(耿鄕)이며 옛날의 경국(耿國)이고, 진(晋)나라의 헌공이 멸망시켰으며, 그 대부 조숙(趙夙)에게 하사했다. 조숙의 10대 손 헌후(獻侯)가 중모(中牟)로 이사했다. 철관을 두었고, 왕망 때는 연평(延平)이라 했다.

평양현은 한무자(韓武子)의 현손(玄孫)인 한정자(韓貞子)가 이곳에 거주했다. 철관을 두었고, 왕망 때는 향평(香平)이라 했다.

양릉현은 반씨정(班氏亭)이 있었다. 왕망 때는 간창(幹昌)이라 했다.

체현은 곽대산(霍大山)이 동쪽에 있고, 기주산(冀州山)도 있다. 주(周)나라 여왕(厲王)이 도망한 곳이다. 왕망 때는 황성(黃城)이라 했다.

양현은 왕망 때는 유년정(有年亭)이라 했다.

북굴현은 우공에 호구산(壺口山)이 동남쪽에 있다. 왕망 때는 짐북(朕北)이라 했다.

강현은 진(晋)나라 무공이 곡옥(曲沃)에서 이곳으로 이사했다. 철관을 두었다.

호섭현과 기현은 제후국이었다.

河東郡 戶二十三萬六千八百九十六 口九十六萬二千九百十二 縣二十四 安邑 大陽 猗氏 解 蒲反 河北 左邑 汾陰 聞喜 濩澤 端氏 臨汾 垣 皮氏 長脩 平陽 襄陵 雞 楊 北屈 蒲子 絳 狐讘 騏

6. 태원군(太原郡)

태원군은 16만 9천8백63가구, 인구는 68만 4백88명이다. 가마관(家馬官)을 두었다.

21개 현이 있다. 진양현(晋陽縣), 사인현(葰人縣), 계휴현(界休縣), 유차현(楡次縣), 중도현(中都縣), 우리현(于離縣), 자씨현(玆氏縣), 낭맹현(狼孟縣), 오현(鄔縣), 우현(盂縣), 평도현(平陶縣), 분양현(汾陽縣), 경릉현(京陵縣), 양곡현(陽曲縣), 대릉현(大陵縣), 원평현(原平縣), 기현(祁縣), 상애현(上艾縣), 여치현(慮虒縣), 양읍현(陽邑縣), 광무현(廣武縣)이다.

▧ 태원군은 진(秦)나라 때 설치했다. 염관(鹽官)을 두었으며, 진양현에 두었다.

진양현은 옛날『시경』의 당국(唐國)이며, 주(周)나라 성왕(成王)이 당을 멸망시키고 아우인 숙우(叔虞)를 봉한 곳이다. 용산(龍山)은 서북쪽에 있다. 염관을 두었다. 진수(晋水)가 나와서 동쪽의 분수(汾水)로 들어간다.

계휴현은 왕망 때는 계미(界美)라 했다.

유차현은 도수향(涂水鄕)인데 진(晋)나라 대부(大夫) 지서오(知徐吾)의 읍이다. 경양향(梗陽鄕) 위무읍(魏戊邑)이었다. 왕망 때는 대원정(大原亭)이라 했다.

우리현은 왕망 때는 우합(于合)이라 했다.

자씨현은 왕망 때는 자동(玆同)이라 했다.

낭맹현은 왕망 때는 낭조(狼調)라 했다.

오현은 구택(九澤)의 북쪽에 있는데, 이곳을 소예기(昭餘祈)로 삼고서 병주수(幷州藪)가 되었다. 진나라의 대부 사마미모(司馬彌牟)의 읍이다.

우현은 진(晋)나라 대부(大夫) 맹병(孟丙)의 읍이다.

평도현은 왕망 때는 다양(多穰)이라 했다.

분양현은 북산에서 분수가 나오는 곳이고, 서남쪽으로 분음에 이르러 하수로 들어가 2개의 군을 지나서 1천3백40리를 흘러서 기주(冀州)를 적신다.

경릉현은 왕망 때는 치성(致城)이라 했다.

양곡현은 하수가 1천 리에서 한 번 굽어 그 양지(陽地)에 달하는 것으로 양곡(陽曲)이라 했다. 안사고는 수(隋)나라 문제가 양곡으로 성씨를 삼아서 양(楊)이라고 했다. 그러나 양곡이라는 것을 싫어해서 다시 고쳐서 양직(陽直)이라고 했는데, 지금은 다시 양곡으로 되었다고 했다.

대릉현은 철관을 두었고, 왕망 때는 대영(大寧)이라 했다.

기현은 진(晋)나라 대부(大夫) 가신(賈辛)의 읍이다. 왕망 때는 시(示)라 했다.

상애현은 면만수(緜曼水)가 동쪽에서 포오(蒲吾)에 이르러 호지수(虖池水)로 들어간다.

양읍현은 왕망 때는 번양(繁穰)이라 했다.

광무현은 가옥산(賈屋山)의 북쪽에 있다. 도위(都尉)가 다스렸으며, 왕망 때는 신항(信桓)이라 했다.

太原郡 戶十六萬九千八百六十三 口六十八萬四百八十八 縣二十一 晋陽 葰人 界休 榆次 中都 于離 茲氏 狼孟 鄔 盂 平陶 汾陽 京陵 陽曲 大陵 原平 祁 上艾 慮虒 陽邑 廣武

7. 상당군(上黨郡)

상당군은 7만 3천7백98가구, 인구는 33만 7천7백66명이다.

14개 현이 있다. 장자현(長子縣), 둔유현(屯留縣), 여오현(余吾縣), 동제현(銅鞮縣), 점현(沾縣), 열씨현(涅氏縣), 양원현(襄垣縣), 호관현(壺關縣), 현씨현(泫氏縣), 고도현(高都縣), 노현(潞縣), 의씨현(陭氏縣), 양아현(陽阿縣), 곡원현(穀遠縣)이다.

▨ 상당군은 진(秦)나라에서 설치했고, 병주(幷州)에 속해 있었다. 상당관(上黨關)과 호구관(壺口關)과 석연관(石硏關)과 천정관(天井關)이 있다.

장자현은 주(周)나라 사관(史官)인 신갑(辛甲)의 봉지였다. 녹곡산(鹿谷山)에서 탁장수(濁漳水)가 나오는 곳으로 동쪽으로 업(鄴)에 이르러 장수(漳水)로 들어간다.

  둔유현은 상흠(桑欽)이 말하기를 "강수(絳水)가 서남쪽에서 나와 동쪽의 바다로 들어간다."라고 했다.

  동제현은 상치정(上虒亭)이 있고 하치취(下虒聚)가 있다.

  점현은 대민곡(大黽谷)에서 청장수(淸漳水)가 나와서 동북쪽으로 읍성에 이르러 대하(大河)로 들어가 5개의 군을 지나서 1천6백80리를 흘러서 기주천(冀州川)으로 들어간다.

  열씨현은 열수(涅水)가 있어서 현의 이름으로 했다.

  양원현은 왕망 때는 상당정(上黨亭)이라 했다.

  호관현은 양장판(羊腸阪)이 있다. 점수(沾水)가 동쪽으로 조가(朝歌)에 이르러 기수(淇水)로 들어간다.

  현씨현은 양곡(楊谷)에서 절수(絶水)가 나오는 곳으로 동쪽으로 야왕(墅王)에 이르러 심수(沁水)로 들어간다.『산해경』에서는 현수(泫水)가 나오는 곳이라고 했다.

  고도현은 관곡(莞谷)에서 단수(丹水)가 나오는 곳이며, 동남쪽으로 현수로 들어간다. 천정관(天井關)이 있다.

  노현은 옛 노자국(潞子國)이다.

  곡원현은 양두산(羊頭山) 세미곡(世靡谷)에서 심수(沁水)가 나오는 곳이며, 동남쪽으로 형양에 이르러 하수로 들어가 3개의 군을 거쳐서 9백70리를 흐른다. 왕망 때는 곡근(穀近)이라 했다.

  上黨郡 戶七萬三千七百九十八 口三十三萬七千七百六十六 縣十四 長子 屯留 余吾 銅鞮 沾 涅氏 襄垣 壺關 泫氏 高都 潞 陭氏 陽阿 穀遠

8. 하내군(河內郡)

  하내군은 24만 1천2백46가구, 인구는 1백6만 7천97명이다.

18개 현이 있다. 회현(懷縣), 급현(汲縣), 무덕현(武德縣), 파현(波縣), 산양현(山陽縣), 하양현(河陽縣), 주현(州縣), 공현(共縣), 평고현(平皐縣), 조가현(朝歌縣), 수무현(脩武縣), 온현(溫縣), 야왕현(埜王縣), 획가현(獲嘉縣), 지현(軹縣), 심수현(沁水縣), 융려현(隆慮縣), 탕음현(蕩陰縣) 이다.

▨ 하내군은 고제(高帝) 원년에 은국(殷國)이었는데 그 2년에 이름을 고쳤다. 왕망 때는 후대(後隊)라고 하고 사예(司隸)에 포함시켰다.

회현은 공관(工官)을 두었다. 왕망 때는 하내(河內)라 했다.

무덕현은 진시황이 동쪽으로 순회할 때 설치했는데 "무덕(武德)은 천하를 평정한다."고 하며 설치했다.

파현은 지금의 치성(絺城)인데, 진(晋) 문공(文公)이 얻어 하사한 땅이다.

산양현은 동태행산(東太行山)의 서북쪽에 있다.

하양현은 왕망 때는 하정(河亭)이라 했다.

공현은 옛 나라 이름이다. 북산(北山)에서 기수(淇水)가 나와서 동쪽으로 여양(黎陽)에 이르러 하수로 들어간다.

평고현은 응소(應邵)는 "형후(邢侯)가 양국(襄國)을 이곳으로 옮겼다. 제(齊) 환공(桓公) 때에 위(衛)나라 사람이 형나라를 정벌하자 형나라가 이의(夷儀)로 옮기고 그 땅은 진나라에 소속되어 형구(邢丘)라 불렀다. 그 하수 언덕의 형세가 평이하므로 평고라고 한다."고 했다. 신찬(臣瓚)은 "『춘추전』에 적인(狄人)이 형(邢)을 정벌하자 이의(夷儀)로 옮겨서 이에 이르지 못했다. 지금의 양국의 서쪽에 이의성(夷儀城)이 있고, 양국 간의 거리는 1백 리라고 했으며, 형은 언덕의 이름[丘名]이고 나라는 아니다."라고 했다. 안사고는 "응소의 설명이 잘못된 것이다."라고 했다.

조가현은 은(殷)나라의 주(紂) 왕의 도읍지이다. 주(周) 무왕의 아우 강숙(康叔)을 봉한 곳이다. 다시 위(衛)로 이름을 고쳤다. 왕망 때는 아가(雅歌)라 했다.

수무현은 진(晋)나라에서 처음으로 열어서 남양(南陽)이라고 하고, 지금의 남양성(南陽城)이 이곳이다. 진(秦)나라에서는 수무(脩武)라고 했다. 신찬은 "수무성은 진나라 이전부터 있었다."고 했다.

온현은 옛 나라 이름이다. 기(己)씨 성을 가지고 소분생(蘇忿生)을 봉한 곳이다.

야왕현은 태행산의 서북쪽에 있다. 위(衛)나라 원군(元君)이 진(秦)나라에 탈취당하고 복양(濮陽)으로부터 이곳으로 옮겨왔다. 왕망 때는 평야라 했다.

획가현은 옛 급(汲)의 신중향(新中鄕)인데, 무제가 지나가다가 이름을 고쳤다.

지현은 원향(原鄕)이며, 진(晋)나라 문공(文公)이 포위한 곳이 이곳이다.

융려현은 국수(國水)가 동북쪽에서 신성(信成)에 이르러 장갑하(張甲河)에 들어가 3개의 군을 지나 1천8백4०리를 흘러간다. 철관(鐵官)을 두었다.

탕음현은 탕수(蕩水)가 동쪽에서 내황택(內黃澤)에 이른다. 서산에서 유수가 나오는 곳이며, 또한 내황(內黃)에 이르러 탕(蕩)으로 들어간다. 유리성(羑里城)이 있고, 서백(西伯)이 구금되었던 곳이다.

下內郡 戶二十四萬一千二百四十六 口一百六萬七千九十七 縣十八 懷 汲 武德 波 山陽 河陽 州 共 平皋 朝歌 脩武 溫 壄王 獲嘉 軹 沁水 隆慮 蕩陰

9. 하남군(河南郡)

하남군은 27만 6천4백44 가구, 인구는 1백74만 2백79명이다.

22개 현이 있다. 낙양현(雒陽縣), 형양현(滎陽縣), 언사현(偃師縣), 경현(京縣), 평음현(平陰縣), 중모현(中牟縣), 평현(平縣), 양무현(陽武縣), 하남현(河南縣), 후씨현(緱氏縣), 권현(卷縣), 원무현(原武縣), 공현(鞏縣), 곡성현(穀成縣), 고시현(故市縣), 밀현(密縣), 신성현(新成縣), 개봉현(開封縣), 성고현(成皐縣), 원릉현(苑陵縣), 양현(梁縣), 신정현(新鄭縣)이다.

▨ 하남군은 옛 진(秦)나라의 삼천군(三川郡)인데 고제가 이름을 고 쳤다. 낙양(雒陽)은 5만 2천8백39가구였고, 왕망 때는 보충신향(保忠信 鄉)이라 했으며, 사예(司隸)에 속해 있었다. 철관과 공관(工官)을 두었 다. 오창(敖倉)이 형양(滎陽)에 있었다.

낙양현은 주공(周公)이 은(殷)나라의 백성을 이주시킨 곳이며, 이곳 을 성주(成周)라고 한다. 춘추시대 소공(昭公) 32년에 진(晉)나라가 제 후들을 적천(狄泉)에서 규합하고 그 땅에 성주성(成周城)을 크게 쌓아 경왕(敬王)이 살았다. 왕망 때는 의양(宜陽)이라 했다.

형양현은 변수(卞水)와 풍지(馮池)가 모두 서남쪽에 있다. 낭탕거(浪 湯渠)가 있고, 첫 번째로 제수(沛水)를 받고 동남쪽으로 진(陳)에 이르 러 영수(潁水)로 들어가 4개 군을 지나 7백80리를 흐른다.

언사현은 시향(尸鄉)이며 은(殷)나라의 탕임금이 도읍한 곳이다. 왕 망 때는 사성(師成)이라 했다.

경현은 정(鄭)나라의 공숙단(共叔段)이 도읍한 곳이다.

중모현은 포전택(圃田澤)이 서쪽에 있고, 예주(豫州)의 늪지대가 있 다. 관숙(管叔)의 읍이 있고, 조헌후(趙獻侯)가 경(耿)으로부터 이곳으 로 옮겼다.

평현은 왕망 때는 치평(治平)이라 했다.

양무현은 박낭사(博狼沙)가 있다. 왕망 때는 양환(陽桓)이라 했다.

하남현은 옛날 겹욕(郟鄏)의 땅이다. 주(周) 무왕(武王)이 구정(九 鼎)을 옮기고 주공이 태평성대를 누리게 경영해 도읍으로 삼았다. 이곳 이 왕성(王城)이며, 평왕(平王)이 이르러 살게 했다.

후씨현은 유취(劉聚)이며, 주(周) 대부(大夫) 유자(劉子)의 읍(邑) 이다. 연수성(延壽城)과 선인사(仙人祠)가 있고, 왕망 때는 중정(中亭) 이라 했다.

권현은 지금의 신안(新安)이다.

원무현은 왕망 때는 원환(原桓)이라 했다.

공현은 동주(東周)에서 거처했다.

곡성현은 우공에 전수(瀍水)가 체정(替亭)의 북쪽에서 동남쪽 낙수 로 들어간다.

밀현은 옛 나라 이름이다. 대괴산(大騩山)이 있어서 이수(溴水)가 나오는 곳으로 남쪽으로 임영(臨潁)에 이르러 영수(潁水)로 들어간다.

신성현은 혜제 4년에 설치되었다. 만중(蠻中)이며, 옛 융만자(戎蠻子)의 나라이다.

개봉현은 봉지(逢池)가 동북쪽에 있고, 혹은 송(宋)나라의 봉택(逢澤)이라 했다.

성고현은 옛날의 호뢰(虎牢)이며, 혹은 제(制)라고도 했다.

원릉현은 왕망 때는 좌정(左亭)이라 했다.

양현은 탄고취(罷狐聚)라고 했으며, 진(秦)나라가 서주(西周)를 멸망시키고 그 군주를 이곳으로 이사시켰다. 양인취(陽人聚)는 진(秦)나라 동주(東周)를 멸망시키고 그 군주를 이곳으로 이사시켰다.

신정현은 정(鄭)나라 환공(桓公)의 아들 무공(武公)이 다스렸던 나라이며, 후에 한(韓)나라에게 멸망당하게 되어 한나라가 평양(平陽)에서 옮겨서 도읍했다.

河南郡 戶二十七萬六千四百四十四 口一百七十四萬二百七十九 縣二十二 雒陽 滎陽 偃師 京 平陰 中牟 平 陽武 河南 緱氏 卷 原武 鞏 穀成 故市 密 新成 開封 成皐 苑陵 梁 新鄭

10. 동군(東郡)

동군은 40만 1천2백97가구, 인구는 1백65만 9천28명이다.

22개 현이 있다. 복양현(濮陽縣), 관현(觀縣), 요성현(聊城縣), 돈구현(頓丘縣), 발간현(發干縣), 범현(范縣), 치평현(茌平縣), 동무양현(東武陽縣), 박평현(博平縣), 여현(黎縣), 청현(淸縣), 동아현(東阿縣), 이호현(離狐縣), 임읍현(臨邑縣), 이묘현(利苗縣), 수창현(須昌縣), 수량현(壽良縣), 악창현(樂昌縣), 양평현(陽平縣), 백마현(白馬縣), 남연현(南燕縣), 늠구현(廩丘縣)이다.

▨ 동군은 진(秦)나라 때 설치되었다. 왕망 때는 치정(治亭)이라 했

으며, 연주(兗州)에 속해 있었다.

복양현은 위성공이(衛成公)이 초구(楚丘)로부터 이곳으로 옮겼다. 옛날의 제구(帝丘)이며, 전욱(顓頊)의 터이다.

관현은 반관(畔觀)현이다. 왕망 때는 관치(觀治)라고 했다. 하(夏)나라에서 관호(觀扈)를 두었는데 세조(世祖)가 다시 이름을 고쳐서 주(周)나라의 후예를 봉했다.

돈구현은 왕망 때는 순구(順丘)라 했다.

발간현은 왕망 때는 즙순(戢楯)이라 했다.

범현은 왕망 때는 건목(建睦)이라 했다.

치평현은 왕망 때는 공숭(功崇)이라 했다.

동무양현은 우(禹)임금이 누수(潔水)를 다스려 동북쪽으로 천승(千乘)에 이르러 바다로 들어가 3개의 군을 지나서 1천20리를 흘렀다. 왕망 때는 무창(武昌)이라 했다.

박평현은 왕망 때는 가목(加睦)이라 했다.

여현은 왕망 때는 여치(黎治)라 했다. 여양(黎陽)은 위군에 있었고, 여현은 아니다.

청현은 왕망 때는 청치(淸治)라 했다.

동아현은 도위(都尉)가 다스렸다. 응소는 위읍(衛邑)이라 했다.

이호현은 왕망 때는 서호(瑞狐)라 했다.

임읍현은 제묘(沛廟)가 있다. 제수(沛水)를 제수(濟水)라고 했다. 이하로 동일하다. 왕망 때는 곡성정(穀城亭)이라 했다.

수창현은 옛 수구국(須句國)이며, 대호(大昊)의 후예이고 풍성(風姓)이다.

수량현은 치우사(蚩尤祠)가 서북쪽의 제수 위에 있다. 구성(朐城)이 있다. 광무제의 숙부(叔父) 이름이 양(良)이므로 수장(壽張)으로 고쳤다.

남연현은 남연국(南燕國)이며, 길(姞)성으로 황제의 후예이다.

東郡 戶四十萬一千二百九十七 口百六十五萬九千二十八 縣二十二 濮陽 觀 聊城 頓丘 發干 范 茌平 東武陽 博平 黎 淸 東阿 離狐

臨邑 利苗 須昌 壽良 樂昌 陽平 白馬 南燕 廩丘

11. 진류군(陳留郡)

진류군은 29만 6천2백84가구, 인구는 1백50만 9천50명이다.

17개 현이 있다. 진류현(陳留縣), 소황현(小黃縣), 성안현(成安縣), 영릉현(寧陵縣), 옹구현(雍丘縣), 산조현(酸棗縣), 동혼현(東昏縣), 양읍현(襄邑縣), 외황현(外黃縣), 봉구현(封丘縣), 장라현(長羅縣), 위씨현(尉氏縣), 언현(傿縣), 장원현(長垣縣), 평구현(平丘縣), 제양현(濟陽縣), 준의현(浚儀縣)이다.

▨ 진류군은 무제의 원수(元狩) 원년에 설치했다. 연주(兗州)에 속해 있었다.

진류현은 류(留)는 정읍(鄭邑)인데 뒤에 진(陳)이 아우른 바가 되어 진류라 했다. 낭탕거(狼湯渠)가 처음으로 노거수(魯渠水)를 받아서 동쪽으로 양하(陽夏)에 이르러 와거(渦渠)로 들어간다.

영릉현은 옛 갈백국(葛伯國)이다. 왕망 때는 강선(康善)이라 했다.

옹구현은 옛 기국(杞國)이다. 주나라 무왕이 우(禹)의 후예인 동루공(東婁公)을 봉했다. 춘추시대보다 먼저 노(魯)나라가 동북쪽으로 옮겨서 21세인 간공(簡公)이 초나라에 멸망당했다.

동혼현은 왕망 때는 동명(東明)이라 했다.

양읍현은 복관(服官)이 있었다. 왕망 때는 양평(襄平)이라 했다.

외황현은 도위(都尉)가 다스렸다. 위군(魏郡)에 내황이 있으므로 외황이라 했다.

봉구현은 복거수(濮渠水)를 제수에서 처음 받아서 동북쪽으로 도관(都關)에 이르러 양수리(羊水里)로 들어가 3개의 군을 지나서 6백30리를 흘렀다. 『춘추』에는 "오랑캐를 장구(長丘)에서 무너뜨렸다."고 했으며, 지금의 적구(翟溝)가 이곳이다.

장라현은 제후국이었다. 왕망 때는 혜택(惠澤)이라 했다.

위씨현은 안사고는 정(鄭)나라 대부 위씨(尉氏)의 읍이라고 했다.

언현은 왕망 때는 순통(順通)이라 했다.

장원현은 왕망 때는 장고(長固)라고 했다.
제양현은 왕망 때는 제전(濟前)이라 했다.
준의현은 옛 대량(大梁)이다. 위(魏)나라 혜왕(惠王)이 안읍(安邑)에서 이곳으로 옮겨와 양(梁)이라 했다. 수수(睢水)가 처음으로 낭탕수(狼湯水)를 받아서 동쪽으로 취려(取慮)현에 이르러 사수(泗水)로 들어가 4개의 군을 지나서 1천3백60리를 흐른다.

陳留郡 戶二十九萬六千二百八十四 口一百五十萬九千五十 縣十七 陳留 小黃 成安 寧陵 雍丘 酸棗 東昏 襄邑 外黃 封丘 長羅 尉氏 傿 長垣 平丘 濟陽 浚儀

12. 영천군(潁川郡)

영천군은 43만 2천4백91가구, 인구는 2백21만 9백73명이다.
20개 현이 있다. 양적현(陽翟縣), 곤양현(昆陽縣), 영양현(潁陽縣), 정릉현(定陵縣), 장사현(長社縣), 신급현(新汲縣), 양성현(襄城縣), 언현(郾縣), 겹현(郟縣), 무양현(舞陽縣), 영음현(潁陰縣), 숭고현(崈高縣), 허현(許縣), 언릉현(傿陵縣), 임영현(臨潁縣), 부성현(父城縣), 성안현(成安縣), 주승휴현(周承休縣), 양성현(陽城縣), 윤씨현(綸氏縣)이다.
▨ 영천군은 진(秦)나라에서 설치했다. 고제 5년에 한국(韓國)으로 삼았고, 6년에 옛날로 복원했다. 왕망 때는 좌대(左隊)라고 했다. 양적현에 공관(工官)을 두었다. 예주(豫州)에 속해 있었다. 하나라의 계(啓)가 균대(鈞臺)의 잔치를 열었고, 지금의 균대는 남쪽에 있다.
양적현은 하(夏)나라 우(禹)임금의 나라였다. 주(周)나라 말기에 한(韓)나라 경후(景侯)가 신정(新鄭)으로부터 이곳으로 이사했다. 1천6백50가구, 인구는 10만 9천 명이다. 왕망 때는 영천(潁川)이라 했다.
곤양현은 곤수(昆水)가 남양(南陽)에서 나온다.
영양현은 영수(潁水)가 양성(陽城)에서 나온다.
정릉현은 동불갱(東不羹)이 있다. 왕망 때는 정성(定城)이라 했다.

장사현은 송나라 사람이 장갈(長葛)을 포위한 곳이다.
신급현은 급향(汲鄕)이다. 선제 신작(神爵) 3년에 설치되었다.
양성현은 서불랑(西不羹)을 두었다. 왕망 때는 상성(相城)이라 했다.
무양현은 무수(舞水)가 남쪽에서 나온다.
숭고현은 무제 때 설치되었다. 태실산(太室山)을 받들었는데 이곳이 중악(中岳)이다. 태실산(太室山)과 소실산(小室山) 묘(廟)가 있다. 고문(古文)에는 숭고산은 외방산(外方山)이라고 했다.
허현은 옛 나라 이름이다. 성씨는 강(姜)이고, 사악(四岳)의 후예인 태숙(太叔)을 봉했다. 24세 때에 초(楚)나라가 멸망시켰다.
언릉현은 4만 9천1백1가구, 인구는 26만 1천4백18명이었다. 왕망 때는 좌정(左亭)이라 했다.
임영현은 왕망 때는 감영(監潁)이라 했다.
부성현은 응향(應鄕)이며, 옛 나라 이름이다. 주(周)나라 무왕(武王)의 아우를 봉한 곳이다. 응국(應國)이다.
성안현은 제후국이었다.
주승휴현은 제후국이었다. 원제(元帝) 때 설치되었으며, 원시(元始) 2년에 정공(鄭公)으로 이름을 고쳤다. 왕망 때는 가미(嘉美)라고 했다.
양성현은 양성산(陽城山)에서 유수(洧水)가 발원하는데 동남쪽으로 장평(長平)에 이르러 영수(潁水)로 들어가 3개 군을 지나서 5백 리를 흐른다. 양건산(陽乾山)에서 영수가 나오는 곳으로 동쪽으로 하채(下蔡)에 이르러 회수(淮水)로 들어가 3개 군을 지나서 1천5백 리를 흘러 형주(荊州)를 적신다. 철관을 두었다.

潁川郡 戶四十三萬二千四百九十一 口二百二十一萬九百七十三 縣二十 陽翟 昆陽 潁陽 定陵 長社 新汲 襄城 郾 郟 舞陽 潁陰 崈高 許 傿陵 臨潁 父城 成安 周承休 陽城 綸氏

13. 여남군(汝南郡)

여남군은 46만 1천5백87가구, 인구는 2백59만 6천1백48명이다.

37개 현이 있다. 평여현(平輿縣), 양안현(陽安縣), 양성현(陽城縣), 은강현(慶强縣), 부파현(富波縣), 여양현(女陽縣), 동양현(鮦陽縣), 오방현(吳房縣), 안성현(安成縣), 남둔현(南頓縣), 낭릉현(朗陵縣), 세양현(細陽縣), 의춘현(宜春縣), 여음현(女陰縣), 신채현(新蔡縣), 신식현(新息縣), 탁양현(濯陽縣), 기사현(期思縣), 신양현(慎陽縣), 신현(慎縣), 소릉현(召陵縣), 익양현(弋陽縣), 서평현(西平縣), 상채현(上蔡縣), 침현(寖縣), 서화현(西華縣), 장평현(長平縣), 의록현(宜祿縣), 항현(項縣), 신처현(新郪縣), 귀덕현(歸德縣), 신양현(新陽縣), 안창현(安昌縣), 안양현(安陽縣), 박양현(博陽縣), 성양현(成陽縣), 정릉현(定陵縣)이다.

▨ 여남군은 고제 때 설치되었다. 왕망 때는 여분(汝汾)이라고 했다. 나누어서 상도위(賞都尉)가 되었고, 예주(豫州)에 속해 있었다.

평여현은 옛 심자국(沈子國)이라고 했다. 지금의 도정현이다.

양안현은 도국(道國)이었다. 지금의 도정(道亭)현이다.

양성현은 제후국이었다. 왕망 때는 신안(新安)이라 했다.

은강현은 은수(慶水)가 영천(潁川)의 양성(陽城)에서 나온다.

여양현은 여수(汝水)가 홍농(弘農)에서 나와서 회수(淮水)로 들어간다.

동양현은 동수(鮦水)의 북쪽에 있다.

오방현은 본래 방자국(房子國)이다. 초(楚)나라 영왕(靈王)이 초나라를 방(房)으로 옮겼다. 오왕(吳王) 합려의 아우 부개(夫槩)가 초나라로 달아나 초나라에서 이곳을 봉하고 당곡씨(棠谿氏)라고 했다. 지금의 방성당계정이 이곳이다.

안성현은 제후국이었다. 왕망 때는 지성(至成)이라 했다.

남둔현은 옛 둔자국(頓子國)이다. 희성(姬姓)이다.

낭릉현은 낭릉산(朗陵山)이 서북쪽에 있다.

세양현은 왕망 때는 낙경(樂慶)이라 했다. 세수(細水)의 북쪽에 있으므로 세양이라고 했다.

의춘현은 제후국이었다. 왕망 때는 선잔(宣孱)이라 했다.

여음현은 옛 호국(胡國)이다. 도위(都尉)가 다스렸다. 왕망 때는 여분(汝墳)이라 했다.

신채현은 채(蔡)나라 평후(平侯)가 채(蔡)로부터 이곳으로 옮겨온 뒤 2세에 하채로 옮겼다. 왕망 때는 신천(新遷)이라 했다.

신식현은 왕망 때는 신덕(新德)이라 했다.

탁양현은 탁수(濯水)가 오방(吳房)에서 나와 동쪽으로 친수(瀙水)로 들어간다.

기사현은 옛 장국(蔣國)이다.

신양현은 신수(愼水)가 동북쪽에서 나와 회수(淮水)로 들어간다. 지금의 진구(眞丘)이고 진양(眞陽)현이라 했다.

신현은 왕망 때는 신치(愼治)라 했다.

소릉현은 제나라의 환공이 초나라를 정벌할 때 소릉(召陵)에서 주둔했던 곳이다.

익양현은 제후국이었다. 익산(弋山)이 서북쪽에 있고, 옛날의 황국(黃國)이며, 지금의 황성(黃城)이 이곳이다.

서평현은 철관을 두었다. 왕망 때는 신정(新亭)이라 했다.

상채현은 옛 채국(蔡國)이다. 주나라 무왕의 아우인 숙도(叔度)를 봉한 곳이다. 방일하여 성왕(成王)이 그의 아들 호(胡)를 봉하고 18대 후손이 신채로 이사했다.

침현은 왕망 때는 윤치(閏治)라고 했다. 손숙오(孫叔敖)의 아들을 봉한 침구(寢丘)가 이곳이다.

서화현은 왕망 때는 화망(華望)이라 했다.

장평현은 왕망 때는 장정(長井)이라 했다.

의록현은 왕망 때는 상도정(賞都亭)이라 했다.

항현은 옛 나라 이름이다.

신처현은 왕망 때는 신연(新延)이라 했다. 진(秦)나라에서 위(魏)나라를 정벌할 때 처구(郪丘)를 빼앗았다고 했다. 한나라가 일어나서 신처라고 했다. 후한의 장제(章帝)가 은나라의 후예를 봉해서 이름을 고쳤다.

귀덕현은 제후국이었다. 선제가 설치했다. 왕망 때는 귀혜(歸惠)라고 했다.

　신양현은 왕망 때는 신명(新明)이라 했다. 신수(新水)의 북쪽에 있다.
　안창현은 제후국이었다. 왕망 때는 시성(始成)이라 했다.
　안양현은 제후국이었다. 왕망 때는 균하(均夏)라고 했다. 옛 강국(江國)이고, 지금의 강정(江亭)이다.
　박양현은 제후국이었다. 왕망 때는 낙가(樂家)라고 했다.
　성양현은 제후국이었다. 왕망 때는 신리(新利)라고 했다.
　정릉현은 고릉산(高陵山)에서 여수(汝水)가 발원해서 동남쪽으로 신채(新蔡)에 이르러 회수로 들어가 4개 군을 지나서 1천3백40리를 흐른다.

汝南郡 戶四十六萬一千五百八十七 口二百五十九萬六千一百四十八 縣三十七 平輿 陽安 陽城 灈強 富波 女陽 鮦陽 吳房 安成 南頓 朗陵 細陽 宜春 女陰 新蔡 新息 灈陽 期思 愼陽 愼 召陵 弋陽 西平 上蔡 寖 西華 長平 宜祿 項 新郪 歸德 新陽 安昌 安陽 博陽 成陽 定陵

14. 남양군(南陽郡)

　남양군은 35만 9천3백16가구, 인구는 1백94만 2천51명이다.
　36개 현이 있다. 완현(宛縣), 주현(犨縣), 두연현(杜衍縣), 찬현(酇縣), 육양현(育陽縣), 박산현(博山縣), 열양현(涅陽縣), 음현(陰縣), 자양현(堵陽縣), 치현(雉縣), 산도현(山都縣), 채양현(蔡陽縣), 신야현(新野縣), 축양현(筑陽縣), 극양현(棘陽縣), 무당현(武當縣), 무음현(舞陰縣), 서악현(西鄂縣), 양현(穰縣), 역현(酈縣), 안중현(安衆縣), 관군현(冠軍縣), 비양현(比陽縣), 평씨현(平氏縣), 수현(隨縣), 섭현(葉縣), 등현(鄧縣), 조양현(朝陽縣), 노양현(魯陽縣), 용릉현(舂陵縣), 신도현(新都縣), 호양현(湖陽縣), 홍양현(紅陽縣), 낙성현(樂成縣), 박망현(博望縣), 부양현(復陽縣)이다.

◪ 남양군은 진(秦)나라에서 설치했다. 왕망 때는 전대(前隊)라고 했다. 형주(荊州)에 속해 있었다.

완현은 옛 신박국(申伯國)이다. 굴신성(屈申城)이 있다. 현의 남쪽에는 북무산(北巫山)이 있다. 4만 7천5백47가구에 공관(工官)과 철관이 있었다. 왕망 때는 남양(南陽)이라 했다.

두연현은 왕망 때는 윤연(閏衍)이라 했다.

찬현은 제후국이었다. 왕망 때는 남경(南庚)이라 했다. 곧 소하(蕭何)의 봉지였다.

육양현은 남서취(南筮聚)가 있고, 동북쪽에 있다. 육수(育水)가 홍농의 노씨(盧氏)에서 나와 남쪽으로 면수(沔水)로 들어간다.

박산현은 제후국이었다. 애제(哀帝)가 설치했는데, 옛날의 순양(順陽)이다.

열양현은 왕망 때는 전정(前亭)이라 했다. 열수의 북쪽에 있다.

음현은 안사고는 "곧 『춘추좌씨전』에서 음(陰)에서 하음(下陰)으로 옮겼다. 찬(酇)과 가깝다. 지금은 양주에 음성현이 있고, 현은 찬성향(酇城鄉)에 있다."라고 했다.

자양현은 왕망 때는 양성(陽城)이라 했다.

치현은 형산(衡山)에서 풍수(灃水)가 발원해 동쪽으로 옥(郾)에 이르러 여수(汝水)로 들어간다. 안사고는 "태강(太康)의 지리지(地里志)에 이르기를 '진창(陳倉) 사람이 두 명의 동자(童子)를 쫓는데 이름하여 보배로운 닭이었다. 수컷은 진창에 머물러 돌이 되고 암컷은 이현에 머물러 있으므로 치현(雉縣)이다.'라고 했다. 의심스러워서 믿을 것이 아니다."라고 했다.

채양현은 왕망의 어머니인 공현군(功顯君)의 읍이다. 채수(蔡水)가 발원하는 곳으로 동쪽으로 회수(淮水)로 들어간다.

축양현은 옛 곡백국(穀伯國)이다. 왕망 때는 의화(宜和)라고 했다. 응소는 "축수(筑水)가 한중(漢中)의 방릉(房陵)에서 발원해 동쪽으로 면수로 들어간다."라고 했다. 안사고는 "『춘추』에 '곡백유(穀伯綏)가 조회에 왔다.'라고 한 것이 이것이다. 지금은 양주(襄州)의 곡성현이 축수의 북쪽에 있다."라고 했다.

극양현은 극수(棘水)의 북쪽에 있다.

무음현은 중음산(中陰山)에서 친수(灈水)가 발원하고 동쪽으로 채(蔡)에 이르러 여수로 들어간다.

서악현은 강하(江夏)에 한계가 있어서 악(鄂)을 더했다.

양현은 왕망 때는 농양(農穰)이라 했다. 지금의 등주(登州) 양현이 이곳이다.

역현은 육수(育水)가 서북쪽에서 나와서 남쪽으로 한수(漢水)로 들어간다.

안중현은 제후국이었다. 옛 원(宛)의 서쪽 고을이다.

관군현은 무제 때 설치되었다. 옛 양(穰)현의 노양향(盧陽鄕)과 원(宛)의 임조취(臨駣聚)이다. 무제가 곽거병(霍去病)을 봉했다. 곽거병이 흉노로 출병해 그 공로가 모든 군사 중에서 최고가 되므로 관군(冠軍)이라고 했다.

비양현은 비수(比水)가 나오는 곳으로 동쪽으로 채(蔡)로 들어간다.

평씨현은 우공에 동백대부산(桐柏大復山)의 동남쪽에 있어 회수(淮水)가 나오는 곳이며, 동남쪽으로 회릉포(淮陵浦)에 이르러 바다로 들어가는데 4개의 군을 거쳐서 3천2백4o리를 흘러 청주천(靑州川)으로 흐른다. 왕망 때는 평선(平善)이라 했다.

수현은 옛 나라 이름이다. 여향(厲鄕)은 옛 여국(厲國)이다.

섭현은 초(楚)나라 섭공(葉公)의 읍이다. 장성(長城)이 있는데, 방성(方城)이라고 불렀다.

등현은 옛 나라 이름이다. 도위(都尉)가 다스렸다. 등후(鄧侯)의 나라였다.

조양현은 왕망 때는 여신(厲信)이라 했다. 조수(朝水)의 북쪽에 있다.

노양현은 노산(魯山)이 있다. 옛 노현(魯縣)이며, 어룡씨(御龍氏)가 옮겨 왔다. 노산에서 치수(滍水)가 발원해 동북쪽으로 정릉(定陵)에 이르러 여수로 들어간다. 또 곤수(昆水)가 있어 동남쪽으로 정릉에 이르러 여수로 들어간다.

용릉현은 제후국이었다. 옛 채양(蔡陽)의 백수향(白水鄕)이다. 상당향(上唐鄕)은 옛 당국(唐國)이라 한다. 안사고는 "『한기(漢記)』에 이르기를 원삭(元朔) 5년 영릉(零陵) 영도(泠道)의 용릉향(春陵鄕)에 장사왕자 매(買)를 용릉후에 봉하다. 그 뒤 대후(戴侯)인 인(仁)에 이르러 용릉의 지형이 습기가 많으므로 글을 올려서 남양(南陽)으로 이사케 했다. 원제가 허락하고 채양(蔡陽) 백수향(白水鄕)으로 인(仁)을 옮겨서 용릉후로 삼았다."라고 했다.

  신도현은 제후국이었다. 왕망 때는 신림(新林)이라 했다.
  호양현은 옛 우국(廖國)이다.
  홍양현은 제후국이었다. 왕망 때는 홍유(紅兪)라고 했다.
  낙성현은 제후국이었다.
  박망현은 제후국이었다. 왕망 때는 의락(宜樂)이라 했다.
  부양현은 제후국이었다. 옛 호양(湖陽)과 악향(樂鄕)이라 했다.

南陽郡 戶三十五萬九千(三)百一十六 口一百九十四萬二千五十一 縣三十六 宛 犨 杜衍 酇 育陽 博山 涅陽 陰 堵陽 雉 山都 蔡陽 新野 筑陽 棘陽 武當 舞陰 西鄂 穰 酈 安衆 冠軍 比陽 平氏 隨 葉 鄧 朝陽 魯陽 春陵 新都 湖陽 紅陽 樂成 博望 復陽

15. 남군(南郡)

  남군은 12만 5천5백79 가구, 인구는 71만 8천5백40명이다.
  18개 현이 있다. 강릉현(江陵縣), 임저현(臨沮縣), 이릉현(夷陵縣), 화용현(華容縣), 의성현(宜城縣), 영현(鄀縣), 기현(邔縣), 당양현(當陽縣), 중려현(中廬縣), 지강현(枝江縣), 양양현(襄陽縣), 편현(編縣), 자귀현(秭歸縣), 이도현(夷道縣), 주릉현(州陵縣), 약현(若縣), 무현(巫縣), 고성현(高成縣)이다.
  ▨ 남군은 진(秦)나라에서 설치했는데, 고제 원년에 이름을 고쳐서 임강군(臨江郡)이라 했다가 5년에 다시 복원했다. 경제 2년에 다시 임강군으로 했다. 2년 중에 다시 남군으로 했다. 왕망 때는 남순(南順)이라 했고, 형주(荊州)에 포함시켰다. 쇠뇌를 발사시키는 교육장이 있었다.
  강릉현은 옛 초(楚)나라의 수도 영(郢)이고, 초나라 문왕(文王)이 단양(丹陽)에서 이곳으로 옮겼다. 9세 후손인 평왕(平王)이 성을 쌓았다. 10세 후손 때 진(秦)나라가 영을 빼앗아 진(陳)으로 옮겼다. 왕망 때는 강육(江陸)이라 했다.

임저현은 우공에 남쪽 줄기인 형산(荊山)이 동북쪽에 있고, 장수(漳水)가 나오는 곳이며, 동쪽으로 강릉에 이르러 양수(陽水)로 들어가고 양수는 면수(沔水)로 들어가 6백 리를 간다. 저수는 한중(漢中) 방릉(房陵)에서 나와 동쪽으로 강수(江水)로 들어간다. 안사고는 "저수(沮水)는 곧 좌전(左傳)에서 이른바 강(江)과 한수와 저수(沮水)와 장수(漳水)와 초(楚)의 망(望)이다."라고 했다.

이릉현은 도위(都尉)가 다스렸다. 왕망 때는 거리(居利)라고 했다.

화용현은 운몽택(雲夢澤)이 남쪽에 있고, 형주 늪이 있다. 하수(夏水)가 첫 번째로 강수를 받아 동쪽으로 면수로 들어가 5백 리를 간다. 응소는 "『춘추』에서 '허(許)나라가 용성(容城)으로 이사하다.'라고 한 곳이 이곳이다."라고 했다.

의성현은 옛 언(鄢) 땅이다. 혜제 3년에 이름을 고쳤다.

영현은 초나라의 별읍(別邑)이다. 옛 영(郢)이다. 왕망 때는 영정(郢亭)이라 했다.

중려현은 양양(襄陽)현 남쪽에 있다.

지강현은 옛 나국(羅國)이다. 강타(江沱)가 서쪽에서 나와 동쪽으로 강수(江水)로 들어간다. 타(沱)는 강이 별도로 나오는 것을 뜻한다.

양양현은 왕망 때는 상양(相陽)이라 했다. 양수(襄水)의 북쪽에 있다.

편현에는 운몽관(雲夢官)을 두었다. 왕망 때는 남순(南順)이라 했다.

자귀현은 귀향(歸鄉)이며, 옛 귀국(歸國)이다.

이도현은 왕망 때는 강남(江南)이라 했다. 이산(夷山)이 무산(巫山)에서 나와서 동쪽으로 들어간다.

주릉현은 왕망 때는 강하(江夏)라고 했다.

약현은 초(楚)나라 소왕(昭王)이 오(吳)나라를 두려워해 영(郢)으로부터 이곳으로 옮겼다가 뒤에 다시 영으로 돌아왔다. 『춘추전』에는 약(鄀)이라 했다.

무현은 이수(夷水)가 동쪽으로 이도(夷道)에 이르러 강수로 들어가서 2개의 군을 지나서 5백4o리를 간다. 염관은 무산(巫山)의 서남쪽에 두었다.

고성현은 위산(洈山)에서 위수(洈水)가 발원하는데, 동쪽으로 유수(繇水)가 남쪽에서 화용(華容)에 이르러 강수로 들어가 2개의 군을 지나서 5백 리를 간다. 왕망 때는 언정(言程)이라 했다.

南郡 戸十二萬五千五百七十九 口七十一萬八千五百四十 縣十八 江陵 臨沮 夷陵 華容 宜城 郢邔 當陽 中廬 枝江 襄陽 編 秭歸 夷道 州陵 若 巫 高成

16. 강하군(江夏郡)

강하군은 5만 6천8백44 가구, 인구는 21만 9천2백18명이다.

14개 현이 있다. 서릉현(西陵縣), 경릉현(竟陵縣), 서양현(西陽縣), 양현(襄縣), 주현(邾縣), 대현(軑縣), 악현(鄂縣), 안육현(安陸縣), 사이현(沙羨縣), 기춘현(蘄春縣), 맹현(鄳縣), 운두현(雲杜縣), 하치현(下雉縣), 종무현(鍾武縣)이다.

▨ 강하군은 고조가 설치하고 형주(荊州)에 소속시켰다. 응소는 "면수(沔水)가 강수로부터 별도로 이르러 남군의 화용에서 이르러 하수(夏水)가 되어서 군을 지나서 강수로 들어가는 것으로 강하라고 한다."고 했다.

서릉현에는 운몽관(雲夢官)이 있다. 왕망 때는 강양(江陽)이라 했다.

경릉현은 장산(章山)이 동북쪽에 있는데, 고문(古文)에는 내방산(內方山)이라 했다. 운향(鄖鄉)과 초(楚)의 운공읍(鄖公邑)이다. 왕망 때는 수평(守平)이라 했다.

양현은 왕망 때는 양비(襄非)라 했다.

주현은 형산왕(衡山王) 오예(吳芮)의 도읍지이다.

대현은 옛 현자국(弦子國)이다.

안육현은 횡미산(橫尾山)이 동북쪽에 있는데, 고문(古文)에는 배미산(陪尾山)이라 했다.

운두현은 『좌전』에서 "약오(若敖)가 운(鄖)을 빼앗다."라고 했는데, 지금의 운정(鄖亭)이 이곳이다.
하치현은 왕망 때는 윤광(閏光)이라 했다.
종무현은 제후국이었다. 왕망 때는 당리(當利)라고 했다.

江夏郡 戶五萬六千八百四十四 口二十一萬九千二百一十八 縣十四 西陵 竟陵 西陽 襄 郲 軑 鄂 安陸 沙羨 蘄春 鄳 雲杜 下雉 鍾武

17. 여강군(廬江郡)

여강군은 12만 4천3백83가구, 인구는 45만 7천3백33명이다.
12개 현이 있다. 서현(舒縣), 거소현(居巢縣), 용서현(龍舒縣), 임호현(臨湖縣), 우루현(雩婁縣), 양안현(襄安縣), 종양현(樅陽縣), 심양현(尋陽縣), 잠현(灊縣), 완현(睆縣), 호릉읍현(湖陵邑縣), 송자현(宋茲縣)이다.
▨ 여강군은 옛 회남(淮南)이고, 문제(文帝) 16년에 별개의 나라로 성립했다. 금란(金蘭)의 서북쪽에 동릉향(東陵鄉)이 있어서 회수(淮水)가 나온다. 양주(揚州)에 속해 있었다. 여강이 능양의 동남쪽에서 나와 북쪽으로 강수로 들어간다. 옛날의 여(廬)는 자작(子爵)의 나라였다. 누선관(樓船官)이 있었다.
서현은 옛 나라 이름이다. 왕망 때는 곤향(昆鄉)이라 했다.
거소현은 『춘추』에서 "초나라 사람이 소(巢)를 포위하다."라고 했는데, 소(巢)는 나라 이름이다.
용서현은 군서(群敍)의 읍(邑)이었다.
우루현은 결수(決水)가 북쪽에서 요수(蓼水)에 이르러 회수로 들어간다. 또 관수(灌水)가 있어서 또한 북쪽으로 요수에 이르러 결수로 들어가 2개 군을 지나서 5백10리를 간다.
양안현은 왕망 때는 여강정(廬江亭)이라 했다.
심양현은 우공에 구강(九江)이 남쪽에 있어 모두가 동쪽으로 합쳐서 큰 강물이 된다.

잠현은 천주산(天柱山)이 남쪽에 있다. 사(祠)도 있다. 비산(沘山)에서 비수가 발원하는데 북쪽으로 수춘(壽春)에 이르러 작피(芍陂)로 들어간다.

완현은 철관을 두었다.

호릉읍현은 북호(北湖)가 남쪽에 있었다.

송자현은 제후국이었다. 왕망 때는 송선(誦善)이라 했다.

廬江郡 戶十二萬四千三百八十三 口四十五萬七千三百三十三 縣十二 舒 居巢 龍舒 臨湖 雩婁 襄安 樅陽 尋陽 灊 湖陵邑 松玆

18. 구강군(九江郡)

구강군은 15만 52가구, 인구는 78만 5백25명이다.

15개 현이 있다. 수춘읍현(壽春邑縣), 준주현(浚遒縣), 성덕현(成德縣), 탁고현(橐皋縣), 음릉현(陰陵縣), 역양현(歷陽縣), 당도현(當塗縣), 종리현(鍾離縣), 합비현(合肥縣), 동성현(東城縣), 박향현(博鄕縣), 곡양현(曲陽縣), 건양현(建陽縣), 전초현(全椒縣), 부릉현(阜陵縣)이다.

▨구강군은 진(秦)나라 때 설치되었는데, 고조 4년에 이름을 고쳐 회남국(淮南國)이라 하고, 무제 원수(元狩) 원년에 원래 이름으로 다시 복원했다. 왕망 때는 연평(延平)이라 했다. 양주(揚州)에 속해 있었다. 강은 여강(廬江)과 심양(尋陽)을 나누어 구(九)라고 했다. 피관(陂官)과 호관(湖官)을 두었다.

수춘읍현은 초(楚)나라의 고열왕(考烈王)이 진(陳)나라에서 이곳으로 이사했다.

성덕현은 왕망 때는 평아(平阿)라고 했다.

음릉현은 왕망 때는 음육(陰陸)이라 했다.

역양현은 도위(都尉)가 다스렸다. 왕망 때는 명의(明義)라고 했다.

당도현은 제후국이었다. 왕망 때는 산취(山聚)라고 했다. 우(禹)임금이 도산(塗山)의 제후국으로 장가를 들었다. 우허(禹虛)로 있다.

종리현은 왕망 때는 잠부(蠶富)라 했다. 종리자국(鐘離子國)이었다.
합비현은 하수(夏水)가 부성(父城)의 동남쪽에서 나와 이곳에 이르러 회수와 합쳐지므로 합비(合肥)라고 했다.
동성현은 왕망 때는 무성(武城)이라 했다.
박향현은 제후국이었다. 왕망 때는 양육(揚陸)이라 했다.
곡양현은 제후국이었다. 왕망 때는 연평정(延平亭)이라 했다. 회수의 굽이진 북쪽에 있다.

九江郡 戶十五萬五十二. 口七十八萬五百二十五 縣十五 壽春邑 浚遒 成德 橐皋 陰陵 歷陽 當塗 鍾離 合肥 東城 博鄉 曲陽 建陽 全椒 阜陵

19. 산양군(山陽郡)

산양군은 17만 2천8백47가구, 인구는 80만 1천2백88명이다.
23개 현이 있다. 창읍현(昌邑縣), 남평양현(南平陽縣), 성무현(成武縣), 호릉현(湖陵縣), 동민현(東緡縣), 방여현(方與縣), 탁현(橐縣), 거야현(鉅野縣), 단보현(單父縣), 박현(薄縣), 도관현(都關縣), 성도현(城都縣), 황현(黃縣), 원척현(爰戚縣), 고성현(郜成縣), 중향현(中鄉縣), 평락현(平樂縣), 정현(鄭縣), 하구현(瑕丘縣), 치향현(甾鄉縣), 율향현(栗鄉縣), 곡향현(曲鄉縣), 서양현(西陽縣)이다.

▨ 산양군은 옛 양(梁)나라이다. 경제 6년에 별도로 산양국(山陽國)이 되었다. 무제의 건원 5년에 별도의 군이 되었다. 왕망 때는 거야(鉅野)라고 했다. 연주(兗州)에 속해 있었다. 철관을 두었다.
창읍현은 무제의 천한(天漢) 4년에 산양을 고쳐서 창읍국(昌邑國)으로 삼았다. 양구향(梁丘鄉)이 있다. 『춘추전』에 이르기를 "제(齊)나라가 양구(梁丘)에서 모였다."라고 했다.
남평양현은 왕망 때는 민평(䵋平)이라고 했다. 맹강은 "주서기(邾庶期)가 칠(漆)로 도망했다. 또 칠에 성을 쌓았다. 지금의 칠향이다."라고 했다.

성무현은 초구정(楚丘亭)이 있다. 제(齊) 환공(桓公)이 성을 쌓았고, 위(衛) 문공(文公)은 이곳으로 옮겼다. 아들 성공(成公)이 복양(濮陽)으로 옮겼다. 왕망 때는 성안(成安)이라 했다.

호릉현은 우공에서 "사수와 회수에 떠서 하수를 통하다."라고 했다. 물이 남쪽에 있다. 왕망 때는 호륙(湖陸)이라 했다. 『상서』에서 일명 "호(湖)"라고 했다. 한나라 장제(章帝)가 동평왕 창(東平王 倉)의 아들을 봉해서 호릉후로 삼고 호릉이라고 이름을 고쳤다.

동민현은 『춘추』의 희공(僖公) 23년에 "제나라 후작이 송나라를 정벌해 민(緡)에서 포위하다."라고 했다.

탁현은 왕망 때는 고평(高平)이라 했다.

거야현은 대야택(大壄澤)이 북쪽에 있고, 연주(兗州)의 늪이 있다.

단보현은 도위(都尉)가 다스렸다. 왕망 때는 이보(利父)라고 했다.

박현은 탕(湯)임금이 도읍한 곳이다.

성도현은 제후국이었다. 왕망 때는 성곡(城穀)이라 했다.

황현은 제후국이었다.

원척현은 제후국이었다. 왕망 때는 척정(戚亭)이라 했다.

고성현은 제후국이었다. 왕망 때는 고성(告成)이라 했다.

중향현은 제후국이었다.

평락현은 제후국이었다. 포수(包水)가 동북쪽에서 패수(沛水)에 이르러 사수(泗水)로 들어간다.

정현은 제후국이었다.

하구현은 하구(瑕丘)는 서남쪽에 있다.

치향현은 제후국이었다.

율향현은 제후국이었다. 왕망 때는 족정(足亭)이라 했다.

곡향현은 제후국이었다.

서양현은 제후국이었다.

山陽郡 戶十七萬二千八百四十七 口八十萬一千二百八十八 縣二十三 昌邑 南平陽 成武 湖陵 東緍 方與 櫜 鉅壄 單父 薄 都關 城都

黃 爰戚 郜成 中鄉 平樂 鄭 瑕丘 甾鄉 栗鄉 曲鄉 西陽

20. 제음군(濟陰郡)

제음군은 호는 29만 25가구, 인구는 1백38만 6천2백78명이다.

9개 현이 있다. 정도현(定陶縣), 원구현(冤句縣), 여도현(呂都縣), 가밀현(葭密縣), 성양현(成陽縣), 견성현(鄄城縣), 구양현(句陽縣), 후현(秺縣), 승씨현(乘氏縣)이다.

▨ 제음군은 옛 양(梁)이다. 경제 6년에 별도로 제음국(濟陰國)이 되었다. 선제 감로(甘露) 2년에 정도(定陶)라고 이름을 고쳤다. 우공에 하택(荷澤)이 정도 동쪽에 있다고 했다. 연주(兗州)에 속해 있었다.

정도현은 옛 조국(曹國)이며, 주나라 무왕의 아우 숙진탁을 봉한 곳이다. 우공에 도구(陶丘)가 서남쪽에 있다. 도구정(陶丘亭)이 있다.

원구현은 왕망 때는 정도(定陶)를 제평(濟平)이라 이름을 고치고, 원구현을 제평정(濟平亭)이라고 이름을 고쳤다.

여도현은 왕망 때는 기도(祈都)라고 했다.

성양현은 요(堯) 임금의 무덤과 영대(靈臺)가 있다. 우공에 뇌택(雷澤)이 서북쪽에 있다.

견성현은 왕망 때는 견량(鄄良)이라 했다.

후현은 왕망 때는 만세(萬歲)라고 했다.

승씨현은 사수(泗水)가 동남쪽에서 수릉(睢陵)으로 이르러 회수로 들어가 6개의 군을 지나서 1천1백10리를 간다. 『춘추』에 "송나라 군사가 승구(乘丘)에서 패했다."라고 한 곳이 이곳이다.

濟陰郡 戶二十九萬二(十)五 口百三十八萬六千二百七十八 縣九 定陶 冤句 呂都 葭密 成陽 鄄城 句陽 秺 乘氏

21. 패군(沛郡)

패군은 40만 9천79가구, 인구는 2백3만 4백80명이다.

37개 현이 있다. 상현(相縣), 용강현(龍亢縣), 죽현(竹縣), 곡양현(穀陽縣), 소현(蕭縣), 향현(向縣), 질현(銍縣), 광척현(廣戚縣), 하채현(下蔡縣), 풍현(豊縣), 단현(鄲縣), 초현(譙縣), 기현(蘄縣), 공현(㰉縣), 첩여현(輒與縣), 산상현(山桑縣), 공구현(公丘縣), 부이현(符離縣), 경구현(敬丘縣), 하구현(夏丘縣), 효현(洨縣), 패현(沛縣), 망현(芒縣), 건성현(建成縣), 성보현(城父縣), 건평현(建平縣), 찬현(鄼縣), 율현(栗縣), 부양현(扶陽縣), 고현(高縣), 고시현(高柴縣), 표양현(漂陽縣), 평아현(平阿縣), 동향현(東鄉縣), 임도현(臨都縣), 의성현(義成縣), 기향현(祁鄉縣)이다.

▨ 패군은 옛 진(秦)나라의 사수군(泗水郡)이다. 고조가 다시 이름을 바꾸었다. 왕망 때는 오부(吾符)라고 하고, 예주(豫州)에 포함시켰다.

상현은 왕망 때는 오부정(吾符亭)이라 했다.

죽현은 왕망 때는 독정(篤亭)이라 했다. 지금의 죽정(竹亭)이다.

곡양현은 곡수(穀水)의 북쪽에 있다.

소현은 옛 소숙국(蕭叔國)이며, 송(宋)나라에서 별도로 봉한 부용국(附庸國)이다.

향현은 옛 나라 이름이다. 『춘추』에 "거인(莒人)이 향(向)으로 들어가다."라고 했다. 성은 강씨이고, 염제(炎帝)의 후예이다.

광척현은 제후국이었다. 왕망 때는 역취(力聚)라고 했다.

하채현은 옛 주래국(州來國)이며, 초나라에 멸망당했고, 뒤에 오(吳)나라가 빼앗았다. 부차(夫差)에 이르러 소후(昭侯)를 이곳에 옮겼다. 뒤의 4세 후(侯)인 제(齊)가 마침내 초나라에 멸망당했다.

풍현은 왕망 때는 오풍(吾豊)이라 했다.

단현은 왕망 때는 단성(單城)이라 했다.

초현은 왕망 때는 연성정(延城亭)이라 했다.

기현은 제향(䉳鄉)이다. 고조가 경포(黥布)를 쳐부수었다. 도위(都尉)가 다스렸다. 왕망 때는 기성(蘄城)이라 했다.

공현은 왕망 때는 공(貢)이라 했다.

첩여현은 왕망 때는 화락(華樂)이라 했다.

공구현은 제후국이었다. 옛 등국(騰國)이며, 주(周)나라 이왕(懿王)의 아들 조숙수(錯叔繡)를 제후로 봉했다. 31세 때 제(齊)나라가 멸망시켰다.

부이현은 왕망 때는 부합(符合)이라 했다.

경구현은 제후국이었다. 『춘추』에 "견구(犬丘)에서 만나다."라고 했다. 한나라의 명제(明帝)가 대구(大丘)라고 했다.

하구현은 왕망 때는 귀사(歸思)라고 했다.

효현은 제후국이었다. 해하(垓下)는 고조가 항우(項羽)를 쳐부수었던 곳이다. 왕망 때는 육성(育城)이라고 했다. 효수(洨水)가 나오는 곳으로 남쪽의 회수로 들어간다.

패현은 철관을 두었다.

망현은 왕망 때는 박치(博治)라고 했다. 광무제가 다시 임수(臨睢)로 이름을 고쳤다. 수수(睢水)가 나오는 곳이다.

건성현은 제후국이었다.

성보현은 하비수(夏肥水)가 동남쪽에서 하채에 이르러서 회수(淮水)로 들어가 2개의 군을 지나서 6백20리를 간다. 왕망 때는 사선(思善)이라고 했다.

건평현은 제후국이었다. 왕망 때는 전평(田平)이라 했다.

찬현은 왕망 때는 찬치(贊治)라고 했다.

율현은 제후국이었다. 왕망 때는 성부(成富)라고 했다.

부양현은 제후국이었다. 왕망 때는 합치(合治)라고 했다.

고현은 제후국이었다.

고시현은 제후국이었다.

표양현은 표양(票陽)현으로 한다.

평아현은 제후국이었다. 왕망 때는 평영(平寧)이라 했다.

기향현은 제후국이었다. 왕망 때는 회곡(會穀)이라 했다.

沛郡 戶四十萬九千七十九 口二百三萬四百八十 縣三十七 相 龍 亢 竹 穀陽 蕭 向 銍 廣戚 下蔡 豊 鄲 譙 蘄 㒸 輒與 山桑 公丘 符離 敬丘 夏丘 洨 沛 芒 建成 城父 建平 酇 栗 扶陽 高 高柴 漂陽 平

阿 東鄕 臨都 義成 祈鄕

22. 위군(魏郡)

위군은 21만 2천8백49가구, 인구는 90만 9천6백55명이다.

18개의 현이 있다. 업현(鄴縣), 관도현(館陶縣), 척구현(斥丘縣), 사현(沙縣), 내황현(內黃縣), 청연현(淸淵縣), 위현(魏縣), 번양현(繁陽縣), 원성현(元城縣), 양기현(梁期縣), 여양현(黎陽縣), 즉비현(卽裴縣), 무시현(武始縣), 한회현(邯會縣), 음안현(陰安縣), 평은현(平恩縣), 한구현(邯溝縣), 무안현(武安縣)이다.

▨ 위군은 고조가 설치했다. 왕망 때는 위성(魏城)이라 했다. 기주(冀州)에 속해 있었다.

업현은 옛 대하(大河)가 동북쪽에 있어서 바다로 들어갔다.

관도현은 하수가 따로 나와서 둔씨하(屯氏河)가 되어 동북쪽으로 장무에 이르러 바다로 들어가는데 4개의 군을 지나서 1천5백 리를 간다.

척구현은 왕망 때는 이구(利丘)라고 했다. 척구는 서남쪽에 있다. 땅에 염분이 많았는데 이것을 없애서 척구(斥丘)라고 했다.

내황현은 청하수(淸河水)가 남쪽에서 나왔다.

청연현은 청하수가 서북쪽에 있다.

위현은 도위(都尉)가 다스렸다. 왕망 때는 위성정(魏城亭)이라 했다. 위무후(魏武侯)가 별도로 도읍했다.

번양현은 번수의 북쪽에 있다고 했다. 경계가 번연(繁淵)이라 했다.

원성현은 위무후(魏武侯) 공자(公子) 원(元)의 식읍이었으므로 이곳에서 씨족을 이루었다.

여양현은 왕망 때는 여증(黎蒸)이라 했다. 여산(黎山)이 그 남쪽에 있어 하수가 그 동쪽을 지나간다. 그 산 위의 비석에 이르기를 "현은 산의 이름을 취하고, 물의 이름을 취해 명칭을 했다."라고 했다.

즉비현은 즉비(卽非)현이다. 후작의 나라였다. 왕망 때는 즉시(卽是)라고 했다.

무시현은 장수가 동쪽에서 한단(邯鄲)에 이르러 장수로 들어간다. 또 구간수(拘澗水)가 있어서 동북쪽으로 한단으로 이르러 백거(白渠)로 들어간다.

한회현은 제후국이었다. 장수가 갈라져서 서남쪽으로부터 한수(邯水)와 함께 모여서 지금의 성 옆의 도랑이 있는 곳에 있다.

평은현은 제후국이었다. 왕망 때는 연평(延平)이라 했다.

한구현은 제후국이었다. 한수(邯水)의 도랑이다.

무안현은 흠구산(欽口山)에서 백거수(百渠水)가 나와 동쪽으로 열인(列人)에 이르러 장수로 들어간다. 또 침수(湛水)가 있어 동북쪽으로 동창(東昌)에 이르러 호지하(虖池河)로 들어간다. 5개 군을 지나는데 6백1리를 간다. 철관을 두었다. 왕망 때는 환안(桓安)이라 했다.

魏郡 戶二十一萬二千八百四十九 口九十萬九千六百五十五 縣十八 鄴 館陶 斥丘 沙 內黃 清淵 魏 繁陽 元城 梁期 黎陽 卽裴 武始 邯會 陰安 平恩 邯溝 武安

23. 거록군(鉅鹿郡)

거록군은 15만 5천9백51 가구, 인구는 82만 7천1백77명이다.

20개 현이 있다. 거록현(鉅鹿縣), 남련현(南䜌縣), 광아현(廣阿縣), 상씨현(象氏縣), 영도현(廮陶縣), 송자현(宋子縣), 양씨현(楊氏縣), 임평현(臨平縣), 하곡양현(下曲陽縣), 세현(貰縣), 정현(鄡縣), 신시현(新市縣), 당양현(堂陽縣), 안정현(安定縣), 경무현(敬武縣), 역향현(歷鄉縣), 낙신현(樂信縣), 무도현(武陶縣), 백향현(柏鄉縣), 안향현(安鄉縣)이다.

▨ 거록군은 진나라에서 설치했다. 기주(冀州)에 속해 있었다.

거록현은 우공에 대륙택(大陸澤)의 북쪽에 있다. 주(紂)왕이 사구대(沙丘臺)를 만들 때 동북의 70리에 있었다. 록(鹿)이란 수풀이 큰 것을 말한다.

남련현은 왕망 때는 부평(富平)이라 했다.

상씨현은 제후국이었다. 왕망 때는 영창(寧昌)이라 했다.

영도현은 영도현으로 한다.

송자현은 왕망 때는 의자(宜子)라고 했다.

양씨현은 왕망 때는 공육(功陸)이라 했다.

하곡양현은 도위가 다스렸다. 진순오(晋筍吳)가 고(鼓)를 멸망시켰다. 지금은 고취(鼓聚)의 석양정(昔陽亭)이 이곳이다. 안사고는 "상산(常山)에 상곡양(上曲陽)이 있는 것으로 이렇게 이른다."라고 했다.

세현은 세현으로 읽는다.

정현은 왕망 때는 진취(秦聚)라고 했다.

신시현은 제후국이었다. 왕망 때는 시락(市樂)이라 했다.

당양현은 염관을 두었다. 일찍부터 분리해 경현(經縣)이라 했다. 당수(堂水)의 북쪽에 있었다.

안정현은 제후국이었다.

역향현은 제후국이었다. 왕망 때는 역취(歷聚)라고 했다.

낙신현은 제후국이었다.

무도현은 제후국이었다.

백향현은 제후국이었다.

안향현은 제후국이었다.

鉅鹿郡 戶十五萬五千九百五十一 口八十二萬七千一百七十七 縣二十 鉅鹿 南䜌 廣阿 象氏 廮陶 宋子 楊氏 臨平 下曲陽 貫 鄡 新市 堂陽 安定 敬武 歷鄕 樂信 武陶 柏鄕 安鄕

24. 상산군(常山郡)

상산군은 14만 1천7백41 가구, 인구는 67만 7천9백56명이다.

18개 현이 있다. 원씨현(元氏縣), 석읍현(石邑縣), 상중현(桑中縣), 영수현(靈壽縣), 포오현(蒲吾縣), 상곡양현(上曲陽縣), 구문현(九門縣), 정형현(井陘縣), 방자현(房子縣), 중구현(中丘縣), 봉사현(封斯縣), 관현(關縣), 평극현(平棘縣), 학현(鄗

縣), 악양현(樂陽縣), 평대현(平臺縣), 도향현(都鄉縣), 남행당현(南行唐縣)이다.

▨ 상산군은 고조가 설치했다. 왕망 때는 정관(井關)이라고 했다. 기주에 속해 있었다. 항산(恒山)이 서쪽에 있어 문제의 휘(諱)를 피한 것으로 상산(常山)이라 했다.

원씨현은 저수(泜水)가 첫 번째로 중구(中丘)와 서산(西山)과 궁천곡(窮泉谷)의 물을 받아 동쪽으로 당양(堂陽)에 이르러 황하로 들어간다. 왕망 때는 정관정(井關亭)이라 했다. 조(趙)나라 공자 원(元)의 봉읍이라고 해 원씨(元氏)라고 했다.

석읍현은 정형산(井陘山)이 서쪽에 있어 효수(洨水)가 나오므로 동남쪽으로 영도에 이르러 지수(泜水)로 들어간다.

상중현은 제후국이었다.

영수현은 중산(中山)의 환공(桓公)이 여기에서 살았다. 우공에 위수(衛水)가 동북쪽에서 나와 동쪽으로 호지(虖池)로 들어간다.

포오현은 철산(鐵山)이 있다. 대백거수(大白渠水)가 처음으로 면만수(緜曼水)를 받아서 동남쪽으로 하곡양현에 이르러 사효(斯洨)로 들어간다. 포수는 중산(中山)의 포음에서 나와 동쪽으로 하수로 들어간다.

상곡양현은 항산(恒山)과 북곡(北谷)에서 서북쪽에 있다. 사(祠)도 있다. 병주산(幷州山)이 있다. 우공에 항수(恒水)가 나오는 곳으로 동쪽으로 구(滱)로 들어간다. 왕망 때는 상산정(常山井)이라 했다.

구문현은 왕망 때는 구문(久門)이라 했다.

정형현은 정형산(井陘山)이 남쪽에 있다.

방자현은 찬황산에서 제수(濟水)가 나오는 곳이며, 동쪽으로 영도현에 이르러 저수(渚水)로 들어간다. 왕망 때는 다자(多子)라 했다.

중구현은 봉산(逢山)의 긴 계곡에서 저수(渚水)가 나와 동쪽으로 장읍(張邑)에 이르러 탁수로 들어간다. 왕망 때는 직취(直聚)라고 했다.

봉사현은 제후국이었다.

평극현은 안사고는 "공신표(功臣表)에 극포후 진무(陳武)와 평극후 임지(林摯)라고 한 것은 평극과 극포는 한 곳이 아니다."라고 했다.

학현은 세조(世祖: 광무제)가 즉위해 고읍(高邑)의 이름을 바꾼 것이다. 왕망 때는 화성정(禾成亭)이라 했다.
　악양현은 제후국이었다. 왕망 때는 창묘(暢苗)라고 했다.
　평대현은 제후국이었다. 왕망 때는 순대(順臺)라고 했다.
　도향현은 제후국이었다. 철관을 두었다. 왕망 때는 분향(分鄉)이라고 했다.
　남행당현은 우음산(牛飮山) 백육곡(白陸谷)에 자수(滋水)가 나오는 곳이며, 동쪽으로 신시(新市)에 이르러 호지(虖池)로 들어간다. 도위가 다스렸다. 왕망 때는 연억(延億)이라 했다.

　　常山郡 戶十四萬一千七百四十一 口六十七萬七千九百五十六 縣十八 元氏 石邑 桑中 靈壽 蒲吾 上曲陽 九門 井陘 房子 中丘 封斯 關 平棘 鄗 樂陽 平臺 都鄉 南行唐

25. 청하군(淸河郡)

　청하군은 20만 1천7백74가구, 인구는 87만 5천4백22명이다.
　14개 현이 있다. 청양현(淸陽縣), 동무성현(東武城縣), 역막현(繹幕縣), 영현(靈縣), 역현(厭縣), 수현(鄃縣), 패구현(貝丘縣), 신성현(信成縣), 사제현(甡題縣), 동양현(東陽縣), 신향현(信鄉縣), 요현(繚縣), 조강현(棗彊縣), 복양현(復陽縣)이다.
　▨ 청하군은 고제(高帝)가 설치했다. 왕망 때는 평하(平河)라고 했다. 기주(冀州)에 속해 있었다.
　청양현은 왕국(王國)의 수도이다.
　영현은 하수가 갈라져 나와 명독하(鳴犢河)가 되어 동북쪽으로 조(蓨)에 이르러 둔씨하(屯氏河)로 들어간다. 왕망 때는 파(播)라 했다.
　역현은 왕망 때는 역치(厭治)라고 했다. 후한의 안제(安帝)가 효덕황후(孝德皇后)를 이곳 역에 장사 지내고 감릉(甘陵)으로 이름을 고쳤다.
　수현은 왕망 때는 선육(善陸)이라 했다.
　패구현은 도위(都尉)가 다스렸다.『좌씨전』에 "제나라의 양공(襄公)이 패구에서 사냥했다."라고 한 곳이 이곳이다.

신성현은 장갑하(張甲河)가 제일 먼저 둔씨(屯氏)에서 갈라진 하수(河水)를 받아 동북쪽으로 조에 이르러 장수(漳水)로 들어간다.

사제현은 사제(莎題)현이다.

동양현은 제후국이었다. 왕망 때는 서릉(胥陵)이라 했다.

신향현은 제후국이었다. 후한의 순제(順帝)가 평안(平安)으로 이름을 고쳤다.

복양현은 왕망 때는 악세(樂歲)라고 했다.

淸河郡 戶二十萬一千七百七十四 口八十七萬五千四百二十二 縣十四 淸陽 東武城 繹幕 靈 厝 鄃 貝丘 信成 悉題 東陽 信鄕 繚 棗彊 復陽

26. 탁군(涿郡)

탁군은 호는 19만 5천6백7가구, 인구는 78만 2천7백64명이다. 29개 현이 있다. 탁현(涿縣), 주현(遒縣), 곡구현(穀丘縣), 고안현(故安縣), 남심택현(南深澤縣), 범양현(范陽縣), 예오현(蠡吾縣), 용성현(容城縣), 역현(易縣), 광망현(廣望縣), 막현(鄚縣), 고양현(高陽縣), 주향현(州鄕縣), 안평현(安平縣), 번여현(樊輿縣), 성현(成縣), 양향현(良鄕縣), 이향현(利鄕縣), 임향현(臨鄕縣), 익창현(益昌縣), 양향현(陽鄕縣), 서향현(西鄕縣), 요양현(饒陽縣), 중수현(中水縣), 무원현(武垣縣), 아릉현(阿陵縣), 아무현(阿武縣), 고곽현(高郭縣), 신창현(新昌縣)이다.

▨ 탁군은 고제가 설치했다. 왕망 때는 원한(垣翰)이라 했다. 유주(幽州)에 속해 있었다. 철관을 두었다.

탁현은 도수(桃水)가 첫 번째로 내수(淶水)를 받아 갈라져서 동쪽으로 안차(安次)에 이르러 하수로 들어간다. 탁수는 상곡(上谷)의 탁록현(涿鹿縣)에서 나온다.

주현은 왕망 때는 주병(遒屛)이라 했다.

고안현은 염향(閻鄉)에서 역수(易水)가 나와 동쪽으로 범양에 이르러 유수(濡水)로 들어가 병주(幷州)를 적신다. 또한 물이 범양에 이르러 내수(淶水)로 들어간다.

범양현은 왕망 때는 순음(順陰)이라 했다. 범수(范水)의 북쪽에 있다.

예오현은 예오(禮吾)현으로 읽는다.

용성현은 왕망 때는 심택(深澤)이라 했다.

광망현은 제후국이었다.

막현은 왕망 때는 언부(言符)라고 했다.

고양현은 왕망 때는 고정(高亭)이라 했다. 고하(高河)의 북쪽에 있다.

주향현은 제후국이었다.

안평현은 도위가 다스렸다. 왕망 때는 광망정(廣望亭)이라고 했다.

번여현은 제후국이었다. 왕망 때는 악부(握符)라 했다.

성현은 제후국이었다. 왕망 때는 의가(宜家)라 했다.

양향현은 제후국이었다. 원수(垣水)가 남동쪽에서 양향에 이르러 도수(桃水)로 들어간다. 왕망 때는 광양(廣陽)이라 했다.

이향현은 제후국이었다. 왕망 때는 장부(章符)라 했다.

임향현은 제후국이었다.

익창현은 제후국이었다. 왕망 때는 유질(有秩)이라 했다.

양향현은 제후국이었다. 왕망 때는 장무(章武)라고 했다.

서향현은 제후국이었다. 왕망 때는 이풍(移風)이라 했다.

요양현은 요하(饒河)의 북쪽에 있다.

중수현은 역수와 거수의 사이에 있어서 중수(中水)라고 했다.

무원현은 왕망 때는 원한정(垣翰亭)이라 했다. 원수(垣水)가 양향(良鄉)에서 나와 동쪽으로 도수로 들어간다.

아릉현은 왕망 때는 아륙(阿陸)이라 했다.

아무현은 제후국이었다.

고곽현은 제후국이었다. 왕망 때는 광제(廣堤)라 했다.

신창현은 제후국이었다.

涿郡 戶十九萬五千六百七 口七十八萬二千七百六十四 縣二十

九 涿 遒 穀丘 故安 南深澤 范陽 蠡吾 容城 易 廣望 鄭 高陽 州鄉 安平 樊輿 成 良鄉 利鄉 臨鄉 益昌 陽鄉 西鄉 饒陽 中水 武垣 阿陵 阿武 高郭 新昌

27. 발해군(渤海郡)

발해군은 25만 6천 3백 77가구, 인구는 90만 5천 1백 19명이다.

26개 현이 있다. 부양현(浮陽縣), 양신현(陽信縣), 동광현(東光縣), 부성현(阜城縣), 천동현(千童縣), 중합현(重合縣), 남피현(南皮縣), 정현(定縣), 장무현(章武縣), 중읍현(中邑縣), 고성현(高成縣), 고락현(高樂縣), 삼호현(參戶縣), 성평현(成平縣), 유현(柳縣), 임락현(臨樂縣), 동평서현(東平舒縣), 중평현(重平縣), 안차현(安次縣), 조시현(脩市縣), 문안현(文安縣), 경성현(景成縣), 속주현(束州縣), 건성현(建成縣), 장향현(章鄉縣), 포령현(蒲領縣)이다.

▨ 발해군은 고제(高帝 : 유방)가 설치했다. 왕망 때는 영하(迎河)라 했다. 유주(幽州)에 속해 있었다. 발해의 물가를 따라서 이름을 지었다.

부양현은 왕망 때는 부성(浮城)이라 했다.

동광현은 호소정(胡蘇亭)이 있다.

부성현은 왕망 때는 오성(吳城)이라 했다.

천동현은 후한의 영제(靈帝)가 요안(饒安)으로 이름을 고쳤다.

남피현은 왕망 때는 영하정(迎河亭)이라 했다.

정현은 제후국이었다.

장무현은 염관이 있었다. 왕망 때는 환장(桓章)이라 했다.

중읍현은 왕망 때는 검음(檢陰)이라 했다.

고성현은 도위(都尉)가 다스렸다.

고락현은 왕망 때는 위향(爲鄉)이라 했다.

삼호현은 제후국이었다.

성평현은 호지하(虖池河)인데, 백성들이 도해하(徒駭河)라 하고 왕망 때는 택정(澤亭)이라 했다.

유현은 제후국이었다.

임락현은 제후국이었다. 왕망 때는 낙정(樂亭)이라 했다.

동평서현은 대군(代郡)에 평서(平舒)현이 있으므로 동(東)자를 더해 이름을 지었다.

조시현은 제후국이었다. 왕망 때는 거영(居寧)이라 했다.

경성현은 제후국이었다.

장향현은 제후국이었다.

포령현은 제후국이었다.

渤海郡 戶二十五萬六千三百七十七 口九十萬五千一百一十九 縣二十六 浮陽 陽信 東光 阜城 千童 重合 南皮 定 章武 中邑 高成 高樂 參戶 成平 柳 臨樂 東平舒 重平 安次 脩市 文安 景成 束州 建成 章鄕 蒲領

28. 평원군(平原郡)

평원군은 15만 4천3백87가구, 인구는 66만 4천5백43명이다.

19개 현이 있다. 평원현(平原縣), 격현(鬲縣), 고당현(高唐縣), 중구현(重丘縣), 평창현(平昌縣), 우현(羽縣), 반현(般縣), 낙릉현(樂陵縣), 축아현(祝阿縣), 원현(瑗縣), 아양현(阿陽縣), 탑음현(漯陰縣), 역현(朸縣), 부평현(富平縣), 안덕현(安悳縣), 합양현(合陽縣), 누허현(樓虛縣), 용액현(龍頟縣), 안현(安縣)이다.

▨ 평원군은 고제가 설치했다. 왕망 때는 하평(河平)이라 했다. 청주(靑州)에 속해 있었다.

평원현은 독마하(篤馬河)가 있어 동북쪽에서 바다로 들어가는데, 5백 60리를 흘러서 간다.

격현은 평당(平當)을 격진(鬲津)으로 했다. 왕망 때는 하평정(河平亭)이라 했다.

고당현은 상흠(桑欽)이 탑수(漯水)가 나오는 곳이라고 말했다.

평창현은 제후국이었다.
우현은 제후국이었다. 왕망 때는 우정(羽貞)이라 했다.
반현은 왕망 때는 분명(分明)이라 했다.
낙릉현은 도위가 다스렸다. 왕망 때는 미양(美陽)이라 했다.
축아현은 왕망 때는 안성(安城)이라 했다.
원현은 왕망 때는 동순정(東順亭)이라 했다.
탑음현은 왕망 때는 익성(翼成)이라 했다.
역현은 왕망 때는 장향(張鄉)이라 했다.
부평현은 제후국이었다. 왕망 때는 낙안정(樂安亭)이라 했다.
안덕현은 안덕(安德)현이다.
합양현은 제후국이었다. 왕망 때는 의향(宜鄉)이라 했다.
누허현은 제후국이었다.
용액현은 제후국이었다. 왕망 때는 청향(淸鄉)이라 했다.
안현은 제후국이었다.

平原郡 戶十五萬四千三百八十七 口六十六萬四千五百四十三 縣十九 平原 鬲 高唐 重丘 平昌 羽 般 樂陵 祝阿 瑗 阿陽 漯陰 朸 富平 安悳 合陽 樓虛 龍頟 安

29. 천승군(千乘郡)

천승군은 11만 6천7백27가구, 인구는 49만 7백20명이다.

15개 현이 있다. 천승현(千乘縣), 동추현(東鄒縣), 습옥현(溼沃縣), 평안현(平安縣), 박창현(博昌縣), 육성현(蓼城縣), 건신현(建信縣), 적현(狄縣), 낭회현(琅槐縣), 낙안현(樂安縣), 피양현(被陽縣), 고창현(高昌縣), 번안현(繁安縣), 고원현(高宛縣), 연향현(延鄉縣)이다.

▨ 천승군은 고제가 설치했다. 왕망 때는 건신(建信)이라 했다. 후한의 화제(和帝)가 낙안(樂安)으로 이름을 고쳤다. 청주(靑州)에 속해 있었다. 철관과 염관과 균수관(均輸官)을 두었다.

천승현은 철관을 두었다.
습옥현은 왕망 때는 연정(延亭)이라 했다.
평안현은 제후국이었다. 왕망 때는 홍목(鴻睦)이라 했다.
박창현은 시수(時水)가 동북쪽에서 거정(鉅定)에 이르러 마거독(馬車瀆)으로 들어가 유주(幽州)를 적신다.
육성현은 도위가 다스렸다. 왕망 때는 시무(施武)라고 했다.
적현은 왕망 때는 이거(利居)라고 했다. 후한의 안제가 임제(臨濟)라고 다시 이름을 고쳤다.
낭회현은 낭회현(琅回縣)이다.
피양현은 제후국이었다.
번안현은 제후국이었다. 왕망 때는 와정(瓦亭)이라 했다.
고원현은 왕망 때는 상향(常鄉)이라 했다.

千乘郡 戶十一萬六千七百二十七 口四十九萬七百二十 縣十五
千乘 東鄒 淫沃 平安 博昌 蓼城 建信 狄 琅槐 樂安 被陽 高昌 繁安 高宛 延鄉

30. 제남군(濟南郡)

제남군은 14만 7백61가구, 인구는 64만 2천8백84명이다.
14개 현이 있다. 동평릉현(東平陵縣), 추평현(鄒平縣), 대현(臺縣), 양추현(梁鄒縣), 토고현(土鼓縣), 오릉현(於陵縣), 양구현(陽丘縣), 반양현(般陽縣), 간현(菅縣), 조양현(朝陽縣), 역성현(歷城縣), 호현(猇縣), 저현(著縣), 의성현(宜成縣)이다.
▨ 제남군은 옛 제(齊)나라이다. 문제 16년에 나누어서 제남국(濟南國)을 삼았고, 경제 2년에 군(郡)으로 만들었다. 왕망 때는 낙안(樂安)이라 했다. 청주(青州)에 속해 있었다.
동평릉현은 공관(工官)과 철관을 두었다.
대현은 왕망 때는 대치(臺治)라고 했다.
오릉현은 도위가 다스렸다. 왕망 때는 오륙(於陸)이라 했다.

반양현은 왕망 때는 제남정(濟南亭)이라 했다. 반수(盤水)의 북쪽에 있다.
간현은 간(姦)현으로 한다.
조양현은 제후국이었다. 왕망 때는 조치(脩治)라고 했다. 조수(朝水)의 북쪽에 있다.
역성현은 철관을 두었다.
호현은 제후국이었다. 왕망 때는 이성(利成)이라 했다.
저현은 저현으로 한다.
의성현은 제후국이었다.

濟南郡 戶十四萬七百六十一 口六十四萬二千八百八十四 縣十四 東平陵 鄒平 臺 梁鄒 土鼓 於陵 陽丘 般陽 菅 朝陽 歷城 㺐 著 宜成

31. 태산군(泰山郡)

태산군은 호는 17만 2천86가구, 인구는 72만 6천6백4명이다.

24개 현이 있다. 봉고현(奉高縣), 박현(博縣), 사현(茌縣), 노현(盧縣), 비성현(肥成縣), 이구현(蛇丘縣), 강현(剛縣), 시현(柴縣), 개현(蓋縣), 양보현(梁父縣), 동평양현(東平陽縣), 남무양현(南武陽縣), 내무현(萊蕪縣), 거평현(鉅平縣), 영현(嬴縣), 모현(牟縣), 몽음현(蒙陰縣), 화현(華縣), 영양현(寧陽縣), 승구현(乘丘縣), 부양현(富陽縣), 도산현(桃山縣), 도향현(桃鄕縣), 식현(式縣)이다.

▨ 태산군은 고제가 설치했다. 연주(兗州)에 속해 있었다. 공관(工官)을 두었다. 문수(汶水)가 내무(萊毋)에서 나와 서쪽의 제수(濟水)로 들어간다.

봉고현은 명당(明堂)을 두었는데, 서남쪽으로 4리 정도 떨어진 곳에 있으며, 무제 원봉(元封) 2년에 지었다. 공관을 두었다.

박현은 태산묘(泰山廟)가 있다. 대산(岱山)이 서북쪽에 있어 연주산(兗州山)이라 한다.

사현은 사산(茬山)의 동북쪽에 있다.

노현은 도위가 다스렸다. 제북왕(濟北王)의 도읍지이다.

비성현은 비자국(肥子國)이었다.

이구현은 수향(隧鄉)으로 옛 수국(隧國)이다. 『춘추』에 "제나라 사람이 수(隧)를 섬멸하다."라고 했다.

강현은 옛 천(闡)이다. 왕망 때는 유(柔)라 했다. 『춘추』에 "가을에 환과 천을 취하다."라고 했다. 지금의 천정(闡亭)이 이곳이다.

개현은 임락(臨樂)과 자산(子山)에서 수수(洙水)가 나오는 곳이며, 서북쪽으로 개현에 이르러 지수(池水)로 들어간다. 또 기수(沂水)가 남쪽에서 하비(下邳)에 이르러 사수(泗水)로 들어간다. 5개 군을 지나서 6백 리를 흘러가서 청주(青州)를 적신다.

양보현은 산의 이름으로 현의 이름을 삼았다.

남무양현은 관석산(冠石山)과 치수(治水)가 나오는 곳이며, 남쪽으로 하비에 이르러 사수(泗水)로 들어가는데 2개 군을 거쳐 9백40리를 흘러간다. 왕망 때는 환선(桓宣)이라 했다. 무수(武水)로 나와서 남쪽의 사수로 들어간다.

내무현은 원산(原山)에서 치수(甾水)가 나와 동쪽으로 박창(博昌)에 이르러 제수로 들어가서 유주(幽州)를 적신다. 또한 무공에 문수(汶水)가 서남쪽에서 나와 제수로 들어간다. 문수는 상흠(桑欽)이 말한 것이다.

거평현은 정정산사(亭亭山祠)가 있다. 『춘추 좌씨전』에서 "양호(陽虎)가 환의 양관(陽關)으로 들어간다."라고 했는데, 양관정(陽關亭)이 이곳이다.

영현은 철관을 두었다.

모현은 옛 나라 이름이다. 부용국(附庸國)이다.

몽음현은 우공에 몽산(蒙山)이 서남쪽에 있어서 사(祠)가 있다. 전유국(顓臾國)이 몽산 아래에 있다. 왕망 때는 몽은(蒙恩)이라 했다.

화현은 왕망 때는 익음(翼陰)이라 했다.

영양현은 제후국이었다. 왕망 때는 영순(寧順)이라 했다.

승구현은 『춘추』 장공(莊公) 15년에 "공(公)이 송나라 군사를 승구

(乘丘)에서 패배시켰다."라고 한 곳이 이곳이다.

  도산현은 제후국이었다. 왕망 때는 부노(裒魯)라고 했다.

  도향현은 제후국이었다. 왕망 때는 장정(鄣亭)이라 했다.

  泰山郡 戶十七萬二千八十六 口七十二萬六千六百四 縣二十四 奉高 博 茌 盧 肥成 蛇丘 剛 柴 蓋 梁父 東平陽 南武陽 萊蕪 鉅平 嬴 牟 蒙陰 華 寧陽 乘丘 富陽 桃山 桃鄕 式

32. 제군(齊郡)

  제군은 15만 4천8백26가구, 인구는 55만 4천4백44명이다.

  12개 현이 있다. 임치현(臨淄縣), 창국현(昌國縣), 이현(利縣), 서안현(西安縣), 거정현(鉅定縣), 광현(廣縣), 광요현(廣饒縣), 소남현(昭南縣), 임구현(臨朐縣), 북향현(北鄕縣), 평광현(平廣縣), 대향현(臺鄕縣)이다.

  ▨제군은 진(秦)나라에서 설치했다. 왕망 때는 제남(濟南)이라 했다. 청주에 속해 있었다.

  임치현은 사상보(師尙父)를 봉한 곳이다. 여수(如水)가 서북쪽에서 양추(梁鄒)에 이르러 제수로 들어간다. 복관(服官)과 철관을 두었다. 왕망 때는 제릉(齊陵)이라 했다. 임치는 영구(營丘)라고 했다. 옛날에 처음으로 상구(爽鳩)씨가 살았고, 봉백릉(逢伯陵)이 살았으며, 태공(太公)이 살았다. 또 태공이 영구(營丘)를 쌓았다.

  창국현은 덕회수(德會水)가 서북쪽에서 서안(西安)에 이르러 여수(如水)로 들어간다.

  이현은 왕망 때는 이치(利治)라고 했다.

  서안현은 왕망 때는 동영(東寧)이라 했다.

  거정현은 마거독수(馬車瀆水)가 처음으로 거정수를 받아서 동북쪽으로 낭회현에 이르러 바다로 들어간다.

  광현은 위산(爲山)에서 탁수(濁水)가 나와 동북쪽으로 광요현에 이르러 거정으로 들어간다.

임구현은 봉산사(逢山祠)가 있다. 석고산(石膏山)에서 양수(洋水)가 나와 동북쪽으로 광요에 이르러 거정현으로 들어간다. 왕망 때는 감구(監朐)라고 했다. 응소는 "임구산(臨朐山)에 백씨병읍(伯氏駢邑)이 있다."고 했다.

북향현은 제후국이었다. 왕망 때는 우취(禺聚)라고 했다.

평광현은 제후국이었다.

齊郡 戶十五萬四千八百二十六 口五十五萬四千四百四十四 縣十二 臨淄 昌國 利 西安 鉅定 廣 廣饒 昭南 臨朐 北鄉 平廣 臺鄉

33. 북해군(北海郡)

북해군은 12만 7천 가구, 인구는 59만 3천1백59명이다.

26개 현이 있다. 영릉현(營陵縣), 극괴현(劇魁縣), 안구현(安丘縣), 집현(斟縣), 순우현(淳于縣), 익현(益縣), 평수현(平壽縣), 극현(劇縣), 도창현(都昌縣), 평망현(平望縣), 평적현(平的縣), 유천현(柳泉縣), 수광현(壽光縣), 낙망현(樂望縣), 요현(饒縣), 짐현(斟縣), 상독현(桑犢縣), 평성현(平城縣), 밀향현(密鄉縣), 양석현(羊石縣), 낙도현(樂都縣), 석향현(石鄉縣), 상향현(上鄉縣), 신성현(新成縣), 성향현(成鄉縣), 교양현(膠陽縣)이다.

▨ 북해군은 경제 중원(中元) 2년에 설치되었다. 청주에 속해 있었다.

영릉현은 혹은 영구(營丘)라고도 한다. 왕망 때는 북해정(北海亭)이라 했다. 응소는 "사상보(師尙父)를 영구에 봉했다. 능은 구(丘)이다."라고 했다. 신찬(臣瓚)은 "영구는 곧 임치(臨淄)이다. 영릉(營陵)은 『춘추』에서는 연릉(緣陵)이라 했다."고 했다. 안사고는 "임치, 영릉 모두 옛 영구다."라고 했다.

극괴현은 제후국이었다. 왕망 때는 상부(上符)라고 했다.

안구현은 왕망 때는 주질(誅郅)이라 했다. 지금의 거구(渠丘)가 이곳이다.

집현은 제후국이었다. 왕망 때는 도덕(道德)이라 했다.

순우현은 응소(應劭)는 "『춘추』에 주공여조(州公如曹)라고 했는데 『좌씨전』에 순우공(淳于公)이 조(曹)나라에 갔다."라고 했다. 신찬(臣瓚)은 "주(州)는 나라 이름이다. 순우공(淳于公)은 나라의 도읍이다." 라고 했다.

익현은 왕망 때는 탐양(探陽)이라 했다.

평수현은 응소는 "옛 짐심(抖尋)이며, 우(禹)임금의 후예이고, 지금의 짐성(抖城)이 이곳이다."라고 했다.

극현은 제후국이었다.

도창현은 염관(鹽官)을 두었다.

평망현은 제후국이었다. 왕망 때는 소취(所聚)라 했다.

평적현은 제후국이었다.

유천현은 제후국이었다. 왕망 때는 홍목(弘睦)이라 했다.

수광현은 염관(鹽官)을 두었다. 왕망 때는 익평정(翼平亭)이라 했다. 옛 짐관(抖灌)이며, 우임금의 후예이다. 지금의 관정(灌亭)이다.

낙망현은 제후국이었다.

짐현은 옛 나라 이름이고, 우(禹)임금의 후예이다.

상독현은 복증산(覆甑山)에서 개수(漑水)가 나와 동북쪽으로 도창에 이르러 바다로 들어간다.

평성현은 제후국이었다.

밀향현은 제후국이었다.

양석현은 제후국이었다.

낙도현은 제후국이었다. 왕망 때는 발롱(拔壟)이라 했다.

석향현은 제후국이었다. 한 번은 정향(正鄕)이라 했다.

상향현은 제후국이었다.

신성현은 제후국이었다.

성향현은 제후국이었다. 왕망 때는 석락(石樂)이라 했다.

교양현은 제후국이었다.

北海郡 戶十二萬七千 口五十九萬三千一百五十九 縣二十六 營

陵 劇魁 安丘 瓡 淳于 益 平壽 劇 都昌 平望 平的 柳泉 壽光 樂望
饒 斟 桑犢 平城 密鄉 羊石 樂都 石鄉 上鄉 新成 成鄉 膠陽

34. 동래군(東萊郡)

동래군은 10만 3천2백92가구, 인구는 50만 2천6백93명이다.

17개 현이 있다. 액현(掖縣), 수현(腄縣), 평도현(平度縣), 황현(黃縣), 임구현(臨朐縣), 곡성현(曲成縣), 모평현(牟平縣), 동모현(東牟縣), 견현(惤縣), 육리현(育犁縣), 창양현(昌陽縣), 불야현(不夜縣), 당리현(當利縣), 노향현(盧鄉縣), 양락현(陽樂縣), 양석현(陽石縣), 서향현(徐鄉縣)이다.

▨ 동래군은 고제가 설치했다. 청주에 속해 있었다. 안사고(顏師古)는 "옛 내자국(萊子國)이다."라고 했다.

액현은 왕망 때는 액통(掖通)이라 했다.

수현은 부산사(罘山祠)가 있다. 거상산(居上山)에서 성상수(聲洋水)가 나오는 곳인데, 동북쪽으로 바다로 들어간다.

평도현은 왕망 때는 이로(利盧)라고 했다.

황현은 내산(萊山)에 송림래군사(松林萊君祠)가 있다. 왕망 때는 의모(意母)라고 했다.

임구현은 해수사(海水祠)가 있다. 왕망 때는 감구(監鉤)라고 했다. 안사고는 "제군(齊郡)에 이미 임구(臨朐)가 있는데 동래에 또 이현이 있으니 대개 각각의 가까운 뜻으로 이름을 지은 것이다. 이 같은 종류가 하나가 아니다."라고 했다.

곡성현은 삼산(參山)에서 만리사사(萬里沙祠)가 있다. 양구산(陽丘山)에서 치수(治水)가 나오는데, 남쪽으로 기(沂)에 이르러 바다로 들어간다. 염관을 두었다.

모평현은 왕망 때는 망리(望利)라고 했다.

동모현은 철관과 염관을 두었다. 왕망 때는 홍덕(弘德)이라 했다.

견현은 백지래왕사(百支萊王祠)가 있다. 염관을 두었다.

창양현은 염관을 두었다. 왕망 때는 숙경정(夙敬亭)이라 했다.

불야현은 성산일사(成山日祠)가 있다. 왕망 때는 숙야(夙夜)라고 했다. 안사고는 『제지(齊志)』에 이르기를 옛날 태양이 밤에 나와서 동래(東萊)에 보인 것으로 내자(萊子)가 이성을 세워서 불야(不夜)라고 했다."고 했다.

당리현은 염관을 두었다. 왕망 때는 동래정(東萊亭)이라 했다.

양석현은 왕망 때는 식명(識命)이라 했다.

東萊郡 戶十萬三千二百九十二 口五十萬二千六百九十三 縣十七 掖 腄 平度 黃 臨朐 曲成 牟平 東牟 惤 育犁 昌陽 不夜 當利 盧鄉 陽樂 陽石 徐鄉

35. 낭야군(琅邪郡)

낭야군은 22만 8천9백60가구, 인구는 1백7만 9천1백 명이다.

51개 현이 있다. 동무현(東武縣), 불기현(不其縣), 해곡현(海曲縣), 감유현(贛榆縣), 주허현(朱虛縣), 제현(諸縣), 오성현(梧成縣), 영문현(靈門縣), 고막현(姑幕縣), 허수현(虛水縣), 임원현(臨原縣), 낭야현(琅邪縣), 불현(祓縣), 거현(柜縣), 병현(缾縣), 부현(邞縣), 후가현(雩叚縣), 금추현(黔陬縣), 운현(雲縣), 계근현(計斤縣), 도현(稻縣), 고우현(皋虞縣), 평창현(平昌縣), 장광현(長廣縣), 횡현(橫縣), 동완현(東莞縣), 위기현(魏其縣), 창현(昌縣), 자향현(玆鄉縣), 기현(箕縣), 비현(椑縣), 고광현(高廣縣), 고향현(高鄉縣), 유현(柔縣), 즉래현(卽來縣), 여현(麗縣), 무향현(武鄉縣), 이향현(伊鄉縣), 신산현(新山縣), 고양현(高陽縣), 곤산현(昆山縣), 삼봉현(參封縣), 절천현(折泉縣), 박석현(博石縣), 방산현(房山縣), 신향현(愼鄉縣), 사망현(駟望縣), 안구현(安丘縣), 고릉현(高陵縣), 임안현(臨安縣), 석산현(石山縣)이다.

▨ 낭야군은 진(秦)나라에서 설치했다. 왕망 때는 진이(塡夷)라고 했다. 서주(徐州)에 속해 있었다. 철관을 두었다.

동무현은 왕망 때는 상선(祥善)이라 했다.

불기현은 태일(太一)과 선인사(僊人祠)가 9곳이나 있고, 명당(明堂)이 있는데 무제가 일으켰다.

해곡현은 염관을 두었다.

감유현은 감유(紺踰)현이라 한다.

주허현은 범산(凡山)에서 단수(丹水)가 나와 동북쪽으로 수광(壽光)에 이르러 바다로 들어간다. 동태산(東泰山)에서 문수(汶水)가 나와 동쪽으로 안구(安丘)에 이르러 유(維)로 들어간다. 삼산사(三山祠)와 오제사(五帝祠)가 있다. 안사고는 "앞에서 문수(汶水)가 내무산에서 나와 제수로 들어간다고 했고, 지금은 주허(朱虛)에서 나와 유수(維水)로 들어간다고 했으니 상흠(桑欽)이 말한 바와 다름이 있다. 혹자는 문수(汶水)가 2개가 있다고 했다. 오제사(五帝祠)는 문수의 위에 있다."고 했다.

제현은 왕망 때는 제병(諸幷)이라 했다. 『춘추』에는 제성(諸城)이라 했다.

영문현은 고자산(高枲山)이 있다. 오수(壺水)가 나오는 곳으로 동북쪽에서 유수(維水)로 들어간다.

고막현은 도위가 다스렸다. 혹은 박고(薄姑)라고 했다. 왕망 때는 계목(季睦)이라 했다. 안사고는 "『좌씨전』에는 박고씨(薄姑氏)를 따라서 하고 뒤에는 태공(太公)이 따랐다."고 했다.

허수현은 제후국이었다.

임원현은 제후국이었다. 왕망 때는 진이정(填夷亭)이라 했다.

낭야현은 월왕(越王) 구천(句踐)이 일찍이 이곳을 다스려 관대(館臺)를 일으켰다. 사시사(四時祠)가 있다. 안사고는 "『산해경』에서 낭야대(琅邪臺)는 낭야의 동쪽에 있다."고 했다.

불현은 제후국이었다.

거현은 근애수(根艾水)가 동쪽에서 바다로 들어간다. 왕망 때는 불동(祓同)이라 했다.

병현은 제후국이었다.

부현은 교수(膠水)가 동쪽에서 평도(平度)에 이르러 바다로 들어간다. 왕망 때는 순덕(順德)이라 했다.
 후가현은 제후국이었다.
 금추현은 옛 개국(介國)이다.
 운현은 제후국이었다.
 계근현은 거자(莒子)가 처음으로 여기서 일어난 뒤에 거(莒)로 옮겼다. 염관을 두었다. 안사고는 곧 『춘추좌씨전』의 이른바 개근(介根)이라고 했다.
 도현은 제후국이었다.
 고우현은 제후국이었다. 왕망 때는 영려(盈廬)라고 했다.
 장광현은 내산(萊山)에 내산사(萊山祠)가 있다. 해양택(亥養澤)이 서쪽에 있어 진(秦)나라 지도에는 극청지(劇淸池)라고 했으며, 유주(幽州)의 늪이 있다. 염관을 두었다.
 횡현은 고산(故山)에서 구이수(久台水)가 나와 동남쪽으로 동무(東武)에 이르러 회수로 들어간다. 왕망 때는 영구(令丘)라고 했다.
 동완현은 술수(術水)가 남쪽에서 하비(下邳)에 이르러 사수로 들어가는데 3개 군을 지나서 7백10리를 가서 청주를 적신다. 맹강(孟康)은 "옛 운읍(鄆邑)이며, 지금의 운정(鄆亭)이 이곳이다."라고 했다. 안사고는 "술수(術水)는 곧 출수(沭水)이다."라고 했다.
 위기현은 제후국이었다. 왕망 때는 청천(靑泉)이라 했다.
 창현은 환산사(環山祠)가 있다.
 자향현은 제후국이었다.
 기현은 제후국이었다. 우공에 유수(濰水)가 북쪽에서 도창(都昌)에 이르러 바다로 들어가는데 3개 군을 지나서 5백20리를 가서 연주(兗州)를 적신다.
 비현은 야두수(夜頭水)가 남쪽에서 바다로 흐른다. 왕망 때는 식명(識命)이라 했다.
 고광현과 고향현과 유현은 모두 제후국이었다.
 즉래현은 제후국이었다. 왕망 때는 성목(盛睦)이라 했다.
 여현은 제후국이었다.
 무향현은 제후국이었다. 왕망 때는 순리(順理)라 했다.

한서지리지(漢書地理志) 상(上) 117

이향현과 신산현과 고양현과 곤산현과 삼봉현은 모두 제후국이었다.
절천현은 제후국이었다. 절천수(折泉水)가 북쪽에서 막수(莫水)에
이르러 회수(淮水)로 들어간다.
박석현과 방산현과 신향현은 모두 제후국이었다.
사망현은 제후국이었다. 왕망 때는 영향(泠鄉)이라 했다.
안구현은 제후국이었다. 왕망 때는 영향(寧鄉)이라 했다.
고릉현은 제후국이었다. 왕망 때는 포륙(蒲陸)이라 했다.
임안현은 제후국이었다. 왕망 때는 성신(誠信)이라 했다.
석산현은 제후국이었다.

琅邪郡 戶二十二萬八千九百六十 口一百七萬九千一百 縣五十
一 東武 不其 海曲 贛榆 朱虛 諸 梧成 靈門 姑幕 虛水 臨原 琅邪
祓 柜 缾 邞 雩叚 黔陬 雲 計斤 稻 皋虞 平昌 長廣 橫 東莞 魏其 昌
慈鄉 箕 椑 高廣 高鄉 柔 卽來 麗 武鄉 伊鄉 新山 高陽 昆山 參封
折泉 博石 房山 愼鄉 駟望 安丘 高陵 臨安 石山

36. 동해군(東海郡)

동해군은 35만 8천4백14 가구, 인구는 1백55만 9천3백57명이다.
38개 현이 있다. 담현(郯縣), 난릉현(蘭陵縣), 양분현(襄賁
縣), 하비현(下邳縣), 양성현(良成縣), 평곡현(平曲縣), 척현
(戚縣), 구현(朐縣), 개양현(開陽縣), 비현(費縣), 이성현(利成
縣), 해곡현(海曲縣), 난기현(蘭祺縣), 회현(繒縣), 남성현(南
成縣), 산향현(山鄉縣), 건향현(建鄉縣), 즉구현(卽丘縣), 축기
현(祝其縣), 임기현(臨沂縣), 후구현(厚丘縣), 용구현(容丘
縣), 동안현(東安縣), 합향현(合鄉縣), 승현(承縣), 건양현(建
陽縣), 곡양현(曲陽縣), 사오현(司吾縣), 우향현(于鄉縣), 평곡
현(平曲縣), 도양현(都陽縣), 음평현(陰平縣), 오향현(郚鄉
縣), 무양현(武陽縣), 신양현(新陽縣), 건릉현(建陵縣), 창려현
(昌慮縣), 도평현(都平縣)이다.

▨ 동해군은 고제가 설치했다. 왕망 때는 기평(沂平)이라고 했다. 서주(徐州)에 속해 있었다. 진(秦)나라의 담군(郯郡)이다.

담현은 옛 나라 이름이며, 소호(少昊)씨의 후예이고, 성씨는 영(盈)이다.

난릉현은 왕망 때는 난동(蘭東)이라 했다. 맹강은 실실정(次室亭) 노백(魯伯)이 이곳이라고 했다.

양분현은 왕망 때는 장신(章信)이라 했다.

하비현은 갈역산(葛嶧山)이 서쪽에 있고, 고문(古文)에는 역양(嶧陽)이라고 했다. 철관을 두었다. 왕망 때는 윤검(閏儉)이라 했다. 응소는 "비(邳)는 설(薛)땅에 있다가 그 뒤에 이곳으로 이사했으므로 하(下)자를 더했다."고 했다. 신찬은 상비(上邳)와 하비(下邳)가 있다고 했다.

양성현은 제후국이었다. 왕망 때는 승한(承翰)이라 했다. 안사고는 "『좌씨전』에 '진나라의 후작이 오(吳)나라 자작과 양(良)에서 회합했다.'고 한 곳이 이곳이다."라고 했다.

평곡현은 왕망 때는 평단(平端)이라 했다.

척현은 척(戚)현이라 한다.

구현은 진시황이 돌을 바다 위에 세웠다고 해서 동문관(東門關)이라고 했다. 철관을 두었다.

개양현은 옛 우국(鄅國)이다. 왕망 때는 염로(厭虜)라고 했다.

비현은 옛 노(魯)나라 계씨(季氏)의 읍(邑)이다. 도위가 다스렸다. 왕망 때는 순종(順從)이라 했다.

이성현은 왕망 때는 유천(流泉)이라 했다.

해곡현은 왕망 때는 동해정(東海亭)이라 했다.

난기현은 제후국이었다. 왕망 때는 박육(溥陸)이라 했다.

회현은 옛 나라 이름이다. 우(禹)임금의 후예이다. 왕망 때는 증치(繒治)라고 했다.

남성현은 제후국이었다.

건향현은 제후국이었다.

즉구현은 왕망 때는 취신(就信)이라 했다. 맹강은 옛 축구(祝丘)라고 했다.

축기현은 우공에 우산(羽山)의 남쪽에 있고, 곤(鯀)이 처형된 곳이다. 왕망 때는 유정(猶亭)이라 했다.

후구현은 왕망 때는 축기정(祝其亭)이라 했다.

용구현은 제후국이었다. 사수(祠水)가 동남쪽에서 하비(下邳)에 이르러 사수로 들어간다.

동안현은 제후국이었다. 왕망 때는 업정(業亭)이라 했다.

합향현은 왕망 때는 합취(合聚)라고 했다.

승현은 왕망 때는 승치(承治)라고 했다.

건양현은 제후국이었다. 왕망 때는 건력(建力)이라 했다.

곡양현은 왕망 때는 종양(從羊)이라 했다. 응소는 "회곡(淮曲)의 북쪽에 있다."고 했다.

사오현은 왕망 때는 식오(息吾)라고 했다. 응소는 "『좌전』에 오나라에서 종오자(鍾吾子)를 잡다."라고 했다.

우향현은 제후국이었다.

평곡현은 제후국이었다. 왕망 때는 단평(端平)이라 했다.

도양현은 제후국이었다.

음평현은 제후국이었다.

오향현은 제후국이었다. 왕망 때는 서정(徐亭)이라 했다.

무양현은 제후국이었다. 왕망 때는 홍정(弘亭)이라 했다.

신양현은 제후국이었다. 왕망 때는 박취(博聚)라고 했다.

건릉현은 제후국이었다. 왕망 때는 부정(付亭)이라 했다.

창려현은 제후국이었다. 왕망 때는 여취(廬聚)라고 했다.

도평현은 제후국이었다.

東海郡 戶三十五萬八千四百一十四 口百五十五萬九千三百五十七 縣三十八 郯 蘭陵 襄賁 下邳 良成 平曲 戚 朐 開陽 費 利成 海曲 蘭祺 繒 南成 山鄉 建鄉 即丘 祝其 臨沂 厚丘 容丘 東安 合鄉 承 建陽 曲陽 司吾 于鄉 平曲 都陽 陰平 鄫鄉 武陽 新陽 建陵 昌慮 都平

37. 임회군(臨淮郡)

임회군은 26만 8천2백83가구, 인구는 1백23만 7천7백64명이다. 29개 현이 있다. 서현(徐縣), 추려현(取慮縣), 회포현(淮浦縣), 우이현(盱眙縣), 구유현(卽猶縣), 동현(僮縣), 사양현(射陽縣), 개양현(開陽縣), 췌기현(贅其縣), 고산현(高山縣), 수릉현(睢陵縣), 염독현(鹽瀆縣), 회음현(淮陰縣), 회릉현(淮陵縣), 하상현(下相縣), 부릉현(富陵縣), 동양현(東陽縣), 파정현(播旌縣), 서평현(西平縣), 고평현(高平縣), 개릉현(開陵縣), 창양현(昌陽縣), 광평현(廣平縣), 난양현(蘭陽縣), 양평현(襄平縣), 해릉현(海陵縣), 여현(輿縣), 당읍현(堂邑縣), 낙릉현(樂陵縣)이다.

▨ 임회군은 무제 원수(元狩) 6년에 설치되었다. 왕망 때는 회평(淮平)이라 했다.

서현은 옛 나라 이름이고, 성씨는 영(盈)이다. 춘추시대 때에 이르러 서자(徐子) 장우(章禹)가 초(楚)나라에 멸망당했다. 왕망 때는 서조(徐調)라고 했다.

추려현은 추려(趣廬)현으로 부른다.

회포현은 유수(游水)가 북쪽에서 바다로 들어간다. 왕망 때는 회경(淮敬)이라 했다. 응소는 회(淮)는 애(涯)의 뜻이라 했다.

우이현은 도위가 다스렸다. 왕망 때는 무광(武匡)이라 했다.

구유현은 왕망 때는 병의(秉義)라고 했다.

동현은 왕망 때는 성신(成信)이라 했다.

사양현은 왕망 때는 감회정(監淮亭)이라 했다. 사수가 북쪽에 있다.

췌기현은 췌기현이라 한다.

고산현은 응소는 고산(高山)이 동남쪽에 있다고 했다.

수릉현은 왕망 때는 수륙(睢陸)이라 했다.

염독현은 철관을 두었다.

회음현은 왕망 때는 가신(嘉信)이라 했다.

회릉현은 왕망 때는 회륙(淮陸)이라 했다.

하상현은 왕망 때는 종청(縱廳)이라 했다. 응소는 상수(相水)가 패국(沛國)에서 나와 하(下)자를 더했다고 했다.
부릉현은 왕망 때는 삭로(榡虜)라고 했다.
파정현은 왕망 때는 저신(著信)이라 했다.
서평현은 왕망 때는 영취(永聚)라고 했다.
고평현은 제후국이었다. 왕망 때는 성구(成丘)라고 했다.
개릉현은 제후국이었다. 왕망 때는 성향(成鄕)이라 했다.
창양현은 제후국이었다.
광평현은 제후국이었다. 왕망 때는 평영(平寧)이라 했다.
난양현은 제후국이었다. 왕망 때는 건절(建節)이라 했다.
양평현은 제후국이었다. 왕망 때는 상평(相平)이라 했다.
해릉현은 강해회사(江海會祠)가 있다. 왕망 때는 정간(亭間)이라고 했다.
여현은 왕망 때는 미덕(美德)이라 했다.
당읍현은 철관을 두었다.
낙릉현은 제후국이었다.

臨淮郡 戶二十六萬八千二百八十三 口百二十三萬七千七百六十四 縣二十九 徐 取慮 淮浦 盱眙 厹猶 僮 射陽 開陽 贅其 高山 睢陵 鹽瀆 淮陰 淮陵 下相 富陵 東陽 播旌 西平 高平 開陵 昌陽 廣平 蘭陽 襄平 海陵 輿 堂邑 樂陵

38. 회계군(會稽郡)

회계군은 22만 3천38가구, 인구는 1백3만 2천6백4명이다.

26개 현이 있다. 오현(吳縣), 곡아현(曲阿縣), 오상현(烏傷縣), 비릉현(毗陵縣), 여기현(餘曁縣), 양선현(陽羨縣), 제기현(諸曁縣), 무석현(無錫縣), 산음현(山陰縣), 단도현(丹徒縣), 여요현(餘姚縣), 누현(婁縣), 상우현(上虞縣), 해염현(海鹽縣), 섬현(剡縣), 유권현(由拳縣), 대말현(大末縣), 오정현(烏

程縣), 구장현(句章縣), 여항현(餘杭縣), 은현(鄞縣), 전당현(錢唐縣), 무현(鄮縣), 부춘현(富春縣), 야현(冶縣), 회포현(回浦縣)이다.

▨ 회계군은 진(秦)나라에서 설치했다. 고제 6년에 형국(荊國)으로 삼았고, 12년에 오(吳)로 이름을 고쳤다. 경제 4년에 강도(江都)에 합쳤다. 양주(揚州)에 속해 있었다.

오현은 옛 나라 이름이고, 주태백(周太伯)의 읍(邑)이다. 구구택(具區澤)이 서쪽에 있고, 양주(楊州)의 늪지대가 있어서 고문(古文)에는 진택(震澤)으로 여겼다. 남강(南江)이 남쪽에 있어 동쪽으로 들어가는데 양주천(揚州川)이라고 한다. 왕망 때는 태덕(泰德)이라 했다.

곡아현은 옛 운양(雲陽)이다. 왕망 때는 미풍(美風)이라 했다.

오상현은 왕망 때는 오효(烏孝)라 했다.

비릉현은 오(吳)나라 계찰(季札)이 살던 곳이며, 강수의 북쪽에 있어 동쪽에서 바다로 들어가는데 양주천이다. 왕망 때는 비단(毗壇)이라 했다. 안사고는 옛 연릉(延陵)을 한(漢)나라에서 이름을 고쳤다고 했다.

여기현은 소산(蕭山)에서 반수(潘水)가 나와 동쪽으로 바다로 들어간다. 왕망 때는 여연(餘衍)이라 했다. 응소는 오왕(吳王) 합려의 동생인 부개(夫槩)의 읍(邑)이라고 했는데 안사고는 틀리다고 했다.

제기현은 왕망 때는 소로(疏虜)라고 했다.

무석현은 역산(歷山)이 있고, 춘신군(春申君)에게 해마다 소를 제물로 바쳐 제사 지냈다. 왕망 때는 유석(有錫)이라 했다.

산음현은 회계산(會稽山) 남쪽에 있고, 위에는 우(禹)임금의 무덤이 있으며, 우(禹)임금의 우물이 양주산(揚州山)에 있다. 월왕(越王) 구천(句踐)의 본국(本國)이다. 영문원(靈文園)이 있다. 안사고는 영문후는 박태후(薄太后)의 아버지라 했다.

단도현은 안사고는 곧 『춘추』의 주방(朱方)이라고 했다.

누현은 남무성(南武城)이 있고, 합려(闔閭)가 세워서 월(越)나라를 살폈다. 왕망 때는 누치(婁治)라고 했다.

상우현은 구정(仇亭)이 있다. 가수(柯水)가 동쪽에서 바다로 들어간다. 왕망 때는 회계(會稽)라고 했다.

해염현은 옛 원무향(原武鄉)이다. 염관을 두었다. 왕망 때는 전무(展武)라고 했다.
섬현은 왕망 때는 진충(盡忠)이라 했다.
유권현은 시벽(柴辟)이며, 옛 취리향(就李鄉)이고, 오(吳)나라와 월(越)나라의 전쟁터이다. 응소는 옛 주리(樵李)라고 했다.
대말현은 곡수(穀水)가 동북쪽에서 전당강(錢唐江)으로 이르러 강수(江水)로 들어간다. 왕망 때는 말치(末治)라고 했다.
오정현은 우양정(歐陽亭)이 있다.
구장현은 거수(渠水)가 동쪽에서 바다로 들어간다.
여항현은 왕망 때는 진목(進睦)이라 했다.
은현은 진정(鎭亭)도 있고, 결기정(鮚埼亭)도 있다. 동남쪽으로 천문수(天門水)가 있어서 바다로 들어간다. 월(越)나라의 천문산(天文山)이 있다. 왕망 때는 근(謹)이라 했다. 안사고는 "결(鮚)은 조개로 길이가 1치이고, 넓이는 2푼이며, 그 속에는 작은 게가 들어 있다. 기는 굽이진 언덕이다. 그 안에는 결이 많아서 정(亭)을 이름 지었다."라고 했다.
전당현은 서부도위(西部都尉)가 다스렸다. 무림산(武林山)에서 무림수가 발원해 동쪽으로 바다로 들어가는데 8백30리를 흘러간다. 왕망 때는 천정(泉井)이라 했다.
무현은 왕망 때는 해치(海治)라고 했다.
부춘현은 왕망 때는 주세(誅歲)라고 했다.
야현은 안사고는 본래 민월(閩越) 땅이라고 했다.
회포현은 남부도위(南部都尉)가 다스렸다.

會稽郡 戶二十二萬三千三十八 口百三萬二千六百四 縣二十六
吳 曲阿 烏傷 毗陵 餘暨 陽羨 諸暨 無錫 山陰 丹徒 餘姚 婁 上虞 海鹽 剡 由拳 大末 烏程 句章 餘杭 鄞 錢唐 鄮 富春 冶 回浦

39. 단양군(丹揚郡)
단양군은 10만 7천5백41 가구, 인구는 45만 5천1백71명이다.

17개 현이 있다. 완릉현(宛陵縣), 어잠현(於朁縣), 강승현(江乘縣), 춘곡현(春穀縣), 말릉현(秣陵縣), 고장현(故鄣縣), 구용현(句容縣), 경현(涇縣), 단양현(丹陽縣), 석성현(石城縣), 호숙현(胡孰縣), 능양현(陵陽縣), 무호현(蕪湖縣), 이현(黝縣), 율양현(溧陽縣), 섭현(歙縣), 선성현(宣城縣)이다.

▨ 단양군은 옛 장군(鄣郡)이다. 강도(江都)에 속해 있었다. 무제 원봉(元封) 2년에 단양(丹揚)으로 이름을 고쳤다. 양주(揚州)에 포함시켰다. 동관(銅官)을 두었다.

완릉현은 팽택취(彭澤聚)가 서남쪽에 있다. 청수(淸水)의 서북쪽에 무호수(蕪湖水)가 이르러 강수로 들어간다. 왕망 때는 무완(無宛)이라 했다.

어잠현은 어잠(於潛)현이라 한다.

강승현은 왕망 때는 상무(相武)라고 했다.

말릉현은 왕망 때는 선정(宣亭)이라 했다.

고장현은 왕망 때는 후망(候望)이라 했다.

경현은 위소는 "경수(涇水)가 무호(蕪湖)에서 나온다."고 했다.

단양현은 초(楚)나라의 선조인 웅역(熊繹)을 봉한 곳이며, 18세손인 문왕(文王)이 영(郢)으로 옮겼다.

석성현은 분강수(分江水)가 처음으로 강수(江水)를 받아 동쪽으로 여요(餘姚)에 이르러 바다로 들어가는데 2개 군을 지나서 1천2백 리를 간다.

능양현은 상흠(桑欽)이 말하기를 "회수(淮水)가 동남쪽에서 나와 북쪽으로 대강(大江)으로 들어간다."고 했다.

무호현은 중강(中江)이 서남쪽에서 나와 동쪽으로 양선(陽羨)에 이르러 바다로 들어가는데 양주천(揚州川)이다.

이현은 점강수(漸江水)가 남만이(南蠻夷) 속에서 나와 동쪽으로 바다로 들어간다. 성제(成帝)의 홍가(鴻嘉) 2년에 광덕왕국(廣德王國)이 되었다. 왕망 때는 소로(愬虜)라고 했다.

율양현은 율수(溧水)가 나오는 곳이다.

섭현은 섭현으로 읽는다. 도위가 다스렸다.

丹揚郡 戶十萬七千五百四十一 口四十萬五千一百七十一 縣十七
宛陵 於朁 江乘 春穀 秣陵 故鄣 句容 涇 丹陽 石城 胡孰 陵陽 蕪湖
黝 溧陽 歙 宣城

40. 예장군(豫章郡)

예장군은 6만 7천4백62가구, 인구는 35만 1천9백65명이다.

18개의 현이 있다. 남창현(南昌縣), 여릉현(廬陵縣), 팽택현(彭澤縣), 파양현(鄱陽縣), 역릉현(歷陵縣), 여한현(餘汗縣), 자상현(柴桑縣), 애현(艾縣), 감현(贛縣), 신감현(新淦縣), 남성현(南城縣), 건성현(建成縣), 의춘현(宜春縣), 해혼현(海昏縣), 우도현(雩都縣), 교양현(鄡陽縣), 남야현(南壄縣), 안평현(安平縣)이다.

▨ 예장군은 고제 때 설치되었다. 왕망 때는 구강(九江)이라 했다. 양주(揚州)에 속해 있었다.

남창현은 왕망 때는 의선(宜善)이라 했다.

여릉현은 왕망 때는 환정(桓亭)이라 했다.

팽택현은 우공에 팽려택(彭蠡澤)이 서쪽에 있다.

파양현은 무양향(武陽鄕)의 오른쪽으로 10여 리 떨어진 곳에 황금(黃金)을 캐간 곳이 있다. 파수(鄱水) 서쪽에서 호한(湖漢)으로 들어간다. 왕망 때는 향정(鄕亭)이라 했다.

역릉현은 부역산(傅易山)과 부역천(傅易川)이 남쪽에 있는데, 고문(古文)에는 부천원(傅淺原)이라 했다. 왕망 때는 포정(蒲亭)이라 했다.

여한현은 여수(餘水)가 북쪽에 있고, 교양(鄡陽)에 이르러 호한(湖漢)으로 들어간다. 왕망 때는 치간(治干)이라 했다.

자상현은 왕망 때는 구강정(九江亭)이라 했다.

애현은 수수(脩水)가 동북쪽에서 팽택에 이르러 호한으로 들어가 6백60리를 간다. 왕망 때는 치한(治翰)이라 했다.

감현은 예장수(豫章水)가 서남쪽에서 나와 북쪽으로 대강(大江)으로 들어간다.

신감현은 도위(都尉)가 다스렸다. 왕망 때는 우정(偶亭)이라 했다. 응소(應劭)는 감수(淦水)가 나오는 곳이며, 서쪽에서 호한으로 들어간다고 했다.

남성현은 후수(盱水)가 서북쪽에서 남창(南昌)에 이르러 호한(湖漢)으로 들어간다.

건성현은 촉수(蜀水)가 동쪽으로 남창에 이르러 호한으로 들어간다. 왕망 때는 다취(多聚)라고 했다.

의춘현은 남수(南水)가 동쪽에서 신감(新淦)에 이르러 호한으로 들어간다. 왕망 때는 수효(脩曉)라고 했다.

해혼현은 왕망 때는 의생(宜生)이라 했다. 곧 창읍왕(昌邑王) 하(賀)를 봉한 곳이다.

우도현은 호한수(湖漢水)가 동쪽에서 팽택에 이르러 강수로 들어가는데 1천9백80리를 간다.

교양현은 왕망 때는 예장(豫章)이라 했다.

남야현은 팽수(彭水)가 동쪽에서 호한수로 들어간다.

안평현은 제후국이었다. 왕망 때는 안영(安寧)이라 했다.

豫章郡 戶六萬七千四百六十二 口三十五萬一千九百六十五 縣十八 南昌 廬陵 彭澤 鄱陽 歷陵 餘汗 柴桑 艾 贛 新淦 南城 建成 宜春 海昏 雩都 鄡陽 南壄 安平

41. 계양군(桂陽郡)

계양군은 2만 8천1백19가구, 인구는 15만 6천4백88명이다.

11개 현이 있다. 침현(郴縣), 임무현(臨武縣), 편현(便縣), 남평현(南平縣), 뇌양현(耒陽縣), 계양현(桂陽縣), 양산현(陽山縣), 곡강현(曲江縣), 함광현(含洭縣), 정양현(湞陽縣), 음산현(陰山縣)이다.

▨ 계양군은 고제가 설치했다. 왕망 때는 남평(南平)이라 했다. 형주(荊州)에 속해 있었다. 금관(金官)이 있었다.

침현은 뇌산(耒山)에서 뇌수(耒水)가 나오므로 서남쪽으로 상남(湘南)에 이르러 호(湖)로 들어간다. 항우(項羽)가 초(楚)나라 의제(義帝)를 세우고 이곳에 도읍했다. 왕망 때는 선풍(宣風)이라 했다.

임무현은 진수(秦水)가 동남쪽으로 정양(湞陽)에 이르러 회수(淮水)로 들어가 7백 리를 간다. 왕망 때는 대무(大武)라고 했다.

편현은 왕망 때는 편병(便屏)이라 했다.

뇌양현은 용산(舂山)에서 용수(舂水)가 나오므로 북쪽으로 영수(靈水)에 이르러 호(湖)로 들어가는데 2개의 군을 지나서 7백80리를 간다. 왕망 때는 남평정(南平亭)이라 했다. 뇌수(耒水)의 북쪽에 있다.

계양현은 회수(淮水)가 남쪽에서 사회(四會)에 이르러 울림(鬱林)으로 들어가 2개 군을 지나서 9백 리를 간다. 계수(桂水)가 나오는 곳이며, 동북쪽으로 상수(湘水)로 들어간다.

양산현은 제후국이었다. 안사고는 "아래에 음산(陰山)이 있다."라고 했다.

곡강현은 왕망 때는 제로(除虜)라고 했다.

함광현은 응소는 "광수(洭水)가 나오는 곳으로 동북쪽의 원수(沅水)로 들어간다."고 했다.

정양현은 왕망 때는 기무(基武)라고 했다. 응소는 "정수(湞水)는 남해의 용천(龍川)에서 나와 서쪽의 진수(秦水)로 들어간다."고 했다.

음산현은 제후국이었다.

桂陽郡 戶二萬八千一百一十九 口十五萬六千四百八十八 縣十一 郴 臨武 便 南平 耒陽 桂陽 陽山 曲江 含洭 湞陽 陰山

42. 무릉군(武陵郡)

무릉군은 3만 4천1백77가구, 인구는 18만 5천7백58명이다.

13개 현이 있다. 삭현(索縣), 설릉현(孱陵縣), 임원현(臨沅縣), 원릉현(沅陵縣), 담성현(鐔成縣), 무양현(無陽縣), 천릉현(遷陵縣), 진양현(辰陽縣), 유양현(酉陽縣), 의릉현(義陵縣),

항산현(佷山縣), 영양현(零陽縣), 충현(充縣)이다.

▨ 무릉군은 고제가 설치했다. 왕망 때는 건평(建平)이라 했다. 형주(荊州)에 속해 있었다.

삭현은 점수(漸水)가 동쪽에서 원수(沅水)로 들어간다. 응소는 "후한의 순제(順帝)가 한수(漢壽)라고 이름을 바꾸었다."고 했다.

설릉현은 왕망 때는 설륙(屛陸)이라 했다.

임원현은 왕망 때는 감원(監元)이라 했다. 응소는 "원수(沅水)가 장가(牂柯)에서 나와 강수(江水)로 들어간다."고 했다.

원릉현은 왕망 때는 원륙(沅陸)이라 했다.

담성현은 강곡수(康谷水)가 남쪽에서 바다로 들어간다. 옥산(玉山)에서 담수(潭水)가 나와 동쪽으로 아림(阿林)에 이르러 울수(鬱水)로 들어가는데 2개의 군을 지나서 7백20리를 간다.

무양현은 무수(無水)가 처음으로 고저란수(故且蘭水)를 받아서 남쪽으로 원수(沅水)로 들어가 8백90리를 간다.

천릉현은 왕망 때는 천륙(遷陸)이라 했다.

진양현은 삼산곡(三山谷)에서 진수(辰水)가 나와 남쪽으로 원수(沅水)로 들어가는데 7백50리를 간다. 왕망 때는 회정(會亭)이라 했다. 응소는 "진수가 나와 동쪽으로 상수로 들어간다."고 했다.

유양현은 응소는 "유수(酉水)가 나와 동쪽으로 상수로 들어간다."고 했다.

의릉현은 부양산(鄜陽山)에서 서수(序水)가 나와 서쪽으로 원수로 들어간다. 왕망 때는 건평(建平)이라 했다.

항산현은 항산현으로 읽으며, 약초가 항산(恒山)에서 나온다.

영양현은 영수(零水)가 나와 동남쪽으로 상수로 들어간다.

충현은 유원산(酉原山)에서 유수(酉水)가 나와 남쪽으로 원륙(沅陸)에 이르러 원수로 들어가는데 1천2백 리를 간다. 역산(歷山)에서 풍수(澧水)가 나와 동쪽으로 하전(下雋)에 이르러 원수로 들어가는데 2개 군을 지나서 1천2백 리를 간다.

武陵郡 戶三萬四千一百七十七 口十八萬五千七百五十八 縣十三

索 屏陵 臨沅 沅陵 鐔成 無陽 遷陵 辰陽 酉陽 義陵 佷山 零陽 充

43. 영릉군(零陵郡)

영릉군은 2만 1천92가구, 인구는 13만 9천3백78명이다.

10개의 현이 있다. 영릉현(零陵縣), 영도현(營道縣), 시안현(始安縣), 부이현(夫夷縣), 영포현(營浦縣), 도량현(都梁縣), 영도현(泠道縣), 천릉현(泉陵縣), 조양현(洮陽縣), 종무현(鍾武縣)이다.

▨ 영릉군은 무제의 원정(元鼎) 6년에 설치되었다. 왕망 때는 구의(九疑)라고 했다. 형주(荊州)에 속해 있었다.

영릉현은 양해산(陽海山)에서 상수(湘水)가 나와 북쪽으로 영(靈)에 이르러 강수(江水)로 들어가는데 2개 군을 지나서 2천5백30리를 간다. 또 이수(離水)가 있어 동남쪽으로 광신(廣信)에 이르러 울림(鬱林)으로 들어가 9백80리를 간다.

영도현은 구의산(九疑山)이 남쪽에 있다. 왕망 때는 구의정(九疑亭)이라 했다.

도량현은 제후국이었다. 노산(路山)에서 자수(資水)가 나와서 동북쪽으로 익양에 이르러 원수로 들어가는데 2개 군을 지나서 1천8백 리를 간다.

영도현은 왕망 때는 영릉(泠陵)이라 했다. 신찬은 "완릉(宛陵)이 예장(豫章)의 북쪽 경계에 있어 서로의 거리가 3천 리이고, 또 제수(諸水)가 받아서 아래로 영도에 이르러 다시 강수로 들어가지 못한다."고 했다.

천릉현은 제후국이었다. 왕망 때는 부윤(溥閏)이라 했다.

조양현은 왕망 때는 조치(洮治)라고 했다.

종무현은 왕망 때는 종환(鍾桓)이라 했다. 응소는 지금의 중안(重安)이라 했다.

零陵郡 戶二萬一千九十二 口十三萬九千三百七十八 縣十 零陵 營道 始安 夫夷 營浦 都梁 泠道 泉陵 洮陽 鍾武

44. 한중군(漢中郡)

한중군은 10만 1천5백70가구, 인구는 30만 6백14명이다.

12개 현이 있다. 서성현(西城縣), 순양현(旬陽縣), 남정현(南鄭縣), 유중현(襃中縣), 방릉현(房陵縣), 안양현(安陽縣), 성고현(成固縣), 면양현(沔陽縣), 석현(錫縣), 무릉현(武陵縣), 상용현(上庸縣), 장리현(長利縣)이다.

▨ 한중군은 진(秦)나라에서 설치했다. 왕망 때는 신성(新成)이라 했다. 익주(益州)에 속해 있었다.

서성현은 응소는 "세본(世本)에 규허(媯虛)가 서북쪽에 있으며, 순(舜)임금이 살던 곳이다."라고 했다.

순양현은 북산(北山)에서 순수(旬水)가 나와 남쪽으로 면수(沔水)로 들어간다.

남정현은 한산(旱山)에서 지수(池水)가 나와 동북쪽으로 한수(漢水)로 들어간다.

유중현은 도위가 다스렸다. 한양향(漢陽鄉)이다.

방릉현은 회산(淮山)에서 회수(淮水)가 나와 동쪽으로 중려(中廬)에 이르러 면수(沔水)로 들어간다. 또 축수(筑水)가 있어 동쪽에서 축양(筑陽)에 이르러 역시 면수로 들어간다. 동산(東山)에서 저수(沮水)가 나와 동쪽으로 영(郢)에 이르러 강수로 들어가는데 7백 리를 간다.

안양현은 감곡수(贛谷水)가 서남쪽에서 나와 북쪽으로 한수로 들어간다. 곡수(谷水)가 있어서 북쪽에서 나와 남쪽의 한수로 들어간다.

면양현은 철관을 두었다. 응소는 "면수는 무도(武都)에서 나와 동남쪽으로 강수로 들어간다."고 했다. 여순(如淳)은 "이쪽 사람들은 한수(漢水)를 면수라 한다."고 했다. 안사고는 한수의 위로 면(沔)이라고 했다.

석현은 왕망 때는 석치(錫治)라고 했다. 안사고는 "곧 『춘추』에서 이른바 석혈(錫穴)이다."라고 했다.

장리현은 운관(鄖關)이 있다.

漢中郡 戶十萬一千五百七十 口三十萬六百一十四 縣十二. 西城

旬陽 南鄭 褒中 房陵 安陽 成固 沔陽 錫 武陵 上庸 長利

45. 광한군(廣漢郡)

광한군은 16만 7천4백99가구, 인구는 66만 2천2백49명이다.

13개 현이 있다. 재동현(梓潼縣), 십방현(汁方縣), 부현(涪縣), 낙현(雒縣), 면죽현(緜竹縣), 광한현(廣漢縣), 가맹현(葭明縣), 처현(郪縣), 신도현(新都縣), 잉저도현(甸氐道縣), 백수현(白水縣), 강저도현(剛氐道縣), 음평도현(陰平道縣)이다.

▨ 광한군은 고제가 설치했다. 왕망 때는 취도(就都)라고 했다. 익주(益州)에 속해 있었다. 공관(工官)을 두었다.

재동현은 오부산(五婦山)에서 치수(馳水)가 나와 남쪽으로 부수(浮水)로 들어가는데 5백5o리를 간다. 왕망 때는 자동(子同)이라 했다.

십방현은 왕망 때는 미신(美信)이라 했다.

부현에는 잔정(孱亭)을 두었다. 왕망 때는 통목(統睦)이라 했다. 응소는 "부수는 광한에서 나와 남쪽으로 한수로 들어간다."고 했다.

낙현은 장산(章山)에서 낙수(雒水)가 나와 남쪽으로 신도곡(新都谷)에 이르러 전수(湔水)로 들어간다. 공관을 두었다. 왕망 때는 오락(吾雒)이라 했다.

면죽현은 자암산(紫巖山)에서 면수(沔水)가 나와 동쪽으로 신도의 북쪽에 이르러 낙수로 들어간다. 도위가 다스렸다.

광한현은 왕망 때는 광신(廣信)이라 했다.

가맹현은 가맹(家盲)현이라 부른다.

처현은 처현으로 부른다.

잉저도현은 백수(白水)가 요외(徼外)에서 나와 동쪽으로 가맹현에 이르러 한수로 들어가는데 1개 군을 지나서 9백5o리를 간다. 왕망 때는 치치(致治)라고 했다.

백수현은 응소는 "요외(徼外)에서 나와 북쪽으로 한수로 들어간다."고 했다.

강저도현은 부수(涪水)가 요외(徼外: 나라 밖)에서 나와 남쪽으로 접강(墊江)에 이르러 한수로 들어가는데 2개 군을 지나서 1천69리를 간다.

음평도현은 북부도위(北部都尉)가 다스렸다. 왕망 때는 최로(摧虜)라고 했다.

廣漢郡 戶十六萬七千四百九十九 口六十六萬二千二百四十九 縣十三 梓潼 汁方 涪 雒 緜竹 廣漢 葭明 郪 新都 甸氐道 白水 剛氐道 陰平道

46. 촉군(蜀郡)

촉군은 26만 8천2백79가구, 인구는 1백24만 5천9백29명이다.

15개 현이 있다. 성도현(成都縣), 비현(郫縣), 번현(繁縣), 광도현(廣都縣), 임공현(臨邛縣), 청의현(靑衣縣), 강원현(江原縣), 엄도현(嚴道縣), 면사현(緜虒縣), 모우현(旄牛縣), 사현(徙縣), 전저도현(湔氐道縣), 문강현(汶江縣), 광유현(廣柔縣), 잠릉현(蠶陵縣)이다.

▨ 촉군은 진(秦)나라에서 설치했다. 소강(小江)이 들어가는 것이 있는데, 함께 1천9백80리를 간다. 우공에 환수(桓水)가 촉산(蜀山)의 서남쪽에서 나와 강중(羌中)을 흘러가 남해(南海)로 들어간다. 왕망 때는 도강(導江)이라 했다. 익주(益州)에 속해 있었다.

성도현은 7만 6천2백56가구이고, 공관을 두었다.

비현은 우공에 강타(江沱)가 서쪽에 있어 동쪽으로 대강(大江)으로 들어간다.

광도현은 왕망 때는 취도정(就都亭)이라 했다.

임공현은 복천수(僕千水)가 동쪽에서 무양(武陽)에 이르러 강수로 들어가 2개 군을 지나서 5백10리를 간다. 철관과 염관을 두었다. 왕망 때는 감공(監邛)이라 했다. 응소는 "공수(邛水)가 엄도공래산(嚴道邛來山)에서 나와 동쪽으로 청의(靑衣)로 들어간다."고 했다.

청의현은 우공에 몽산(蒙山) 계곡의 대도수(大渡水)가 동남쪽에서 안남(安南)에 이르러 재수(涐水)로 들어간다. 후한의 순제(順帝)가 한가(漢嘉)라고 이름을 바꾸었다.

강원현은 수수(壽水)가 처음으로 강수를 받아서 남쪽으로 무양(武陽)에 이르러 강수로 들어간다. 왕망 때는 공원(邛原)이라고 했다.

엄도현은 공래산(邛來山)에서 공수(邛水)가 나와 동쪽으로 청의현으로 들어간다. 목관(木官)을 두었다. 왕망 때는 엄치(嚴治)라고 했다.

면사현은 옥루산(玉壘山)에서 전수(湔水)가 나와 동남쪽으로 강양(江陽)에 이르러 강수로 들어가는데 3개 군을 지나 1천8백90리를 간다.

모우현은 선수(鮮水)가 요외에서 나와 남쪽으로 약수(若水)로 들어간다. 약수는 또한 요외에서 나와 남쪽으로 대작(大莋)에 이르러 승수(繩水)로 들어가는데 2개 군을 지나서 1천6백 리를 간다.

사현은 사(斯)현으로 읽는다.

전저도현은 우공에 혼산(崏山)이 서요외(西徼外)에 있어 강수가 나오는 곳이며, 동남쪽으로 강도(江都)에 이르러 바다로 들어가는데 7개 군을 지나서 2천6백60리를 간다.

문강현은 재수(湔水)가 요외에서 나와 남쪽으로 남안(南安)에 이르러 동쪽의 강수로 들어가는데 3개 군을 지나서 3천40리를 간다. 강타는 서남쪽에 있다.

잠릉현은 왕망 때는 보창(步昌)이라 했다.

蜀郡 戶二十六萬八千二百七十九 口百二十四萬五千九百二十九 縣十五 成都 郫 繁 廣都 臨邛 青衣 江原 嚴道 緜虒 旄牛 徙 湔氐道 汶江 廣柔 蠶陵

47. 건위군(犍爲郡)

건위군은 10만 9천4백19가구, 인구는 48만 9천4백86명이다.

12개 현이 있다. 북도현(僰道縣), 강양현(江陽縣), 무양현(武陽縣), 남안현(南安縣), 자중현(資中縣), 부현(符縣), 우비현(牛鞞縣), 남광현(南廣縣), 한양현(漢陽縣), 옥마현(鄨䣕縣), 수시현(朱提縣), 당랑현(堂琅縣)이다.

▨ 건위군은 무제 건원 6년에 처음으로 설치되었다. 왕망 때는 서순(西順)이라 했다. 익주(益州)에 속해 있었다. 옛 야랑국(夜郎國)이다.

북도현은 왕망 때는 북치(僰治)라고 했다. 옛 북후국(僰侯國)이다.

무양현은 철관을 두었다. 왕망 때는 즙성(戢成)이라 했다.

남안현은 염관과 철관을 두었다.

부현은 온수(溫水)가 남쪽에서 폐(鱉)에 이르러 겸수(駍水)로 들어가고 겸수는 또한 남쪽으로 폐수에 이르러 강수로 들어간다. 왕망 때는 부신(符信)이라 했다.

우비현은 우비현이라 한다.

남광현은 분관산(汾關山)에서 부흑수(符黑水)가 나와 북쪽으로 북도(僰道)에 이르러 강수로 들어간다. 또 대섭수가 있어서 북쪽으로 부섭수에 이르러 강수로 들어가는데 3개 군을 거쳐서 8백4o리를 간다.

한양현은 도위가 다스렸다. 산탑곡(山闒谷)에서 한수가 나와 동쪽으로 폐수에 이르러 면수(沔水)로 들어간다. 왕망 때는 신통(新道)이라 했다.

욱마현은 왕망 때는 잔마(屏䣕)라고 했다.

수시현은 산에서 은(銀)이 난다. 응소는 수시산(朱是山)은 서남쪽에 있다고 했다.

犍爲郡 戶十萬九千四百一十九 口四十八萬九千四百八十六 縣十二 僰道 江陽 武陽 南安 資中 符 牛鞞 南廣 漢陽 郁䣕 朱提 堂琅

48. 월수군(越嶲郡)

월수군은 6만 1천2백8가구, 인구는 40만 8천4백5명이다.

15개 현이 있다. 공도현(邛都縣), 수구현(遂久縣), 영관도현(靈關道縣), 대등현(臺登縣), 정작현(定莋縣), 회무현(會無縣), 작진현(莋秦縣), 대작현(大莋縣), 고복현(姑復縣), 삼강현(三絳縣), 소시현(蘇示縣), 난현(闌縣), 비수현(卑水縣), 잠가현(濳街縣), 청령현(青蛉縣)이다.

한서지리지(漢書地理志) 상(上) 135

▨ 월수군은 무제 원정 6년에 설치되었다. 왕망 때는 집수(集雟)라고 했다. 익주에 속해 있었다. 응소는 "옛 공도국(邛都國)이다. 수수(雟水)가 있다."고 했다.

공도현은 남산(南山)에서 구리[銅]가 난다. 공지택(邛池澤)이 있다.

수구현은 승수(繩水)가 요외에서 나와 동쪽으로 북도(僰道)현으로 이르러 강수로 들어가는데 2개 군을 지나서 1천4백 리를 간다.

대등현은 손수(孫水)가 남쪽에서 회무(會無)에 이르러 약수로 들어가는데 7백50리를 간다. 응소는 지금의 대고(臺高)라고 했다.

정작현에서는 소금이 난다. 보북택이 남쪽에 있다. 도위가 다스렸다. 안사고는 본래 작도(筰都)라고 했다.

회무현은 동산(東山)에서 벽(碧)이 나온다.

고복현은 임지택(臨池澤) 남쪽에 있다.

소시현은 이강(夷江)의 서북쪽에 있다.

난현은 난(蘭)현이다.

비수현은 맹강은 반수현이라 했다.

잠가현은 잠가현이다.

청령현은 임지택의 북쪽에 있다. 복수(僕水)가 요외에서 나와서 동남쪽으로 내유(來惟)에 이르러 노수(勞水)로 들어간다. 2개 군을 지나서 1천8백80리를 간다. 우동산(禺同山)에는 금마(金馬)와 벽계(碧雞)가 있다. 응소는 청령수(青蛉水)가 서쪽에서 나와 동쪽으로 강수로 들어간다고 했다.

越雟郡 戶六萬一千二百八 口四十萬八千四百五 縣十五 邛都 遂久 靈關道 臺登 定筰 會無 筰秦 大筰 姑復 三絳 蘇示 闌 卑水 潛街 青蛉

49. 익주군(益州郡)

익주군은 8만 1천9백46가구, 인구는 58만 4백63명이다.

24개 현이 있다. 전지현(滇池縣), 쌍백현(雙柏縣), 동로현(同

勞縣), 동뢰현(銅瀨縣), 연연현(連然縣), 유원현(俞元縣), 수마현(收靡縣), 곡창현(穀昌縣), 진장현(秦臧縣), 사룡현(邪龍縣), 매현(昧縣), 곤택현(昆澤縣), 섭유현(葉楡縣), 율고현(律高縣), 불위현(不韋縣), 운남현(雲南縣), 수당현(嶲唐縣), 농동현(弄棟縣), 비소현(比蘇縣), 분고현(賁古縣), 무철현(毋棳縣), 승휴현(勝休縣), 건령현(健伶縣), 내유현(來唯縣)이다.

▨ 익주군은 무제의 원봉 2년에 설치되었다. 왕망 때는 취신(就新)이라 했다. 익주에 속해 있었다.

전지현은 대택(大澤)이 서쪽에 있고, 전지택이 서북쪽에 있다. 흑수사(黑水祠)가 있다.

동뢰현은 담로산(談虜山)에서 미수(迷水)가 나오는데 동쪽으로 담고(談槀)에 이르러 온수(溫水)로 들어간다.

연연현은 염관을 두었다.

유원현은 못[池]이 남쪽에 있어 교수(橋水)가 나오는 곳이다. 동쪽으로 무단(毋單)에 이르러 온수로 들어가 1천9백 리를 간다. 회산(懷山)에서 구리[銅]가 난다.

수마현은 남산(南山)과 엽곡(臘谷)에서 도수(涂水)가 나와서 서북쪽으로 월수군에 이르러 승수로 들어가는데 2개 군을 지나서 1천20리를 간다.

진장현은 우란산(牛蘭山)에서 즉수(卽水)가 나와 남쪽으로 쌍백(雙柏)에 이르러 복수로 들어가 8백20리를 간다.

매현은 매(昧)현으로 읽는다.

섭유현은 섭유택(葉楡澤)이 동쪽에 있다. 탐수(貪水)가 첫 번째로 청령수(靑蛉水)를 받아 남쪽으로 사용현에 이르러 복수로 들어가는데 5백 리를 간다.

율고현은 서쪽의 석공산(石空山)에서 주석이 나고, 동남쪽의 효정산(監町山)에서 은(銀)과 납[鉛]이 난다.

수당현은 주수(周水)가 첫 번째로 요외를 받는다. 또 유수(類水)가 서남쪽에서 불위현에 이르는데 6백50리를 간다.

농동현은 동농산(東農山)에서 무혈수(毋血水)가 나와 북쪽에서 삼강(三絳)에 이르러 승수로 들어가는데 5백10리를 간다.

비소현은 비소현이라 한다.

분고현은 북쪽의 채산(采山)에서는 주석이 나고, 서쪽의 양산(羊山)에서는 은과 납[鉛]이 나며, 남쪽의 오산(烏山)에서는 주석이 난다.

무철현은 교수(橋水)가 첫 번째로 교산의 물을 받아서 동쪽으로 중유(中留)에 이르러 담(潭)으로 들어가는데 4개 군을 지나서 3천1백20리를 간다. 왕망 때는 유철(有棳)이라 했다.

승휴현은 하수(河水)가 동쪽에서 무철현에 이르러 교수(橋水)로 들어간다. 왕망 때는 승북(勝棽)이라 했다.

건령현은 건령(健鈴)현으로 읽는다.

내유현은 종홍산(從陁山)에서 동(銅 : 구리)이 난다. 노수(勞水)는 요외에서 나와 동쪽으로 미령(麋泠)에 이르러 남해(南海)로 들어가는데 3개 군을 지나서 3천5백60리를 간다.

益州郡 戶八萬一千九百四十六 口五十八萬四百六十三 縣二十四
滇池 雙柏 同勞 銅瀨 連然 俞元 收靡 穀昌 秦臧 邪龍 昧 昆澤 葉楡
律高 不韋 雲南 嶲唐 弄棟 比蘇 賁古 毋棳 勝休 健伶 來唯

50. 장가군(牂柯郡)

장가군은 2만 4천2백19가구, 인구는 15만 3천3백60명이다.

17개 현이 있다. 고차란현(故且蘭縣), 심봉현(鐔封縣), 별현(鱉縣), 누와현(漏臥縣), 평이현(平夷縣), 동병현(同竝縣), 담지현(談指縣), 원온현(宛溫縣), 무렴현(毋斂縣), 야랑현(夜郎縣), 무단현(毋單縣), 누강현(漏江縣), 서수현(西隨縣), 도몽현(都夢縣), 담고현(談槀縣), 진상현(進桑縣), 구정현(句町縣)이다.

▨ 장가군은 무제 원정 6년에 설치되었다. 왕망 때는 동정(同亭)이라 했다. 주포관(柱蒲關)이 있다. 익주에 속해 있었다. 응소는 "장가강(牂柯江)에 다다라 있다."고 했다. 안사고는 "장가는 배를 매는 말뚝이

다."라고 했다. 화양국지(華陽國志)에 이르기를 "초나라의 경양왕(頃襄王) 때 장교(莊蹻)를 보내 야랑국(夜郎國)을 정벌하는데 군사들이 저란(且蘭)에 이르러 배를 언덕에 매어 두고 걸으면서 싸웠다. 이미 야랑국을 멸망시키고 저란에 탁선(椓船)을 말뚝에 매어 두니 이 때문에 그 이름을 장가라고 했다."고 했다.

고차란현은 원수(沅水)가 동쪽으로 익양(益陽)에 이르러 강수로 들어가는데 2개 군을 지나서 2천5백30리를 간다. 응소는 고차란(古且蘭)을 후(侯)의 읍이라 했다.

심봉현은 온수(溫水)가 동쪽에서 광울(廣鬱)에 이르러 울림에 들어가는데 2개 군을 지나서 5백60리를 간다.

별현은 불랑산(不狼山)에서 별수(鼈水)가 나와 동쪽으로 원수(沅水)로 들어가는데 2개 군을 지나서 7백30리를 간다.

누와현은 응소는 옛 누와후국(漏臥侯國)이라 했다.

동병현은 응소는 옛 동병후(同竝侯)의 읍이라고 했다.

원온현은 원온현으로 읽는다.

무렴현은 강수(剛水)가 동쪽에서 담중(潭中)에 이르러 담수로 들어간다. 왕망 때는 유렴(有斂)이라 했다.

야랑현은 돈수(豚水)가 동쪽에서 광울에 이른다. 도위가 다스렸다. 왕망 때는 동정(同亭)이라 했다. 응소는 "옛 야랑국(夜郎國)이다."라고 했다.

무단현은 무단현이라 한다.

서수현은 미수(麋水)가 서쪽에서 요외를 받아 동쪽으로 미령현에 이르러 상용계(尙龍谿)로 들어가는데 2개 군을 지나서 1천1백6리를 간다.

도몽현은 호수(壺水)가 동남쪽에서 미령현으로 이르러 상용계로 들어가는데 2개 군을 지나서 1천1백60리를 간다.

담고현은 담고현으로 읽는다.

진상현은 남부도위(南部都尉)가 다스렸다. 관(關)이 있다.

구정현은 문상수(文相水)가 동쪽으로 증식에 이르러 울림으로 들어간다. 또 노유수(盧唯水)와 내세수(來細水)와 벌수(伐水)가 있다. 왕망 때는 종화(從化)라고 했다. 응소는 "옛 구정국(句町國)이다."라고 했다.

牂柯郡 戶二萬四千二百一十九 口十五萬三千三百六十 縣十七 故且蘭 鐔封 鰲 漏臥 平夷 同竝 談指 宛溫 毋斂 夜郎 毋單 漏江 西隨 都夢 談槀 進桑 句町

51. 파군(巴郡)

파군은 15만 8천6백43가구, 인구는 70만 8천1백48명이다.

11개 현이 있다. 강주현(江州縣), 임강현(臨江縣), 지현(枳縣), 낭중현(閬中縣), 첩강현(墊江縣), 구인현(朐忍縣), 안한현(安漢縣), 탕거현(宕渠縣), 어복현(魚復縣), 충국현(充國縣), 부릉현(涪陵縣)이다.

▨ 파군은 진(秦)나라에서 설치했다. 익주에 속해 있었다. 응소는 "좌씨(左氏)에 파자(巴子)가 한복(韓服)을 시켜서 초(楚)나라에 고했다."라고 했다.

임강현은 왕망 때는 감강(監江)이라 했다.

지현은 지현이라고 읽는다.

낭중현은 팽도장지(彭道將池)가 남쪽에 있었고, 팽도어지(彭道魚池)가 서남쪽에 있었다.

첩강현은 첩강현이라 한다.

구인현은 용무수(容毋水)가 나오는 곳으로 남쪽으로 강수로 들어간다. 귤관(橘官)과 염관을 두었다.

안한현은 시어지(是魚池)가 남쪽에 있다. 왕망 때는 안신(安新)이라 했다.

탕거현은 부특산(符特山)이 서남쪽에 있다. 잠수(潛水)가 서남쪽에서 강수로 들어간다. 부조수(不曹水)가 동북쪽의 서용(徐容)에서 나와 남쪽으로 격(灊)으로 들어간다.

어복현은 강관(江關)이 있고 도위가 다스렸다. 귤관(橘官)도 있다.

부릉현은 왕망 때는 파정(巴亭)이라 했다.

巴郡 戶十五萬八千六百四十三 口七十萬八千一百四十八 縣十一
江州 臨江 枳 閬中 墊江 朐忍 安漢 宕渠 魚復 充國 涪陵

제2권
한서지리지(漢書地理志) 하(下)

제1장 군(郡)과 현(縣)의 위치
제2장 진(秦)나라 통일 후 분리지역

제1장 군(郡)과 현(縣)의 위치

52. 무도군(武都郡)

무도군은 5만 1천3백76 가구, 인구는 23만 5천5백60명이다.

9개 현이 있다. 무도현(武都縣), 상록현(上祿縣), 고도현(故道縣), 하지현(河池縣), 평락도현(平樂道縣), 저현(沮縣), 가릉도현(嘉陵道縣), 순성도현(循成道縣), 하변도현(下辨道縣)이다.

▨ 무도군은 무제의 원정 6년에 설치되었다. 왕망 때는 낙평(樂平)이라 했다. 응소는 옛날의 백마저강(白馬氐羌)이라 했다.

무도현은 동한수(東漢水)가 저도수(氐道水)를 받고, 일명 면수(沔水)라 한다. 강하(江夏)를 지나서 하수(夏水)에 이르는데 강수(江水)로 들어간다. 천지대택(天池大澤)이 현(縣)의 서쪽에 있다. 왕망 때는 순노(循虜)라고 했다.

고도현은 왕망 때는 선치(善治)라고 했다.

하지현은 천가수(泉街水)가 남쪽에서 저수(沮水)로 이르러 한수로 들어가는데 5백20리를 간다. 왕망 때는 낙평정(樂平亭)이라 했다. 안사고는 "『화양국지(華陽國志)』에서 말하기를 구지(仇池)라 이름을 붙이고 사방이 1백경(一百頃)이다."라고 했다.

저현은 저수(沮水)가 동랑곡(東狼谷)에서 나와 남쪽으로 사선(沙羨)의 남쪽에 이르러 강수로 들어가 5개 군을 거쳐서 4천 리를 흘러 형주천(荊州川)으로 들어간다.

하변도현은 왕망 때는 양덕(陽德)이라 했다.

武都郡 戶五萬一千三百七十六 口二十三萬五千五百六十 縣九

武都 上祿 故道 河池 平樂道 沮 嘉陵道 循成道 下辨道

53. 농서군(隴西郡)

농서군은 5만 3천9백64가구, 인구는 23만 6천8백24명이다.

11개 현이 있다. 적도현(狄道縣), 상규현(上邽縣), 안고현(安故縣), 저도현(氐道縣), 수양현(首陽縣), 여도현(予道縣), 대하현(大夏縣), 강도현(羌道縣), 양무현(襄武縣), 임토현(臨洮縣), 서현(西縣)이다.

▨ 농서군은 진(秦)나라에서 설치했다. 왕망 때는 염융(厭戎)이라 했다. 철관과 염관을 두었다. 안사고는 "농산(隴山)의 서쪽에 있어서 농서라고 했다."고 했다.

적도현은 백석산이 동쪽에 있다. 왕망 때는 조로(操虜)라 했다. 안사고는 "이 땅이 적종(狄種)에 있으므로 적도(狄道)라 했다."고 했다.

상규현은 안사고는 "『사기(史記)』에 규융읍(邽戎邑)이다."라고 했다.

저도현은 우공(禹貢)에 양수(養水)가 나오는 곳으로 무도(武道)에 이르러 한(漢)이 되었다. 왕망 때는 정도(亭道)라고 했다. 안사고는 "저(氐)는 오랑캐의 이름이다. 저(氐)가 사는 곳이므로 저도(氐道)이다."라고 했다.

수양현은 우공에 조서동혈산(鳥鼠同穴山)이 서남쪽에 있어 위수(渭水)가 나오는 곳이며, 동쪽으로 선사공(船司空)에 이르러 하수로 들어가는데 4개 군을 거쳐서 1천8백70리를 가서 옹주(雍州)를 적신다.

여도현은 왕망 때는 덕도(德道)라고 했다.

대하현은 왕망 때는 순하(順夏)라고 했다.

강도현은 강수(羌水)가 새외(塞外)에서 나와 남쪽으로 음평에 이르러 백수(白水)로 들어가는데 3개 군을 지나서 6백 리를 간다. 안사고는 "『수경지(水經志)』에 강수(羌水)는 강(羌) 안에 삼곡(參谷)에서 나온다."고 했다.

양무현은 왕망 때는 상환(相桓)이라 했다.

임토현은 토수(洮水)가 서강(西羌) 안에서 나와 북쪽 부한(枹罕)의 동쪽에 이르러 하수로 들어간다. 우공에 서경산(西頃山)이 현(縣)의 서쪽에 있고, 남부도위가 다스렸다.

서현은 우공의 파총산(嶓冢山)에서 서한수(西漢水)가 나와 남쪽으로 광한(廣漢)의 백수(白水)로 들어가 동남쪽으로 강주(江州)에 이르러 강수로 들어가는데 4개 군을 거쳐서 2천7백60리를 간다. 왕망 때는 서치(西治)라고 했다.

隴西郡 戶五萬三千九百六十四 口二十三萬六千八百二十四 縣十一 狄道 上邽 安故 氐道 首陽 予道 大夏 羌道 襄武 臨洮 西

54. 금성군(金城郡)

금성군은 3만 8천4백70 가구, 인구는 14만 9천6백48명이다.

13개 현이 있다. 연호현(允吾縣), 합문현(浩亹縣), 영거현(令居縣), 지양현(枝陽縣), 금성현(金城縣), 유중현(楡中縣), 부한현(枹罕縣), 백석현(白石縣), 하관현(河關縣), 파강현(破羌縣), 안이현(安夷縣), 연가현(允街縣), 임강현(臨羌縣)이다.

▨ 금성군은 소제(昭帝)의 시원(始元) 6년에 설치되었다. 왕망 때는 서해(西海)라고 했다. 응소는 "처음 성을 쌓을 때 금(金)을 얻어서 이로 인해서 금성(金城)이다."라고 했다. 신찬은 "금(金)이라고 일컬은 것은 그 견고함을 취했기 때문이다. 그러므로 묵자(墨子)가 '비록 금성탕지(金城湯池)라도'라고 했다."고 했다. 안사고는 "신찬의 설명이 옳다. 또 군의 위치가 경사(京師)의 서쪽에 있으므로 금성(金城)이다. 서방(西方)은 금(金)이기 때문이다."라고 했다.

연호현은 오정역수(烏亭逆水)가 삼가곡(參街谷)에서 나와 동쪽으로 지양(枝陽)에 이르러 황수(湟水)로 들어간다. 왕망 때는 수원(修遠)이라 했다. 응소는 "연호라고 부른다."고 했다.

합문현은 호미수(浩亹水)가 서쪽 새외(塞外)에서 나와 동쪽 연호(允吾)현에서 나와 황수로 들어간다. 왕망 때는 흥무(興武)라고 했다. 맹강(孟康)은 "호미는 합문(合門)이라 한다."고 했다. 안사고는 "호(浩)는 고(誥)이며, 물 이름이다. 미(亹)는 물이 협산(峽山)에서 흘러 언덕이 깊어서 문(門)과 같다. 『시경』의 대아편에 '부예재미(鳧鷖在亹)'가 이 뜻이다. 지금 세속에서 이 물을 합문하(閤門河)라고 하는데 대개 빨리 말하면 호(浩)가 합(閤)이 된다."고 했다.

영거현은 간수(澗水)가 서쪽의 새외(塞外)에서 나와 현의 서남쪽에 이르러 정백진(鄭伯津)으로 들어간다. 왕망 때는 한로(罕虜)라고 했다.

금성현은 왕망 때는 금병(金屛)이라 했다.

부한현은 응소는 "옛 한융후(罕戎侯)의 읍이다."라고 했다.

백석현은 이수(離水)가 서쪽의 새외에서 나와 동쪽으로 부한현에 이르러 하수로 들어간다. 왕망 때는 순력(順礫)이라 했다. 응소는 "백석산(白石山)이 동쪽에 있다."고 했다.

하관현은 적석산(積石山)이 서남쪽의 강(羌) 안에 있다. 하수가 새외로 가서 동북쪽으로 새내(塞內)로 들어와 장무(章武)에 이르러 바다로 들어가는데 16개의 군을 지나서 9천4백 리를 흘러간다.

파강현은 선제(宣帝) 신작(神爵) 2년에 설치되었다.

연가현은 선제 신작 2년에 설치되었다. 왕망 때는 수원(修遠)이라고 했다.

임강현은 서북쪽의 새외에 이르러 서왕모(西王母)의 석실(石室)과 선해(僊海)와 염지(鹽池)가 있다. 북쪽에서는 황수가 나와 동쪽으로 연호현에 이르러 하수로 들어간다. 서쪽에는 수저지(須抵池)가 있는데 약수(弱水)와 곤륜산사(昆侖山祠)가 있다. 왕망 때는 염강(鹽羌)이라 했다. 안사고는 "감인(闞駰)이 이르기를 서쪽에 비화강(卑和羌)이 있는데 왕망에게 땅을 바치므로 서해군(西海郡)으로 삼았다."라고 했다.

金城郡 戶三萬八千四百七十 口十四萬九千六百四十八 縣十三 允吾 浩亹 令居 枝陽 金城 楡中 枹罕 白石 河關 破羌 安夷 允街 臨羌

55. 천수군(天水郡)

천수군은 6만 3백70가구, 인구는 26만 1천3백48명이다.

16개 현이 있다. 평양현(平襄縣), 가천현(街泉縣), 융읍도현(戎邑道縣), 망원현(望垣縣), 한견현(罕开縣), 면제도현(緜諸道縣), 아양현(阿陽縣), 약양도현(略陽道縣), 기현(冀縣), 용사현(勇士縣), 성기현(成紀縣), 청수현(淸水縣), 봉첩현(奉捷縣), 농현(隴縣), 완도현(獂道縣), 난간현(蘭干縣)이다.

▨ 천수군은 무제의 원정 3년에 설치되었다. 왕망 때는 진융(塡戎)이라 했다. 후한의 명제가 한양(漢陽)으로 그 이름을 고쳤다. 안사고는 "『진주지기(秦州地記)』에 이르기를 군의 앞에 호수(湖水)가 있는데 겨울이나 여름에도 물이 불어나거나 마르지 않아서 이로 인해서 이름을 삼았다."고 했다.

평양현은 왕망 때는 평상(平相)이라 했다. 안사고는 "감인이 이르기를 옛 양융(襄戎)의 읍이다."라고 했다.

융읍도현은 왕망 때는 진융정(塡戎亭)이라 했다.

망원현은 왕망 때는 망정(望亭)이라 했다.

한견현은 안사고는 "본래 한견(罕开)의 오랑캐를 쳐부수고 그 사람들을 살게 해 이에 이름을 따랐다."고 했다.

기현은 우공에 주어산(朱圉山)이 현의 남쪽 오중취(梧中聚)에 있다. 왕망 때는 기치(冀治)라고 했다. 안사고는 "『속한군국지(續漢郡國志)』에 이르기를 제군산(緹群山)과 낙문취(落門聚)가 있다."라고 했다.

용사현은 속국도위(屬國都尉)가 만복(滿福)을 다스렸다. 왕망 때는 기덕(紀德)이라 했다. 안사고는 "지금의 토속에서 건사(健士)라고 부른다. 또 수실(隨室)의 처음에 황태자의 이름을 피해서 드디어 고쳤다."고 했다.

청수현은 왕망 때는 식목(識睦)이라 했다.

농현은 안사고는 "지금의 농성현(隴城縣)이다."라고 했다.

완도현은 기도위(騎都尉)가 밀애정(密艾亭)을 다스렸다. 완은 융(戎)의 읍(邑)이다.

난간현은 왕망 때는 난순(蘭盾)이라 했다.

天水郡 戶六萬三百七十 口二十六萬一千三百四十八 縣十六 平

襄 街泉 戎邑道 望垣 罕幵 緜諸道 阿陽 略陽道 冀 勇士 成紀 清水 奉捷 隴 獂道 蘭干

56. 무위군(武威郡)

무위군은 1만 7천5백81가구, 인구는 7만 6천4백19명이다.

10개 현이 있다. 고장현(姑臧縣), 장액현(長掖縣), 무위현(武威縣), 후재현(休屠縣), 저자현(揟次縣), 난오현(鸞烏縣), 박환현(撲䙊縣), 온위현(媼圍縣), 창송현(蒼松縣), 선위현(宣威縣)이다.

▨ 무위군은 옛 흉노(匈奴)의 후재왕(休屠王)의 땅이다. 무제의 태초(太初) 4년에 설치되었다. 왕망 때는 장액(張掖)이라 했다. 안사고는 "후재왕은 후재왕으로 한다."고 했다.

고장현은 남산에서 곡수(谷水)가 나와 북쪽으로 무위(武威)에 이르러 바다로 들어가 7백90리를 간다.

무위현은 후재택(休屠澤)이 동북쪽에 있고, 고문(古文)에서는 저야택(豬野澤)으로 여겼다.

후재현은 왕망 때는 안연(晏然)이라 했다. 도위가 웅수장(熊水障)을 다스렸다. 북부도위는 후재성(休屠城)을 다스렸다.

저자현은 왕망 때는 파덕(播德)이라 했다. 맹강은 "저자현으로 읽는다."고 했다.

난오현은 난오현으로 읽는다.

박환현은 왕망 때는 포로(敷虜)라고 했다. 맹강이 "포로라고 읽는다."고 했다.

창송현은 남산에서 송협수(松陝水)가 나와 북쪽으로 저자현(揟次縣)에 이르러 바다로 들어간다. 왕망 때는 사초(射楚)라고 했다. 안사고는 "송협은 계곡의 이름이다."라고 했다.

武威郡 戶萬七千五百八十一 口七萬六千四百一十九 縣十 姑臧 張掖 武威 休屠 揟次 鸞烏(鳥) 撲䙊 媼圍 蒼松 宣威

57. 장액군(長掖郡)

장액군은 2만 4천3백52가구, 인구는 8만 8천7백31명이다.

10개의 현이 있다. 녹득현(觻得縣), 소무현(昭武縣), 산단현(删丹縣), 저지현(氐池縣), 옥란현(屋蘭縣), 일륵현(日勒縣), 지건현(驪靬縣), 반화현(番和縣), 거연현(居延縣), 현미현(顯美縣)이다.

▨ 장액군은 옛 흉노의 혼야왕(昆邪王)의 땅인데 무제의 태초(太初) 원년에 설치되었다. 왕망 때는 설병(設屛)이라 했다. 응소는 "장국비액(張國臂掖)으로 장액(張掖)이다."라고 했다.

녹득현은 천금거(千金渠)가 서쪽에서 악관(樂官)에 이르러 못[澤] 속으로 들어간다. 강곡수(羌谷水)가 강(羌) 속에서 나와 동북쪽으로 거연(居延)에 이르러 바다로 들어가는데 2개의 군을 거쳐서 2천1백 리를 간다. 왕망 때는 관식(官式)이라 했다.

소무현은 왕망 때는 거무(渠武)라고 했다.

산단현은 상흠(桑欽)이 "약수(弱水)를 이곳으로부터 말하며, 서쪽으로 주천(酒泉)의 합려(合黎)에 이른다."고 했다. 왕망 때는 관로(貫虜)라고 했다.

저지현은 왕망 때는 비무(否武)라고 했다.

옥란현은 왕망 때는 전무(傳武)라고 했다.

일륵현은 도위가 탁삭곡(澤索谷)을 다스렸다. 왕망 때는 늑치(勒治)라고 했다.

지건현은 왕망 때는 갈로(揭虜)라고 했다. 안사고는 "지건현으로 읽는다. 게로는 갈로(揭虜)로 읽는다."고 했다.

반화현은 농도위(農都尉)가 다스렸다. 왕망 때는 나로(羅虜)라고 했다. 여순(如淳)은 "반화현이라고 읽는다."고 했다.

거연현은 거연택(居延澤)이 동북쪽에 있다. 고문(古文)에서는 유사(流沙)라고 했다. 도위가 다스렸다. 왕망 때는 거성(居成)이라 했다. 안사고는 "감인이 이르기를 무제가 복파장군(伏波將軍) 노박덕(路博德)을 시켜서 체로장(遮虜障)을 거연성에 쌓게 했다."고 했다.

長掖郡 戶二萬四千三百五十二 口八萬八千七百三十一 縣十 觻
得 昭武 刪丹 氐池 屋蘭 日勒 驪靬 番和 居延 顯美

58. 주천군(酒泉郡)

주천군은 1만 8천1백37가구, 인구는 7만 6천7백26명이다.

9개 현이 있다. 녹복현(祿福縣), 표시현(表是縣), 낙관현(樂涫縣), 천의현(天陡縣), 옥문현(玉門縣), 회수현(會水縣), 지두현(池頭縣), 유미현(綏彌縣), 건제현(乾齊縣)이다.

▨ 주천군은 무제의 태초(太初) 원년에 설치되었다. 왕망 때는 보평(輔平)이라 했다. 응소는 "그 곳의 물이 술과 같아서 주천(酒泉)이라 했다."고 했다. 안사고는 "옛날의 전해오는 풍속에 성 아래에 금천(金泉)이란 샘물이 있는데, 그 물맛이 술과 같았다."라고 했다.

녹복현은 호잠수(呼蠶水)가 남강(南羌) 안에서 나와 동북쪽으로 회수(會水)에 이르러 강곡(羌谷)으로 들어간다. 왕망 때는 현덕(顯德)이라 했다.

표시현은 왕망 때는 재무(載武)라고 했다.

낙관현은 왕망 때는 낙정(樂亭)이라 했다.

천의현은 안사고는 "이 땅에 천의판(天陡阪)이 있으므로 이로 인해서 이름을 지었다."고 했다.

옥문현은 왕망 때는 포평정(輔平亭)이라 했다. 안사고는 "감인이 이르기를 한(漢)나라에서 옥문관둔(玉門關屯)을 없앴고 그 곳의 사람들을 이곳으로 옮겼다."라고 했다.

회수현은 북부도위가 언천장(偃泉障)을 다스렸다. 동부도위는 동부장(東部障)을 다스렸다. 왕망 때는 소무(蕭武)라고 했다.

유미현은 여순(如淳)이 "지금의 안미(安彌)이다."라고 했다.

건제현은 서부도위가 서부장(西部障)을 다스렸다. 왕망 때는 칙로(測虜)라고 했다.

酒泉郡 戶萬八千一百三十七 口七萬六千七百二十六 縣九 祿福

表是 樂涫 天依 玉門 會水 池頭 綏彌 乾齊

59. 돈황군(敦煌郡)

돈황군은 1만 1천2백 가구, 인구는 3만 8천3백35명이다.

6개 현이 있다. 돈황현(敦煌縣), 명안현(冥安縣), 효곡현(效穀縣), 연천현(淵泉縣), 광지현(廣至縣), 용륵현(龍勒縣)이다.

▨ 돈황군은 무제의 후원(後元)원년에 주천군을 나누어서 설치했다. 정서쪽 관외(關外)에는 백룡퇴사(白龍堆沙)와 포창해(蒲昌海)가 있다. 왕망 때는 둔덕(敦德)이라 했다. 응소는 "둔(敦)은 크다. 황(煌)은 성대하다. 돈은 둔으로 읽는다."고 했다.

돈황현은 중부도위가 보광(步廣)을 다스렸다. 후관(候官)이다. 두림(杜林)으로 옛날 과주(瓜州)의 땅으로 삼아서 탐스런 오이가 생산된다. 왕망 때는 둔덕(敦德)이라 했다.

명안현은 남쪽에 적단수(籍端水)가 남강(南羌) 속에서 나와서 북쪽으로 기택(其澤)에 들어가 백성들의 전답에 물을 댄다. 응소는 "명수(冥水)가 북쪽에서 나와 기택으로 들어간다."고 했다.

효곡현은 안사고는 "본래는 어택장(漁澤障)이다. 상흠(桑欽)이 무제 원봉 6년에 제남의 최불의(崔不意)가 어택위(漁澤尉)가 되어서 사람들에게 농사 짓는 법을 가르치니 사람들이 부지런히 배워 곡식을 얻어서 이 때문에 현의 이름으로 했다."고 했다.

연천현은 안사고는 "감인이 이르기를 땅에 샘이 많기 때문에 이 때문에 이름으로 지었다."라고 했다.

광지현은 의화도위(宜禾都尉)가 곤륜장(昆侖障)을 다스렸다. 왕망 때는 광환(廣桓)이라 했다.

용륵현은 양관(陽關)과 옥문관(玉門關)이 있는데 모두 도위가 다스렸다. 저치수(氐置水)가 남강(南羌) 속에서 나와 동북쪽으로 못에 들어가 백성들이 밭에 물을 댄다고 했다.

敦煌郡 戶萬一千二百 口三萬八千三百三十五 縣六 敦煌 冥安 效

穀 淵泉 廣至 龍勒

60. 안정군(安定郡)

안정군은 호는 4만 2천7백25가구, 인구는 14만 3천2백94명이다. 21개 현이 있다. 고평현(高平縣), 복루현(復累縣), 안비현(安俾縣), 무이현(撫夷縣), 조나현(朝那縣), 경양현(涇陽縣), 임경현(臨涇縣), 노현(鹵縣), 오지현(烏氏縣), 음밀현(陰密縣), 안정현(安定縣), 삼련현(參䜌縣), 삼수현(三水縣), 음반현(陰槃縣), 안무현(安武縣), 저뢰현(祖厲縣), 원득현(爰得縣), 순권현(眗卷縣), 팽양현(彭陽縣), 순음현(鶉陰縣), 월지도현(月氏道縣)이다.

▨ 안정군은 무제 원정 3년에 설치되었다.

고평현은 왕망 때는 포목(鋪睦)이라 했다.

복루현은 복루(服累)현이라 읽는다.

안비현은 안비(安卑)현이라 읽는다.

무이현은 왕망 때는 무영(撫寧)이라 했다.

조나현은 단순사(端旬祠)가 15곳이나 있고, 호(胡)의 무축(巫祝)이 있다. 또 추연사(湫淵祠)가 있다. 응소는 "『사기』에서 옛 융나읍(戎那邑)이다."라고 했다.

경양현은 견두산(开頭山)이 서쪽에 있다. 우공에 경수(涇水)가 나오는 곳이며, 동남쪽으로 양릉(陽陵)에 이르러 위수로 들어가는데 1천60리를 지나서 옹주천(雍州川)이 된다. 안사고는 "이 산은 지금 영주(靈州)의 동남쪽에 있고, 토속에서는 잘못 전해져 견둔산(汧屯山)이라 한다."고 했다.

임경현은 왕망 때는 감경(監涇)이라 했다.

노현은 구수(㴟水)가 서쪽에서 나온다.

오지현은 오수(烏水)가 서쪽에서 나와 북쪽으로 하수로 들어간다. 도노산(都盧山)이 서쪽에 있다. 왕망 때는 오정(烏亭)이라 했다. 안사고는 "오지(烏支)현이라고 한다."고 했다.

음밀현은 『시경』에서 밀인국(密人國)이다. 효안정(罝安亭)이 있다.
삼련현은 주도위(主都尉)가 다스렸다.
삼수현은 속군도위(屬郡都尉)가 다스렸다. 엄관을 두었다. 왕망 때는 광연정(廣延亭)이라 했다.
저뢰군은 왕망 때는 향례(鄕禮)라고 했다. 안사고는 저뢰군이라 했다.
순권현은 하수가 갈려져 나와 하구(河溝)가 되어 동쪽으로 부평의 북쪽에 이르러 하수로 들어간다. 응소는 "전균현으로 읽는다."고 했다.
월지도현은 왕망 때는 월순(月順)이라 했다.

安定郡 戶四萬二千七百二十五 口十四萬三千二百九十四 縣二十一 高平 復累 安俾 撫夷 朝那 涇陽 臨涇 鹵 烏氏 陰密 安定 參䜌 三水 陰槃 安武 祖厲 爰得 眗卷 彭陽 鶉陰 月(支)氏道

61. 북지군(北地郡)

북지군은 6만 4천4백61 가구, 인구는 21만 6백88명이다.

19개 현이 있다. 마령현(馬領縣), 직로현(直路縣), 영무현(靈武縣), 부평현(富平縣), 영주현(靈州縣), 후연현(眗衍縣), 방거현(方渠縣), 제도현(除道縣), 오가현(五街縣), 순고현(鶉孤縣), 귀덕현(歸德縣), 회획현(回獲縣), 약반도현(略畔道縣), 이양현(泥陽縣), 옥질현(郁郅縣), 의거도현(義渠道縣), 익거현(弋居縣), 대요현(大䲧縣), 염현(廉縣)이다.

▨ 북지군은 진나라에서 설치했다. 왕망 때는 위성(威成)이라고 했다.
마령현은 안사고는 "개울이 말의 목처럼 생겨서 그 이름을 지었다."고 했다. 영(領)은 경(頸)의 뜻을 가진다.
직로현은 저수(沮水)가 서동쪽에서 나와 낙수로 들어간다.
영무현은 왕망 때는 위성정(威成亭)이라 했다.
부평현은 북부도위가 신천장(神泉障)을 다스렸다. 혼회도위는 새외(塞外)의 혼회장(渾懷障)을 다스렸다. 왕망 때는 특무(特武)라고 했다.
영주현은 혜제(惠帝) 4년에 설치되었다. 하기원(河奇苑)과 호비원

(號非苑)이 있다. 왕망 때는 영주(令周)라고 했다. 안사고는 "원(苑)은 말을 기르는 곳이다. 물속에 가히 살 수 있는 곳을 주(州)라고 한다. 이 땅에는 하수의 주(州)가 있고 물을 따라서 높기도 하고 낮기도 해 일찍이 빠지는 곳이 없어서 영주(靈州)라고 불렀다. 또 하기(河奇)라고도 했다. 2개의 원(苑)은 모두 북쪽에 있다."고 했다.

후연현은 응소와 안사고는 후연현으로 읽는다고 했다.

제도현은 왕망 때는 통도(通道)라고 했다.

오가현은 왕망 때는 오가(吾街)라고 했다.

귀덕현은 낙수가 북쪽의 만이(蠻夷) 속에서 나와 하수로 들어간다. 도원(堵苑)과 백마원(白馬苑)이 있다.

약반도현은 왕망 때는 연년도(延年道)라고 했다. 안사고는 "약반산(略畔山)이 있는데, 지금 경주계(慶州界)에 있고 그 토속에서 낙반(洛盤)이라고 불렀는데 발음이 와전된 것이다."라고 했다.

이양현은 왕망 때는 이음현(泥陰縣)이라고 했다. 응소는 "이수(泥水)가 욱질(郁郅)현의 북만(北蠻) 속에서 나온다."고 했다.

욱질현은 이수(泥水)가 북만 속에서 나오는데 목사원관(牧師苑官)을 두었다. 왕망 때는 공저(功著)라고 했다.

의거도현은 왕망 때는 의구(義溝)라고 했다.

익거현은 염관을 두었다.

대요현은 안사고는 "대요현이라 한다."고 했다.

염현은 비이산(卑移山)이 서북쪽에 있다. 왕망 때는 서하정(西河亭)이라 했다.

北地郡 戶六萬四千四百六十一 口二十一萬六百八十八 縣十九
馬領 直路 靈武 富平 靈州 昫衍 方渠 除道 五街 鶉孤 歸德 回獲 略畔道 泥陽 郁郅 義渠道 弋居 大㞢 廉

62. 상군(上郡)

상군은 10만 3천6백83가구, 인구는 60만 6천6백58명이다.

23개 현이 있다. 부시현(膚施縣), 독락현(獨樂縣), 양주현(陽周縣), 목화현(木禾縣), 평도현(平都縣), 천수현(淺水縣), 경실현(京室縣), 낙도현(洛都縣), 백토현(白土縣), 양락현(襄洛縣), 원도현(原都縣), 칠원현(漆垣縣), 사연현(奢延縣), 조음현(雕陰縣), 추사현(推邪縣), 정림현(楨林縣), 고망현(高望縣), 조음도현(雕陰道縣), 구자현(龜茲縣), 정양현(定陽縣), 고노현(高奴縣), 망송현(望松縣), 의도현(宜都縣)이다.

▨ 상군은 진(秦)나라에서 설치했는데, 고조 원년에 다시 적국(翟國)이 되었다가 7월에 옛 이름으로 다시 고쳤다. 흉귀도위(匈歸都尉)가 새 외의 흉귀장(匈歸障)을 다스렸다. 병주(幷州)에 속해 있었다. 안사고는 "흉귀는 흉노가 귀순한 것을 뜻한다."고 했다.

부시현은 오룡산(五龍山)과 제(帝)와 원수(原水)와 황제사(黃帝祠)가 4곳에 있다.

독락현은 염관을 두었다.

양주현은 교산(橋山)이 남쪽에 있고, 황제총(黃帝冢)이 있다. 왕망 때는 상릉치(上陵畤)라고 했다.

천수현은 왕망 때는 광신(廣信)이라 했다.

경실현은 왕망 때는 적속(積粟)이라 했다.

낙도현은 왕망 때는 비순(卑順)이라 했다.

백토현은 은수(圜水)가 서쪽에서 나와 동쪽의 하수로 들어간다. 왕망 때는 황토(黃土)라고 했다. 안사고는 "은수(圜水)는 은수(銀水)로 읽는다."고 했다.

양락현은 왕망 때는 상당정(上黨亭)이라 했다.

칠원현은 왕망 때는 칠장(漆牆)이라 했다.

사연현은 왕망 때는 사절(奢節)이라 했다.

조음현은 응소는 "조산(雕山)이 서남쪽에 있다."고 했다.

추사현은 왕망 때는 배사(排邪)라고 했다. 안사고는 "추사현으로 읽는다."고 했다.

정림현은 왕망 때는 정간(楨幹)이라고 했다.

고망현은 북부도위가 다스렸다. 왕망 때는 견영(堅寗)이라 했다.

구자현은 속국도위가 다스렸다. 염관을 두었다. 안사고는 "구자국(龜玆國) 사람이 항복해 이 편이 되었으므로 이곳에 살게 하고 이름을 붙였다."고 했다.

정양현은 응소는 "정수(定水)의 북쪽에 있다."고 했다.

고노현은 유수(洦水)가 있어서 가히 그러하다고 했다. 왕망 때는 이평(利平)이라 했다.

망송현은 북부도위가 다스렸다.

의도현은 왕망 때는 견영(堅寧)의 소읍(小邑)이라 했다.

上郡 戶十萬三千六百八十三 口六十萬六千六百五十八 縣二十三 膚施 獨樂 陽周 木禾 平都 淺水 京室 洛都 白土 襄洛 原都 漆垣 奢延 雕陰 推邪 楨林 高望 雕陰道 龜玆 定陽 高奴 望松 宜都

63. 서하군(西河郡)

서하군은 13만 6천3백90가구, 인구는 69만 8천8백36명이다.

36개 현이 있다. 부창현(富昌縣), 추우현(騶虞縣), 곡택현(鵠澤縣), 평정현(平定縣), 미직현(美稷縣), 중양현(中陽縣), 낙가현(樂街縣), 도경현(徒經縣), 고랑현(皐狼縣), 대성현(大成縣), 광전현(廣田縣), 은음현(圜陰縣), 익란현(益蘭縣), 평주현(平周縣), 홍문현(鴻門縣), 인현(藺縣), 선무현(宣武縣), 천장현(千章縣), 증산현(增山縣), 은양현(圜陽縣), 광연현(廣衍縣), 무거현(武車縣), 호맹현(虎猛縣), 이석현(離石縣), 곡라현(穀羅縣), 요현(饒縣), 방리현(方利縣), 습성현(隰成縣), 임수현(臨水縣), 토군현(土軍縣), 서도현(西都縣), 평륙현(平陸縣), 음산현(陰山縣), 예시현(鯢是縣), 박릉현(博陵縣), 염관현(鹽官縣)이다.

▨ 서하군은 무제 원삭(元朔) 4년에 설치되었다. 남부도위가 새외옹룡(塞外翁龍)과 비시(埤是)를 다스렸다. 왕망 때는 귀신(歸新)이라고 했다. 병주에 속해 있었다. 안사고는 "옹룡과 비시는 장(障)의 이름이다."라고 했다.

부창현은 염관을 두었다. 왕망 때는 부성(富成)이라 했다.

곡택현은 안사고는 "곡택현이라고 읽는다."고 했다.

평정현은 왕망 때는 음평정(陰平亭)이라 했다.

미직현은 속국도위가 다스렸다.

낙가현은 왕망 때는 염치(廉恥)라고 했다.

대성현은 왕망 때는 호성(好成)이라 했다.

광전현은 왕망 때는 광한(廣翰)이라 했다.

은음현은 혜제 5년에 설치되었다. 왕망 때는 방음(方陰)이라 했다. 안사고는 "환(圜) 자는 본래 은(圁) 자이다. 현이 은수(圁水)의 남쪽에 있어서 이에 따라 이름을 지었다. 왕망 때는 고쳐서 방음으로 삼은 즉 이때 이미 잘못되어서 환(圜) 자가 되었다. 지금의 은주(銀州)에 은수(銀水)가 있는데 이것이 오히려 옛날의 이름이 보존된 것이다. 다만 글자가 변했을 뿐이다."라고 했다.

익란현은 왕망 때는 향란(香蘭)이라 했다.

홍문현은 천문원(天門苑)과 화정사(火井祠)가 있어서 불이 땅에서 나온다.

선무현은 왕망 때는 토락(討貉)이라 했다.

증산현은 길[道]이 있어 서쪽으로 현뢰새(眩雷塞)에서 나와 북부도위가 다스렸다.

은양현은 안사고는 "은수(圁水)의 북쪽에 현이 있다."고 했다.

무거현은 왕망 때는 환거(桓車)라고 했다.

호맹현은 서부도위가 다스렸다.

곡라현은 무택(武澤)이 서북쪽에 있다.

요현은 왕망 때는 요연(饒衍)이라 했다.

방리현은 왕망 때는 광덕(廣德)이라 했다.

습성현은 왕망 때는 자평정(慈平亭)이라 했다.

임수현은 왕망 때는 감수(監水)라고 했다.

서도현은 왕망 때는 오원정(五原亭)이라 했다.

음산현은 왕망 때는 산영(山寧)이라 했다.

예시현은 왕망 때는 복예(伏觬)라고 했다.

박릉현은 왕망 때는 조환(助桓)이라 했다.

西河郡 戶十三萬六千三百九十 口六十九萬八千八百三十六 縣三十六 富昌 騶虞 鵠澤 平定 美稷 中陽 樂街 徒經 皋狼 大成 廣田 圜陰 益闌 平周 鴻門 蘭 宣武 千章 增山 圜陽 廣衍 武車 虎猛 離石 穀羅 饒 方利 䧊成 臨水 土軍 西都 平陸 陰山 觬是 博陵 鹽官

64. 삭방군(朔方郡)

삭방군은 3만 4천3백38가구, 인구는 13만 6천6백28명이다.

10개 현이 있다. 삼봉현(三封縣), 삭방현(朔方縣), 수도현(修都縣), 임하현(臨河縣), 호주현(呼遒縣), 유혼현(窳渾縣), 거수현(渠搜縣), 옥야현(沃壄縣), 광목현(廣牧縣), 임융현(臨戎縣)이다.

▨ 삭방군은 무제 원삭 2년에 설치되었다. 서부도위가 유혼(窳渾)을 다스렸다. 왕망 때는 구수(溝搜)라고 했다. 병주에 속해 있었다.

삼봉현은 무제 원수 3년에 성을 쌓았다.

삭방현은 금연염택(金連鹽澤), 청렴택(靑鹽澤)이 모두 남쪽에 있다. 왕망 때는 무부(武符)라고 했다.

임하현은 왕망 때는 감하(監河)라고 했다.

호주현은 호주현이라 부른다.

유혼현은 서북쪽에 길이 있는데 계록새(雞鹿塞)로 나간다. 도신택(屠申澤)이 동쪽에 있다. 왕망 때는 극무(極武)라고 했다.

거수현은 중부도위가 다스렸다. 왕망 때는 구수(溝搜)라고 했다.

옥야현은 무제 원수 3년에 성을 쌓았다. 염관을 두었다. 왕망 때 유무(綏武)라고 했다.

광목현은 동부도위가 다스렸다. 왕망 때는 염관(鹽官)이라 했다.

임융현은 무제 원삭 5년에 성을 쌓았다. 왕망 때는 추무(推武)라 했다.

朔方郡 戶三萬四千三百三十八 口十三萬六千六百二十八 縣十

三封 朔方 修都 臨河 呼遒 窳渾 渠搜 沃壄 廣牧 臨戎

65. 오원군(五原郡)

오원군은 3만 9천3백22가구, 인구는 23만 1천3백28명이다.

16개 현이 있다. 구원현(九原縣), 고릉현(固陵縣), 오원현(五原縣), 임옥현(臨沃縣), 문국현(文國縣), 하음현(河陰縣), 포택현(蒲澤縣), 남흥현(南興縣), 무도현(武都縣), 의양현(宜梁縣), 만백현(曼柏縣), 성의현(成宜縣), 고양현(稒陽縣), 막달현(莫䵣縣), 서안양현(西安陽縣), 하목현(河目縣)이다.

▨ 오원군은 진(秦)나라의 구원군(九原郡)이었는데, 무제 원삭 2년에 이름을 바꾸었다. 동부도위가 고양(稒陽)을 다스렸다. 왕망 때는 획강(獲降)이라 했다. 병주에 속해 있었다.

구원현은 왕망 때는 평성(平成)이라 했다.

고릉현은 왕망 때는 고조(固調)라고 했다.

오원현은 왕망 때는 전하정(塡河亭)이라 했다.

임옥현은 왕망 때는 진무(振武)라고 했다.

문국현은 왕망 때는 번취(繁聚)라고 했다.

포택현은 속국도위가 다스렸다.

남흥현은 왕망 때는 남리(南利)라고 했다.

무도현은 왕망 때는 환도(桓都)라고 했다.

만백현은 왕망 때는 연백(延柏)이라 했다.

성의현은 중부도위가 원고(原高)를, 서부도위가 전벽(田辟)을 다스렸다. 염관을 두었다. 왕망 때는 애로(艾虜)라고 했다.

고양현은 북쪽에서 석문장(石門障)으로 나오면 광록성(光祿城)을 빼앗고, 또 서북쪽에서 지취성(支就城)을 빼앗았으며, 또 서북쪽에서 두만성(頭曼城)을 빼앗고, 또 서북쪽으로 호하성(虖河城)을 빼앗고, 또 서쪽으로 숙로성(宿虜城)을 빼앗았다. 왕망 때는 고성(固城)이라 했다.

막달현은 막달현으로 부른다.

서안양현은 왕망 때는 장안(鄣安)이라 했다.

五原郡 戶三萬九千三百二十二 口二十三萬一千三百二十八 縣十六 九原 固陵 五原 臨沃 文國 河陰 蒱澤 南興 武都 宜梁 曼柏 成宜 稒陽 莫䵣 西安陽 河目

66. 운중군(雲中郡)

운중군은 3만 8천3백3가구, 인구는 17만 3천2백70명이다.

11개 현이 있다. 운중현(雲中縣), 함양현(咸陽縣), 도림현(陶林縣), 정릉현(楨陵縣), 독화현(犢和縣), 사릉현(沙陵縣), 원양현(原陽縣), 사남현(沙南縣), 북여현(北輿縣), 무천현(武泉縣), 양수현(陽壽縣)이다.

▨ 운중군은 진(秦)나라 때 설치되었다. 왕망 때는 수강(受降)이라 했다. 병주에 속해 있었다.

운중현은 왕망 때는 원복(遠服)이라 했다.

함양현은 왕망 때는 분무(賁武)라고 했다.

도림현은 동부도위가 다스렸다.

정릉현은 연호산(緣胡山)의 서북쪽에 있다. 서부도위가 다스렸다. 왕망 때는 정육(楨陸)이라 했다.

사릉현은 왕망 때는 희은(希恩)이라 했다.

북여현은 중부도위가 다스렸다. 안사고는 "감인이 이르기를 광릉현에 여(輿)가 있으므로 이에 북(北)자를 더했다."고 했다.

무천현은 왕망 때는 순천(順泉)이라 했다.

양수현은 왕망 때는 상득(常得)이라 했다.

雲中郡 戶三萬八千三百三 口十七萬三千二百七十 縣十一 雲中 咸陽 陶林 楨陵 犢和 沙陵 原陽 沙南 北輿 武泉 陽壽

67. 정양군(定襄郡)

정양군은 3만 8천5백59가구, 인구는 16만 3천1백44명이다.

12개 현이 있다. 성락현(成樂縣), 동과현(桐過縣), 도무현(都武縣), 무진현(武進縣), 양음현(襄陰縣), 무고현(武皋縣), 낙현(駱縣), 정도현(定陶縣), 무성현(武城縣), 무요현(武要縣), 정양현(定襄縣), 복륙현(復陸縣)이다.

▨ 정양군은 고제가 설치했다. 왕망 때는 득강(得降)이라 했다. 병주에 속해 있었다.

동과현은 왕망 때는 기동(椅桐)이라 했다.

도무현은 왕망 때는 통덕(通德)이라 했다.

무진현은 백거수(白渠水)가 새외에서 나와 서쪽으로 사릉에 이르러 하수로 들어간다. 중부도위가 다스렸다. 왕망 때는 영무(永武)라 했다.

낙현은 왕망 때는 차요(遮要)라고 했다.

정도현은 왕망 때는 영부(迎符)라고 했다.

무성현은 왕망 때는 환취(桓就)라고 했다.

무요현은 동부도위가 다스렸다. 왕망 때는 염호(厭胡)라고 했다.

정양현은 왕망 때는 저무(著武)라고 했다.

복륙현은 왕망 때는 문무(聞武)라고 했다.

定襄郡 戶三萬八千五百五十九 口十六萬三千一百四十四 縣一十二 成樂 桐過 都武 武進 襄陰 武皋 駱 定陶 武城 武要 定襄 復陸

68. 안문군(鴈門郡)

안문군은 7만 3천1백38가구, 인구는 29만 3천4백54명이다.

14개 현이 있다. 선무현(善無縣), 옥양현(沃陽縣), 번치현(繁時縣), 중릉현(中陵縣), 음관현(陰館縣), 누번현(樓煩縣), 무주현(武州縣), 왕도현(汪陶縣), 극양현(劇陽縣), 곽현(崞縣), 평성현(平城縣), 장현(埒縣), 마읍현(馬邑縣), 강음현(彊陰縣)이다.

▨ 안문군은 진(秦)나라에서 설치했다. 구주산(句注山)이 음관(陰館)에 있다. 왕망 때는 전적(塡狄)이라 했다. 병주에 속해 있었다.

선무현은 왕망 때는 음관(陰館)이라 했다.

옥양현은 염택(鹽澤)이 동북쪽에 있고, 장승(長丞)이 있다. 서부도위가 다스렸다. 왕망 때는 경양(敬陽)이라 했다.

번치현은 왕망 때는 당요(當要)라고 했다.

중릉현은 왕망 때는 차해(遮害)라고 했다.

음관현은 누번향(樓煩鄕)이다. 경제 후원 3년에 설치되었다. 누두산(累頭山)에서 치수(治水)가 나와 동쪽으로 천주(泉州)에 이르러 바다로 들어가는데 6개 군을 지나서 1천1백 리를 간다. 왕망 때는 부대(富代)라고 했다.

누번현은 염관을 두었다. 응소는 "옛날 누번호(樓煩胡)의 땅이다."라고 했다.

무주현은 왕망 때는 환주(桓州)라고 했다.

왕도현은 왕도현이라 부른다.

극양현은 왕망 때는 선양(宣陽)이라 했다.

곽현은 왕망 때는 곽장(崞張)이라 했다.

평성현은 동부도위가 다스렸다. 왕망 때는 순평(順平)이라 했다.

장현은 왕망 때는 전적정(塡狄亭)이라 했다.

마읍현은 왕망 때는 장소(章昭)라고 했다. 안사고는 "『진태강지기(晉太康地記)』에 이르기를 진(秦)나라 때 이 성을 쌓았는데 갑자기 무너져서 완성하지 못했다. 그런데 말이 돌면서 달리기를 반복하므로 부로(父老)들이 이상하게 여기고 말이 반복해 달리는 곳으로 가서 성을 쌓고 드디어 마읍이라고 했다."고 했다.

강음현은 제문택이 동북쪽에 있다. 왕망 때는 복음(伏陰)이라 했다.

鴈門郡 戶七萬三千一百三十八 口二十九萬三千四百五十四 縣十四 善無 沃陽 繁畤 中陵 陰館 樓煩 武州 汪陶 劇陽 崞 平城 埒 馬邑 彊陰

69. 대군(代郡)

대군은 5만 6천7백71 가구, 인구는 27만 8천7백54명이다.

18개 현이 있다. 상간현(桑乾縣), 도인현(道人縣), 당성현(當城縣), 고류현(高柳縣), 마성현(馬城縣), 반씨현(班氏縣), 연릉현(延陵縣), 권정현(狋氏縣), 차여현(且如縣), 평읍현(平邑縣), 양원현(陽原縣), 동안양현(東安陽縣), 삼합현(參合縣), 평서현(平舒縣), 대현(代縣), 영구현(靈丘縣), 광창현(廣昌縣), 노성현(鹵城縣)이다.

▨ 대군은 진(秦)나라에서 설치했다. 왕망 때는 염적(厭狄)이라 했다. 오원관(五原關)과 상산관(常山關)이 있다. 유주(幽州)에 속해 있었다. 응소는 옛날의 대국(代國)이라 했다.

상간현은 왕망 때는 안덕(安德)이라 했다. 맹강은 "상간으로 읽는다."고 했다.

도인현은 왕망 때는 도인(道仁)이라 했다. 안사고는 "본래 선인(仙人)이 있어 그 땅에서 놀아 이름을 얻었다."고 했다.

당성현은 안사고는 "감인이 이르기를 환도성(桓都城)이 마땅한 것인데 당성이라고 했다."고 했다.

고류현은 서부도위가 다스렸다.

마성현은 동부도위가 다스렸다.

반씨현은 진(秦)나라의 지도서(地圖書) 반씨라고 썼다. 왕망 때는 반부(班副)라고 했다.

권정현은 왕망 때는 권취(狋聚)라고 했다. 맹강은 권정현으로 읽는다고 했다.

차여현은 우연수(于延水)가 새외에서 나와 동쪽의 영(寧)에 이르러 고(沽)로 들어간다. 중부도위가 다스렸다.

평읍현은 왕망 때는 평호(平胡)라고 했다.

동안양현은 왕망 때는 경안(竟安)이라고 했다. 안사고는 "감인이 이르기를 오원(五原)에 안양(安陽)이 있으므로 동(東)자를 더했다."고 했다.

평서현은 기이수(祈夷水)가 북쪽에서 상건(桑乾)에 이르러 고수(沽水)로 들어간다. 왕망 때는 평호(平胡)라고 했다.

대현은 왕망 때는 염적정(厭狄亭)이라 했다.

영구현은 구하(滱河) 동쪽에서 문안(文安)에 이르러 대하(大河)로 들어가는데 5개 군을 지나 9백40리를 간다. 병주에 속해 있었다. 신찬이 말하기를 "영구는 조무영왕(趙武靈王) 이전부터 있었다."고 했다. 이에 대해 안사고는 맞다고 했다.

광창현은 내수(淶水)가 동남쪽에서 용성(容城)에 이르러 하수로 들어가는데 3개 군을 거쳐 5백 리를 가서 병주를 적신다. 하수를 따라서 동쪽으로 문안(文安)에 이르러 바다로 들어가는데 6개 군을 거쳐서 1천3백70리를 간다. 왕망 때는 노순(魯盾)이라 했다.

代郡 戶五萬六千七百七十一 口二十七萬八千七百五十四 縣十八 桑乾 道人 當城 高柳 馬城 班氏 延陵 狋氏 且如 平邑 陽原 東安陽 參合 平舒 代 靈丘 廣昌 鹵城

70. 상곡군(上谷郡)

상곡군은 3만 6천8가구, 인구는 11만 7천7백62명이다.

15개 현이 있다. 조양현(沮陽縣), 천상현(泉上縣), 반현(潘縣), 군도현(軍都縣), 거용현(居庸縣), 구무현(雊瞀縣), 이여현(夷輿縣), 영현(寧縣), 창평현(昌平縣), 광녕현(廣寧縣), 탁록현(涿鹿縣), 차거현(且居縣), 여현(茹縣), 여기현(女祁縣), 하락현(下落縣)이다.

▨상곡군은 진(秦)나라에서 설치했다. 왕망 때는 삭조(朔調)라고 했다. 유주에 속해 있었다.

조양현은 왕망 때는 저음(沮陰)이라 했다.

천상현은 왕망 때는 새천(塞泉)이라 했다.

반현은 왕망 때는 수무(樹武)라고 했다.

군도현은 온여수(溫餘水)가 동쪽에서 노수(路水)에 이르러 남쪽으로 고수로 들어간다.

거용현은 관(關)이 있었다.

구무현은 안사고는 "구무현이라고 읽는다."고 했다.

이여현은 왕망 때는 삭조정(朔調亭)이라 했다.

영현은 서부도위가 다스렸다. 왕망 때는 박강(博康)이라 했다.

창평현은 왕망 때는 장창(長昌)이라 했다.

광녕현은 왕망 때는 광강(廣康)이라 했다.

탁록현은 왕망 때는 포륙(抪陸)이라 했다.

차거현은 양락수(陽樂水)가 동남쪽에서 나와 고수(沽水)로 들어간다. 왕망 때는 구거(久居)라고 했다.

여현은 왕망 때는 곡무(穀武)라고 했다.

여기현은 동부도위가 다스렸다. 왕망 때는 기(祁)라고 했다.

하락현은 왕망 때는 하충(下忠)이라 했다.

上谷郡 戶三萬六千八 口十一萬七千七百六十二 縣十五 沮陽 泉上 潘 軍都 居庸 雊瞀 夷輿 寧 昌平 廣寧 涿鹿 且居 茹 女祁 下落

71. 어양군(漁陽郡)

어양군은 6만 8천8백2가구, 인구는 26만 4천1백16명이다.

12개 현이 있다. 어양현(漁陽縣), 호노현(狐奴縣), 노현(路縣), 옹노현(雍奴縣), 천주현(泉州縣), 평곡현(平谷縣), 안락현(安樂縣), 제해현(厗奚縣), 공평현(獷平縣), 요양현(要陽縣), 백단현(白檀縣), 활염현(滑鹽縣)이다.

▨ 어양군은 진(秦)나라 때 설치되었다. 왕망 때는 통로(通路)라고 했다. 유주에 속해 있었다.

어양현은 고수(沽水)가 새외에서 나와 동남쪽으로 천주(泉州)에 이르러 바다로 들어가는데 7백50리를 간다. 철관을 두었다. 왕망 때는 득어(得漁)라고 했다.

호노현은 왕망 때는 거부(擧符)라고 했다.

노현은 왕망 때는 통로정(通路亭)이라 했다.

천주현에는 염관을 두었다. 왕망 때는 천조(泉調)라고 했다.

제해현은 왕망 때는 돈덕(敦德)이라 했다.

공평현은 왕망 때는 평광(平穬)이라 했다.
요양현은 도위가 다스렸다. 왕망 때는 요술(要術)이라 했다.
백단현은 휼수(洫水)가 북쪽의 만이(蠻夷)에서 나온다.
활염현은 왕망 때는 광덕(匡德)이라 했다. 응소는 "후한의 명제가 염(鹽)이라고 이름을 바꾸었다."고 했다.

漁陽郡　戶六萬八千八百二　口二十六萬四千一百一十六　縣十二
漁陽　狐奴　路　雍奴　泉州　平谷　安樂　犀奚　獷平　要陽　白檀　滑鹽

72. 우북평군(右北平郡)

우북평군은 6만 6천6백89가구, 인구는 32만 7백80명이다.
16개 현이 있다. 평강현(平剛縣), 무종현(無終縣), 석성현(石成縣), 정릉현(廷陵縣), 준미현(俊靡縣), 자현(薋縣), 서무현(徐無縣), 자현(字縣), 토은현(土垠縣), 백랑현(白狼縣), 석양현(夕陽縣), 창성현(昌成縣), 여성현(驪成縣), 광성현(廣成縣), 취양현(聚陽縣), 평명현(平明縣)이다.

▨ 우북평군은 진(秦)나라 때 설치되었다. 왕망 때는 북순(北順)이라 했다. 유주에 속해 있었다.
무종현은 옛 무종자국(無終子國)이다. 경수(浭水)가 서쪽에서 옹노(雍奴)에 이르러 바다로 들어가는데 2개 군을 거쳐서 6백50리를 간다.
정릉현은 왕망 때는 포무(鋪武)라고 했다.
준미현은 뇌수(灅水)가 남쪽에서 무종에 이르러 동쪽으로 경(庚:浭水)으로 들어간다. 왕망 때는 준마(俊麻)라고 했다.
자현은 도위가 다스렸다. 왕망 때는 부목(裒睦)이라 했다.
서무현은 왕망 때는 북순정(北順亭)이라 했다.
자현은 유수(榆水)가 동쪽에 있다.
토은현은 토은(土銀)현으로 읽는다.
백랑현은 왕망 때는 복적(伏狄)이라 했다. 안사고는 "이곳에 백랑산(白狼山)이 있어서 이름을 붙였다."고 했다.

석양현은 철관을 두었다. 왕망 때는 석음(夕陰)이라 했다.
창성현은 왕망 때는 숙무(淑武)라고 했다.
여성현은 대게석산(大揭石山)이 현의 서남쪽에 있다. 왕망 때는 게석(揭石)이라 했다.
광성현은 왕망 때는 평로(平虜)라고 했다.
취양현은 왕망 때는 독목(篤睦)이라 했다.
평명현은 왕망 때는 평양(平陽)이라 했다.

右北平郡 戶六萬六千六百八十九 口三十二萬七百八十 縣十六 平剛 無終 石成 廷陵 俊靡 薋 徐無 字 土垠 白狼 夕陽 昌城 驪成 廣成 聚陽 平明

73. 요서군(遼西郡)

요서군은 7만 2천6백54 가구, 인구는 35만 2천3백25명이다.
14개 현이 있다. 저려현(且慮縣), 해양현(海陽縣), 신안평현(新安平縣), 유성현(柳城縣), 영지현(令支縣), 비여현(肥如縣), 빈종현(賓從縣), 교려현(交黎縣), 양락현(陽樂縣), 호소현(狐蘇縣), 도하현(徒河縣), 문성현(文成縣), 임유현(臨渝縣), 누현(絫縣)이다.

▨ 요서군은 진(秦)나라에서 설치했다. 작은 물길이 48개나 있는데 함께 3천46리를 흐른다. 유주에 속해 있었다.
저려현에는 고묘(高廟)가 있다. 왕망 때는 저려(鉏慮)라고 했다.
해양현은 용선수(龍鮮水)가 동쪽에서 봉대수(封大水)로 들어간다. 봉대수와 완허수(緩虛水)는 모두 남쪽 바다로 들어간다. 염관을 두었다.
신안평현은 이수(夷水)가 동쪽에서 새외(塞外)로 들어간다.
유성현은 마수산(馬首山)의 서남쪽에 있다. 삼류수(參柳水)가 북쪽에서 바다로 들어간다. 서부도위가 다스렸다.
영지현은 고죽성(孤竹城)이 있다. 왕망 때는 영씨정(令氏亭)이라 했다. 응소는 "옛 백이국(伯夷國)이고, 지금의 고죽성이다."라고 했다.

비여현은 현수(玄水)가 동쪽에서 유수(濡水)로 들어간다. 유수는 남쪽으로 해양(海陽)으로 들어간다. 또 노수(盧水)가 있어 남쪽으로 현(玄)으로 들어간다. 왕망 때는 비이(肥而)라고 했다.

빈종현은 왕망 때는 면무(勉武)라고 했다.

교려현은 유수(渝水)가 첫 번째로 새외를 받아 남쪽으로 바다로 들어간다. 동부도위가 다스렸다. 왕망 때는 금로(禽虜)라고 했다. 응소는 "지금의 창려(昌黎)이다."라고 했다.

호소현은 당취수(唐就水)가 도하(徒河)에 이르러 바다로 들어간다.

도하현은 왕망 때는 하복(河福)이라 했다.

문성현은 왕망 때는 언로(言虜)라고 했다.

임유현은 유수가 첫 번째로 백랑수(白狼水)를 받아 동쪽으로 새외로 들어간다. 또 후수(侯水)가 북쪽의 유수로 들어간다. 왕망 때는 빙덕(馮德)이라 했다.

누현은 하관수(下官水)가 남쪽에서 바다로 들어간다. 또 게석수(揭石水)와 빈수(賓水)가 있는데 모두 남쪽으로 관수(官水)로 들어간다. 왕망 때는 선무(選武)라고 했다.

遼西郡 戶七萬二千六百五十四 口三十五萬二千三百二十五 縣十四 且慮 海陽 新安平 柳城 令支 肥如 賓從 交黎 陽樂 狐蘇 徒河 文成 臨渝 絫

74. 요동군(遼東郡)

요동군은 5만 5천9백72가구, 인구는 27만 2천5백39명이다.

18개 현이 있다. 양평현(襄平縣), 신창현(新昌縣), 무려현(無慮縣), 망평현(望平縣), 방현(房縣), 후성현(候城縣), 요수현(遼隊縣), 요양현(遼陽縣), 험독현(險瀆縣), 거취현(居就縣), 고현현(高顯縣), 안시현(安市縣), 무차현(武次縣), 평곽현(平郭縣), 서안평현(西安平縣), 문현(文縣), 반한현(番汗縣), 답씨현(沓氏縣)이다.

▨ 요동군은 진(秦)나라에서 설치했다. 유주에 속해 있었다.
　양평현은 목사관(牧師官)을 두었다. 왕망 때는 창평(昌平)이라 했다.
　신창현과 무려현은 서부도위가 다스렸다. 안사고는 무려현은 곧 의무려(醫巫閭)라고 했다.
　망평현은 대요수(大遼水)가 새외에서 나와 남쪽으로 안시(安市)에 이르러 바다로 들어가는데 1천2백50리를 간다. 왕망 때는 장열(長說)이라 했다.
　방현과 후성현은 중부도위가 다스렸다.
　요수현은 왕망 때는 순목(順睦)이라 했다. 안사고는 "요수(遼遂)현이라고 한다."고 했다.
　요양현은 대양수(大梁水)가 서남쪽에서 요양에 이르러 요수(遼水)로 들어간다. 왕망 때는 요음(遼陰)이라 했다.
　험독현은 응소는 "조선왕(朝鮮王) 만(滿)의 도읍이라고 했다. 물길이 험한 곳을 의지하므로 험독이라고 했다."고 했다. 신찬은 "왕검성(王儉城)은 낙랑군(樂浪郡) 패수(浿水)의 동쪽에 있는데, 이곳을 '험독'이라고 한다."고 했다. 안사고는 "신찬의 말이 옳다."고 했다.
　거취현은 실위산(室僞山)에서 실위수가 나와 북쪽으로 양평(襄平)에 이르러 양수(梁水)로 들어간다.
　고현현과 안시현과 무차현은 동부도위가 다스렸다. 무차현은 왕망 때는 환차(桓次)라고 했다.
　평곽현은 철관과 염관을 두었다.
　서안평현은 왕망 때는 북안평(北安平)이라 했다.
　문현은 왕망 때는 문정(文亭)이라 했다.
　반한현은 패수가 새외에서 나와 서남쪽으로 바다로 들어간다. 응소는 "한수(汗水)가 새외에서 나와 서남쪽으로 바다로 들어간다."고 했다.
　답씨현은 응소는 "씨는 수(水)이다."라고 했다. 안사고는 "무릇 씨(氏)를 말한 것은 모두 인연을 따라서 이름을 지은 것이다."라고 했다.

　遼東郡 戶五萬五千九百七十二 口二十七萬二千五百三十九 縣十八 襄平 新昌 無慮 望平 房 候城 遼隊 遼陽 險瀆 居就 高顯 安市

한서지리지(漢書地理志) 하(下) 169

▶요동 제현(遼東 諸縣) 분포도(鄭寅普 문집 참조)

170 한서지리지(漢書地理志)

▶ 현토·낙랑 제현(玄菟 樂浪 諸縣) 분포도(鄭寅普 문집 참조)

武次 平郭 西安平 文 番汗 沓氏

75. 현토군(玄菟郡)

현토군은 4만 5천6가구, 인구는 22만 1천8백45명이다.

3개 현이 있다. 고구려현(高句驪縣), 상은태현(上殷台縣), 서개마현(西蓋馬縣)이다.

현토군은 무제 원봉(元封) 4년에 설치되었다. 고구려(高句驪)이다. 왕망 때는 하구려(下句驪)라고 했다. 유주에 속해 있었다. 응소는 옛날의 진번(眞番)이고 조선호국(朝鮮胡國)이라 했다.

고구려현은 요산(遼山)에서 요수가 나와 서남쪽으로 요수(遼隊)에 이르러 대요수(大遼水)로 들어간다. 또 남소수(南蘇水)가 있어 서북쪽으로 새외를 지난다. 응소는 옛 구려호(句驪胡)라고 했다.

상은태현은 왕망 때는 하은(下殷)이라 했다. 상은태라고 읽는다.

서개마현은 마자수(馬訾水)가 서북쪽에서 염난수(鹽難水)로 들어가 서남쪽으로 서안평(西安平)에 이르러 바다로 들어가는데 2개의 군을 거쳐서 2천1백 리를 간다. 왕망 때는 현토정(玄菟亭)이라 했다.

玄菟郡 戶四萬五千六 口二十二萬一千八百四十五 縣三 高句驪 上殷台 西蓋馬

76. 낙랑군(樂浪郡)

낙랑군은 6만 2천8백12가구, 인구는 40만 6천7백48명이다.

25개 현이 있다. 조선현(朝鮮縣), 남감현(䛁邯縣), 패수현(浿水縣), 함자현(含資縣), 점제현(黏蟬縣), 수성현(遂成縣), 증지현(增地縣), 대방현(帶方縣), 사망현(駟望縣), 해명현(海冥縣), 열구현(列口縣), 장잠현(長岑縣), 둔유현(屯有縣), 소명현(昭明縣), 누방현(鏤方縣), 제해현(提奚縣), 혼미현(渾彌縣), 탄열현(呑列縣), 동이현(東暆縣), 불이현(不而縣), 잠태현(蠶

台縣), 화려현(華麗縣), 사두매현(邪頭昧縣), 전막현(前莫縣), 부조현(夫租縣)이다.

　▨ 낙랑군은 무제 원봉(元封) 3년에 설치되었다. 왕망 때는 낙선(樂鮮)이라고 했다. 유주에 속해 있었다. 응소는 "옛 조선국(朝鮮國)이다."라고 했다. 안사고는 "낙랑으로 읽는다."고 했다. 운장(雲鄣)이 있었다.

　조선현은 응소는 "무왕(武王)이 기자(箕子)를 조선(朝鮮)에 봉했다."고 했다.

　남감현은 안사고는 "남감현으로 읽는다."고 했다.

　패수현은 물이 서쪽으로 증지(增地)에 이르러 바다로 들어간다. 왕망 때는 낙선정(樂鮮亭)이라 했다.

　함자현은 대수(帶水)가 서쪽에서 대방현에 이르러 바다로 들어간다.

　점제현은 복건(服虔)은 "점제현으로 읽는다."고 했다.

　증지현은 왕망 때는 증토(增土)라고 했다.

　해명현은 왕망 때는 해환(海桓)이라 했다.

　소명현은 남부도위가 다스렸다.

　혼미현은 안사고는 "혼미현으로 읽는다."고 했다.

　탄열현은 분여산(分黎山)에서 열수(列水)가 나와 서쪽으로 점제현으로 이르러 바다로 들어가는데 8백20리를 간다.

　동이현은 응소는 "동이현으로 읽는다."고 했다.

　불이현은 동부도위가 다스렸다.

　잠태현은 안사고는 "잠태현이라 한다."고 했다.

　樂浪郡 戶六萬二千八百一十二 口四十萬六千七百四十八 縣二十五 朝鮮 誹邯 浿水 含資 黏蟬 遂成 增地 帶方 駟望 海冥 列口 長岑 屯有 昭明 鏤方 提奚 渾彌 呑列 東暆 不而 蠶台 華麗 邪頭昧 前莫 夫租

77. 남해군(南海郡)

　남해군은 1만 9천6백13 가구, 인구는 9만 4천2백53명이다.

6개 현이 있다. 번우현(番禺縣), 박라현(博羅縣), 중숙현(中宿縣), 용천현(龍川縣), 사회현(四會縣), 갈양현(揭陽縣)이다.

▨ 남해군은 진(秦)나라에서 설치했다. 진나라가 무너지자 위타왕(尉佗王)이 이 땅에서 왕(王)이 되었다. 남해군은 무제 원정 6년에 설치되었다. 교주(交州)에 속해 있었다. 포수관(圃羞官)을 두었다.

번우현은 위타왕의 도읍지이다. 염관을 두었다. 여순은 "번우라고 읽는다."고 했다.

중숙현은 광포관(洭浦官)을 두었다.

용천현은 안사고는 "『배씨광주기(裵氏廣州記)』에 이르기를 박라현(博羅縣)의 동쪽 고을인데 용천지(龍穿地)가 있어 나오며 곧 혈류천(穴流泉)이어서 이로 인해 이름을 삼았다."라고 했다.

갈양현은 왕망 때는 남해정(南海亭)이라 했다. 안사고는 "갈양현으로 읽는다."고 했다.

南海郡 戶萬九千六百一十三 口九萬四千二百五十三 縣六 番禺 博羅 中宿 龍川 四會 揭陽

78. 울림군(鬱林郡)

울림군은 1만 2천4백15 가구, 인구는 7만 1천1백62명이다.

12개 현이 있다. 포산현(布山縣), 안광현(安廣縣), 아림현(阿林縣), 광울현(廣鬱縣), 중류현(中留縣), 계림현(桂林縣), 담중현(潭中縣), 임진현(臨塵縣), 정주현(定周縣), 증식현(增食縣), 영방현(領方縣), 옹계현(雍雞縣)이다.

▨ 울림군은 옛 진(秦)나라의 계림군(桂林郡)이며, 위타(尉佗)에게 속해 있었다. 무제 원정 6년에 설치하고 다시 이름을 고쳤다. 소계천(小谿川)이 7개나 있는데 모두 3천1백10리를 간다. 왕망 때는 울평(鬱平)이라 했다. 교주(交州)에 속해 있었다.

광울현은 울수(鬱水)가 제일 먼저 야랑(夜郞)의 돈수(豚水)를 받아 동쪽으로 사회(四會)에 이르러 바다로 들어가는데 4개의 군을 거쳐 4천

30리를 간다.

중류현은 안사고는 "류라 읽으며, 유수(留水)의 이름이다."라고 했다.

담중현은 왕망 때는 중담(中潭)이라 했다.

임진현은 주애수(朱涯水)가 영방(領方)으로 들어간다. 또 근남수(斤南水)가 있다. 침이수(侵離水)도 있는데 7백 리를 간다. 왕망 때는 감진(監塵)이라 했다.

정주현은 주수(周水)가 처음으로 무렴수(無斂水)를 받아 동쪽으로 담수로 들어가 7백90리를 간다.

증식현은 관수(驪水)가 첫 번째로 장가수(牂柯水)의 동쪽 경계를 받아 주애수(朱涯水)로 들어가 5백70리를 간다.

영방현은 근남수(斤南水)가 울수로 들어간다. 교수(墙水)도 있다. 도위가 다스렸다.

옹계현은 관(關)을 두었다.

鬱林郡 戶萬二千四百一十五 口七萬一千一百六十二 縣十二 布山 安廣 阿林 廣鬱 中留 桂林 潭中 臨塵 定周 增食 領方 雍雞

79. 창오군(蒼梧郡)

창오군은 2만 4천3백79가구, 인구는 14만 6천1백60명이다.

10개 현이 있다. 광신현(廣信縣), 사목현(謝沐縣), 고요현(高要縣), 봉양현(封陽縣), 임하현(臨賀縣), 단계현(端谿縣), 풍승현(馮乘縣), 부천현(富川縣), 이포현(荔蒲縣), 맹릉현(猛陵縣)이다.

▨ 창오군은 무제 원정 6년에 설치되었다. 왕망 때는 신광(新廣)이라 했다. 교주에 속해 있었다. 이수관(離水關)이 있다.

광신현은 왕망 때는 광신정(廣信亭)이라 했다.

사목현은 관(關)을 두었다.

고요현은 염관을 두었다.

봉양현은 응소는 "봉수(封水)의 북쪽에 있다."고 했다.

임하현은 왕망 때는 대하(大賀)라고 했다.
이포현은 이평관(荔平關)을 두었다. 이포현이라고 읽는다.
맹릉현은 용산(龍山)에서 합수(合水)가 나와 남쪽으로 포산(布山)에 이르러 바다로 들어간다. 왕망 때는 맹륙(猛陸)이라고 했다.

蒼梧郡 戶二萬四千三百七十九 口十四萬六千一百六十 縣十 廣信 謝沐 高要 封陽 臨賀 端谿 馮乘 富川 荔蒲 猛陵

80. 교지군(交趾郡)

교지군은 9만 2천4백40가구, 인구는 74만 6천2백37명이다.
10개의 현이 있다. 연루현(羸陵縣), 안정현(安定縣), 구루현(苟屚縣), 미령현(麊泠縣), 곡양현(曲易縣), 북대현(北帶縣), 계서현(稽徐縣), 서우현(西于縣), 용편현(龍編縣), 주연현(朱䳒縣)이다.

▨ 교지군은 무제 원정 6년에 설치되었다. 교주에 속해 있었다.
연루현은 수관(羞官)을 두었다. 응소와 안사고는 "연루현이라고 읽는다."고 했다.
미령현은 도위가 다스렸다. 응소와 안사고는 "미령현으로 읽는다."고 했다.

交趾郡 戶九萬二千四百四十 口七十四萬六千二百三十七 縣十 羸陵 安定 苟屚 麊泠 曲易 北帶 稽徐 西于 龍編 朱䳒

81. 합포군(合浦郡)

합포군은 1만 5천3백98가구, 인구는 7만 8천9백80명이다.
5개 현이 있다. 서문현(徐聞縣), 고량현(高涼縣), 합포현(合浦縣), 임윤현(臨允縣), 주로현(朱盧縣)이다.

▨ 합포군은 무제 원정 6년에 설치되었다. 왕망 때는 환합(桓合)이라

했다. 교주에 속해 있었다.

합포현은 관(關)을 두었다. 왕망 때는 환정(桓亭)이라 했다.

임윤현은 뇌수(牢水)가 북쪽에서 고요(高要)로 들어가 울수로 가는데 3개 군을 지나서 5백30리를 흐른다. 왕망 때는 대윤(大允)이라 했다.

주로현은 도위가 다스렸다.

合浦郡 戶萬五千三百九十八 口七萬八千九百八十 縣五 徐聞 高涼 合浦 臨允 朱盧

82. 구진군(九眞郡)

구진군은 3만 5천7백43가구, 인구는 16만 6천13명이다.

7개 현이 있다. 서포현(胥浦縣), 거풍현(居風縣), 도방현(都龐縣), 여발현(餘發縣), 함환현(咸驩縣), 무절현(無切縣), 무편현(無編縣)이다.

▨ 구진군은 무제 원정 6년에 설치되었다. 작은 물길이 52개나 있는데 모두 8천5백60리를 간다. 계관(界關)을 두었다.

서포현은 왕망 때는 환성(驩成)이라 했다.

무절현은 도위가 다스렸다.

무편현은 왕망 때는 구진정(九眞亭)이라 했다.

九眞郡 戶三萬五千七百四十三 口十六萬六千一十三 縣七 胥浦 居風 都龐 餘發 咸驩 無切 無編

83. 일남군(日南郡)

일남군은 1만 5천4백60가구, 인구는 6만 9천4백85명이다.

5개 현이 있다. 주오현(朱吾縣), 비경현(比景縣), 노용현(盧容縣), 서권현(西捲縣), 상림현(象林縣)이다.

▨ 일남군은 옛 진(秦)나라의 상군(象郡)이며, 무제 원정 6년에 설치

해 이름을 바꾸었다. 작은 물길이 16개나 있어 모두 3천1백80리를 간다. 교주에 속해 있었다. 안사고는 "태양이 남쪽에 있는 것을 말한 것이며, 북쪽 문을 열면 태양을 향한다."고 했다.

비경현은 여순(如淳)은 "태양이 머리 위 중앙에 있어 그림자가 자신의 몸 밑에 있으므로 이를 이름으로 지었다."고 했다.

서권현은 물이 바다로 들어가고 대나무가 나무로 가히 지팡이를 만든다. 왕망 때는 남정(南亭)이라 했다.

日南郡 戶萬五千四百六十 口六萬九千四百八十五 縣五 朱吾 比景 盧容 西捲 象林

84. 조국(趙國)

조국은 8만 4천2백2가구, 인구는 34만 9천9백52명이다.

4개 현이 있다. 한단현(邯鄲縣), 역양현(易陽縣), 백인현(柏人縣), 양국현(襄國縣)이다.

▨ 조국(趙國)은 옛 진(秦)나라 한단군(邯鄲郡)이다. 고조 4년에 조국(趙國)으로 삼았고, 경제 3년에 다시 한단군으로 삼았다가 5년에 다시 조국으로 했다. 왕망 때는 환정(桓亭)이라 했다. 기주에 속해 있었다.

한단현은 도산(堵山)에서 우수수(牛首水)가 나와 동쪽으로 백거(白渠)로 들어간다. 조경후(趙敬侯)가 중모(中牟)에서 이곳으로 옮겼다. 장안(張晏)은 "한단산(邯鄲山)이 동성(東城)의 아래에 있다."고 했다.

역양현은 응소는 "역수(易水)가 탁군(涿郡)의 고안(故安)에서 나온다."고 했다. 안사고는 "역수의 북쪽에 있다."고 했다.

백인현은 왕망 때는 수인(壽仁)이라 했다. 안사고는 "본래 진(晉)나라의 읍(邑)이다."라고 했다.

양국현은 옛 형국(邢國)이다. 서산(西山)에서 거수(渠水)가 나와 동북쪽으로 임(任)에 이르러 늪지대로 들어간다. 또 요수(蓼水)와 풍수(馮水)가 있어 모두 동쪽으로 조평(朝平)에 이르러 우수(湡水)로 들어간다.

趙國 戶八萬四千二百二 口三十四萬九千九百五十二 縣四 邯鄲
易陽 柏人 襄國

85. 광평국(廣平國)

광평국은 2만 7천9백84가구, 인구는 19만 8천5백58명이다.

16개 현이 있다. 광평현(廣平縣), 장현(張縣), 조평현(朝平縣), 남화현(南和縣), 열인현(列人縣), 척장현(斥章縣), 임현(任縣), 곡주현(曲周縣), 남곡현(南曲縣), 곡량현(曲梁縣), 광향현(廣鄕縣), 평리현(平利縣), 평향현(平鄕縣), 양대현(陽臺縣), 광년현(廣年縣), 성향현(城鄕縣)이다.

▨ 광평국은 무제 정화(征和) 2년에 설치되었다. 평간국(平干國)으로 삼았다가 선제(宣帝) 오봉(五鳳) 2년에 다시 옛 이름으로 바꾸었다. 왕망 때는 부창(富昌)이라 했다. 기주에 속해 있었다.

남화현은 열가수(列葭水)가 동쪽으로 사수(沙水)로 들어간다.

열인현은 왕망 때는 열치(列治)라고 했다.

척장현은 응소는 "장수(漳水)가 치북(治北)에서 나와 하수로 들어간다. 그 나라 땅의 소금기를 없애주므로 척장(斥章)이라 했다."고 했다.

곡주현은 무제 건원 4년에 설치되었다. 왕망 때는 직주(直周)라 했다.

곡량현은 제후국이었다. 왕망 때는 직량(直梁)이라 했다.

양대현은 제후국이었다.

광년현은 왕망 때는 부건(富建)이라 했다.

廣平國 戶二萬七千九百八十四 口十九萬八千五百五十八 縣十六
廣平 張 朝平 南和 列人 斥章 任 曲周 南曲 曲梁 廣鄕 平利 平鄕
陽臺 廣年 城鄕

86. 진정국(眞定國)

진정국은 3만 7천1백26가구, 인구는 17만 8천6백19명이다.

4개 현이 있다. 진정현(眞定縣), 고성현(虆城縣), 비루현(肥纍縣), 면만현(綿曼縣)이다.

▨ 진정국은 무제 원정 4년에 설치되었고, 기주에 속해 있었다.

진정현은 옛 동원(東垣)인데, 고제 11년에 이름을 바꾸었다. 왕망 때는 사치(思治)라고 했다.

고성현은 왕망 때는 고실(虆實)이라 했다.

비루현은 옛 비자국(肥子國)이다.

면만현은 사교수(斯洨水)가 첫 번째로 태백거(太白渠)를 받아서 동쪽으로 교(郹)에 이르러 하수로 들어간다. 왕망 때는 면연(綿延)이라고 했다.

眞定國 戶三萬七千一百二十六 口十七萬八千六百一十六 縣四
眞定 虆城 肥纍 綿曼

87. 중산국(中山國)

중산국은 16만 8백73 가구, 인구는 66만 8천80명이다.

14개 현이 있다. 노노현(盧奴縣), 북평현(北平縣), 북신성현(北新成縣), 당현(唐縣), 심택현(深澤縣), 고형현(苦陘縣), 안국현(安國縣), 곡역현(曲逆縣), 망도현(望都縣), 신시현(新市縣), 신처현(新處縣), 무극현(毋極縣), 육성현(陸成縣), 안험현(安險縣)이다.

▨ 중산국은 고제가 다스렸던 군(郡)이며, 경제 3년에 나라가 되었다. 왕망 때는 상산(常山)이라 했다. 기주에 속해 있었다. 응소는 "중산(中山)은 옛 나라 이름이다."라고 했다.

노노현은 응소는 "노수(盧水)가 우북평에서 나와 동쪽으로 하수로 들어간다."고 했다.

북평현은 서수(徐水)가 동쪽에서 고양(高陽)에 이르러 박수(博水)로 들어간다. 또 노수(盧水)가 있어 역시 고양에 이르러 하수로 들어간다. 철관을 두었다. 왕망 때는 선화(善和)라고 했다.

북신성현은 상흠(桑欽)이 말하기를 "역수(易水)가 서북쪽에서 나와 동쪽으로 구수(滱水)로 들어간다."라고 했다. 왕망 때는 삭평(朔平)이라 했다.

당현은 요산(堯山)의 남쪽에 있다. 왕망 때는 화친(和親)이라 했다. 응소는 "옛날 요국(堯國)이다. 당수(唐水)가 서쪽에 있다."고 했다. 장안은 "요임금은 당후(唐侯)가 되어 이곳에 나라를 세웠다. 요산이 당(唐)의 동북쪽 망도계(望都界)에 있다."고 했다. 맹강은 "진순오(晉荀吳)가 선우(鮮虞)와 중인(中人)을 정벌했는데, 지금의 중인정(中人亭)이 이곳이다."라고 했다.

심택현은 왕망 때는 익화(翼和)라고 했다.

고형현은 왕망 때는 북형(北陘)이라 했다. 응소는 "후한의 장제(章帝)가 한창(漢昌)이라고 이름을 고쳤다."고 했다.

안국현은 왕망 때는 흥목(興睦)이라 했다.

곡역현은 포양산(蒲陽山)에서 포수(蒲水)가 나와 동쪽으로 난수(濡水)로 들어간다. 또 소수(蘇水)가 있어 동쪽으로 난수로 들어간다. 왕망 때는 순평(順平)이라 했다. 장안은 "난수(濡水)는 성의 북쪽 굽이에서 서쪽으로 흘러가므로 곡역(曲逆)이라고 했는데, 후한의 장제가 그 이름이 나쁘다고 포음(蒲陰)이라고 고쳤으며, 포수(蒲水)의 남쪽에 있다."고 했다. 안사고는 난수(濡水)로 읽는다고 했다.

망도현은 박수(博水)가 동쪽에서 고양에 이르러 하수로 들어간다. 왕망 때는 순조(順調)라고 했다. 장안은 "요산(堯山)이 북쪽에 있고, 요임금의 어머니는 경도산(慶都山) 남쪽에 있으니 요산(堯山)에 올라 도산(都山)을 바라보았으므로 이 때문에 이름을 지었다."고 했다.

신시현은 응소는 "선우(鮮于)의 아들이 다스리던 나라이고, 지금의 선우정(鮮于亭)이 이곳이다."라고 했다.

안험현은 왕망 때는 영험(寧險)이라 했다. 응소는 "한나라의 장제가 안희(安憙)로 이름을 고쳤다."고 했다.

中山國 戶十六萬八百七十三 口六十六萬八千八十 縣十四 盧奴 北平 北新成 唐 深澤 苦陘 安國 曲逆 望都 新市 新處 毋極 陸成 安險

88. 신도국(信都國)

신도국은 6만 5천5백56가구, 인구는 30만 4천3백84명이다.

17개 현이 있다. 신도현(信都縣), 역현(歷縣), 부류현(扶柳縣), 벽양현(辟陽縣), 남궁현(南宮縣), 하박현(下博縣), 무읍현(武邑縣), 관진현(觀津縣), 고제현(高隄縣), 광천현(廣川縣), 낙향현(樂鄕縣), 평제현(平隄縣), 도현(桃縣), 서량현(西梁縣), 창성현(昌成縣), 동창현(東昌縣), 조현(脩縣)이다.

▨신도국은 경제 2년에 광천국(廣川國)으로 삼았고, 선제의 감로(甘露) 3년에 다시 복원했다. 왕망 때는 신박(新博)이라 했다. 기주에 속해 있었다. 응소는 "명제가 낙안(樂安)이라고 고치고, 안제(安帝)가 안평(安平)으로 그 이름을 고쳤다."고 했다.

신도현은 왕도(王都)였다. 옛날 장하(章河)와 호지(虖池)가 모두 북쪽에 있어 동쪽으로 바다로 들어간다. 우공에 강수(絳水) 또한 바다로 들어간다. 왕망 때는 신박정(新博亭)이라 했다.

역현은 왕망 때는 역영(歷寧)이라 했다.

부류현은 안사고는 "감인은 그 땅에 부택(扶澤)이고, 연못 안에는 버들이 많았기 때문에 부류라고 했다."고 했다.

벽양현은 왕망 때는 낙신(樂信)이라 했다.

남궁현은 왕망 때는 서하(序下)라고 했다.

하박현은 왕망 때는 윤박(閏博)이라 했다. 응소는 "박수(博水)가 중산(中山)의 망도(望都)에서 나와 하수로 들어간다."고 했다.

무읍현은 왕망 때는 순환(順桓)이라 했다.

관진현은 왕망 때는 삭정정(朔定亭)이라 했다.

광천현은 안사고는 "감인이 이르기를 '그 현 안에는 긴 강이 흐르므로 이로 인해 광천(廣川)이라고 했다. 수(隋)나라 인수(仁壽) 원년에 처음으로 양제(煬帝)를 세워서 황태자로 삼고 양제의 이름을 피해 고쳐서 장하(長河)현으로 바꾸었는데 지금도 이 명칭으로 부른다.'라고 했다."고 했다.

낙향현은 제후국이었다. 왕망 때는 낙구(樂丘)라고 했다.

평제현은 제후국이었다.
도현은 왕망 때는 환분(桓分)이라 했다.
서량현은 제후국이었다.
창성현은 제후국이었다.
동창현은 제후국이었다. 왕망 때는 전창(田昌)이라 했다.
조현은 왕망 때는 조치(脩治)라고 했다. 안사고는 "수(脩)는 조로 읽는다."고 했다.

信都國 戶六萬五千五百五十六 口三十萬四千三百八十四 縣十七 信都 歷 扶柳 辟陽 南宮 下博 武邑 觀津 高隄 廣川 樂鄕 平隄 桃 西梁 昌成 東昌 脩

89. 하간국(河間國)

하간국은 4만 5천43가구, 인구는 18만 7천6백62명이다.

4개 현이 있다. 낙성현(樂成縣), 후정현(候井縣), 무수현(武隧縣), 궁고현(弓高縣)이다.

▨ 하간국은 옛 조(趙)나라이다. 문제 2년에 나누어서 나라로 삼았다. 왕망 때는 삭정(朔定)이라 했다. 응소는 "양하(兩河)의 사이에 있다."고 했다.

낙성현은 호지별수(虖池別水)가 첫 번째로 호지하(虖池河)를 받아서 동쪽으로 동광(東光)에 이르러 호지하로 들어간다. 왕망 때는 신육(信陸)이라 했다.

무수현은 왕망 때는 환수(桓隧)라고 했다.

궁고현은 호지별하(虖池別河)가 먼저 호지하(虖池河)를 받아서 동쪽으로 평서(平舒)에 이르러 바다로 들어간다. 왕망 때는 낙성(樂成)이라고 했다.

河間國 戶四萬五千四十三 口十八萬七千六百六十二 縣四 樂成 候井 武隧 弓高

90. 광양국(廣陽國)

광양국은 2만 7백40가구, 인구는 7만 6백58명이다.

4개 현이 있다. 계현(薊縣), 방성현(方城縣), 광양현(廣陽縣), 음향현(陰鄕縣)이다.

▨ 광양국은 고제의 연국(燕國)이며, 소제(昭帝) 원봉(元鳳) 원년에 광양군(廣陽郡)으로 삼았고, 선제 본시(本始) 원년에 다시 국(國)으로 삼았다. 왕망 때는 광유(廣有)라고 했다.

계현은 옛 연국(燕國)이며, 주(周)의 소공(召公)을 봉한 곳이다. 왕망 때는 벌융(伐戎)이라 했다.

음향현은 왕망 때는 순음(順陰)이라 했다.

廣陽國 戶二萬七百四十 口七萬六百五十八 縣四 薊 方城 廣陽 陰鄕

91. 치천국(菑川國)

치천국은 5만 2백89가구, 인구는 22만 7천31명이다.

3개 현이 있다. 극현(劇縣), 동안평현(東安平縣), 누향현(樓鄕縣)이다.

▨ 치천국은 옛 제(齊)나라이다. 문제 18년에 나누어서 국(國)으로 삼았다. 뒤에 북해(北海)와 합쳤다.

극현은 의산(義山)과 빈수(蕤水)가 나오는 곳으로 북쪽으로 수광(壽光)에 이르러 바다로 들어간다. 왕망 때는 유(兪)라고 했다. 응소는 "옛 비국(肥國)이며, 지금의 비정(肥亭)이 이곳이다."라고 했다.

동안평현은 토두산(菟頭山)에서 여수(女水)가 나와 동북쪽으로 임치(臨菑)에 이르러 거정(鉅定)으로 들어간다. 맹강(孟康)은 "기계(紀季)가 휴(巂)로써 제나라에 들어간다고 한 것이며, 지금의 휴정이 이곳이다."라고 했다. 안사고는 "감인은 이르기를 박릉(博陵)에 안평(安平)이 있어서 동(東)자를 보탰다."고 했다.

甾川國 戶五萬二百八十九 口二十二萬七千三十一 縣三 劇 東安平 樓鄉

92. 교동국(膠東國)

교동국은 7만 2천2가구, 인구는 32만 3천3백31명이다.

8개 현이 있다. 즉묵현(卽墨縣), 창무현(昌武縣), 하밀현(下密縣), 장무현(壯武縣), 욱질현(郁秩縣), 정현(挺縣), 관양현(觀陽縣), 추로현(鄒盧縣)이다.

▨ 교동국은 옛 제(齊)나라이며, 고제 원년에 나누어서 나라로 삼았다. 5월에 다시 제국(齊國)으로 합쳤다가 문제 16년에 다시 국(國)으로 만들었다. 왕망 때는 욱질(郁秩)이라 했다.

즉묵현은 천실산사가 있다. 왕망 때는 즉선(卽善)이라고 했다.

하밀현은 삼석산사(三石山祠)가 있다. 응소는 "밀수(密水)가 고밀(高密)에서 나온다."고 했다.

장무현은 왕망 때는 효무(曉武)라고 했다.

욱질현은 철관을 두었다.

관양현은 응소는 "관수(觀水)의 북쪽에 있다."고 했다.

추로현은 왕망 때는 시사(始斯)라고 했다.

膠東國 戶七萬二千二 口三十二萬三千三百三十一 縣八 卽墨 昌武 下密 壯武 郁秩 挺 觀陽 鄒盧

93. 고밀국(高密國)

고밀국은 4만 5백31가구, 인구는 19만 2천5백36명이다.

5개 현이 있다. 고밀현(高密縣), 창안현(昌安縣), 석천현(石泉縣), 이안현(夷安縣), 성향현(成鄕縣)이다.

▨ 고밀국은 옛 제(齊)나라이며, 문제 16년에 나누어서 교서국(膠西國)으로 삼았고, 선제 본시(本始) 원년에 다시 고밀국으로 고쳤다.

고밀현은 왕망 때는 장모(章牟)라고 했다.
석천현은 왕망 때는 양신(養信)이라 했다.
이안현은 왕망 때는 원정(原亭)이라 했다. 응소는 "옛날 내이(萊夷)의 유읍(維邑)이다."라고 했다.
성향현은 왕망 때는 순성(順成)이라 했다.

高密國 戶四萬五百三十一 口十九萬二千五百三十六 縣五 高密 昌安 石泉 夷安 成鄉

94. 성양국(成陽國)

성양국은 5만 6천6백42가구, 인구는 20만 5천7백84명이다.

4개 현이 있다. 거현(莒縣), 양도현(陽都縣), 동안현(東安縣), 여현(慮縣)이다.

▨ 성양국은 옛 제나라 땅이다. 문제 2년에 나누어서 국으로 삼았다. 왕망 때는 거릉(莒陵)이라 했다. 연주에 속해 있었다.

거현은 옛 나라 이름이다. 영씨(盈氏) 성이며, 30세(三十世)를 계승하여 초(楚)나라에 멸망당했다. 소호(小昊)씨의 후예이다. 철관을 두었다. 왕망 때는 거릉(莒陵)이라 했다.

양도현은 응소는 "제(齊)나라 사람이 양(陽)으로 옮겼으므로 옛 양국(陽國)이 이곳이다."라고 했다.

여현은 왕망 때는 저선(著善)이라 했다.

成陽國 戶五萬六千六百四十二 口二十萬五千七百八十四 縣四 莒 陽都 東安 慮

95. 회양국(淮陽國)

회양국은 13만 5천5백44가구, 인구는 98만 1천4백23명이다.

9개 현이 있다. 진현(陳縣), 고현(苦縣), 양가현(陽夏縣), 영평현(寧平縣), 부구현(扶溝縣), 고시현(固始縣), 어현(圉縣), 신평현(新平縣), 자현(柘縣)이다.

▨ 회양국은 고조 11년에 설치되었다. 왕망 때는 신평(新平)이라 했다. 연주(兗州)에 속해 있었다. 맹강은 "명제(明帝)가 진국(陳國)으로 이름을 고쳤다."고 했다.

진현은 옛 나라 이름이며, 순(舜)임금의 후예로 호공(胡公)을 봉했는데 초(楚)나라에서 멸망시켰다. 초(楚)나라의 경양왕(頃襄王)이 영(郢)에서 이곳으로 옮겨 왔다. 왕망 때는 진릉(陳陵)이라 했다.

고현은 왕망 때는 뇌릉(賴陵)이라 했다. 안사고는 "『진태강지기(晉太康地記)』에 성동(城東)에 뇌향사(賴鄉祠)가 있으며, 노자(老子)가 태어난 곳이다."라고 했다.

양가현은 안사고는 "양가현이라 한다."고 했다.

부구현은 과수(過水)가 첫 번째로 낭탕거(狼湯渠)를 받아 동쪽으로 향(向)에 이르러 회수로 들어가 3개 군을 지나서 1천 리를 간다.

고시현은 안사고는 "본이름은 침구(寢丘)이고, 초나라의 영윤 손숙오(孫叔敖)를 봉한 곳이다."라고 했다.

淮陽國 戶十三萬五千五百四十四 口九十八萬一千四百二十三 縣九 陳 苦 陽夏 寧平 扶溝 固始 圉 新平 柘

96. 양국(梁國)

양국은 3만 8천7백9가구, 인구는 10만 6천7백52명이다.

8개 현이 있다. 탕현(碭縣), 치현(甾縣), 저추현(杼秋縣), 몽현(蒙縣), 기씨현(已氏縣), 우현(虞縣), 하읍현(下邑縣), 수양현(睢陽縣)이다.

▨ 양국(梁國)은 옛 진(秦)나라의 탕군(碭郡)인데, 고제 5년에 양국(梁國)이 되었다. 왕망 때는 진정(陳定)이라 했다. 예주(豫州)에 속해 있었다. 안사고는 "탕산(碭山)이 있어서 탕군이라고 했다."고 했다.

탕현은 산에서 문석(文石)이 난다. 왕망 때는 절탕(節碭)이라 했다.

응소는 "탕산이 동쪽에 있다."고 했다. 안사고는 "탕은 문석(文石)인데 그 산에서 나므로 현의 이름으로 삼았다."고 했다.

치현은 옛 대국(戴國)이다. 응소는 "장제(章帝)가 고성(考城)이라고 이름을 고쳤다."고 했다. 왕망 때는 가곡(嘉穀)이라 했다.

저추현은 왕망 때는 여추(予秋)라고 했다.

몽현은 획수(獲水)가 첫 번째로 치획거(甾獲渠)를 받아서 동북쪽으로 팽성(彭城)에 이르러 사수(泗水)로 들어가는데 5개 군을 거쳐서 5백50리를 간다. 왕망 때는 몽은(蒙恩)이라 했다.

기씨현은 왕망 때는 기선(己善)이라 했다.

우현은 왕망 때는 진정정(陳定亭)이라 했다.

하읍현은 왕망 때는 하흡(下洽)이라 했다.

수양현은 옛 송(宋)나라이며, 미자(微子)를 봉한 나라이다. 우공에 맹제택(孟諸澤)이 동북쪽에 있다.

梁國 戶三萬八千七百九 口十萬六千七百五十二 縣八 碭 甾 杼秋 蒙 已氏 虞 下邑 睢陽

97. 동평국(東平國)

동평국은 13만 1천7백53가구, 인구는 60만 7천9백76명이다.

7개 현이 있다. 무염현(無鹽縣), 임성현(任城縣), 동평륙현(東平陸縣), 부성현(富城縣), 장현(章縣), 항보현(亢父縣), 번현(樊縣)이다.

▨ 동평국은 옛 양(梁)나라이며, 경제 중원(中元) 6년에 나누어서 제동국(濟東國)으로 삼았고, 무제 원정 원년에 대하군(大河郡)으로 삼았으며, 선제 감로 2년에 동평국으로 삼았다. 왕망 때는 유염(有鹽)이라 했다. 연주에 속해 있었다. 철관을 두었다.

무염현은 후향(郈鄕)이 있다. 왕망 때는 염정(鹽亭)이라 했다.

임성현은 옛 임국(任國)이며 태호(太昊)의 후예로 성(姓)은 풍(風)이다. 왕망 때는 연취정(延就亭)이라 했다.

동평륙현은 응소는 "옛 궐국이며, 지금의 궐정이 이곳이다."라고 했다.

부성현은 왕망 때는 성부(成富)라고 했다.

항보현은 시정(詩亭)이며, 옛 시국(詩國)이다. 왕망 때는 순보(順父)라고 했다.

東平國 戶十三萬一千七百五十三 口六十萬七千九百七十六 縣七 無鹽 任城 東平陸 富城 章 亢父 樊

98. 노국(魯國)

노국은 11만 8천45 가구, 인구는 60만 7천3백81명이다.

6개 현이 있다. 노현(魯縣), 변현(卞縣), 문양현(汶陽縣), 번현(蕃縣), 추현(騶縣), 설현(薛縣)이다.

▨ 노국은 옛 진(秦)나라의 설군(薛郡)이며, 고후(高后) 원년에 노국(魯國)이 되었다. 예주에 속해 있었다.

노현은 주(周)나라의 백금(伯禽)을 봉한 곳이다. 5만 2천 가구이고, 철관을 두었다.

변현은 사수(泗水) 서남쪽에서 방여(方輿)에 이르러 패수(沛水)로 들어가는데 3개 군을 거쳐서 5백 리를 흘러 청주천(靑州川)으로 들어간다. 안사고는 "『춘추』에서 '희공(僖公) 17년에 부인 강씨(夫人 姜氏)가 제후(齊侯)를 변(卞)에서 만났다.'고 한 곳이 이곳이다."라고 했다.

문양현은 왕망 때는 문정(汶亭)이라 했다. 안사고는 "곧 『좌전』에서 이른바 '공(公)이 계부(季父)에게 문양(汶陽)의 전답을 하사하다.'라고 한 곳이 이곳이다."라고 했다.

번현은 남량수(南梁水)가 서쪽에서 호릉(胡陵)에 이르러 패거(沛渠)로 들어간다. 응소는 "주국(邾國)이다."라고 했다 안사고는 "파현(蕃縣)으로 읽지 않는다."고 했다.

추현은 옛 주국이며, 조(曹)씨이고 29대에 이르러 초(楚)나라에 멸망당했다. 역산(嶧山)이 북쪽에 있다. 왕망 때는 추정(騶亭)이라 했다. 응소는 "주(邾) 문공(文公)이 점을 쳐본 후 역(嶧)으로 옮겼다."고 했다.

설현은 하(夏)나라의 거정(車正)인 해중(奚仲)의 나라이고 뒤에 비(邳)로 옮겨서 탕(湯)임금 때 재상인 중훼(仲虺)가 살았다.

魯國 戶十一萬八千四十五 口六十萬七千三百八十一 縣六 魯 卞 汶陽 蕃 騶 薛

99. 초국(楚國)

초국은 11만 4천7백38가구, 인구는 49만 7천8백4명이다.

7개 현이 있다. 팽성현(彭城縣), 유현(留縣), 오현(梧縣), 부양현(傅陽縣), 여현(呂縣), 무원현(武原縣), 치구현(甾丘縣)이다.

▨ 초국(楚國)은 고제가 설치했다. 선제의 지절(地節) 원년에 팽성군(彭成郡)으로 삼았다가 황룡(黃龍) 원년에 다시 옛날로 복원했다. 왕망 때는 화락(和樂)이라 했다.

팽성현은 옛 팽조국이다. 4만 1백96가구이고, 철관을 두었다.

오현은 왕망 때는 오치(吾治)라고 했다.

부양현은 옛 복양국(偪陽國)이다. 왕망 때는 보양(輔陽)이라 했다. 안사고는 "『좌씨전』에 이른바 복양은 성씨가 운성(妘姓)이다."라고 했다.

무원현은 왕망 때는 화락정(和樂亭)이라 했다.

치구현은 왕망 때는 선구(善丘)라고 했다.

楚國 戶十一萬四千七百三十八 口四十九萬七千八百四 縣七 彭城 留 梧 傅陽 呂 武原 甾丘

100. 사수국(泗水國)

사수국은 호는 2만 5천25가구, 인구는 11만 9천1백14명이다.

3개 현이 있다. 능현(凌縣), 사양현(泗陽縣), 우현(于縣)이다.

▨ 사수국은 옛 동해군(東海郡)이며, 무제 원정 4년에 나누어서 사수국으로 삼았다. 왕망 때는 수순(水順)이라 했다.

능현은 왕망 때는 생릉(生夌)이라 했다. 응소는 "능수(凌水)가 나와서 남쪽의 회수로 들어간다."고 했다.

사양현은 왕망 때는 회평정(淮平亭)이라 했다.

우현은 왕망 때는 우병(于屛)이라 했다.

泗水國 戶二萬五千二十五 口十一萬九千一百一十四 縣三 凌 泗陽 于

101. 광릉국(廣陵國)

광릉국은 3만 6천7백73 가구, 인구는 14만 7백22명이다.

4개 현이 있다. 광릉현(廣陵縣), 강도현(江都縣), 고우현(高郵縣), 평안현(平安縣)이다.

▨ 광릉국은 고제 6년에 형주(荊州)에 포함시켰다가 11년에 다시 오(吳)에 포함시키고, 경제 4년에 강도(江都)라고 다시 이름을 고쳤다가 무제 원수 3년에 광릉으로 바꾸었다. 왕망 때는 강평(江平)이라 했다. 서주(徐州)에 속해 있었다. 철관을 두었다.

광릉현은 강도이왕(江都易王) 비(非)와 광릉여왕(廣陵厲王) 서(胥)가 모두 이곳에 도읍을 하고 함께 장군(章郡)을 얻으니 오(吳)가 얻지 못했다. 왕망 때는 안정(安定)이라 했다.

강도현은 강수사(江水祠)가 있다. 거수(渠水)가 첫 번째로 강수를 받아서 북쪽으로 사양(射陽)에 이르러 호수(湖水)로 들어간다.

평안현은 왕망 때는 두향(杜鄕)이라 했다.

廣陵國 戶三萬六千七百七十三 口十四萬七百二十二 縣四 廣陵 江都 高郵 平安

102. 육안국(六安國)

육안국은 3만 8천3백45 가구, 인구는 17만 8천6백16명이다.

5개 현이 있다. 육현(六縣), 요현(蓼縣), 안풍현(安豊縣), 안풍현(安風縣), 양천현(陽泉縣)이다.

▨ 육안국은 옛 초(楚)나라이며, 고제 원년에 나누어서 형산국(衡山國)으로 삼았고, 5년에 회남에 소속시켰으며, 문제 16년에 다시 형산으로 삼았고, 무제 원수 2년에 쪼개서 육안국으로 삼았다. 왕망 때는 안풍(安風)이라 했다.

육현은 옛 나라 이름이며, 고요(皐繇)의 후예로 성씨는 언(偃)인데 초나라에 멸망당했다. 여계수(如谿水)가 첫 번째로 비수(沘水)를 받아 동북쪽으로 수춘(壽春)에 이르러 작피(芍陂)로 들어간다.

요현은 옛 나라 이름이고 고요의 후예이며, 초나라에 멸망당했다.

안풍현은 우공에 대별산(大別山)이 서남쪽에 있다. 왕망 때는 미풍(美豊)이라 했다.

안풍현은 왕망 때는 안풍정(安風亭)이라 했다.

六安國 戶三萬八千三百四十五 口十七萬八千六百一十六 縣五 六 蓼 安豊 安風 陽泉

103. 장사국(長沙國)

장사국은 4만 3천4백70 가구, 인구는 23만 5천8백25명이다.

13개 현이 있다. 임상현(臨湘縣), 나현(羅縣), 연도현(連道縣), 익양현(益陽縣), 하전현(下雋縣), 유현(攸縣), 영현(酃縣), 승양현(承陽縣), 상남현(湘南縣), 소릉현(昭陵縣), 사릉현(茶陵縣), 용릉현(容陵縣), 안성현(安成縣)이다.

▨ 장사국은 진(秦)나라의 군(郡)이었고, 고제 5년에 국(國)이 되었다. 왕망 때는 전만(塡蠻)이라 했다. 형주에 속해 있었다.

임상현은 왕망 때는 무목(撫睦)이라 했다. 응소는 "상수(湘水)가 영산(零山)에서 나온다."고 했다.

나현은 응소는 "초 문왕(楚 文王)이 나자(羅子)를 옮기고 지강(枝江)에서 이곳에 살았다."고 했다. 안사고는 "성홍지(盛弘之)의 형주기

(荊州記)에 현의 북쪽에 골수(汨水)가 있는데 물의 근원이 예장(豫章)의 애현(艾縣)의 경계에서 나와 서쪽으로 흘러 상수(湘水)로 들어간다. 송골(淞汨)의 서북쪽은 현과의 거리가 30리인데 굴담(屈潭)이 있고 굴원(屈原)이 빠져 죽은 곳이다."라고 했다.

익양현은 상산(湘山)이 북쪽에 있다. 응소는 "익수(益水)의 북쪽에 있다."고 했다.

하전현은 왕망 때는 윤준(閏雋)이라 했다.

승양현은 응소는 "승수(承水)의 북쪽이다."라고 했다. 안사고는 "승수의 근원은 영릉(零陵)의 영창(永昌)현의 경계에서 나와 동쪽으로 흘러 상수로 들어간다."고 했다.

상남현은 우공에 형산(衡山)의 동남쪽에 있어 형주산(荊州山)이다.

사릉현은 이수(泥水)가 서쪽에서 상수로 들어가 7백 리를 간다. 왕망 때는 성향(聲鄕)이라 했다. 안사고는 "사릉현으로 읽는다."고 했다.

長沙國 戶四萬三千四百七十 口二十三萬五千八百二十五 縣十三 臨湘 羅 連道 益陽 下雋 攸 酃 承陽 湘南 昭陵 茶陵 容陵 安成

제2장 진(秦)나라 통일 후 분리지역

1. 진경사(秦京師 : 內史)

본래 진(秦)나라의 경사(京師 : 수도)는 내사(內史)라고 했다. 천하를 나누어 36군(郡)으로 만들었다.

한(漢)나라가 발흥해 군(郡)의 규모가 커지고 점차 그 수도 많아졌다. 또 제후국과 왕국을 설립했다. 무제(武帝)가 세 방향으로 변방을 넓혀서 고조(高祖) 때보다 26군(郡)을 늘렸다. 문제(文帝)와 경제(景帝)가 각 6개 군, 무제가 28개 군, 소제(昭帝)가 1개 군을 더해 효제(孝帝)와 평제(平帝)에 이르렀다.

대저 군국(郡國)이 103개, 현읍(縣邑)이 1천3백14개, 도(道)가 32개, 후국(侯國)이 2백41개이다.

땅은 동서로 9천3백2리(里)요, 남북으로 1만 3천3백68리이다. 크게 봉한 밭이 1억 4천5백13만 6천4백5 경(頃 : 100묘)이다. 그 중에 1억 2백52만 8천8백89경은 읍(邑)에 있는 도로와 산천, 산림, 연못 등이어서 가히 개간하지 못했지만 나머지 3천2백29만 9백47 경은 가히 개간했다. 개간하지 못할 땅을 개간할 밭으로 정한 것이 8백27만 5백36 경이다.

백성의 집수는 1천2백23만 3천62가구(家口), 인구는 5천9백59만 4천9백78 구(口 : 명)이다. 이때 한(漢)나라의 국력은 매우 왕성했다.

대저 백성은 5상(五常)의 성(性 : 본성)을 가져 굳세고 부드러우며, 느긋하고 급하며 음성도 서로 달랐다. (이처럼) 물과 흙의 풍기(風氣)에 매인 것을 풍(風)이라 이른다.

좋아하고 싫어하는 것은 취하거나 버리며, 움직이고 멈추는 일에 떳떳함이 없어 군주나 윗사람의 정욕에 따르므로 속(俗)이라 이른다.

공자(孔子)가 말하기를 "풍속을 전하고 바꾸는 데는 음악보다 좋은 게 없다."고 했다.

이것은 성왕(聖王)이 위에 있어서 인륜(人倫)을 통솔하고 다스려 반드시 그 근본을 옮기고 그 끝을 바꾸니 혼돈에 빠진 천하를 하나로 중화(中和)시킨 이후에 왕교(王敎)를 이룸을 말한 것이다.

한(漢)나라는 여러 왕들을 뒤이어 국토를 변경시키고 백성을 이주시켰다. 그 결과 성제(成帝) 때에는 유향(劉向)이 대략 그 땅의 분할을 말했다. 또 승상인 장우(張禹)는 영천(潁川)과 주장(朱贛)을 소속시켜 그 풍속을 나누고 오히려 궁구함을 베풀지 아니한 것으로 수집해 논했다. 그 근본과 끝을 마쳐서 편(篇: 책)에 나타냈다.

本秦京師爲內史[1] 分天下作三十六郡 漢興 以其郡(大)太大 稍復開置 又立諸侯王國 武帝開廣三邊 故自高祖增二十六 文景各六 武帝二十八 昭帝一 訖於孝平 凡郡國一百三 縣邑千三百一十四 道三十二 侯國二百四十一 地東西九千三百二里 南北萬三千三百六十八里 提封田[2]一萬萬四千五百一十三萬六千四百五頃 其一萬萬二百五十二萬八千八百八十九頃 邑居道路 山川林澤 群不可墾 其三千二百二十九萬九百四十七頃 可墾不可墾 定墾田八百二十七萬五百三十六頃 民戶千二百二十三萬三千六十二 口五千九百五十九萬四千九百七十八 漢極盛矣

凡民函五常之性 而其剛柔緩急 音聲不同 繫水土之風氣 故謂之風 好惡取舍 動靜亡常 隨君上之情欲 故謂之俗 孔子曰[3] 移風易俗 莫善於樂 言聖王在上 統理人倫 必移其本 而易其末 此混同天下一之虖中和 然後王敎成也 漢承百(年)王之末 國土變改 民人遷徙 成帝時劉向略言其(域)地分 丞相張禹使屬潁川朱贛條其風俗 猶未

宣究 故輯而論之 終其本末著於篇
1) 京師爲內史(경사위내사) : 안사고는 "경사(京師)는 천자가 도읍한 기내(畿內)이다. 진(秦)나라가 천하를 겸병하고 군과 현을 고쳐 세워 경기(京畿)에서 통제하는 바를 특별히 내사(內史)라고 이름하고 그것들을 안[內]에 있게 해서 여러 군수(郡守)와 구별하게 한 것이다."라고 했다.
2) 提封田(제봉전) : 크게 그 봉한 경계를 들다의 뜻.
3) 孔子曰(공자왈) :『효경』의 공자의 말이다.

2. 진(秦)나라 땅[地]

　진(秦)나라 땅은 천관(天官)에서 동정(東井:井宿)과 여귀(輿鬼)의 분야이다. 그 경계는 홍농(弘農)의 옛 관문에서 서쪽으로는 경조(京兆) 부풍(扶風) 풍익(馮翊) 북지(北地) 상군(上郡) 서하(西夏) 안정(安定) 천수(天水) 농서(隴西)이다. 남쪽으로는 파(巴) 촉(蜀) 광한(廣漢) 건위(犍爲) 무도(武都)이다. 서쪽으로는 금성(金城) 무위(武威) 장액(張掖) 주천(酒泉) 돈황(敦煌)이 있다. 또 서남쪽으로는 장가(牂柯) 월휴(越嶲) 익주(益州)가 있으니 모든 땅이 마땅히 귀속되었다.
　진나라의 조상을 백익(柏益)이라 했다. 황제(黃帝)인 전욱(顓頊)의 후손으로 요(堯)임금 때 (뒷날의) 우(禹)임금을 도와 물을 다스렸다. 순(舜)임금이 짐(朕)의 우(虞)나라를 위해 일하라고 하자 초목과 조수(鳥獸)를 길러 영씨(嬴氏) 성을 하사 받았다. (그 후손이) 하(夏)나라와 은(殷)나라를 거치면서 제후가 되었다.
　주(周)나라에 이르러 조보(造父)가 있었다. 그는 수레를 몰고 말 길들이는 일을 잘해 천리마(千里馬)인 화류(華駵)와 녹이(綠耳)를 타게 되었다. 목왕(穆王)의 총애를 얻어 조성(趙城) 땅에 봉해졌다. 그런 까닭에 조씨(趙氏)로 바꾸었다.
　훗날 비자(非子)란 사람이 있었는데 주(周)나라 효왕(孝王)을 위해 견수(汧水)와 위수(渭水) 사이에서 말을 길렀다. 이에 효왕이 말하기를 "옛날에 백익(伯益 : 앞의 柏益과 같은 인물로 추정)이 금수(禽獸)를 알아 자손이 끊이질 않았다."라면서 봉한 땅을 부용국으로 삼았다. 그리고 진나라 땅에 도읍을 정했으니 지금의 농서(隴西), 진정(秦亭), 진곡(秦谷)이 바로 그곳이다.

현손(玄孫 : 5세손)인 장공(莊公)에 이르러 서융(西戎)을 격파해 그 땅을 얻었지만 그 아들 양공(襄公) 때 주나라의 유왕(幽王)이 견융(犬戎)에게 패하는 바람에 (다음 왕인) 평왕(平王)이 동쪽 낙읍(雒邑)으로 천도했다. 양공이 군대를 동원해 주나라를 구하는 공을 세워 기(郊)와 풍(酆) 땅을 하사 받으니 제후의 반열에 섰다.

8세(世 : 세대)가 흘러 목공(穆公)이 백(伯 : 춘추 5패의 覇)을 칭하면서 하수(河水)로 경계를 삼았다.

10여 세(世)가 더 흘러 효공(孝公)은 상군(商君 : 商鞅)을 등용해 원전(轅田 : 爰田)의 제도를 만들고 사방의 땅을 개척해 동쪽 제후들의 영웅이 되었다.

그 아들 혜공(惠公)이 처음으로 왕(王)이라 칭했으며, 상군(上郡) 서하(西夏) 땅을 얻었다.

손자인 소왕(昭王)이 파(巴)와 촉(蜀)을 개척한 뒤 주(周)나라를 멸망시켜 구정(九鼎 : 천자를 상징하는 금으로 만들어진 솥)을 취했다.

소왕의 증손자인 정(政)이 (戰國 7雄 중 나머지인) 여섯 나라를 병탄한 뒤 (처음으로) 스스로 황제(皇帝)라고 했다. 또한 힘으로 밀어붙이고 위엄만을 믿고 서적을 불태우고 선비를 땅에 묻어 죽이는 등 스스로 사사로운 지혜에 의지했다.

그 아들 호해(胡亥)에 이르러 천하가 진(秦)나라를 배척했으므로 진(秦)의 땅이 우(禹)의 공물을 징발할 때에는 옹주(雍州)와 양주(梁州) 두 고을에 걸쳤다. 『시경(詩經)』의 풍(風)은 진(秦)과 빈(豳) 두 나라를 겸했다.

옛날 후직(后稷)을 태(斄)에 봉했다. 공유(公劉)가 빈(豳)에 거처했으며, 대왕(大王)은 기(郊)로 이사했다. 문왕(文王)이 풍

(酆)땅에서 일어났고, 무왕(武王)이 호(鎬) 땅을 다스렸다. 그 백성에게는 선왕(先王)이 남긴 풍속이 있어 농사 짓기를 즐기는 등 본업에 힘썼다. 그런 까닭에 『시경(詩經)』의 빈풍(豳風)은 농사 짓고 누에 치는 따위의 의식주의 근본이 매우 잘 갖춰져 있다고 말한다.

호(鄠)와 두(杜) 땅에는 대나무 숲이 있고, 남산(南山)에는 박달나무와 뽕나무가 있어 육해(陸海)라고 불렀으며, 구주(九州)의 기름진 땅이라 한다.

진시황(秦始皇) 초기에는 정(鄭)나라 땅에서 도랑을 파고 경수(涇水)의 물을 끌어다 논에 물을 대어 천리나 되는 들을 비옥하게 만들었으므로 백성들의 살림이 부유하고 풍요로웠다.

한(漢)나라가 일어나 장안(長安)에 도읍을 정한 뒤 모든 논밭을 가지런히 정리했다. 초소왕(楚昭王)이 경치를 돌리고 모든 공신들의 집을 장릉(長陵)으로 옮겼다. 이후 대대로 (녹봉) 2천 석의 관리가 되고 재물이 많은 부자들과 호걸들이 제릉(諸陵)에 집을 별도로 가졌다.

대개 굳센 줄기에 약한 가지는 역시 홀로 산원(山園)을 받들지 못하는 것이다. 이런 까닭에 오방(五方 : 五常 또는 본성)이 섞여서 풍속이 순일하지 못했다. 그 세가(世家)마다 예와 문장을 좋아하며, 부자는 장사를 하는 것으로 이로움을 삼고, 호걸은 유협(遊俠)을 일삼으며 간사한 무리와 통한다. 이는 남산(南山)이 임박해 있고 하양(夏陽)이 가까운 탓이다. 그래서 험악함과 경박함이 많으면 쉽게 도적이 되어 늘 천하의 문제거리가 된다.

또 군국(郡國)이 폭주하고 떠돌이 거지가 많아 백성은 근본을 버리고 말단으로 나아간다. 제후에 반열한 귀인들은 수레와 의복이 위를 참람하고 모든 백성도 이를 따른다. 서로 상대에 미치지 못함을 부끄러워 하며 혼사에 더욱 사치를 부린다. 장사 치르는 일도 지나치게 허례허식이 많다.

천수(天水)와 농서(隴西) 지방은 산에 숲이 우거지고 나무가 많아 백성이 판자로 집을 짓는다.

안정(安定), 북지(北地), 상군(上郡), 서하(西夏) 지방에 이르면 모두 오랑캐와 너무 가까우므로 전쟁에 대비해 훈련하고 무기를 닦아 기력을 높인다. 이때 활쏘기와 사냥을 우선으로 한다.

그런 까닭에 진시(秦詩)에 이르기를 "오랑캐 땅 판잣집에 계시다네."라고 했으며 또 "왕께서 군사를 일으키면 내 갑옷과 병기를 닦아 너와 함께 가리라."고 읊었다.

진풍(秦風)에 있는 '거인(車鄰)', '사철(四載)', '소융(小戎)'편은 모두 수레와 말, 사냥에 관해 말한 것이다.

한(漢)나라가 세워져 여섯 고을의 양갓집 자제들이 우림(羽林)기문(期門)에 뽑혀 재력(材力)으로써 관직을 삼았으며 훌륭한 장군이 많이 나왔다.

공자(孔子)가 『논어』 '양화' 편에 말하기를 "군자가 용맹하기만 하고 의(誼:義)가 없으면 세상을 어지럽히게 되고, 소인이 용맹하기만 있고 의(誼:義)가 없으면 도적이 된다."라고 했다. 그런 까닭에 이 여러 군(郡)의 풍속이 나무의 본질을 닮아 도적이 되는 것을 부끄러워 하지 않았다.

무위(武威)로부터 서쪽으로는 원래 흉노(匈奴)의 혼야왕(昆邪王)과 후재왕(休屠王)의 땅이다. 무제(武帝) 때 이를 넘겨받아 처음으로 4군(郡)을 두어 서역(西域)과 소통하게 했다. 이에 남강(南羌), 흉노(匈奴)와는 멀리 떨어졌다.

그 백성은, 혹 관(關)의 동쪽 아래 지역은 가난한 것으로 혹 원수를 갚는 것으로 정당함을 삼으며, 혹 패역함으로써 도를 망쳐 가족이 도주하기도 했다.

풍속이 사뭇 다른 데다 땅은 드넓고 주민의 수는 적었다. 물과 풀은 가축 기르기에 적당하므로 양주(凉州)의 목축은 천하에서 으뜸이다. 변방 요새를 지키며 2천 석으로써 다스리니 모두가 병마(兵馬)에 충실하다. 술자리에서는 위아래가 잘 어울리고, 관리와 백성이 서로 친하다. 이로써 그 풍속이 비바람이 적절한 시기에는 곡식이 늘 헐값이고 도적이 적다. 화합의 기운이 어우러지는 게 내군(內郡)보다 뛰어나다. 이처럼 관대하고 후하게 다스리는 건 관리가 가혹하고 각박하게 하지 않는 소치이다.
 파(巴) 촉(蜀) 광한(廣漢)은 원래 남쪽 오랑캐의 땅이었지만 진나라가 병합해 군(郡)을 삼았다. 이 지역은 땅이 기름진 데다 강이 있어 들판이 비옥하다. 산림과 대나무, 채소, 과일이 모두 풍부하게 난다. 남쪽의 전(滇)과 북(僰) 땅에서 나이 어린 종을 사온다. 서쪽은 공(邛), 작(筰) 땅과 가까워 말은 물론 늙은 소도 잘 큰다.
 백성은 쌀밥과 생선을 먹는데 흉년을 걱정할 필요가 없다. 풍속은 고생을 근심하지 않는 대신 경박하고 음란하며, 유약하고 도량도 좁다.
 경제(景帝)와 무제(武帝)의 치세에 문옹(文翁)이 촉(蜀)의 태수로 있으면서 백성에게 독서와 법령을 가르쳤다. 도덕을 독실하게 믿지는 않은 반면 문(文)을 좋아해 귀족층이 권력을 흠모하는 것을 기롱하고 풍자했다.
 사마상여(司馬相如)가 벼슬해 경사(京師)의 제후(諸侯)와 노닐 때에 이르러 글로써 세상에 드러났다. 이에 향당(鄕黨)이 그를 사모해 그 자취를 따랐다.
 훗날 왕포(王褒), 엄준(嚴遵), 양웅(揚雄) 등의 무리가 있어서 문장이 천하를 덮었다. 문옹으로부터 가르침이 시작되었고 사마상여는 스승이 되었다. 그러기에 공자가 말하기를 "가르침에는 사람 구분이 없다."고 했다.
 무도(武都)의 땅에는 저(氐)와 강(羌)의 오랑캐 민족이 섞여 있으며, 건위(犍爲)와 장가(牂柯)와 월휴(越雟)에 이르면 주민 모두가 서남쪽 밖의 오랑캐들인데 무제(武帝)가 처음으로 군(郡)을 삼았다. 풍속이 파(巴), 촉(蜀)과 같다. 무도(武都)만은 인근의 천수(天水)와 풍속이 자못 같다.
 그런 까닭으로 진나라 땅이 천하의 3분의 1이고, 인구도 30% 정도이지만 그 부(富)는 60%나 된다.
 진(秦)의 빈풍(豳風)이다. 오(吳)나라의 계찰(季札)이 노(魯)나라 음악을 듣고 진(秦)나라 노래를 위해 말하기를 "이것

은 하(夏)나라 소리이다. 대저 하에 능하면 큰 것이다. 큰 것에 이
른다는 건 그야말로 주(周)나라의 옛 것이로구나."라 했다.
　정수(井宿：별자리)의 10도(度)서 유수(柳宿：별자리)의 3도
(度)에 이르는 것을 순수(鶉首：남쪽 분야 별)의 다음이라 하며
진(秦)의 분야이다.

　　秦地 於天官東井輿鬼之分壄也 其界自弘農故關以西 京兆扶風
馮翊北地上郡西河安定天水隴西 南有巴蜀廣漢犍爲武都 西有金
城武威張掖酒泉敦煌 又西南有牂柯越嶲益州 皆宜屬焉
　　秦之先曰柏益 出自帝顓頊 堯時助禹治水 爲舜朕虞 養育草木鳥
獸 賜姓嬴氏 歷夏殷爲諸侯 至周有造父 善馭習馬 得華騮綠耳之乘
幸於穆王 封於趙城 故更爲趙氏 後有非子 爲周孝王養馬汧渭之間
孝王曰 昔伯益知禽獸 子孫不絶 乃封爲附庸 邑之於秦 今隴西秦亭
秦谷是也 至玄孫 氏爲莊公 破西戎 有其地 子襄公時 幽王爲犬戎
所敗 平王東遷雒邑 襄公將兵救周有功 賜受岐酆之地 列爲諸侯 後
八世 穆公稱伯 以河爲竟 十餘世 孝公用商君 制轅田 開仟伯 東雄
諸侯 子惠公初稱王 得上郡西河 孫昭王開巴蜀滅周 取九鼎 昭王曾
孫政幷六國 稱皇帝 負力怙威 燔書阬儒 自任私智 至子胡亥 天下
畔之
　　故秦地於禹貢時跨雍梁二州 詩風兼秦幽兩國 昔后稷封斄 公劉
處幽 大王徙郊 文王作酆 武王治鎬 其民有先王遺風 好稼穡 務本
業 故幽詩言農桑衣食之本甚備 有鄠杜竹林 南山檀柘 號稱陸海 爲
九州膏腴 始皇之初 鄭國穿渠 引涇水漑田 沃野千里 民以富饒 漢
興 立都長安 徙齊諸田 楚昭屈景及諸功臣家於長陵 後世世徙吏二
千石 高訾富人及豪桀幷兼之家於諸陵 蓋亦以彊幹弱支 非獨爲奉
山園也 是故五方雜厝 風俗不純 其世家則好禮文 富人則商賈爲利
豪桀則游俠通姦 瀕南山 近夏陽 多阻險輕薄 易爲盜賊 常爲天下劇
又郡國輻湊 浮食者多 民去本就末 列侯貴人車服僭上 衆庶放效 羞
不相及 嫁娶尤崇侈靡 送死過度
　　天水隴西 山多林木 民以板爲室屋 及安定北地上郡西河 皆迫近

戎狄 修習戰備 高上氣力 以射獵爲先 故秦詩曰 在其板屋 又曰 王
于興師 修我甲兵 與子偕行 及車轔四載小戎之篇 皆言車馬田狩之
事 漢興 六郡良家子選給羽林期門 以材力爲官 名將多出焉 孔子曰
君子有勇而亡誼則爲亂 小人有勇而亡誼則爲盜 故此數郡 民俗質
木 不恥寇盜

　自武威以西 本匈奴昆邪王休屠王地 武帝時攘之 初置四郡 以通
西域 鬲絶南羌匈奴 其民或以關東下貧 或以報怨過當 或以誖逆亡
道 家屬徙焉 習俗頗殊 地廣民稀 水少宜畜牧 (古)故涼州之畜爲天
下饒 保邊塞 二千石治之 咸以兵馬爲務 酒禮之會 上下通焉 吏民
相親 是以其俗風雨時節 穀糴常賤 少盜賊 有和氣之應 賢於內郡 此
政寬厚 吏不苛刻之所致也

　巴蜀廣漢本南夷 秦幷以爲郡 土地肥美 有江水沃野 山林竹木疏
食果實之饒 南賈滇僰僮 西近邛莋馬旄牛 民食稻魚 亡凶年憂 俗不
愁苦 而輕易淫泆 柔弱褊阨 景武間 文翁爲蜀守 教民讀書法令 未
能篤信道德 反以好文刺譏 貴慕權勢 及司馬相如[1]游宦京師諸侯 以
文辭顯於世 鄕黨慕循其迹 後有王褒嚴遵揚雄[2]之徒 文章冠天下 繇
文翁倡其教 相如爲之師 故孔子曰 有教亡類

　武都地雜氐羌 及犍爲牂柯越嶲 皆西南外夷 武帝初開置 民俗略
與巴蜀同 而武都近天水 俗頗似焉

　故秦地天下三分之一 而人衆不過什三 然量其富居什六 (秦國)
吳札觀樂 爲之歌秦 曰 此之謂夏聲 夫能夏則大 大之至也 其周舊乎
自井十度至柳三度 謂之鶉首之次 秦之分也

1) 司馬相如(사마상여) : 한(漢)나라 때의 문인. 자(字)는 장경(長卿). 한위육
조(漢魏六朝) 문인의 모범으로 일컬어진다.
2) 揚雄(양웅) : 한(漢)나라 때의 대문장가.『태현경(太玄經)』,『법언(法言)』
등을 저술했다.

3. 위(魏)나라 땅

위(魏)나라의 땅은 자휴(觜觿 : 별자리)와 삼수(參宿 : 별자리)

의 분야이다. 그 경계는 동쪽으로는 고릉(高陵)에서 하동(河東) 하내(河內)까지이다. 남쪽으로는 진류(陳留) 및 여남(汝南)의 소릉(召陵), 은강(濦彊), 신급(新汲), 서화(西華), 장평(長平), 영천(穎川)의 무양(舞陽), 언(鄢), 허(許), 언릉(傿陵), 하남(河南)의 개봉(開封), 중모(中牟), 양무(陽武), 산조(酸棗), 권(卷)이 있다. 이 모두가 위나라 땅이다.

하내(河內)는 원래 은(殷)나라의 옛 도읍지이다. 주(周)나라가 은나라를 멸망시킨 뒤 그 기내(畿內 : 수도 일대)를 나누어 세 나라로 만들었다. 『시경(詩經)』에서 그 노래가 따로 분류된 패(邶), 용(庸), 위(衛)가 그 나라이다.

패(邶 : 邶)에는 주(紂 : 殷의 마지막 왕)의 아들 무경(武庚)을 봉하고 용(庸)은 관숙(管叔)에게, 위(衛)는 채숙(蔡叔)에게 각각 다스리게 했다. 이로써 은(殷)의 유민들을 감독하게 했으니 이들을 일컬어 3감(三監)이라고 했다. 그러므로 『서경(書經)』의 서문에 말하길 "무왕(武王)이 세상을 떠나자 3감이 배반했다."고 했다.

주공(周公)이 그들의 죄를 물어 벌준 뒤 그 땅에 아우 강숙(康叔)을 봉해 '맹후(孟侯)'라 부르고 이후 주 왕실을 보좌케 했다. 이에 패(邶)와 용(庸)의 주민을 낙읍(雒邑)으로 옮겼으므로 패(邶), 용(庸), 위(衛) 세 나라의 시풍(詩風)이 동일하다.

패시(邶詩 : 패나라 시)에서 읊기를 "준(浚)고을 아래에 있다."고 했고, 용시(庸詩)에서는 "준의 교외에 있다."고 했다. 패시(邶詩)는 또 "기수(淇水)로 흘러가네.", "하수(河水 : 황하)는 넘실넘실"이라 했고, 용시(庸詩)에서는 "기수(淇水)에서 나를 전송하네.", "황하 가운데에 둥실 떠 있네."라 했으며, 위풍(衛風)은 "저 기수의 물굽이를 보건대", "하수(河水)는 넘실넘실"이라 했다. 그런 까닭에 오(吳)나라의 공자(公子) 계찰(季札)이 노(魯)나라를 예방하고 주공(周公)의 음악을 들을 때 패(邶) 용(庸) 위(衛)의 노래가 나오자 "아름답고 심오하구나! 나는 강숙(康叔)의 덕이 이와 같다고 들었다. 이것이 위풍(衛風)이구나."라고 말했다.

　16세(世)째에 이르러 위나라 의공(懿公)이 도를 잃고 오랑캐 적(狄)에게 멸망당했다. 이에 제(齊)나라 환공(桓公)이 제후(諸侯)를 이끌고 적(狄)을 정벌한 뒤 다시 위(衛)나라를 하남(河南)의 조(曹)땅과 초구(楚丘)땅에 봉하니 위(衛) 문공(文公)이 이어갔다. 이때 하내(河內)의 은허(殷虛)는 다시 진(晉)나라에 소속되었다.

　강숙(康叔)의 풍(風)은 이미 다하고 주(紂)의 교화가 오히려 존재하는 고로 풍속이 굳세고도 강해 호걸들의 침탈(侵奪)이 잦았다. 은혜를 예의로 갚는 일이 드물고, 부모가 살아 계셔도 자식들이 재산 나누기를 좋아했다.

　하동(河東)의 땅은 평평하고 농사 짓기가 쉽다. 또 소금과 철(鐵)이 넉넉하게 나는 곳으로 원래는 당요(唐堯 : 요 임금)가 거처하던 곳이다. 시풍은 당(唐 : 요 임금의 나라)과 위(魏)나라에 속한다.

　주(周)나라 무왕(武王)의 아들 당숙(唐叔)이 어머니 뱃속에 있을 때이다. 무왕의 꿈에 요 임금이 나타나 말하기를 "너는 아들의 이름을 우(虞)라 하고 장차 당(唐)나라를 주어서 삼성(參星 : 별자리)에 속하도록 하라."고 했다. 이에 아들이 태어나자 우(虞)라 이름 지었다.

　성왕(成王)에 이르러 당(唐)을 멸망시키고 숙우(叔虞)를 봉했다. 당(唐)의 땅에는 진수(晉水)가 있다. 숙우의 아들 섭(燮)을 진후(晉侯)라 부른 까닭에 삼성(參星)은 진성(晉星 : 별자리)이 되었다.

　그 백성은 선왕들이 남긴 가르침을 받들어 군자는 깊이 생각하고 소인은 검소하되 생각이 짧다. 그런 까닭에 당시(唐詩)의 '실솔(蟋蟀)', '산추(山樞)', '갈생(葛生)' 편에 읊기를 "지금 우리 즐기지 않으면 세월은 흘러가니", "가만히 앉아 있다 죽으면 다른 사람만 좋아하지.", "백년 후라도 나 그대 곁에 돌아가 살리라."라고 했다. 모두가 사치와 검소의 적당함을 생각하고, 죽음과 삶을 고려한 것이다.

　오나라의 공자 계찰이 당(唐)의 노래를 듣고는 "생각이 깊구나! 도당씨(陶唐氏)가 백성에게 영향을 미침이 있음인저."라고 말했다.

　위(魏)나라는 역시 희성(姬姓)이다. 진(晉)나라의 남쪽 하수(河水)의 물굽이에 있는 까닭에 그 시에 읊기를 "저 분수(汾水)의 한 굽이", "하수(河水)의 곁에 쌓는다."라고 했다.

　당숙(唐叔)의 16세 손인 헌공(獻公)에 이르러 위(魏)나라를 멸망시키고 대부(大夫)인 필만(畢萬)을 봉했다. 경(耿)나라를 멸하고는 대부 조숙(趙夙)을 봉했다. 대부 한무자(韓武子)가 한원(韓原)을 채읍(采邑)으로 삼음에 이르러 진(晉)나라가 비로소 커지기 시작했다.

　진 문공(晉 文公)에 이르러 제후 사이에 백(伯 : 패자)이 되어 주나라 왕실을 받들었고 처음으로 하내(河內) 땅을 차지했다.

　오나라의 공자 계찰이 위(魏)의 노래를 듣고 "아름답도다, 떠오르고 떠오르는 것이여! 덕으로써 이를 보필한다면 밝은 군주가 될 것이다."라고 말했다.

　진 문공(晉 文公) 후 16세(世)에 멸망해 한(韓) 위(魏) 조(趙) 세 나라로 나뉘었는데, 나라를 세운 세 집안은 자립해 제후가 되었다. 이것이 3진(三晉)이다.

　조(趙)나라는 진(秦)나라와 조상이 같다. 한(韓)나라와 위(魏)나라는 모두 희성(姬姓)이다. 필만(畢萬)의 10세 후손이 제후를 칭했으며, 그 손자는 왕을 칭하고 도읍을 대량(大梁)으로 옮겼다. 그래서 위(魏)를 양(梁)이라고도 하는데, 7세 후에 진(秦)에 멸망당했다.

　魏地 觜觿參之分野也 其界自高陵以東 盡河東河內 南有陳留及汝南之召陵濦彊新汲西華長平 潁川之舞陽郾許傿陵 河南之開封中牟陽武酸棗卷 皆魏分也
　河內本殷之舊都 周旣滅殷 分其畿內爲三國 詩風邶庸衛[1]國是也

邶 以封紂子武庚[2] 庸 管叔尹之 衛 蔡叔尹之 以監殷民 謂之三監 故
書序曰 武王崩 三監畔 周公誅之 盡以其地封弟康叔[3] 號曰孟侯[4] 以
夾輔周室 遷邶庸之民于雒邑 故邶庸衛三國之詩相與同風 邶詩[5]曰
在浚之下 庸曰 在浚之郊 邶又曰 亦流于淇 河水洋洋 庸曰[6] 送我淇
上 在彼中河 衛曰[7] 瞻彼淇奧 河水洋洋 故吳公子札聘魯觀周樂
聞邶庸衛之歌曰 美哉淵乎 吾聞康叔之德如是 是其衛風乎 至十六
世 懿公亡道 爲狄所滅 齊桓公[8]帥諸侯伐狄 而更封衛於河南曹楚丘
是爲文公 而河內殷虛 更屬于晉 康叔之風旣歇 而紂之化猶存 故俗
剛彊 多豪桀侵奪 薄恩禮 好生分

　河東土地平易 有鹽鐵之饒 本唐堯所居 詩風唐魏之國也 周武王
子唐叔在母未生 武王夢帝謂己曰 余名而子曰虞 將與之唐 屬之參
及生 名之曰虞 至成王滅唐 而封叔虞 唐有晉水 及叔虞子燮爲晉侯
云 故參爲晉星 其民有先王遺教 君子深思 小人儉陋 故唐詩[9]蟋蟀
山樞葛生之篇曰 今我不樂 日月其邁　宛其死矣 它人是媮 百歲之
後 歸于其居 皆思奢儉之中 念死生之慮 吳札[10]聞唐之歌曰 思深哉
其有陶唐氏之遺民乎

　魏國 亦姬姓也 在晉之南河曲 故其詩曰 彼汾一曲 寘諸河之側 自
唐叔十六世至獻公 滅魏以封大夫畢萬[11] 滅耿以封大夫趙夙 及大夫
韓武子[12]食采於韓原 晉於是始大 至於文公 伯諸侯 尊周室 始有河
內之土 吳札聞魏之歌曰 美哉渢渢[13]乎 以德輔此 則明主也 文公後
十六世爲韓魏趙所滅 三家皆自立爲諸侯 是爲三晉 趙與秦同祖 韓
魏皆姬姓也 自畢萬後十世稱侯 至孫稱王 徙都大梁 故魏一號爲梁
七世爲秦所滅

1) 邶庸衛(패용위): 邶는 鄁(패)와, 庸은 鄘(용)과 같다. 위(衛)는 위나라이
   다. 모두가 주왕(紂王)의 수도를 분할한 후 세운 나라들이다.
2) 武庚(무경): 은(殷)의 마지막 왕 주(紂)의 아들로, 이름은 녹보(祿父)이다.
3) 管叔(관숙) 蔡叔(채숙) 康叔(강숙): 모두 무왕(武王)의 동생이다.
4) 孟侯(맹후): 제후의 장(長)을 뜻한다. 맹(孟)은 장(長)과 뜻이 같다.
5) 邶詩(패시): 『시경(詩經)』 패풍(邶風)의 시.
6) 庸曰(용왈): 『시경』 용풍(庸風)의 시.

7) 衛曰(위왈) : 『시경』 위풍(衛風)의 시.
8) 齊桓公(제환공) : 춘추 5패의 첫 번째 패자.
9) 唐詩(당시) : 『시경』 당풍(唐風)의 시.
10) 吳札(오찰) : 오(吳)나라의 공자(公子) 계찰(季札)을 말한다.
11) 畢萬(필만) : 필공 고(畢公 高)의 후손이며, 위(魏)나라를 세운 위주(魏犨)의 증조부이다.
12) 韓武子(한무자) : 한(韓)나라를 세운 한궐(韓厥)의 증조부. 본디 주(周)나라와 같은 성씨라 하지만 공자(孔子)의 춘추(春秋)와는 설이 다르다.
13) 渢渢(풍풍) : 떠 있는 상태를 나타낸다.

4. 주(周)나라 땅

주(周)나라 땅은 유(柳 : 별자리)와 칠성(七星 : 별자리)과 장(張 : 별자리)의 분야이다. 지금의 하남(河南)에 낙양(雒陽), 곡성(穀城), 평음(平陰), 언사(偃師), 공(鞏), 후씨(緱氏) 지역이 그곳이다.

옛날 주공(周公)이 낙읍(雒邑)을 경영할 때 이곳을 국토의 중심으로 삼아 제후들이 사방을 에워싸게 하고 경사(京師 : 수도)를 세웠다. 유왕(幽王)에 이르러 포사(褒姒 : 유왕의 총비)와 음란함 때문에 종주(宗周 : 鎬京)는 멸망하고 그 아들 평왕(平王)이 동쪽의 낙읍(雒邑)으로 옮겨 가서 살았다. 그 뒤 5패(五伯 : 춘추 5覇)가 다시 제후들을 인솔하고 주나라 왕실을 받들었으므로 주나라는 3대(三代 : 夏. 殷. 周)에서 가장 오래도록 왕조를 유지했다. 8백여 년이 지나 사왕(赧王)에 이르러 이미 진(秦)나라가 겸하게 되었다.

처음 낙읍(雒邑)과 종주(宗周)를 관통하는 기내(畿內)를 봉했을 때 동서는 길고 남북이 짧았는데, 길고 짧은 것을 서로 꿰맞춰 1천 리(里)로 만들었다. 양왕(襄王)에 이르러 하내(河內) 땅을 진문공(晉文公)에게 하사했고, 또 제후들의 침략을 받은 탓에 그 지분이 떨어져나가 국토가 작아졌다.

주(周)나라 사람들의 허물은 교묘한 수단으로 이익을 추구하는 것이다. 재물을 귀하게 여긴 반면 의(義)를 천시했고, 부(富)를 숭상하고 가난을 경시했다. 상업을 즐겨 했고 벼슬을 좋아하지 않았다.

유성(柳星)의 3도(度)에서 장성(張星)의 12도까지가 주(周)나라의 분야이다.

周地 柳七星張之分野也 今之河南雒陽穀成平陰偃師鞏緱氏 是其分也

昔周公營雒邑 以爲在于土中 諸侯蕃屛四方 故立京師 至幽王[1]淫 褒姒[2] 以滅宗周 子平王[3]東居雒邑 其後五伯[4]更帥諸侯以尊周室 故周於三代最爲長久 八百餘年至於赧王[5] 乃爲秦所兼 初雒邑與宗周通封畿 東西長而南北短 短長相覆爲千里 至襄王[6]以河內賜晉文公 又爲諸侯所侵 故其分墜小

周人之失 巧僞趨利 貴財賤義 高富下貧 憙爲商賈 不好仕宦

自柳[7]三度至張[8]十二度 謂之鶉火之次[9] 周之分也

1) 幽王(유왕) : 주(周)나라의 폭군.
2) 褒姒(포사) : 주(周)나라 유왕의 총희(寵姬)로 주나라를 망치게 했다. 포(褒)나라의 딸이며, 성은 사(姒)씨이다.
3) 平王(평왕) : 유왕의 아들.
4) 五伯(5패) : 5패(五覇)와 같은 뜻이다.
5) 赧王(사왕) : 주(周)나라의 마지막 왕.
6) 襄王(양왕) : 주(周)나라의 왕.
7) 柳(류) : 28수(二十八宿)이다.
8) 張(장) : 28수의 하나로 남방에 소속된 성수이다.
9) 鶉火之次(순화지차) : 남방에 있는 성수의 이름. 곧 순화의 분야에 머물다.

5. 한(韓)나라 땅

한(韓)나라 땅은 각(角 : 별자리)과 항(亢 : 별자리)과 저(氐 :

별자리)의 분야이다. 한(韓)나라는 진(晉)나라를 나누어 남양군(南陽郡)과 영천군(潁川郡)의 부성(父城), 정릉(定陵), 양성(襄城), 영양(潁陽), 영음(潁陰), 장사(長社), 양적(陽翟), 겹(郟)지역을 얻었다. 동쪽으로는 여남(汝南)과 접하고 서쪽으로는 홍농(弘農)과 접해 신안(新安), 의양(宜陽)을 얻으니 모두가 한나라 땅이다.

『시경(詩經)』의 풍(風)은 진(陳)나라와 정(鄭)나라가 한나라와 별자리 분야를 같이한다.

정(鄭)나라는 지금의 하남(河南) 신정(新鄭) 지역에 있었다. 본디 고신씨(高辛氏)가 불[火]로써 축융(祝融)을 바르게 한(멸한) 옛터이다. 아울러 성고(成皋), 형양(滎陽), 영천(潁川)의 숭고(崇高), 양성(陽城)이 모두 정나라 땅이다. 본디 주 선왕(周 宣王)의 아우 우(友)가 주나라의 사도(司徒)가 되어 종주(宗周)와 기내(畿內)를 식읍으로 삼은 것이 곧 정나라가 되었다.

정나라 환공(桓公)이 사백(史伯)에게 물어 말하길 "왕실에는 사고가 많으니 어느 곳이어야 죽음에서 도피할 수 있겠는가?"라고 했다.

사백이 대답하기를 "사방이 왕의 어머니나 동생, 외척의 나라 아니면 곧 오랑캐 땅이니 들어갈 수 없습니다. 제(濟), 낙(洛), 하(河), 영(潁)의 사이뿐입니다. 자작(子爵)과 남작(男爵)의 나라로는 괵(虢)과 회(會)가 크지만 세력과 땅의 험난함만 믿고 사치하며 모험만을 좇습니다. 임금께서 만약 재물과 뇌물에 의지해 주나라와 선린하다가 주나라가 어지러워지고 피폐하면 앞으로 반드시 배신할 것입니다. 임금께서 주나라 백성을 끌어모으고 주 왕실을 받들어 죄를 벌한다면 이기지 못할 것이 없습니다."라고 했다.

환공이 다시 물었다. "남쪽도 불가한가?"

사백이 대답하기를 "대저 초(楚)나라는 중려(重黎)의 후예입니다. 중려는 고신씨(高辛氏)를 위해 불[火]을 바르게 하고, 천지를 밝게 드러내 부드럽고 아름다운 재목을 생산했습니다. 강

(姜 : 성씨), 영(嬴 : 성씨), 형(荊 : 성씨), 미(羋 : 성씨) 씨는 실제로 희씨(姬氏) 종족과 번갈아 서로 범했습니다. 강씨는 백이(伯夷)의 후예이고, 영씨는 백익(伯益)의 후예입니다. 백이는 신(神)에 관한 예(禮)에 능해 요(堯)임금을 보좌했습니다. 백익은 만물을 마땅하게 하는 데 능해 순(舜)임금을 보좌했습니다. 그 뒤로는 누구도 제사를 잃지 않았으나 흥기한 자 또한 없으니 주나라가 약해져 그들이 장차 일어난다면 핍박할 수가 없을 것입니다."라고 했다.

환공이 그 말에 따라 동쪽으로 재물과 뇌물을 보내니 괵나라와 회나라가 이를 받았다.

그 3년 후 주나라 유왕이 패하고 환공도 죽었다. 그 아들 무공(武公)이 평왕(平王)과 함께 동천해 마침내 괵과 회의 땅을 정했다. 오른쪽은 낙(雒), 왼쪽은 자(泲)로 하고 진[溱水]과 유[洧水]의 물을 먹었다.

이 지역은 땅이 좁고 험하다. 산에 살면서 계곡 물을 길어 마시기 때문에 남녀가 만날 기회가 많아 풍속이 음란하다.

정나라 시에 읊기를 "저 동문을 나가니 아가씨들이 구름처럼 모였네."라고 했다. 또 "진수, 유수에 봄물이 넘실대는데 사내와 계집은 손에 난초를 쥐었네.", "정말 즐겁다던데요 사내와 계집이 서로 히히덕거리며 놀면."이라 했다. 그 풍속이 이와 같았다.

오나라의 공자 계찰이 정나라의 노래를 듣고 "아름답도다! 그 섬세함이 너무 심해 백성이 감당하지 못하겠구나. 이것이 선조를 망하게 했는가?"라고 했다.

무공(武公)의 23세 후손 때 한(韓)나라에 멸망당했다.

진(陳)나라는 지금의 회양(淮陽) 땅이다. 본디 태호(太昊 : 태호 복희씨)의 터전이다. 주나라 무왕은 순임금의 후예인 규만(嬀滿)을 이 나라에 봉해 호공이라 했으며, 그의 맏딸인 대희(大姬)를 부인으로 맞았다.

진나라에서는 부인을 높고 귀히 여기며, 제사 지내기를 좋아하고 사무(史巫)를 사용했기에 그 풍속에 무당과 귀신이 많았다.

진나라 시에 읊기를 "그 북을 둥둥 치며 완구(宛丘 : 언덕 이름) 아래서 놀고 있네. 겨울 여름 없이 저 백로 깃을 갖고 춤추네."라 했다. "동문에는 흰느릅나무, 완구에는 상수리나무. 자중씨의 딸이 덩실덩실 춤추네. 저 동문을 나가니 아가씨들이 구름처럼 모였네."라고도 했다. 그 풍속이 이와 같았다.

오나라의 공자 계찰이 진나라의 노래를 듣고 "나라에 군주가 없게 되리니 그 능히 오래할 수 있겠는가?"라고 평했다.

호공(胡公)에서 23세(世) 후에 초(楚)나라에 멸망당했다. 진나라가 비록 초나라에 속했지만 천문(天文)은 스스로 옛날과 같았다.

영천(潁川)과 남양(南陽)은 본디 하(夏)나라 우임금의 영토였다. 하나라 사람들은 윗사람에게 충성하되 촌스럽고 소박한 것이 그 폐단이다.

한(韓)나라는 무자(武子) 이후 7세에 이르러 제후라 칭하고, 그로부터 6세 후 왕이라 칭했다. 또 5세 뒤에 진(秦)나라에 멸망당했다. 진나라는 한나라를 멸망시킨 뒤 반역을 꾀하는 각국의 모든 이들을 남양(南陽)으로 옮겼다. 그러기에 그 풍속이 허풍스럽고 사치스러워 기력(氣力)을 높인다. 상업, 어업, 사냥을 좋아하며 매사를 숨기고 감추니 제어하기가 어렵다. 특히 완(宛)지역은 서쪽으로는 무관(武關)과 통하고, 동쪽으로는 강(江)과 회(淮)를 받아들여 하나의 도회지를 이룬 곳이다. 선제(宣帝)때 정홍(鄭弘)과 소신신(召信臣)이 남양 태수가 되어 다스린 기록이 본기(한서 본기)에 나와 있다. 소신신은 백성에게 농사와 양잠을 권해 말(末 : 상업, 어업, 사냥을 말함)을 버리고 본(本 : 농업)으로 돌아오게 했으니 군(郡)의 살림이 매우 부유해졌다.

영천(潁川)은 한(韓)나라의 수도였다. 선비로는 신자(申子 : 申不解)와 한비(韓非 : 韓非子)가 있어 앞서간 사람들이 남긴 공적을 심각하게 해쳤으며, 높은 선비와 벼슬아치들은 글과 법을 좋아했다. 백성도 탐욕스럽고 인색해 소송이 잦으니 생이별을 하고 재산을 잃는 일이 흔했다.

한연수(韓延壽)는 태수가 되자 먼저 공경과 사양으로써 말하고 행동했다. 후임인 황패(黃霸)가 이를 계승해 널리 교화시키니 혹여 옥살이를 하더라도 8년을 넘기는 중죄인이 없었다.

남양에서는 상업을 좋아했는데 소신신이 본업(농업)으로써 부를 일구었고, 영천에서는 소송을 하고 특이하게 나누는 것을 좋아했는데 한연수와 황패가 성실함과 관대함으로 백성을 가르쳤다. "군자의 덕(德)은 바람[風]이오, 소인의 덕은 풀[草]이다."라고 한 공자의 말을 이로써 믿게 된 것이다.

동정(東井)의 6도(度)에서 항성(亢星)의 6도까지를 일컬어 수성(壽星)의 차(次)라 하니 정(鄭)나라의 분야이다. 한(韓)나라도 이와 같다.

韓地 角亢氐[1]之分野也 韓分晉得南陽郡及潁川之父城定陵襄城潁陽潁陰長社陽翟郟 東接汝南 西接弘農得新安宜陽 皆韓分也 及詩風[2]陳鄭之國 與韓同星分焉

鄭國 今河南之新鄭 本高辛氏火正祝融之虛也 及成皋榮陽潁川之崇高陽城 皆鄭分也 本周宣王弟友爲周司徒 食采於宗周畿內 是爲鄭 鄭桓公問於史伯曰 王室多故 何所可以逃死 史伯曰 四方之國 非王母弟甥舅則夷狄 不可入也 其濟洛河潁之間乎 子男之國 虢[3]爲大 恃勢與險 崇侈貪冒[4] 君若寄帑與賄 周亂而敝 必將背君 君以成周之衆 奉辭伐罪 亡不克矣 公曰 南方不可乎 對曰 夫楚 重黎之後也 黎爲高辛氏火正 昭顯天地 以生柔嘉之材 姜嬴荊羋 實與諸姬代相干也 姜 伯夷之後也 嬴 伯益之後也 伯夷能禮於神以佐堯 伯益能儀百物以佐舜 其後皆不失祀 而未有興者 周衰將起 不可偪也 桓公從其言 乃東寄帑[5]與賄 虢會受之 後三年 幽王敗(威) 桓公死 其子武公與平王東遷 卒定虢會之地 右雒左(沛) 泲食溱洧焉 土陿而險 山居谷汲 男女亟聚會 故其俗淫 鄭詩曰 出其東門 有女如雲 又曰 溱與洧方灌灌[6]兮 士與女方秉菅兮 恂盱且樂 惟士與女 伊其相謔 此其風也 吳札聞鄭之歌曰 美哉 其細已甚 民弗堪也 是其先亡乎 自武公後二十三世 爲韓所滅

陳國 今淮陽之地 陳本太昊[7]之虛 周武王封舜後嬀滿於陳 是爲胡公 妻以元女大姬 婦人尊貴 好祭祀 用史巫 故其俗巫鬼 陳詩[8]曰 坎其擊鼓 宛丘之下 亡冬亡夏 値其鷺羽 又曰 東門之枌 宛丘之栩 子仲之子 婆娑其下 此其風也 吳札聞陳之歌曰 國亡主 其能久乎 自胡公後二十三世爲楚所滅 陳雖屬楚 於天文自若其故

潁川南陽本夏禹之國 夏人上忠 其敝鄙朴 韓自武子後七世稱侯 六世稱王 五世而爲秦所滅 秦旣滅韓 徙天下不軌之民[9]於南陽 故其俗夸奢上氣力 好商賈漁獵 藏匿難制御也 宛西通武關 東受江淮 一都之會也 宣帝時 鄭弘召信臣爲南陽太守 治皆見紀 信臣勸民農桑 去末歸本 郡以殷富 潁川韓都 士有申子韓非刻害餘烈 高(士)仕宦好文法 民以貪遴爭訟生分爲失 韓延壽爲太守 先之以敬讓 黃霸繼之 敎化大行 獄或八年亡重罪囚 南陽好商賈 召父[10]富以本業 潁川好爭訟分異 黃韓[11]化以篤厚 君子之德風也 小人之德草也 信矣

自東井六度至亢六度 謂之壽星之次 鄭之分野 與韓同分

1) 角亢氐(각항저) : 별자리 28수(宿) 가운데 각성(角星), 항성(亢星), 저성(氐星)을 말한다. 모두 동방의 별이다.
2) 詩風(시풍) : 『시경(詩經)』의 국풍(國風)을 가리킨다.
3) 虢會(괵회) : 각각 나라 이름이다. 회(會)는 회(鄶)와 같다.
4) 冒(모) : 무릅쓰다.
5) 帑(노) : 처자의 뜻.
6) 灌灌(관관) : 물이 풍성하게 흐르는 모양새.
7) 太昊(태호) : 태호 복희씨를 가리킨다.
8) 陳詩(진시) : 『시경(詩經)』의 진풍(陳風)을 뜻한다.
9) 不軌之民(불궤지민) : 모반을 꾀하는 백성이라는 뜻.
10) 召父(소보) : 소신신(召臣信)을 가리킨다.
11) 黃韓(황한) : 황패(黃霸)와 한연수(韓延壽)를 가리킨다.

6. 조(趙)나라 땅

조(趙)나라 땅은 묘(昴 : 西方의 별자리)와 필(畢 : 西方의 별자리)의 분야이다. 조(趙 : 조사)가 진(晉)나라를 나누어서 조나라를 얻었다. 북쪽에는 신도(新都), 진정(眞定), 상산(常山), 중산(中山)이 있다. 또 탁군(涿郡)의 고양(高陽), 정(鄭), 주향(州鄕)을 얻었다. 동쪽에는 광평(廣平), 거록(鉅鹿), 청하(淸河), 하간(河間)이 있다. 또 발해군(渤海郡)의 동평서(東平舒), 중읍(中邑), 문안(文安), 속주(束州), 성평(成平), 장무(章武)와 하(河)의 북쪽을 얻었다. 남으로는 부수(浮水), 번양(繁陽), 내황(內黃), 척구(斥丘)에 이른다. 서쪽에는 태원(太原), 정양(定襄), 운중(雲中), 오원(五原), 상당(上黨)이 있다. 상당은 원래 한(韓)나라 때는 별도의 군(郡)이었다. 한나라에서는 멀고 조나라에서는 가까워 뒤에는 결국 조나라에 항복해 모두 조나라로 분리되었다.

조숙(趙夙)의 9세손이 제후라 칭했고, 그의 4세손인 경후(敬侯)가 도읍을 한단(邯鄲)으로 옮겼다. 경후의 증손자인 무령왕(武靈王)부터 왕이라고 칭했지만 그 5세 후에 진(秦)나라에 멸망당했다.

조나라의 중산 지방은 땅이 척박한데도 인구는 많다. 사구 지방에 주왕(紂王)의 음란한 백성이 남아 있는 것과 비슷하다.

사내들은 서로 모여 유희를 즐긴다. 슬픈 노래를 부르며 울분을 터뜨리는데 한번 울분이 터지면 폭력을 휘둘러 위협하고 무덤을 파헤친다. 간사한 장난을 치고 장난감도 많아서 배우 노릇도 잘한다.

여자들은 거문고를 타고 사뿐 사뿐 걸으며, 부자와 귀인들에게 아양을 떨고 제후의 후궁이 되길 원한다.

한단(邯鄲)은 북으로 연(燕), 탁(涿) 지방과 통한다. 남쪽은 정(鄭)나라와 위(衛)나라의 땅이며, 장수(漳水)와 황하 사이에 있는 도회지이다. 그 땅은 넓고 풍속은 번잡하다. 주민은 대체로 솔직하되 성정은 급하고, 기세가 높지만 경박해 간사해지기 쉽다.

태원(太原)과 상당(上黨)에는 또 진(晉)나라 공족(公族)의 자손이 많아 속임수와 폭력을 행사해 서로 다툰다. 공명을 자랑

하고 원수 갚는 일을 지나치게 당연시하며, 결혼과 장례 때에는 사치가 심하다.

한(漢)나라가 일어난 뒤 다스리기 어렵다고 소문이 나 늘 엄하고 용맹한 장수를 임명해 혹은 죽이고 정벌함으로써 위엄을 세웠다. 부모 형제가 주살 당하니 자식들과 형제들이 원망하고 분노해 자사(刺史) 이천석의 죄를 들추어내 고발하는가 하면 그 친속(親屬)을 보복 살해하기도 했다.

종(鍾), 대(代), 석(石), 북(北) 지역은 오랑캐와 너무 가깝고 풍속이 사나운 기세를 좋아하고 간사해 농업과 상업을 하지 않으려 한다. 진(晋)나라 때부터 이미 그 표독하고 날랜 풍속을 걱정했지만 조나라를 세운 무령왕은 이를 더욱 장려했다. 까닭에 기주(冀州)지방에는 도적이 성해서 인근 주(州)의 골칫거리가 되었다.

정양(定襄), 운중(雲中), 오원(五原)은 본디 오랑캐인 융적(戎狄)의 땅으로 조(趙), 위(衛), 초(楚)나라 사람은 거의 없었다. 풍속이 촌스럽고 소박해 예(禮)와 문(文)을 잘 알지 못하고 활쏘기와 사냥을 즐겼다.

안문(雁門)지역도 풍속이 같은데 천문에서는 별도로 연나라에 소속시켰다.

趙地 昂畢之分壄 趙分晉得趙國 北有信都眞定常山中山 又得涿郡之高陽鄚州鄉 東有廣平鉅鹿清河河間 又得渤海郡之東平舒中邑文安束州成平章武 河以北也 南至浮水繁陽內黃斥丘 西有太原定襄雲中五原上黨 上黨本韓之別郡也 遠韓近趙 後卒降趙 皆趙分也

自趙夙後九世稱侯 四世敬侯徙都邯鄲 至曾孫武靈王稱王 五世爲秦所滅

趙中山地薄人衆 猶有沙丘紂淫亂餘民 丈夫相聚游戲 悲歌慷慨[1] 起則椎剽[2]掘冢 作姦巧 多弄物 爲倡優[3] 女子彈弦跕躧 游媚富貴 徧諸侯之後宮

邯鄲北通燕涿 南有鄭衛 漳河之間一都會也 其土廣俗雜 大率精

急 高氣勢 輕爲姦
　太原上黨又多晉公族子孫 以詐力相傾 矜夸功名 報仇過直⁴⁾ 嫁取
送死奢靡 漢興 號爲難治 常擇嚴猛之將 或任殺伐爲威 父兄被誅 子
弟怨憤 至告訐⁵⁾刺史二千石 或報殺其親屬
　鍾代石北 迫近胡寇 民俗懻忮⁶⁾ 好氣爲姦 不事農商 自全晉時 已
患其剽悍 而武靈王又益厲之 故冀州之部 盜賊常爲它州劇
　定襄雲中五原 本戎狄地 頗有趙齊衛楚之徙 其民鄙朴 少禮文 好
射獵 雁門亦同俗 於天文別屬燕

1) 慷慨(항개) : 의기가 북받쳐 한탄하고 분해하다.
2) 椎剽(추표) : 폭력을 써 위협하다.
3) 倡優(창우) : 광대. 배우.
4) 直(직) : 당(當)과 뜻이 같다.
5) 訐(알) : 얼굴을 마주하고 죄를 고하다.
6) 懻忮(기기) : 사납다. 포악하다.

7. 연(燕)나라 땅

　연나라 땅은 미(尾 : 별자리)와 기(箕 : 별자리)의 분야이다.
　주(周)나라 무왕(武王)이 은(殷)을 평정한 뒤 소공(召公 : 무왕의 동생인 奭)을 연(燕)나라에 봉했다. 그 36세 후에 다른 여섯 나라와 함께 왕이라 칭했다.
　동쪽에는 어양(漁陽), 우북평(右北平), 요서(遼西), 요동(遼東)이 있다. 서쪽에는 상곡(上谷), 대군(代郡), 안문(雁門)이 있다. 남쪽으로 탁군(涿郡)의 역수(易水), 용성(容城), 범양(范陽), 북신성(北新城), 고안(故安), 탁현(涿縣)의 양향(良鄕), 신창(新昌) 및 발해(渤海)의 안차(安次)가 모두 연나라 땅이다. 낙랑(樂浪)과 현토(玄菟) 역시 마땅히 연나라에 속한다.
　연나라가 왕을 칭한 지 10세 만에 진(秦)나라가 나머지 여섯 나라를 멸망시키고자 했다. 연나라의 태자 단(丹)은 용사 형가(荊軻)를 보내 진나라의 왕 정(政 : 훗날의 진시황)을 암살하려 했지만 형가가 뜻을 이루지 못하고 주살된 뒤 진나라는 군대를 보내 연나라를 멸망시켰다.
　연나라의 수도인 계(薊)는 남쪽으로 제(齊)나라, 조(趙)나라와 통하고 발해(渤海)와 갈석산(碣石山) 사이에 있는 도회지이다. 처음 태자 단은 용사들을 빈객으로 맞아 양성하면서 후궁의 미녀들을 사랑하지 않았다. 이에 백성이 감화해 이를 풍속으로 삼아 여태껏 그러하다.
　귀한 손님이 통과하면 부인에게 잠자리 시중을 들게 하고 결혼하는 날 저녁에는 남녀 구별이 없게 하는 일을 도리어 영광으로 안다. 뒤에 점차 중지되었으나 끝까지 고쳐지지 않았다.
　풍속은 어리석고 성급하며 생각이 모자라고 경박하며 또 위엄이 없다. 장점이 있다면 남의 급한 일을 과감히 도와주는 것인데 태자 단이 남긴 풍습이다.
　상곡에서 요동까지는 땅은 넓지만 주민이 적어 여러 차례에 걸쳐 오랑캐에게 피해를 입었다. 풍속은 조(趙), 대(代)와 서로 비슷하다. 물고기, 소금, 대추, 밤 등이 풍족하게 났다.
　북쪽으로 오환(烏丸)과 부여(夫餘)에 원한이 있고, 동쪽으로는 진번(眞番)과 이로운 것을 사고판다.
　현토군과 낙랑군은 한무제 때 설치되었는데 모두 조선(朝鮮), 예맥(濊貊), 구려(句驪) 등 오랑캐들의 땅이었다. 은나라에서 도가 쇠퇴하자 기자(箕子)가 조선으로 가서 그 백성을 예의로써 교화하고 농사, 양잠, 직물 짜기도 가르쳤다.
　낙랑조선(樂浪朝鮮)의 백성에게는 범해서는 안 되는 여덟 가지 금법(禁法)이 있었다. 살인은 죽음으로써 보상하고, 상해를 입히면 곡식으로 보상토록 했다. 도둑질한 남녀는 거두어 그 집의 노비가 되게 했다. 이에 <u>스스로 배상하고자 한 사람이 50만 명</u>이었다.
　비록 죄를 면해 일반 백성으로 남는다 해도 풍속이 이를 부끄럽게 여겨서 이들과 결혼하려는 사람이 없었다. 이로써 백성이 마침내 도둑질을 하지 않았고 대문을 닫는 일이 없었다. 부인들은 정숙해 음란한 짓을 피했다.

　농사 짓는 백성은 음식을 먹을 때 대그릇과 나무그릇을 썼다. 도읍에서는 관리와 상인들이 오면 가끔 술잔으로 먹기도 했다.

　군(郡)의 초기에는 관리가 요동군에서 왔는데, 관리가 백성을 보아도 감추거나 숨기는 일이 없었다. 하지만 상인들이 왕래한 뒤로는 밤에 도둑이 드는 등 풍속이 점차 각박해졌다. 지금은 금법이 점점 많아져 육십 가지가 넘는다.

　가히 귀하게 여길 것은 어질고 현명한 교화이다. 연이나 동이(東夷)는 천성이 유순해 나머지 삼방(三方 : 서쪽, 북쪽, 남쪽)의 밖(중국 이외의 지역)과 다르다. 그런 이유로 공자는 도가 행해지지 않음을 한탄하며 배를 띄워 바다로 나가 구이(九夷)와 살고 싶어한 것이다.

　낙랑의 바다 가운데에는 왜인(倭人)이 있는데, 100여 개 나라로 나뉘어 있고 정기적으로 공물을 바치고 알현했다.

　위성(危星)의 4도(度)에서 두성(斗星)의 6도까지를 일컬어 석목(析木)의 차(次)라 하니 연(燕)나라의 분야이다.

　　燕地 尾箕[1]分壄也 武王定殷 封召公[2]於燕 其後三十六世與六國俱稱王 東有漁陽右北平遼西遼東 西有上谷代郡雁門 南得涿郡之易容城范陽北新城故安涿縣良鄉新昌 及勃海之安次 皆燕分也 樂浪玄菟亦宜屬焉

　　燕稱王十世 秦欲滅六國 燕王太子丹遣勇士荊軻西刺秦王 不成而誅 秦遂擧兵滅燕

　　薊[3] 南通齊趙勃碣之間一都會也 初太子丹賓養勇士 不愛後宮美女 民化以爲俗 至今猶然 賓客相過 以婦侍宿 嫁取之夕 男女無別 反以爲榮 後稍頗止 然終未改 其俗愚悍少慮 輕薄無威 亦有所長 敢於急人[4] 燕丹遺風也

　　上谷至遼東 地廣民希 數被胡寇 俗與趙代相類 有魚鹽棗栗之饒 北隙烏丸夫餘[5] 東賈眞番之利

　　玄菟樂浪 武帝時置 皆朝鮮濊貉句驪蠻夷 殷道衰 箕子去之朝鮮[6]

教其民以禮義 田蠶織作 樂浪朝鮮民犯禁八條 相殺以當時償殺 相傷以穀償 相盜者男沒入爲其家奴 女子爲婢 欲自贖者 人五十萬 雖免爲民 俗猶羞之 嫁取無所讎[7] 是以其民終不相盜 無門戶之閉 婦人貞信不淫辟 其田民飮食以籩豆[8] 都邑頗放效吏及內郡賈人 往往以杯器食 郡初取吏於遼東 吏見民無閉臧 及賈人往者 夜則爲盜 俗稍益薄 今於犯禁寖多 至六十餘條 可貴哉 仁賢之化也 然東夷天性柔順 異於三方之外 故孔子悼道不行 設浮於海 欲居九夷 有以也夫 樂浪海中有倭人[9] 分爲百餘國 以歲時來獻見云

自危四度至斗六度 謂之析木之次 燕之分也

1) 尾箕(미기) : 동방의 별. 28수 중 미성(尾星)과 기성(箕星)이다.
2) 召公(소공) : 무왕(武王)의 동생인 소공석(召公奭)을 가리킨다.
3) 薊(계) : 연(燕)나라의 수도.
4) 急人(급인) : 남의 급한 사정.
5) 隙烏丸夫餘(극오환부여) : 극(隙)은 원한이 있는 것. 오환(烏丸)은 동호(東胡)족의 하나. 부여(夫餘)는 한민족이 세운 고대국가.
6) 箕子去之朝鮮(기자거지조선) : 안사고(顏師古)는 "『사기(史記)』에 '무왕이 주(紂)를 토벌하고 기자를 조선에 봉했다.'라고 해 이 기록과 같지 않다."고 했다.
7) 讎(수) : 필(匹)과 뜻이 같다.
8) 籩豆(변두) : 대나무로 만든 그릇과 나무로 만든 그릇.
9) 倭人(왜인) : 여순(如淳)은 "얼굴이 묵형(墨刑)을 한 것과 같으며, 대방(帶方)의 동남쪽 만리에 있다."고 했다. 사서 위략(魏略)에도 "왜(倭)는 대방의 동남쪽 큰 바다 가운데 있어 산과 섬을 의지해 나라를 세웠다. 바다 천리를 지나서 다시 나라가 있는데 모두가 왜의 종류이다."라고 했다.

8. 제(齊)나라 땅

제나라 땅은 허(虛 : 별자리)와 위(危 : 별자리)의 분야이다.
동쪽에는 치천(菑川), 동래(東萊), 낭야(琅邪), 고밀(高密), 교동(膠東)이 있다. 남쪽에는 태산(泰山), 성양(城陽)이 있다.

북쪽에는 천승(千乘), 청하(淸河) 이남과 발해(渤海)의 고락(高樂), 고성(高城), 중합(重合), 양신(陽信)이 있다. 서쪽에는 제남(濟南), 평원(平原)이 있는데 모두 제나라 땅이다.

소호씨가 다스릴 때 상구씨(爽鳩氏)가 있었다. 우(虞)와 하(夏)나라 때는 계즉(季則)이 있었다. 탕(湯)임금 때는 봉공(逢公) 백릉(柏陵)이 있었다. 은(殷)나라 말기에는 박고씨(薄姑氏)가 있었다. 이들은 모두 제후가 되어 이 땅에 나라를 세웠다.

주나라 성왕(成王) 때에 이르러 박고씨와 네 나라가 함께 난을 일으켰다. 이에 성왕이 이들을 멸망시킨 뒤 스승을 상보(尙父)로 봉했는데 그가 태공(太公)이다. 『시경』의 제나라 풍(風)이 이것이다.

임치(臨菑)는 영구(營丘)라 이름 불렀다. 때문에 제나라 시에서 읊기를 "그대가 날쌔었네. 나를 만난 곳은 노산의 골짜기라네." 라 했고, 또 "나를 문간에서 맞이했네."라고 했다. 이 또한 그 느릿한 시의 체(體)이다.

오나라의 공자 계찰이 제나라의 노래를 듣고 평하기를 "넓고도 넓구나, 그 큰 풍도(風度)여! 이것이 태공의 덕인가? 나라의 크기를 헤아릴 수가 없구나."라고 했다.

옛날에는 땅은 나누어도 백성은 나누지 않았다. 태공이 제나라 땅으로 바다의 간척지를 등졌다. 오곡이 적게 나고 백성도 많지 않았지만 여자들의 공업(베 짜고 길쌈하는 일)을 장려하고 물고기, 소금의 유통에서 이익을 얻게 하니 사람들이 몰려들었다.

태공의 14세손인 환공(桓公)이 관중(管仲)을 등용해 각종 정책을 경중을 가려 적절히 시행했으므로 부국(富國)이 되었다. 제후들을 규합해 패자로서 천자를 모시는 데 공을 이루었으나 자신은 제후의 신하이면서도 세 성씨(姓氏)에서 각각 부인을 취했다.

그런 까닭에 그 풍속이 더욱 사치스러워 빙환(冰紈), 기수(綺繡), 순려(純麗) 등의 화려한 비단을 짤 정도였다. 일컬어 관, 띠, 옷, 신발의 천하라고 했다.

처음 태공이 제나라를 다스릴 때 도술(道術)을 닦고 어진 이와 지혜로운 이를 존중하며, 공이 있는 이에게 상을 주었다. 그래서 지금껏 그 땅에서는 모두가 경술(經術)을 좋아하고 공명을 자랑하며, 느긋하지만 활달하고 족히 지혜로운 이가 많다.

단점은 지나치게 사치하는 데다 붕당을 이루고, 말과 행동이 서로 다르며, 헛되고 거짓되어 정을 얻지 못한다. 사정이 다급해지면 뿔뿔이 흩어지고 사태가 여유로우면 방종에 빠진다.

처음 환공의 형 양공(襄公)이 음란해 고모 자매를 시집 보내지 않았다. 이어 나라 안에 민가의 맏딸들을 결혼하지 못하게 했으니, 이를 무아(巫兒)라 이름 부르고 집안 제사를 주관하게 했다. 시집 간 여자는 친정에 이롭지 못하다고 여긴 것이 여태껏 백성의 풍속이 되었다. 통재라, 백성의 길을 이끄는 데 어찌 삼가지 않으리오!

옛날 태공을 처음 봉하면서 주공(周公)이 "제나라를 어찌 다스릴 텐가?"라고 물었다. 태공이 "어진 이를 천거하고 공로를 높이겠습니다."라고 대답했다. 주공이 말했다. "후세에 제후의 자리를 빼앗고 죽이는 신하가 반드시 있을 것이다."라고 했다.

그 뒤 29세에 이르러 신하인 전화(田和)에게 망했고, 전화는 스스로 제후(齊侯)가 되었다. 처음, 전화의 선조인 진(陳)나라 공자 완(完)은 죄를 짓고 제나라로 도망해 왔다. 환공(桓公)이 대부(大夫)로 삼고 전씨(田氏)로 성을 바꿔 주었다. 그의 9세손인 전화가 제나라의 제후 자리를 찬탈했으며, 전화의 손자인 위왕(威王) 때 왕이라 칭했다. 5세 후에 진(秦)에 멸망당했다.

임치(臨淄)는 해(海)와 대(岱) 사이에 있는 도회지이다. 그 곳에는 사(士), 농(農), 상(商), 공(工), 고(賈)의 5민(五民)이 함께 살았다고 한다.

齊地 虛危[1]之分壄也 東有甾川東萊琅邪高密膠東 南有泰山城陽 北有千乘淸河以南勃海之高樂高城重合陽信 西有濟南平原 皆齊分也
少昊[2]之世有爽鳩氏 虞夏時有季萴[3] 湯時有逢公柏陵[4] 殷末有薄姑氏[5] 皆爲諸侯 國此地 至周成王時 薄姑氏與四國共作亂 成王滅

之 以封師尙父[6] 是爲太公 詩風齊國是也 臨甾名營丘 故齊詩[7]曰 子
之營兮 遭我虖嶩之間兮 又曰 竢我於著乎而 此亦其舒緩之體也 吳
札聞齊之歌曰 泱泱[8]乎 大風也哉 其太公乎 國未可量也

古有分土 亡分民 太公以齊地負海舄鹵[9] 少五穀而人民寡 乃勸以
女工之業[10] 通魚鹽之利 而人物輻湊 後十四世 桓公用管仲[11] 設輕
重以富國 合諸侯成伯功[12] 身在陪臣[13]而取三歸[14] 故其俗彌侈 織作
冰紈綺繡純麗[15]之物 號爲冠帶衣履天下

初太公治齊 修道術 尊賢智 賞有功 故至今其土多好經術 矜功名
舒緩闊達而足智 其失夸奢朋黨 言與行繆 虛詐不情 急之則離散 緩
之則放縱 始桓公兄襄公淫亂 姑姊妹不嫁 於是令國中民家長女不
得嫁 名曰 巫兒 爲家主祠 嫁者不利其家 民至今以爲俗 痛乎 道民
之道 可不愼哉

昔太公始封 周公問 何以治齊 太公曰 擧賢而上功 周公曰 後世必
有簒殺之臣 其後二十九世爲彊臣田和所滅 而和自立爲齊侯 初 和
之先陳公子完[16]有罪來奔齊 齊桓公以爲大夫 更稱田氏 九世至和而
簒齊 至孫威王稱王 五世爲秦所滅

臨甾 海岱之間一都會也 其中具五民云

1) 虛危(허위) : 28수에서 북방에 속하는 별로 허성(虛星)과 위성(危星)이다.
2) 少昊(소호) : 태고시대의 제왕. 황제(黃帝)의 아들. 금천씨(金天氏)라고도 한다.
3) 季則(계즉) : 자세한 기록이 없다.
4) 逢公 柏陵(봉공 백릉) : 자세한 기록이 없다.
5) 薄姑(박고) : 자세한 기록이 없다.
6) 師尙父(사상보) : 강태공(姜太公). 곧 제(齊)나라의 처음 봉해진 제후.
7) 齊詩(제시) : 『시경(詩經)』의 제풍(齊風)을 뜻한다.
8) 泱泱(앙앙) : 넓고 큰 모양.
9) 舄鹵(석로) : 간척지. 곧 소금기가 많은 땅.
10) 女工之業(여공지업) : 여자가 하는 공업. 곧 베를 짜고 길쌈하는 일.
11) 管仲(관중) : 관이오(管夷吾). 환공을 도와 패자가 되도록 한 현신. 포숙과 의 우정에서 비롯된 '관포지교' 등 숱한 일화를 남겼다. 저서로 『관자』가 전

한다.
12) 伯公(패공) : 패자(覇者)의 공로.
13) 陪臣(배신) : 천자의 신하인 제후를 가리키는 말이다.
14) 三歸(삼귀) : 세 번 장가를 들다. 곧 세 여자에게 장가를 든 것.
15) 冰紈綺繡純麗(빙환기수순려) : 빙환(冰紈)은 세밀하게 짠 비단, 기수(綺繡)는 수놓은 비단, 순려(純麗)는 온순미려(溫純美麗)한 물건이라는 뜻.
16) 陳公子 完(진공자 완) : 진나라 여공(厲公)의 아들.『좌전』의 노장공 12년조에 자세한 기록이 있다.

9. 노(魯)나라 땅

노나라 땅은 규(奎 : 별자리)와 누(婁 : 별자리)의 분야이다.
동쪽으로는 동해(東海)에 이른다. 남쪽에는 사수(泗水)가 있으며, 회수(淮水)에 이른다. 임회(臨淮)의 하상(下相), 수릉(睢陵), 당(僮), 취려(取慮)를 얻었으니 모두 노나라 땅이다.
주(周)나라가 일어나 소호씨(少昊氏)의 옛터인 곡부(曲阜)에 주공(周公)의 아들 백금(伯禽)을 봉하니 그가 노나라 제후가 되었다. 이로써 주공을 시조로 모셔 제사를 지냈다.
그 백성은 성인(聖人)의 교화를 받았다. 그러하기에 공자가 "제나라가 한 번 변하면 노나라에 이를 것이요, 노나라가 한 번 변하면 도에 이를 것."(『논어』 옹야편)이라고 한 말이 바른 데 가깝다.
수수(洙水)와 사수(泗水)에 가까이 있는데 백성이 법도에 따라 물을 건너니, 어린이도 노인을 부축하고 그 짐을 대신 진다. 풍속이 이미 더욱 각박해졌으나 장년(長年)과 노인이 어린이, 젊은 이에게 스스로 편안하지 않으면 서로 양보한다. 그러므로 "노나라의 도는 쇠퇴했으니 수수와 사수 사이의 땅은 말다툼하는 것과 같다."라고 했다.
공자가 왕도(王道)가 장차 사라질 것을 고민해, 마침내 육경(六經)을 닦고 당우(唐虞)와 3대(代)의 도를 기술하니 제자가 이를 배워 통한 이가 77명이다. 이로써 그 백성이 학문을 좋아하고 예의를 숭상하며 염치를 중히 여겼다.

주공이 처음 봉해질 때 태공이 물었다. "노나라를 어떻게 다스리렵니까?"

주공이 대답했다. "존중할 분을 존중하고 친한 이를 친하게 대하겠습니다."

태공이 다시 말했다. "후세에 점점 쇠약해질 것입니다."

그러하기에 노나라는 문공(文公) 이후로 녹봉이 공실(公室)에서 떠났고 대부들이 정치를 전횡했다. 계씨(季氏)가 소공(昭公)을 쫓아낸 뒤로 점차 쇠퇴하고 미약해졌다.

34세손 때 초(楚)나라에 멸망당했다. 그러나 본디 큰 나라이므로 스스로 분야가 되었다.

지금은 성인이 떠난 지 오래 되었고, 주공의 교화도 빛을 잃었으며 공자의 상서(庠序 : 학교)마저 쇠퇴해 무너졌다.

땅은 좁은데 인구는 많다. 다만 양잠과 베짜기는 하지만 산림, 못의 풍요로움은 없다. 풍속은 검소하고 인색하면서도 재물을 사랑한다. 장사치가 되기를 바라며, 남을 헐뜯기를 좋아하고, 교묘한 속임수를 잘 쓴다.

상(喪)과 제사의 예에는 글과 지식을 갖추었으되 실제로는 잘 안 한다. 그렇지만 학문을 좋아하는 것은 다른 풍속보다 오히려 낫다.

한(漢)나라가 일어난 뒤로 노나라의 동해(東海)쪽에서 경상(卿相 : 정승)이 많이 났다. 동평(東平), 수창(須昌), 수량(壽良)이 모두 제동(濟東) 지방에 있으니 노나라의 소속이고 송(宋)나라는 아니다. 마땅히 참고할 일이다.

魯地 奎婁[1]之分壄也 東至東海 南有泗水 至淮 得臨淮之下相睢陵僮取慮 皆魯分也

周興 以少昊之虛曲阜封周公子伯禽爲魯侯 以爲周公主 其民有聖人之敎化 故孔子曰[2] 齊一變至於魯 魯一變至於道 言近正也 瀕洙

泗之水 其民涉度 幼者扶老而代其任 俗旣益薄 長老不自安 與幼少
相讓 故曰 魯道衰 洙泗之間齗齗如也³⁾ 孔子閔王道將廢 乃修六經
以述唐虞三代之道 弟子受業而通者七十有七人 是以其民好學 上
禮義 重廉恥 周公始封 太公問 何以治魯 周公曰 尊尊而親親 太公
曰 後世寖弱矣 故魯自文公以後 祿去公室 政在大夫 季氏⁴⁾逐昭公
陵夷微弱 三十四世而爲楚所滅 然本大國 故自爲分壄

　今去聖久遠 周公遺化銷微 孔氏庠序衰壞 地陿民衆 頗有桑麻之
業⁵⁾ 亡林澤之饒 俗儉嗇愛財 趨商賈 好訾毀 多巧僞 喪祭之禮文備
實寡 然其好學猶愈於它俗

　漢興以來 魯東海多至卿相⁶⁾ 東平須昌壽良 皆在濟東 屬魯 非宋
地也 當考

1) 奎婁(규루) : 서방(西方)의 별이며, 28수의 규성(奎星)과 누성(婁星)이다.
2) 孔子曰(공자왈) : 『논어』 옹야(雍也)편에 있는 문장이다.
3) 齗齗如也(은은여야) : 말다툼하는 모양. 『논어』에 나와 있다.
4) 季氏(계씨) : 계환자(季桓子), 계손씨(季孫氏).
5) 桑麻之業(상마지업) : 양잠과 방적의 일.
6) 卿相(경상) : 경(卿)과 상(相)은 정승들을 뜻한다.

10. 송(宋)나라 땅

　송(宋)나라 땅은 방(房 : 별자리)과 심(心 : 별자리)의 분야다.

　지금의 패(沛), 양(梁), 초(楚), 산양(山陽), 제음(濟陰), 동평
(東平)과 동군(東郡)의 수창(須昌), 수장(壽張)이 모두 송나라
땅이다.

　주(周)나라에서 미자(微子 : 은나라 紂왕의 서형)를 송나라에
봉한 지역은 지금의 수양(睢陽)이다. 원래는 도당씨(陶唐氏 : 순
임금)가 불[火]로 알백(閼伯)을 바르게 한 터이다. 제음과 정도
(定陶)이며, 시(詩)는 조(曹)나라 풍이다.

　무왕(武王)이 동생인 숙진탁(叔振鐸)을 조나라에 봉했는데
그 뒤로 점차 세력이 커져 산양(山陽)과 진류(陳留) 땅을 얻었

다. 20여 세가 지나 조나라는 송나라에 멸망당했다.

옛날 요임금이 일어나 성양(成陽)에서 노닐었고, 순임금은 뇌택(靁澤)에서 물고기를 잡았으며, 탕(湯)임금은 박(亳)땅에 머물렀다. 그런 까닭에 백성에게 오히려 그 선왕들이 남긴 풍속이 있어 중후하고 군자가 많다. 농사 짓기를 좋아하면서 의식(衣食)은 검소해 재물을 쌓기에 이르렀다.

송나라는 미자(微子)로부터 20여 세가 지난 경공(景公)에 이르러 조(曹)를 멸망시키지만 그 5세 후에 제(齊), 초(楚), 위(魏)의 연합군에게 멸망당했다.

그 땅은 세 나라가 나누었다. 위나라는 양(梁)과 진류(陳留)를, 제나라는 제음(濟陰)과 동평(東平)을, 초나라는 패(沛) 땅을 얻었다. 까닭에 지금 초(楚) 땅의 팽성(彭城)은 본디 송나라 땅이니 『춘추』경문(經文)에서 "송나라 팽성을 포위했다."고 한 것이다.

송나라가 비록 망했으나 본디 큰 나라이므로 스스로 분야가 되는 것이다.

패초(沛楚) 백성의 허물은 성질이 급하고 제멋대로 한다는 것이다. 땅이 척박하고 백성은 가난해 산양(山陽) 주민들은 간악한 도둑이 되는 것을 좋아한다.

宋地 房心[1]之分墅也 今之沛梁楚山陽濟陰東平及東郡之須昌壽張 皆宋分也

周封微子[2]於宋 今之睢陽是也 本陶唐氏[3]火正閼伯[4]之虛也 濟陰定陶 詩風曹國也 武王封弟叔振鐸於曹 其後稍大 得山陽陳留 二十餘世爲宋所滅

昔堯作游成陽 舜漁靁澤 湯止于亳 故其民猶有先王遺風 重厚多君子 好稼穡 惡衣食 以致畜藏

宋自微子二十餘世 至景公滅曹 滅曹後五世亦爲齊楚魏所滅 參分其地 魏得其梁陳留 齊得其濟陰東平 楚得其沛 故今之楚彭城 本宋也 春秋經[5]曰 圍宋彭城 宋雖滅 本大國 故自爲分野

沛楚之失 急疾顓已 地薄民貧 而山陽好爲姦盜
1) 房心(방심) : 동방의 별이며, 28수의 방성(房星)과 심성(心星)이다.
2) 微子(미자) : 은(殷)나라 주(紂)임금의 서형(庶兄).
3) 陶唐氏(도당씨) : 순(舜)임금의 칭호
4) 閼伯(알백) : 자세한 기록이 없다.
5) 春秋經(춘추경) : 공자가 지은『춘추(春秋)』의 경문(經文).

11. 위(衛)나라 땅

위(衛)나라 땅은 영실(營室 : 별자리)과 동벽(東壁 : 별자리)의 분야이다.

지금의 동군(東郡), 위군(魏郡)의 여양(黎陽), 하내(河內)의 야왕(野王)과 조가(朝歌)가 모두 위나라 땅이다.

위나라는 본래 적(狄 : 오랑캐)에게 이미 멸망당했지만 문공(文公)을 초구(楚丘)로 옮겨 다시 봉했다. 30여 년 후 그 아들 성공(成公)이 제구(帝丘)로 이사했다. 그러하기에『춘추』경문(經文)에서 말하기를 "위나라를 제구로 옮겼다."고 했으니 지금의 복양(濮陽)이다. 원래는 전욱(顓頊)의 터이기에 제왕의 언덕[帝丘]이라 일렀다. 하후(夏后)의 시대에는 곤오씨(昆吾氏)가 거주했다.

성공에서 10여 세가 지나 한(韓)나라와 위(魏)나라가 침략해 주변의 읍(邑)들을 다 빼앗기고 단지 복양(濮陽)만 남았다. 훗날 진(秦)나라가 복양을 멸망시키고 동군(東郡)을 설치해 남은 이들을 야왕(野王)으로 옮겼다.

진시황(秦始皇)이 이미 천하를 아우르고 오히려 위의 제후인 위군(衛君)을 홀로 두었는데, 진시황의 아들이 그를 폐해 서인으로 삼았다. 무릇 40세대, 9백 년을 이어 최후에 끊어졌으니 이에 이에 위나라를 따로(홀로) 분야를 삼았다.

위나라 땅에는 상간(桑間)의 복수(濮水) 위에 막힘이 있어 남녀가 또한 자주 모여들어 성색(聲色)이 생긴다. 그러기에 속칭 정나라와 위나라의 음(音)이라고 한다.

　주나라 말기에 자로(子路)와 하육(夏育)이 있으니 백성이 그들을 사모했다. 때문에 그 풍속이 굳세고 씩씩해 기력을 높이 받는다.

　한(漢)나라가 일어나 2천 석을 받는 고위 관리가 남들처럼 죽이는 것으로 위엄을 삼았다. 선제(宣帝) 때 한연수(韓延壽)가 동군 태수가 되어 황제의 은혜를 이어받아 예의를 숭상하고, 간쟁(諫爭)을 존중했다. 지금까지 동군에서 관리를 좋은 사람이라고 부르는 것은 한연수의 가르침이다.

　그 허물은 다만 사치스러운 데다 결혼, 장례에 지나침이 있는 것이다. 야왕 지역에서는 의협심이 있는 것을 좋아하니 복수(濮水)의 풍속이다.

　衛地 營室東壁[1]之分壄也 今之東郡及魏郡黎陽 河內之野王朝歌 皆衛分也
　衛本國旣爲狄所滅[2] 文公徙封楚丘 三十餘年 子成公徙於帝丘 故春秋經曰 衛遷于帝丘 今之濮陽是也 本顓頊之虛 故謂之帝丘 夏后之世 昆吾氏居之 成公後十餘世 爲韓魏所侵 盡亡其旁邑 獨有濮陽 後秦滅濮陽 置東郡 徙之於野王 始皇旣幷天下 猶獨置衛君 二世時 乃廢爲庶人 凡四十世 九百年 最後絶 故獨爲分野
　衛地有桑間濮上之阻 男女亦亟[3]聚會 聲色生焉 故俗稱鄭衛之音 周末有子路[4]夏育[5] 民人慕之 故其俗剛武 上氣力 漢興 二千石治者 亦以殺戮爲威 宣帝時韓延壽爲東郡太守 承聖恩 崇禮義 尊諫爭 至今東郡號善爲吏 延壽之化也 其失頗奢靡 嫁取送死過度 而野王好氣任俠 有濮上風

1) 營室東壁(영실동벽) : 북방의 별로 28수의 실성(室星)과 벽성(壁星)이다.
2) 狄所滅(적소멸) : 오랑캐에게 멸망당하다. 곧 위(衛)나라가 적인(狄人)에게 멸망당하다. 곧 기사가 춘추민공(春秋閔公) 2년에 나와 있다.
3) 亟(기) : 자주의 뜻.
4) 子路(자로) : 공자의 제자인 중유(仲由). 본성이 용맹한 것을 좋아했다.

5) 夏育(하육) : 옛날의 장사로, 위(衛)나라 사람이다.

12. 초(楚)나라 땅

초(楚)나라 땅은 익(翼 : 별자리)과 진(軫 : 별자리)의 분야다.

지금의 남군(南郡), 강하(江夏), 영릉(零陵), 계양(桂陽), 무릉(武陵), 장사(長沙)와 한중(漢中), 여남군(汝南郡)이 모두 초나라 땅이다.

주나라 성왕(成王) 때 문왕과 무왕의 스승인 육웅(鬻熊)의 증손 웅역(熊繹)을 형만(荊蠻) 지방에 봉해 초나라 자작을 삼으니 단양(丹陽)에 거주했다.

10여 세가 지나 웅달(熊達)이 무왕(武王)이 된 뒤로 점차 땅을 넓혔다. 그 5세 후 엄왕(嚴王)에 이르러 제후들을 모두 거느리고 주(周) 왕실의 군대를 관찰한 뒤 강수(江水)와 한수(漢水) 사이의 땅을 집어삼키고 안으로는 진(陳)나라와 노(魯)나라를 멸망시켰다. 그 뒤 10여 세 손인 경양왕(頃襄王)이 동쪽인 진(陳)나라 옛터로 옮겼다.

초나라는 강수(江水), 한수(漢水)의 혜택을 입고 산림도 풍요롭다. 강남(江南 : 양자강 남쪽)은 땅이 넓어 농사를 많이 짓는다. 백성은 물고기와 쌀을 먹고 어업, 사냥, 벌목으로 생업을 삼는다. 과일과 조개 등 먹거리가 항상 풍족하다. 때문에 체격은 작고 약하며 성품은 게으르면서도 인생을 즐겨 저축하는 일이 없다. 먹거리가 넉넉한 데다 얼어죽거나 굶어죽을 걱정이 없으니 역시 천금(千金)의 부잣집이 없다. 무당과 귀신을 믿고 부정한 귀신에게 제사 지낸다.

한중(漢中)지방이 그 같은 풍속의 버팀목 노릇을 하는데 파(巴), 촉(蜀) 지방도 이와 같다. 여남군(汝南郡)은 이와 구별되어 백성이 모두 성질이 급하고 기세가 있다.

강릉(江陵)은 초(楚)나라의 옛 수도인 영도(郢都)로서, 서쪽은 무(巫)와 파(巴) 지방으로 통하고 동쪽은 운몽(雲夢)지방의 풍요로움이 있는 도회지이다.

　　楚地 翼軫¹⁾之分壄也 今之南郡江夏零陵桂陽武陵長沙及漢中汝南郡 盡楚分也
　　周成王時 封文武先師鬻熊²⁾之曾孫熊繹於荊蠻 爲楚子 居丹陽 後十餘世至熊達 是爲武王 浸以彊大 後五世至嚴王 總帥諸侯 觀兵周室 幷吞江漢之間 內滅陳魯之國 後十餘世 頃襄王東徙于陳
　　楚有江漢川澤山林之饒 江南地廣 或火耕水耨³⁾ 民食魚稻 以漁獵山伐⁴⁾爲業 果蓏蠃蛤 食物常足 故呰窳媮生⁵⁾ 而亡積聚 飮食還⁶⁾給 不憂凍餓 亦亡千金之家⁷⁾ 信巫鬼 重淫祀⁸⁾ 而漢中淫失枝柱⁹⁾ 與巴蜀同俗 汝南之別 皆急疾有氣勢 江陵 故郢都 西通巫巴 東有雲夢之饒 亦一都會也

1) 翼軫(익진) : 남방의 별이며, 28수의 익성(翼星)과 진성(軫星)이다.
2) 鬻熊(육웅) : 문왕(文王)의 스승이다.
3) 火耕水耨(화경수욕) : 화전(火田)을 일구거나 무논에서 김을 매다. 곧 농사를 짓는다는 뜻.
4) 山伐(산벌) : 산을 벌채해 대나무를 취하다.
5) 呰窳媮生(자유유생) : 짧고 약한데도 삶을 즐기다.
6) 還(환) : 급(及)과 뜻이 같다.
7) 千金之家(천금지가) : 일천금의 집. 곧 큰 부자를 뜻한다.
8) 淫祀(음사) : 부정한 귀신에게 제사를 지내다.
9) 枝柱(지주) : 버팀목.

13. 오(吳)나라 땅

오(吳)나라 땅은 두(斗 : 별자리)의 분야이다.

지금의 회계(會稽), 구강(九江), 단양(丹陽), 예장(豫章), 여강(廬江), 광릉(廣陵), 육안(六安), 임회군(臨淮郡)이 모두 오나라 땅이다.

은나라의 도가 이미 쇠하자 주나라의 대왕 단보(大王 亶父)가

기량(郂梁) 땅에서 일어나니 맏아들이 대백(大伯)이고, 둘째 아들이 중옹(仲雍), 작은 아들이 공계(公季)이다.

공계에게 성스러운 아들 창(昌)이 있어 대왕이 그에게 나라를 물려주고자 했다. 이에 대백과 중옹은 (왕위를) 사양하고 약초를 캐러 간다며 형만(荊蠻) 땅으로 달아났다. 이에 공계가 왕위를 이었고, 그 아들 창은 서백(西伯)이 되었다가 명에 따라 왕이 되었다.

때문에 공자가 이를 어여삐 여겨 『논어(論語)』대백편에서 말하길 "대백이여 그 덕이 지극하다 할 것이다. 세 차례나 천하를 사양했지만 백성은 그 덕을 칭송함이 없구나."라고 했다. 또 미자(微子)편에서 "우중(虞仲)과 이일(夷逸)은 은거하며 큰소리를 쳤으나 처신이 청렴했고, 권력에는 폐함이 있다."라고 했다.

대백이 처음 형만으로 달아난 뒤 그 땅이 주나라에 귀속되어 이를 구오(句吳)라 불렀다. 대백이 죽자 동생 중옹을 세웠다. 그 증손인 주장(周章) 때에 무왕이 은나라를 이기고 그를 제후로 봉했다. 또 주장의 동생 중(中)을 하북(河北)에 봉하니 이를 북오(北吳)라 했고, 후세에는 다시 우(虞)라고 불렀다. 북오는 12세 만에 진(晉)에 멸망당했다. 그 2세 후 형만 지방에 오(吳)의 자작인 수몽(壽夢)이 크게 성해 왕이라고 칭했다. 그의 막내 아들 계찰(季札)은 어진 재목이었다. 형들이 나라를 그에게 전하려 했으나 계찰은 사양하고 받아들이지 않았다.

수몽이 왕이라고 칭한 지 6세 이후에 합려(闔廬)가 오자서(伍子胥)를 중용하고, 손무(孫武:『손자병법』을 남긴 손자)를 장수로 삼으니 싸움마다 이기고 공격하면 얻었으니 제후들 사이에 패자로서 이름을 높였다. 그 아들 부차(夫差)가 오자서를 주살하고 재비(宰嚭)를 중용했다가 월왕(粵王) 구천(句踐)에게 멸망당했다.

오나라와 월나라 군주는 모두 용맹한 것을 좋아했다. 까닭에 그 백성은 지금껏 칼[劍]쓰기를 좋아하고 죽음을 가벼이 여겨 쉽게 발동한다.

월나라는 오나라를 아우른 지 6세 후에 초나라에 망했다. 뒷날 진(秦)나라가 또한 초나라를 공격하니 수춘(壽春) 땅으로 옮겼으나 그 아들 대에 진에 멸망당했다.

수춘(壽春)과 합비(合肥) 지방은 남북의 호수에서 가죽, 절인 어물, 목재를 받아들이는 도회지이다.

초기에 초나라의 어진 신하 굴원(屈原)이 참소를 당해 유배되어 왔다가, 이소(離騷)를 비롯한 여러 부(賦)를 지어 스스로 슬퍼하던 곳이다. 훗날 송옥(宋玉), 당륵(唐勒)의 무리가 굴원을 추모하고 그에 관한 글을 써 모두 이름을 남겼다.

한(漢)나라가 일어선 뒤 고조(高祖)가 형의 아들인 비(濞)를 오왕(吳王)으로 봉했다. 천하의 잘 노는 젊은이들을 불러 모았으니 매승(枚乘), 추양(鄒陽), 엄부자(嚴夫子)의 무리가 문제(文帝), 경제(景帝) 때에 흥했다. 회남왕(淮南王) 안(安) 또한 수춘(壽春)에 도읍하고 귀한 손님과 책들을 끌어 모았다.

옛 오나라 땅에서는 엄조(嚴助), 주매신(朱買臣) 등의 인물이 나와 한(漢) 조정에서 높이 현달했으며, 문사(文辭)도 함께 빛을 발했다. 그러하기에 대대로 초사(楚辭)를 전했다.

그 허물은 교묘하되 믿을 만한 게 적다는 것이다.

처음에 회남왕(淮南王)이 딸이 있는 민가를 특별히 여겨 유사(游士)에게 그들을 부인으로 삼도록 대우했다. 그래서 지금도 여자는 많고 남자가 적다.

오나라와 월나라, 초나라는 본디 붙어 있어 여러 차례 서로 병합했기 때문에 풍속이 대략 같다.

오나라는 동쪽으로 바다 소금과 장산(章山)의 구리, 3강(江) 5호(湖)의 혜택이 있어 역시 강동(江東)지역의 한 도회지가 되었다. 예장(豫章)에서 황금이 나오긴 하나 소소한 물량이어서 이를 바꿔 재물을 쌓기에는 부족하다. 강남(江南) 땅은 낮고 습해서 일찍 죽는 사내가 많다.

회계(會稽)의 바다 밖에는 동제인(東鯷人)이 사는데 20여 개 나라로 나뉘어 있다. 때마다 와서 헌상하고 알현했다고들 한다.

吳地 斗[1]分墅也 今之會稽九江丹陽豫章廬江廣陵六安臨淮郡 盡吳分也

殷道旣衰 周大王亶父[2]興郊梁之地 長子大伯 次曰仲雍 少曰公季[3] 公季有聖子昌 大王欲傳國焉 大伯仲雍辭行采藥 遂奔荊蠻 公季嗣位 至昌爲西伯 受命而王 故孔子美而稱曰 大伯 可謂至惪也已矣 三以天下讓 民無得而稱焉 謂 虞仲夷逸[4] 隱居放言 身中淸 廢中權 大伯初奔荊蠻 荊蠻歸之 號曰句吳 大伯卒 仲雍立 至曾孫周章 而武王克殷 因而封之 又封周章弟中於河北 是爲北吳 後世謂之虞 十二世爲晉所滅 後二世而荊蠻之吳子壽夢[5]盛大稱王 其少子則季札 有賢材 兄弟欲傳國 札讓而不受 自(大伯)壽夢稱王六世 闔廬擧伍子胥孫武[6]爲將 戰勝攻取 興伯名於諸侯 至子夫差 誅子胥 用宰嚭[7]爲粵王句踐所滅

吳粵之君皆好勇 故其民至今好用劍 輕死易發

粵旣幷吳 後六世爲楚所滅 後秦又擊楚 徙壽春 至子爲秦所滅

壽春合肥受南北湖皮革鮑木之輸 亦一都會也 始楚賢臣屈原[8]被讒放流 作離騷諸賦以自傷悼 後有宋玉唐勒之屬慕而述之 皆以顯名 漢興 高祖王兄子濞於吳 招致天下之娛游子弟 枚乘鄒陽嚴夫子之徒興於文景之際 而淮南王安亦都壽春 招賓客著書 而吳有嚴助朱賈臣 貴顯漢朝 文辭竝發 故世傳楚辭 其失巧而少信 初淮南王異國中民家有女者 以待游士而妻之 故至今多女而少男 本吳粵與楚接比[9] 數相幷兼 故民俗略同

吳東有海鹽章山之銅 三江五湖之利 亦江東之一都會也 豫章出黃金 然堇堇[10]物之所有 取之不足以更費[11] 江南卑溼 丈夫多夭

會稽海外有東鯷人 分爲二十餘國 以歲時來獻見云

1) 斗(두) : 28수의 하나. 북방에 속하는 별.
2) 大王亶父(대왕 단보) : 주(周) 문왕(文王)의 조부. 고공 단보(古公 亶父).
3) 大伯 次曰仲雍 少曰公季(대백 차왈중옹 소왈공계) : 대백은 태백(泰伯)과 같고 중옹(仲雍)은 우중(虞中)과 같고 공계(公季)는 왕계(王季)이다.
4) 虞仲夷逸(우중이일) : 우중(虞中)은 중옹(仲雍)을 가리킨다. 이일(夷逸)에 관해서는 자세한 기록이 없다.

5) 壽夢(수몽) : 오나라의 제후. 제번(祭樊)이 그의 (맏)아들이다.
6) 闔廬擧伍子胥孫武(합려거오자서손무) : 합려는 오자서와 손무를 등용하다. 곧 오자서와 손무를 등용해 구천(句踐)의 항복을 받았다. 오자서는 오원(伍員)의 아들. 손무는 병법가.
7) 宰嚭(재비) : 오나라 재상. 간신의 전형으로 꼽힌다.
8) 屈原(굴원) : 초(楚)나라의 삼려대부(三閭大夫). 『이소경(離騷經)』의 저자이다.
9) 比(비) : 근(近)과 뜻이 같다.
10) 菫菫(조조) : 소소한 것. 적은 것.
11) 更費(갱비) : 금으로 경비를 대신하다.

14. 월(粵:越)나라 땅

월(粵)나라 땅은 견우(牽牛: 북방의 별자리)와 무녀(婺女: 북방의 별자리)의 분야이다.

지금의 창오(蒼梧), 울림(鬱林), 합포(合浦), 교지(交阯), 구진(九眞), 남해(南海), 일남(日南)이 모두 월나라 땅이다.

그 군주는 우임금의 후예로 소강(少康)의 서자이며, 회계(會稽)에 봉해졌다고들 한다. 문신을 하고 머리를 짧게 해 교룡(蛟龍)을 피했다.

20세손인 구천(句踐)이 왕을 칭했고, 오왕(吳王) 합려(闔廬)와 싸워 취리(雋李)에서 패배 시켰다. 부차(夫差)가 왕이 되자 구천은 승세를 이어 다시 오나라 정벌에 나섰다. 그러나 오히려 크게 패배했다. 이에 회계산에 머물면서 신하로서 복종하고 화평을 청했다.

뒤에 범려(范蠡)와 대부 종(種)의 계책을 받아들여 마침내 오나라를 정벌해 멸망시키고, 그 땅을 합병했다.

회수(淮水)를 건너 제(齊), 진(晉)의 제후와 회동하고 주나라에 공물을 바쳤다. 주나라 원왕(元王)이 사신을 보내 그를 패자로 임명하니 제후들이 모두 축하했다.

5세 후에 초나라에 망해 자손은 흩어지고 군주는 초나라에 복종했다. 그 10세손인 민군요(閩君搖)가 제후들을 도와 진(秦)을 평정했다.

한(漢)나라가 일어나 민군요를 다시 월왕(越王)으로 세웠다. 이때 진(秦)의 남해위(南海尉)인 조타(趙佗) 또한 스스로 왕으로 칭하고 나라를 무제(武帝) 때까지 전했으나 끝내 멸망해 군(郡)이 되었다.

바다에 가까이 있어 물소, 코끼리, 독모(毒冒), 주기(珠璣), 은, 구리, 과일, 베가 많이 모였다. 중국과 거래하는 상인이 많아 부를 취했다. 번우(番禺)가 그 같은 도회지 가운데 하나이다.

합포(合浦)에서 서문(徐聞)의 남쪽으로 바다에 들어가면 대주(大州)가 있는데 동서남북이 각각 1천 리이다. 무제 원봉(元封) 원년에 대략 담이(儋耳)와 주애군(珠厓郡)으로 삼았다.

백성은 모두 홑옷 같은 베옷을 입는데 가운데를 뚫어 머리를 내놓는다. 남자는 농사를 짓는데 벼와 모시, 삼을 심고 여자는 누에를 치고 길쌈을 한다.

말과 호랑이는 없으며 백성은 다섯 종류의 가축을 기른다. 산에는 사슴과 고라니가 많다.

병기로는 창, 방패, 칼[刀], 나무 활, 대나무 화살이 있으며 때론 뼈로 활촉을 만든다

처음부터 군현(郡縣)이 되었지만 관리, 병졸은 중국인이 숱하게 침략했기에 중국인을 능멸했다. 그래서 몇 년에 한 번씩 반란을 일으키므로 원제(元帝) 때 드디어 군현을 파기했다.

일남(日南)에서부터 육로가 막혀 서문(徐聞), 합포(合浦)에서 뱃길로 5달쯤 가면 도원국(都元國)이 있다. 거기서 또 배로 4달쯤 가면 읍로몰국(邑盧沒國)이 있다. 또다시 배로 20여 일 가면 심리국(諶離國)이 나온다. 이곳에서부터 걸어서 10여 일 가면 부감도로국(夫甘都盧國)이 있다. 또 이곳에서부터 배로 2달 남짓 가면 황지국(黃支國)이 나온다. 이 나라들은 풍속이 대략 주애(珠厓)와 비슷하다.

그 주(州)는 땅이 광대하고 인구가 많으며, 특이한 물건이 많다. 무제 이래 모두 공물을 헌상하고 알현한다. 통역하는 장(長)이 있어 황문(黃門)에 속하는데, 응모자들과 함께 해시(海市)에 들어오면 명주(明珠), 벽유리(壁流離), 기이한 돌, 특이한 물건을 팔고 황금과 비단을 가지고 간다.

이르는 나라마다 모두 넉넉하게 먹고 짝을 찾는다. 이 남쪽 오랑캐들은 배를 사서 이동한다. 또 교역에 이득이 있으면 겁박하고 사람을 죽이기도 한다. 모진 풍파를 만나면 익사하거나 몇 년 동안 귀환하지 못하는 사람도 생긴다.

큰 구슬도 둘레가 2촌(寸)에 못 미친다.

평제(平帝)의 원시(元始 : 평제의 연호) 때 왕망(王莽)이 정사를 보조하면서 위덕(威德)을 빛내고자 황지국 왕에게 후하게 보냈다. 그랬더니 사절을 보내 살아 있는 물소를 헌상했다.

황지국에서 뱃길로 8달쯤 가면 피종(皮宗)에 다다른다. 그곳에서 배로 2달쯤 가면 일남(日南)과 상림계(象林界)에 이른다고들 한다. 황지국의 남쪽에는 이정불국(已程不國)이 있는데 한(漢)의 통역사신이 이곳에서 돌아왔다.

粤地 牽牛婺女[1]之分壄也 今之蒼梧鬱林合浦交阯 九眞南海日南 皆粤分也

其君禹後 帝少康之庶子云 封於會稽 文身斷髮 以避蛟龍之害 後二十世 至句踐[2]稱王 與吳王闔廬戰 敗之雋李[3] 夫差立 句踐乘勝復伐吳 吳大破之 棲會稽 臣服請平 後用范蠡大夫種[4]計 遂伐滅吳 兼幷其地 度淮與齊晉諸侯會 致貢於周 周元王使使賜命爲伯[5] 諸侯畢賀 後五世爲楚所滅 子孫分散 君服於楚 後十世 至閩君搖 佐諸侯平秦 漢興 復立搖爲越王 是時 秦南海尉趙佗亦自王 傳國至武帝時 盡滅以爲郡云

處近海 多犀象毒冒[6]珠璣銀銅果布之湊 中國往商賈者多取富焉 番禺 其一都會也

自合浦徐聞南入海 得大州 東西南北方千里 武帝元封元年略以爲

儋耳珠厓郡 民皆服布如單被 穿中央爲貫頭 男子耕農 種禾稻紵麻 女子桑蠶織績 亡馬與虎 民有五畜 山多塵麂 兵則矛盾刀 木弓弩 竹矢 或骨爲鏃 自初爲郡縣 吏卒中國人多侵陵之 故率數歲壹反 元帝時 遂罷棄之

　自日南障塞徐聞合浦船行可五月 有都元國 又船行可四月 有邑盧沒國 又船行可二十餘日 有諶離國 步行可十餘日 有夫甘都盧國 自夫甘都盧國船行可二月餘 有黃支國 民俗略與珠厓相類 其州廣大 戶口多 多異物 自武帝以來皆獻見 有譯長 屬黃門 與應募者俱入海市明珠璧流離奇石異物 齎黃金雜繒而往 所至國皆稟食爲耦 蠻夷賈船 轉送致之 亦利交易 剽殺人 又苦逢風波溺死 不者數年來還 大珠至圍二寸以下 平帝元始中 王莽輔政 欲燿威德 厚遺黃支王 令遣使獻生犀牛 自黃支船行可八月 到皮宗 船行可(八)二月 到日南象林界云 黃支之南 有已程不國 漢之譯使自此還矣

1) 牽牛婺女(견우무녀) : 28수의 별이름. 견우성(牽牛星)과 무녀성(婺女星)이며 북방의 별들이다.
2) 句踐(구천) : 월왕(越王) 구천을 말한다.
3) 雋李(취리) : 취리(醉李)이며 땅 이름이다.
4) 范蠡大夫種(범려대부종) : 월(越)나라의 대부들.
5) 伯(백) : 제후들의 우두머리를 가리킨다.
6) 毒冒(독모) : 대모(玳瑁 : 바다 거북의 하나).

한서구혁지(漢書溝洫志)

봇도랑

1. 우(禹)임금이 홍수를 다스리다

하서(夏書)에 의하면 우(禹)임금은 홍수(洪水)를 다스리는 13년 동안 집 앞을 지나갔지만 문 안으로는 들어가지 않았다.

육지로 갈 때에는 수레를 타고, 물길로 갈 때에는 배를 타고, 진흙 속을 걸을 때에는 썰매를 타고, 산을 탈 때에는 등산용 신발을 신고 9주(九州)를 나누었다. 산을 따라서 개울을 치고 토지를 경작해서 공물을 일으키며, 9도(九道)를 통하게 하고 9택(九澤)의 제방을 만들며, 9산(九山)을 헤아렸다.

그러나 하수(河水)로 인한 재해가 넘쳐나서 중국에 해를 끼치는 일이 더욱 심했다. 따라서 오직 물을 다스리는 일만을 임무로 삼았다. 그러므로 하수(河水)를 적석(積石)으로부터 용문(龍門)을 거쳐서 남쪽으로 화음(華陰)에 이르도록 했다. 동쪽으로는 지주(底柱)보다 아래로 흐르게 했으며, 맹진(盟津)과 낙내(雒內)에서 대비(大伾)에 이르도록 했다.

이에 우(禹)임금이 하수(河水)의 물길을 높게 만들어 물살을 빠르게 했다. 평지(平地)에서는 잘 흐르지 못해 자주 제방이 무너지자 이에 2개의 도랑으로 나누어 그 하수(河水)를 이끌었다. 이에 북쪽의 높은 땅으로 올려서 강수(洚水)를 지나 대륙(大陸)에 이르러 퍼져서 9개의 강이 되게 하고, 그 물들이 함께 영하(迎河)를 만들어 발해(勃海)에 들어가도록 했다.

9천(九川)이 이미 소통하게 되고 9택(九澤)에 제방을 쌓아서 모든 종족이 안정을 이루게 다스려지자 공로가 3대(三代)까지 베

풀어졌다.

　이로부터 이후로는 형양(滎陽) 아래에서 하수(河水)를 이끌어 동남쪽으로 홍구(鴻溝)로 삼았다. 송(宋), 정(鄭), 진(陳), 채(蔡), 조(曹), 위(衛)와 제수(濟水)와 여수(汝水)와 회수(淮水)와 사수(泗水)를 집합시켜서 통하게 했다.

　초(楚)의 서쪽에서는 한천(漢川)과 운몽(雲夢) 사이에서 도랑이 통하게 했다. 동쪽에서는 강회(江淮)의 사이를 흐르는 도랑을 통하게 했다. 오(吳)에서는 3강(三江)과 5호(五湖)를 도랑을 통해 흐르게 했다. 제(齊)에서는 치수(淄水)와 제수(濟水)의 사이를 통하게 했다. 촉(蜀)에서는 촉(蜀)의 이빙(李冰)을 지키고 이안(離崖)을 뚫어서 말수(沫水)의 피해를 피하고 두 강(江)을 성도(成都)의 가운데로 뚫었다.

　위의 도랑들은 모두 배가 다니도록 했으며, 수량이 풍부하면 물을 대는데 사용해 백성들이 그 혜택을 마음껏 누렸다. 다른 곳으로 이르게 되면 이따금씩 그 물을 밭에 물을 주는데 사용했으며, 통수로(通水路)는 매우 많았지만 풍족한 숫자는 아니었다.

　夏書 禹堙[1]洪水十三年 過家不入門 陸行載車 水行乘舟 泥行乘毳[2] 山行則梮[3] 以別九州 隨山浚川 任土作貢 通九道 陂九澤 度九山 然河災之衍溢 害中國也尤甚 唯是爲務 故道河自積石 歷龍門 南到華陰 東下底柱 及盟津 雒內 至于大伾 於是禹以爲河所從來者高 水湍悍[4] 難以行平地 數爲敗 乃釃二渠以引其河 北載之高地 過洚水 至於大陸 播爲九河 同爲迎河 入于勃海 九川旣疏 九澤旣陂 諸夏乂安 功施乎三代[5]

　自是之後 滎陽下引河東南爲鴻溝 以通宋鄭陳蔡曹衛與濟汝淮泗 會 於楚 西方則通渠漢川 雲夢之際 東方則通溝江淮之間 於吳 則通渠三江五湖 於齊 則通淄濟之間 於蜀 則蜀守李冰鑿離崖[6] 避沫水之害 穿二江成都中 此渠皆可行舟 有餘則用漑[7] 百姓饗其利 至於它 往往引其水 用漑田 溝渠甚多 然莫足數也

1) 夏書 禹堙(하서 우인) : 하서(夏書)는 『서경』의 하서(夏書)인데, 지금의 우

공(禹貢)을 뜻함. 우(禹)는 우임금을 가리키고, 인(垔)은 막다의 뜻이다.
2) 毳(취) : 취(橇)와 뜻이 같다. 썰매.
3) 梮(국) : 등산용 신발을 가리킨다.
4) 湍悍(단한) : 빠르게의 뜻을 가진다.
5) 三代(3대) : 하(夏), 은(殷), 주(周)의 세 왕조를 뜻한다.
6) 崔(퇴) : 퇴(堆)와 뜻이 같다. 언덕.
7) 漑(개) : 물을 대다.

2. 서문표(西門豹)가 업령(鄴令)이 되다

위(魏)나라의 문후(文侯) 때 서문표(西門豹)가 업(鄴)땅의 현령(縣令)이 되어 현을 잘 다스렸다는 명성이 있었다. 문후(文侯)의 증손인 양왕(襄王) 때에 이르러 군신들과 함께 술을 마시는데 왕이 군신들을 축하하는 자리에서 말하기를 "나의 신하들이 모두 서문표(西門豹)와 같은 신하들이 될지어다."라고 했다.

이때 사기(史起)가 앞으로 나아가 이르기를 "위씨(魏氏)들의 전답을 행함이 1백묘(百畝)로써 하는데 업(鄴)땅에서는 유독 2백묘(二百畝)로써 했으니 이는 전답이 나빴던 것입니다. 장수(漳水)가 그 곁에 있는데 서문표가 이용할 줄을 몰랐으니 이는 지혜롭지 못한 것이요, 알고도 활용하지 않았다면 이는 인(仁)하지 못한 것입니다. 인하고 지혜로운 것을 서문표가 다하지 못했으니 어찌 족히 본받을 만한 것입니까?"라고 했다.

이에 사기(史起)를 업(鄴)의 현령으로 삼았다. 그는 마침내 장수(漳水)를 끌어들여 업땅에 물을 대어 위(魏)나라의 하내(河內)를 부유하게 만들었다.

백성들이 이에 노래해 이르기를 "업(鄴)에는 어진 현령이 있음이여! 사공(史公)이라네. 장수를 터서 업땅의 곁에 물을 댔네. 옛날부터 소금밭이었는데 벼와 기장을 생산하네!"라고 했다.

그 뒤에 한(韓)나라에서는 진(秦)나라가 공사하는 것을 좋아한다는 말을 듣고 그만두고자 했으나 동쪽을 정벌한다는 명령이 없었다. 이에 수공(水工)인 정국(鄭國)을 시켜서 진(秦)나라를 달래는 것을 중지했다. 그리고 경수(涇水)를 파서 중산(中山)으로부터 서쪽으로 호구(瓠口)에 이르도록 도랑을 만들었다. 또 북산(北山)을 아울러서 동쪽으로 낙수(洛水)까지 3백여 리를 흘려보내 밭에 물을 대고자 했다. 작업이 중간쯤 진척되었을 때 이러한 사실이 진나라에 발각되어 진(秦)나라에서 정국(鄭國)을 죽이고자 했다.

정국(鄭國)이 말하기를 "처음에는 신이 막았지만 도랑이 완성되면 진(秦)나라에도 이롭습니다. 신(臣)이 한(韓)나라를 위해 여러 해의 명령을 연장시킨 것은 진(秦)나라를 위해서 만세의 공을 세우는 것입니다."라고 했다.

진(秦)나라에서 그 말이 옳다고 여기고 마침내 도랑이 흐를 수 있게 했다. 도랑이 만들어져 관개에 사용하고 막힌 물길들이 뚫려서 소금밭의 땅 4만여 경(四萬餘頃)에 물을 대어 모두 1묘(一畝)에서 1종(一鍾)의 수확을 올렸다. 이에 관중(關中)이 기름진 들로 변하고 흉년이 없었으며, 진(秦)나라가 부강해져 결국은 제후들을 병탄했는데 이를 가리켜 정국거(鄭國渠 : 정국도랑)라고 했다.

한(漢)나라가 일어난 지 39년 되던 해 효문제(孝文帝) 때에 하수(河水)를 산조(酸棗)로 트고 동쪽으로 금제(金堤)를 가로로 터 이에 동군(東郡)이 크게 일어나자 마침내 막아버렸다.

魏文侯時 西門豹爲鄴令[1] 有令名 至文侯曾孫襄王時 與群臣飮酒 王爲群臣祝曰 今吾臣皆如西門豹之爲人臣也 史起進曰 魏氏之行田也以百畝 鄴獨二百畝 是田惡也 漳水在其旁 西門豹不知用 是不智也 知而不興 是不仁也 仁智豹未之盡 何足法也 於是以史起[2]爲鄴令 遂引漳水漑鄴 以富魏之河內 民歌之曰 鄴有賢令兮爲史公 決漳水兮灌鄴旁 終古舄鹵兮生稻梁

其後韓聞秦之好興事 欲罷之 無令東伐 乃使水工鄭國間說秦 令鑿涇水 自中山西邸瓠口爲渠 並北山 東注洛 三百餘里 欲以漑田 中

作而覺 秦欲殺鄭國 鄭國曰 始臣爲間 然渠成亦秦之利也 臣爲韓延
數歲之命 而爲秦建萬世之功 秦以爲然 卒使就渠 渠成而用注塡閼³⁾
之水 漑舃鹵之地四萬餘頃 收皆畝一鍾⁴⁾ 於是關中爲沃野 無凶年
秦以富彊 卒幷諸侯 因名曰鄭國渠

漢興三十有九年 孝文時河決酸棗 東潰⁵⁾金隄 於是東郡大興卒塞之

1) 魏文侯時 西門豹爲鄴令(위문후시 서문표위업령) : 전국시대 위(魏)나라 문후(文侯) 때 서문표가 업땅의 현령이 되다의 뜻.
2) 史起(사기) : 자세한 기록이 없다.
3) 塡閼(전어) : 막혀 있던 곳을 뜻함.
4) 一鍾(일종) : 6곡(六斛) 4두(四斗)이다. 곧 64말.
5) 潰(괴) : 가로로 트다.

3. 대사농(大司農)이 된 정당시(鄭當時)

그 뒤 36년인 효무제(孝武帝)의 원광(元光) 연중에 하(河)를 호자(瓠子)로 트고 동쪽으로 거야(鉅野)로 쏟아지게 해 회수(淮水)와 사수(泗水)로 흐르게 했다.

무제(武帝)가 급암(汲黯)과 정당시(鄭當時)를 시켜 사람을 동원해 무조건 막게 했는데 갑자기 또다시 무너졌다. 이때 무안후(武安侯) 전분(田蚡)이 승상(丞相)이 되자 그의 읍(邑)을 바치고 유(鄃)를 식읍으로 삼았다.

유(鄃)는 하(河)의 북쪽에 있는데, 하(河)를 터 남쪽으로 흐르게 하면 유(鄃)에는 수재(水災)가 사라지고 읍에는 수입이 많아지게 된다.

전분(田蚡)이 무제에게 말하기를 "강수(江水)와 하수(河水)를 트는 일은 모두 하늘의 일로 사람이 힘을 써 강제로 막는 것이 쉽지 않으니 강제로 막는다면 반드시 하늘이 응하지 않을 것입니다."라고 했다. 하늘의 기를 바라보고 점을 치는 자 또한 그러하다고 해 이 때문에 오래도록 다시는 하(河)를 막지 않았다.

당시에 정당시(鄭當時)가 대사농(大司農)이 되어 말하기를

"지난날에 관동(關東)에서 곡식을 실어 나르는데 위수(渭水) 위를 따르면 6개월을 헤아려 임무가 끝났는데 위수(渭水)의 길이 9백여 리로 때마다 어려운 곳이 있었습니다. 위수를 끌어서 도랑을 파 장안(長安)까지 끌어들여 곁의 남산(南山) 아래까지 한다면 하수(河水)가 3백여 리에 이르게 되고, 지름길로 곡식을 실은 배가 쉽게 다니게 하면 가히 3개월을 헤아려 임무를 마칠 것입니다. 도랑 아래의 백성들의 전답 1만 경(頃)을 또한 가히 관개할 수가 있습니다. 이것이 뱃길을 덜어 끝마침을 살핀다면 관중(關中)의 땅은 더욱 비옥해져 곡식을 얻을 것입니다."라고 했다.

무제가 옳다고 여겨 제(齊)나라의 수공(水工)인 서백(徐伯)에게 표식을 하고 마침내 수만 명의 인원을 동원해 뱃길의 도랑을 3년 만에 뚫었다. 뱃길이 생기니 매우 편리했다. 그 후로는 배로 실어 나르는 것들이 점점 많아지고 도랑의 아래에 사는 백성들이 물을 매우 많이 댈 수 있게 되었다.

뒤에 하동태수(河東太守) 번계(番係)가 말하기를 "뱃길이 산동(山東)을 따라서 서쪽으로 하면 해마다 1백여만 석이 지주(底柱)의 어려운 곳을 거칠 것이니 패망함이 매우 많고 비용이 많이 들어 번거롭게 할 것입니다. 도랑을 뚫어서 분수(汾水)를 끌어 피씨(皮氏)에 물을 대고 분음(汾陰)의 아래는 하수(河水)를 끌어 분음과 포판(蒲坂)아래에 물을 댄다면 가히 5천(五千) 경(頃)을 얻을 것입니다. 그러므로 모두 하수(河水) 강가의 땅을 내버려두어도 백성들이 그 속에서 풀을 베고 가축을 기를 것이며, 지금 관개해 농사를 지으면 아마도 곡식 2백만 석(石) 이상을 얻을 것입니다. 이 곡식은 위수(渭水)를 따라서 관중(關中)과 함께 하는데 다름이 없을 것이며 지주(底柱)의 동쪽으로는 다시 뱃길을 만들지 않아도 됩니다."라고 했다.

무제가 그렇다고 여기고 마침내 수만 명의 사람들을 동원해 도랑과 밭을 만들었다. 여러 해 만에 하수(河水)를 옮겼으나 도랑이 이롭지 못했고 밭을 가는 사람은 심는 것에 대한 보답이 이루어지지 않았다. 오랫동안 하동(河東)의 도랑에 농사를 짓지 않게 되자 월(越)나라 사람들에게 주도록 했으며 소부(少府)에게 명령해 월나라 사람들이 점점 들어오도록 했다.

其後三十六歲 孝武元光[1]中 河決於瓠子 東南注鉅野 通於淮泗 上使汲黯鄭當時興人徒塞之 輒復壞 是時武安侯田蚡爲丞相 其奉邑食鄃[2] 鄃居河北 河決而南則鄃無水災 邑收入多 蚡言於上曰 江河之決皆天事 未易以人力彊塞 彊塞之未必應天 而望氣用數者亦以爲然 是以久不復塞也
時鄭當時[3]爲大司農 言異時關東漕粟[4]從渭上 度六月罷 而渭水道九百餘里 時有難處 引渭穿渠起長安 旁南山下 至河三百餘里 徑[5] 易漕 度可令三月罷 而渠下民田萬餘頃又可得以漑 此損漕省卒 而益肥關中之地 得穀 上以爲然 令齊人水工徐伯表 發卒數萬人穿漕渠 三歲而通 以漕 大便利 其後漕稍多 而渠下之民頗得以漑矣
後河東守番係[6] 言漕從山東西 歲百餘萬石 更底柱之艱 敗亡甚多 而煩費 穿渠引汾漑皮氏 汾陰下 引河漑汾陰 蒲坂下 度可得五千頃 故盡河堧棄地 民茭牧其中耳 今漑田之 度可得穀二百萬石以上 穀從渭上 與關中無異 而底柱之東可毋復漕 上以爲然 發卒數萬人作渠田 數歲 河移徙 渠不利 田者不能償種 久之 河東渠田廢 予越人[7] 令少府[8]以爲稍入

1) 孝武元光(효무원광) : 한(漢)나라 무제(武帝) 원광(元光)에의 뜻임. 원광은 연호이다.
2) 鄃(유) : 청하(淸河)현이라 했다.
3) 鄭當時(정당시) : 당시 대사농(大司農)의 벼슬에 있는 사람. 자세한 기록이 없다.
4) 漕粟(조속) : 곡식을 실어 나르는 뱃길. 조(漕)는 곡식을 실어 나르는 뱃길을 뜻함.
5) 徑(경) : 지름길. 곧 빠른 길.
6) 番係(번계) : 당시 하동(河東) 태수인데, 자세한 기록이 없다.
7) 予越人(여월인) : 월(越)나라 사람들에게 주다의 뜻.
8) 少府(소부) : 당시 현령(縣令)의 직책을 뜻함.

4. 용수거(龍首渠)를 만들다

그 뒤에 사람이 무제에게 글을 올려서 포사도(褒斜道)의 뱃길을 통하게 하려면 어사대부(御史大夫) 장탕(張湯)에게 일을 맡기라고 했다.

장탕이 물어서 말하기를 "촉(蜀)에 이르려면 옛길을 따라 가야 하는데 옛길은 비탈이 많아서 멀리 돌아야 합니다. 지금 포사도(褒斜道)를 뚫으면 비탈이 적고 4백 리나 가깝습니다. 포수(褒水)는 면수(沔水)를 통하고, 사수(斜水)는 위수(渭水)를 통하는데 모두 뱃길입니다. 뱃길이 남양(南陽)의 위를 따라 면수가 포수로 들어가고, 포수에서 물이 끊어져 사수(斜水)에 이르는 사이가 2백여 리이며, 수레가 굴러가 사수를 따라서 위수(渭水)의 아래에 합니다. 이와 같이 한중(漢中)의 곡식들이 가히 이르는데 산동(山東)에서는 면수를 따라서 한정됨이 없고 지주(底柱)의 뱃길은 편안합니다. 또 포사(褒斜)의 길은 목재와 죽전(竹箭)이 풍부하고 파촉(巴蜀)에 비교합니다."라고 했다.

무제가 그렇겠다고 여기고 장탕(張湯)의 아들 앙(卬)을 한중태수(韓中太守)에 임명하고, 수만 명의 인원을 동원해 포사도(褒斜道) 5백 리 길을 만들게 했다. 물길이 과연 편리하고 가깝지만 물속에 솟아오른 돌이 많아서 뱃길로는 사용할 수 없었다.

그 뒤에 엄웅(嚴熊)이 말하기를 "임진(臨晋)의 백성들은 낙수(洛水)를 뚫어서 중천(重泉)의 동쪽에 1만 경(一萬 頃)의 옛 척박한 땅에 관개하기를 원하고 있습니다. 진실로 곧 물을 얻게 되면 가히 묘(畝)에 10석(十石)이 될 것입니다."라고 했다.

이에 군졸 1만 명을 동원해 도랑을 뚫고 징(徵)으로부터 낙수(洛水)를 끌어들여서 상안(商顔) 아래까지 이르게 했다. 낙수의 언덕이 잘 무너지고, 이에 우물을 파면 깊은 것은 40여 장(丈)이나 되었다.

이따금씩 우물을 만들고 우물 아래는 서로 통해 물이 흐르도록 했다. 물이 아래로 흘러 상안(商顔)을 넘어 동쪽으로 산마루 10

여 리의 사이에 이르렀다. 이로부터 우물과 도랑이 생겨나기 시작했다. 용골(龍骨)을 개통해 얻었으므로 이를 가리켜 '용수거(龍首渠)'라고 했다. 공사를 시작한 지 10여 년 만에 도랑이 거의 통했으나 오히려 그 풍요로움은 얻지 못했다.

其後人有上書 欲通褒斜道[1]及漕 事下御史大夫張湯[2] 湯問之 言抵蜀從故道 故道多阪 回遠 今穿褒斜道 少阪 近四百里 而褒水通沔 斜水通渭 皆可以行船漕 漕從南陽上沔入褒 褒絶水至斜 間百餘里 以車轉 從斜下渭 如此 漢中穀可致 而山東從沔無限 便於底柱之漕 且褒斜材木竹箭之饒 儗於巴蜀 上以爲然 拜湯子卬爲漢中守 發數萬人作褒斜道五百餘里 道果便近 而水多湍石[3] 不可漕

其後嚴熊言 臨晉民願穿洛以漑重泉以東萬餘頃故惡地 誠卽得水 可令畝十石 於是爲發卒萬人穿渠 自徵引洛水至商顔下 岸善崩 乃鑿井 深者四十餘丈 往往爲井 井下相通行水 水隤[4]以絶商顔 東至山領十餘里間 井渠之生自此始 穿得龍骨 故名曰龍首渠 作之十餘歲 渠頗通 猶未得其饒

1) 褒斜道(포사도) : 포수(褒水)와 사수(斜水)의 물길.
2) 張湯(장탕) : 자세한 기록이 없다.
3) 湍石(단석) : 소용돌이치는 돌.
4) 隤(퇴) : 물이 밑으로 흐르다의 뜻.

5. 하수(河水)에서 호자(瓠子)를 쓰다

하수(河水)에서 호자(瓠子)로 터놓은 후 20여 년 뒤에는 해마다 자주 풍년이 들지 않았는데, 양(梁)과 초(楚)의 땅이 더욱 심했다.

상(上 : 무제)이 이미 봉선(封禪)을 하고 산천(山川)에 순행해 제사를 지낸 그 다음해에 간봉(幹封)해 비가 조금 내렸다.

무제가 이에 급인(汲人)과 곽창(郭昌)을 시켜서 병사 수만 명을 동원해 호자(瓠子)를 막고 하수(河水)를 트게 했다. 이에 황제가 만리사(萬里沙)에 사업을 해 돌아와 스스로 앞장서 하수를 트고 백마(白馬)와 옥벽(玉璧)을 빠뜨리고 관직을 가진 사람들과 장수로부터 백성들에 이르기까지 모두가 나무를 지고 하수(河水)를 트는 데 힘을 쓰게 했다.
　이때 동군(東郡)에서는 풀을 불살랐는데, 이 때문에 땔나무가 부족해 기원(淇園)의 대나무를 내려서 둑을 만들었다. 황제가 이미 다다라 하수(河水)를 터뜨렸으나 공로가 이루어지지 않은 것을 슬퍼하고 이에 노래를 지었다.
　"호자(瓠子)를 터서 장차 어찌할 것인가?
　넓고 넓어 힘차게 흘러 모두 하수(河水)가 될까 두렵다네.
　모두 하수가 됨이여! 땅이 편안함을 얻지 못할 것이니
　공로를 중지할 때가 아닌데 오산(吾山)이 평평하네.
　오산(吾山)이 평평함이여! 거야(鉅野)가 넘치고
　물고기는 왕성하지 못함이여! 겨울날이 가까워지네.
　바른 도는 풀어지고 떳떳한 것이 흘러서 떠남이여
　교룡들이 달려서 멀리까지 노는데 이르렀네.
　옛 냇가를 돌아봄이여! 신령도 가고
　봉선(封禪)하지 아니함이여! 어찌 밖을 알 것인가?
　무제(武帝)께서 하공(河公)에게 이르기를 어찌 불인한가?
　넘쳐서 그치지 않음이여! 우리들의 수심이라네.
　설상(齧桑)이 뜸이여! 회수(淮水)와 사수(泗水)가 가득하니
　오래도록 돌아오지 않아 물이 오직 느려졌네.
　하수(河水)가 탕탕함이여! 부딪쳐 졸졸 흐르니
　북쪽으로 돌아 건넘이여! 빨리 흐르기 어렵다네.
　긴 꿀을 뽑고 아름다운 옥을 빠뜨리니
　하공(河公)이 허락해 땔나무가 모이지 않네.
　땔나무가 모이지 않는 것은 위(衛)나라 사람의 죄이니
　불타고 쓸쓸함이여! 슬프다 무엇으로 물을 막을까!
　임죽(林竹)을 내려서 석치(石菑)의 둑을 쌓으니
　선방(宣防)을 막음이여! 1만 가지 복이 왔네."

이에 졸병들이 호자(瓠子)를 막고 그 위에 궁(宮)을 쌓으니 이를 가리켜 '선방(宣防)'이라고 했다.

하수(河水)를 인도해 북쪽으로 2개의 도랑이 흐르게 하고 다시 우(禹)임금의 옛 자취인 양(梁)과 초(楚)의 땅을 다시 편안하게 하니 수재(水災)가 없었다. 이후로는 정권을 잡은 자들이 다투어서 수리(水利)를 언급했다.

삭방(朔方), 서하(西河), 하서(河西), 주천(酒泉)이 모두 하수(河水)를 끌어들이니 물이 계곡까지 이르러 밭에 물을 대었다. 관중(關中)과 영지(靈軹)와 성국(成國)과 위거(渭渠)에서는 모든 천(川)을 끌어오고, 여남(汝南)과 구강(九江)은 회수(淮水)를 끌어오고, 동해(東海)는 거정(鉅定)을 끌어오고, 태산(泰山) 아래는 문수(汶水)를 끌어오는데 모두가 도랑을 개통하고 전답에 관개했으며 그 규모가 각각 1만여 경(頃)이 되었다. 또 다른 작은 도랑이나 비탈진 산까지 이르며 길을 통과한 것까지 하면 가히 그 수를 다 말할 수가 없었다.

自河決瓠子後二十餘歲 歲因以數不登 而梁楚之地尤甚 上旣封禪[1] 巡祭山川 其明年 乾封[2]少雨 上乃使汲仁 郭昌發卒數萬人塞瓠子決河 於是上以用事萬里沙 則還自臨決河 湛白馬玉璧 令群臣從官自將軍以下皆負薪寘決河 是時東郡燒草 以故薪柴少 而下淇園[3]之竹以爲楗[4] 上旣臨河決 悼功之不成 乃作歌曰

瓠子決兮將奈何 浩浩洋洋[5] 慮殫[6]爲河殫爲河兮地不得寧 功無已[7]時兮吾山平 吾山平兮鉅野溢 魚弗鬱兮柏[8]冬日 正道弛兮離常流 蛟龍騁兮放遠游 歸舊川兮神哉沛[9] 不封禪兮安知外 皇謂河公兮何不仁 泛濫不止兮愁吾人 齧桑浮兮淮 泗滿 久不反兮水維緩

河湯湯兮激潺湲[10] 北渡回兮迅流難 搴長茭[11]兮湛美玉 河公許兮薪不屬 薪不屬兮衛人罪 燒蕭條[12]兮噫乎何以御水 隤林竹兮楗石菑 宣防塞兮萬福來

於是卒塞瓠子 築宮其上 名曰宣防 而道[13]河北行二渠 復禹舊迹 而梁 楚之地復寧 無水災

自是之後 用事者爭言水利 朔方西河河西酒泉皆引河及川谷以漑
田 而關中靈軹成國湋渠引諸川汝南九江引淮 東海引鉅定 泰山下
引汶水 皆穿渠爲漑田 各萬餘頃 它小渠及陂山通道者 不可勝言也

1) 封禪(봉선) : 흙을 쌓아 하느님께 제사 지내고 땅을 깨끗이 쓸고 산천(山川)
   에 제사 지내는 일.
2) 乾封(간봉) : 마른 흙을 봉하다. 곧 비를 내리게 하기 위해서 하는 행사.
3) 淇園(기원) : 위(衛)나라의 동산이었다.
4) 揵(건) : 둑을 뜻함.
5) 浩浩洋洋(호호양양) : 넓고 넓으며 세차게 흐르는 모양.
6) 慮殫(여탄) : 여(慮)는 두려워하다. 탄(殫)은 다하다의 뜻임.
7) 已(이) : 중지하다.
8) 柏(백) : 박(迫)의 뜻을 가진다.
9) 沛(패) : 가다의 뜻을 가진다.
10) 湯湯兮激潺湲(상상혜격잔원) : 상상(湯湯)은 물이 세차게 흐르는 모양, 격
    (激)은 부딪치다. 잔원(潺湲)은 물이 졸졸 흐르는 모양을 나타낸다.
11) 搴長茭(건장교) : 긴 대나무를 취하다.
12) 蕭條(소조) : 쓸쓸한 모양을 나타낸다.
13) 道(도) : 도(導)의 뜻을 가진다.

6. 정국거(鄭國渠)를 일으키다

정국거(鄭國渠)를 일으킨 뒤 무제(武帝) 원정(元鼎) 6년인
136세에 이르러 아관(兒寬)이 좌내사(左內史)가 되어서 육보거
(六輔渠)를 파서 뚫을 것을 주청(奏請)했으며 정국(鄭國) 곁의
하늘을 우러러보는 전답(천수답)에 관개하는데 보탬이 되게 했다.
무제가 이르기를 "농사는 천하(天下)의 근본이다. 샘이 흐르고
관개해 땅을 적셔서 오곡(五穀)을 재배하라. 좌내사(左內史)와
우내사(右內史)의 땅에는 이름난 산과 시내의 근원이 매우 많은
데 어리석은 백성들은 그 이로움을 알지 못한다. 구독(溝瀆)을

통하게 만들어서 방죽을 쌓고 연못을 만들어 가뭄에 대비하게 하라. 지금 내사(內史)에서 논의 조세를 무겁게 징수해 군(郡)과 함께 하지 않으니 그 논을 없애라. 관리들이나 백성들로 하여금 농사에 힘쓰게 하고 땅의 이로움을 다하게 해 부역을 공평하게 하고 물을 흐르게 해 농사의 시기를 잃지 않도록 하라."고 했다.

16년 뒤인 무제 태시(太始) 2년에 조(趙)나라 중대부(中大夫)인 백공(白公)이 다시 도랑을 뚫는 일을 아뢰었다.

경수(涇水)를 끌어들여 먼저 곡구(谷口)를 풍요롭게 했다. 그 끝은 삭양(櫟陽)으로 들어가 위중(渭中)으로 쏟아져 2백 리를 비껴가서 4천5백여 경(頃)의 전답에 물을 댔다. 이에 백공의 이름을 따서 '백거(白渠)'라고 했다.

백성들이 그 풍요로움을 얻고 이를 노래했다.

"어느 곳의 전답인가? 지양(池陽)과 곡구(谷口)여!
정국(鄭國)이 앞에 있었고 백거(白渠)가 뒤에 일어났네.
가래를 들어 구름을 일으키고 도랑을 터 비를 만들었네.
경수(涇水)는 1석(一石)이고 그 진흙은 여러 말[斗]이었네.
또 물을 대고 또 거름을 주니 나의 벼와 기장이 자랐다네.
경사(京師) 의식을 제공해 억만의 인구이었네."

이것은 양쪽의 도랑[渠]으로 인해 풍요로움을 노래한 것이다.

自鄭國渠起 至元鼎六年 百三十六歲 而兒寬[1]爲左內史 奏請穿鑿六輔渠 以益漑鄭國傍高卬[2]之田 上曰 農天下之本也 泉流灌浸 所以育五穀也 左右內史地 名山川原甚衆 細民未知其利 故爲通溝瀆畜陂澤 所以備旱也 今內史稻田租挈重 不與郡同 其議減 令吏民勉農 盡地利 平繇[3]行水 勿使失時[4]

後十六歲 太始二年 趙中大夫白公[5] 復奏穿渠 引涇水 首起谷口 尾入櫟陽 注渭中 袤二百里 漑田四千五百餘頃 因名曰白渠 民得其饒 歌之曰 田於何所 池陽谷口 鄭國在前 白渠起後 擧臿爲雲 決渠爲雨 涇水一石 其泥數斗 且漑且糞 長我禾黍 衣食京師 億萬之口 言此兩渠饒也

1) 兒寬(아관) : 당시의 관리인데, 자세한 기록이 없다.
2) 高卬(고앙) : 하늘을 우러러보는 것.
3) 繇(요) : 사역. 공사에서 부역의 뜻임.
4) 失時(실시) : 농사철의 시기를 잃다. 곧 농사철에 부역을 시켜서 농사 짓는 일을 방해하는 것.
5) 白公(백공) : 누구인지 자세한 기록이 없다.

7. 흉노(匈奴) 때문에 공사를 하다

당시에 바야흐로 흉노(匈奴)의 일로 공사를 하는 것이 이로움을 주장하며 편리성을 말하는 자가 매우 많았다.

제(齊)나라 사람인 연년(延年)이 글을 올려 말했다.

"하수(河水)는 곤륜산(昆侖山)에서 발원해 중국(中國)을 경유해 발해(勃海)로 흐릅니다. 이는 그 땅의 지세가 서북쪽은 높고 동남쪽은 낮기 때문입니다. 가히 지도(地圖)를 참고해 지형을 살펴서 수공(水工)으로 하여금 높고 낮은 것을 기준으로 해 대하(大河) 위의 산머리를 열어 호중(湖中)으로 나가서 동쪽으로 바다로 쏟아집니다. 이와 같기 때문에 관동(關東)에는 앞으로 길이 수재(水災)가 없고, 북변(北邊)에서는 흉노(匈奴)를 근심하지 않아도 될 것이며, 가히 제방을 쌓고 방비할 일을 살펴서 사졸(士卒)들을 이동시켜도 호(胡)의 도적들이 침범해 군사를 쓰러트리고 장군을 살해해 언덕이나 들에 해골들이 드러나는 근심거리를 덜 것입니다.

천하에서는 항상 흉노를 대비하고 백월(百越)을 근심하지 않는 것은 그 물을 끊고 무너뜨려서 단절시키는 것입니다. 이 공로가 한번 성취되면 만세에 큰 이익이 될 것입니다."라고 했다.

무제가 이 글을 보고 장하다고 여기고 보답해 말했다.

"연년(延年)의 계산된 의논이 매우 심오하다. 그러나 하수(河水)는 이에 대우(大禹)께서 인도한 것이다. 성인(聖人)이 공사를 일으켜서 만세의 공로가 되어 신명과 통했는데 다시 고친다는

252 한서구혁지(漢書溝洫志)

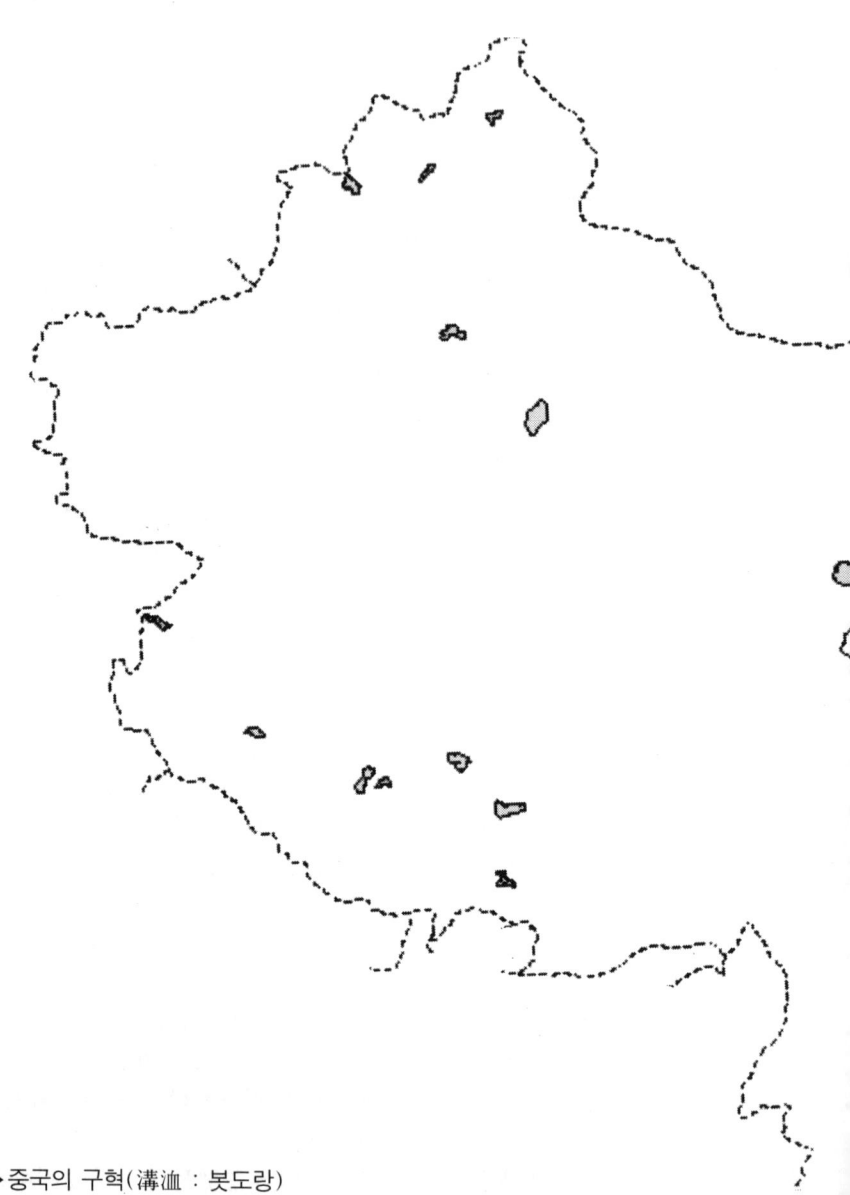

▶중국의 구혁(溝洫 : 봇도랑)

봇도랑 253

어려움이 있을까 두렵다."

 선방(宣房)을 막은 뒤로부터 하수(河水)를 다시 북쪽의 관도(館陶)로 터서 그 물길을 나누어 둔씨하(屯氏河)를 만들고 동북쪽으로 위군(魏郡), 청하(淸河), 신도(信都), 발해(勃海)를 경유해 바다로 들어가게 했는데 넓고 깊어 대하(大河)와 함께 하므로 자연의 이치를 따라서 제방을 막지 않은 것이다.

 이것이 개통된 뒤에는 관도(館陶) 동북쪽의 4~5개 군(郡)이 때에 따라서는 작은 수해를 입었지만 연주(兗州) 이남의 6개의 군은 수재의 근심이 없어졌다.

 선제(宣帝)의 지절(地節) 연간에는 광록대부(光祿大夫)인 곽창(郭昌)이 하수(河水)를 흐르게 한 적이 있었다. 북쪽으로 3번을 굽어서 물의 흐름이 모두 패구현(貝丘縣)으로 기우듬하게 흘렀다. 물이 넘칠 것을 두려워해 제방을 쌓아 막지 못하고 이에 각각 다시 도랑을 뚫어 동쪽으로 직행해 동군(東郡)의 경계 가운데를 경유해 북쪽으로 굽어지지 않게 했다. 도랑이 통해 이로워지니 백성들이 편안해졌다.

 원제(元帝) 영광 5년에 하수(河水)를 청하(淸河), 영현(靈縣)과 명독구(鳴犢口)로 터서 둔씨하(屯氏河)가 끊겼다.

 是時方事匈奴[1] 興功利 言便宜者甚衆 齊人延年上書 言河出昆侖 經中國 注勃海 是其地勢西北高而東南下也 可案圖書 觀地形 令水工準高下 開大河上領[2] 出之胡中 東注之海 如此 關東長無水災 北邊不憂匈奴 可以省隄防備塞 士卒轉輸 胡寇侵盜 覆軍殺將 暴骨原野之患 天下常備匈奴而不憂百越者 以其水絶壞斷也 此功壹成 萬世大利 書奏 上壯之 報曰 延年計議甚深 然河乃大禹之所道也 聖人作事 爲萬世功 通於神明 恐難改更

 自塞宣房後 河復北決於館陶 分爲屯氏河 東北經魏郡淸河信都勃海入海 廣深與大河等 故因其自然 不隄塞也 此開通後 館陶東北四五郡雖時小被水害 而兗州以南六郡無水憂 宣帝地節中 光祿大夫郭昌使行河 北曲三所水流之勢皆邪直[3] 貝丘縣 恐水盛 隄防不能禁

乃各更穿渠 直東 經東郡界中 不令北曲 渠通利 百姓安之 元帝永
光五年 河決淸河靈鳴犢口 而屯氏河絕

1) 匈奴(흉노) : 기원전 3세기경에 약 3백 년 간 지금의 몽골지방에서 유목 생활을 하던 민족. 일설에는 몽고족이라고도 했고 그 임금은 선우(單于)라 함.
2) 上領(상영) : 산두(山頭)라고 했다.
3) 直(직) : 당(當)의 뜻과 같다.

8. 성제 때 하수(河水)가 터지다

성제(成帝) 초에는 청하(淸河)의 도위(都尉)인 풍준(馮逡)이 상주해 말했다.

"군(郡)들이 하수(河水)가 아래로 흐르는 것을 이어 연주(兗州)와 동군(東郡)이 물을 나누어 경계를 삼고 성곽이 있는 곳을 더욱 낮아지게 해 토양이 가벼워 무르고 쉽게 상합니다. 경(頃 : 이랑)이 넓은 곳은 큰 피해는 없으나 둔씨하(屯氏河)로 통하는 2개의 개천이 갈라져 흐릅니다. 지금 둔씨하(屯氏河)를 막으면 영현(靈縣)과 명독구(鳴犢口)가 또 더욱 이롭지 않습니다. 유독 1개의 개천이 여러 번 하수(河水)의 임무를 받아 겸하니 비록 제방을 높게 쌓더라도 마침내 세지는 않을 것입니다. 만일 장맛비가 열흘 동안 내리며 날이 개지 않으면 반드시 차서 넘칠 것입니다. 영현과 명독구는 청하(淸河)의 동쪽 경계에 있어서 있는 곳이 낮으니 비록 통해 이롭게 하더라도 오히려 위군(魏郡)과 청하의 수재를 줄이는 데는 도움이 되지 않을 것입니다. 우(禹)임금이 백성들의 힘을 아끼지 않은 것이 아니라 땅의 형세가 있으므로 9하(九河)를 뚫었는데 지금은 이미 없어져서 밝히기가 어렵고 둔씨하는 흐르지 않은 지가 70여 년이니 새로 끊어 오래 되지 않았으니 그 곳을 파내기가 쉬울 것입니다. 또 그 입구가 높은 곳에 있으니 나누어 흐르게 해 물의 힘을 약화시키면 길의 이정표가 편리해지더라도 가히 다시 깊이 파서 대하(大河)가 세서 사나운 물이 되는 것을 돕더라도 방비하는 것은 떳떳하지 않을 것입니다. 또 선제(宣帝)의 지절(地節) 연중에는 곽창(郭昌)이 곧바로 도랑을 개통하고 3년 뒤에는 하수(河水)가 다시 옛길을 따라 2번 굽어진 사이에서 6리(里)를 북쪽으로 가서 다시 남쪽에서 합해졌습니다. 지금 그 굽은 세력을 다시 기우듬이 해 패구(貝丘)에 이르게 한 것이니 백성들이 한심해하므로 마땅히 다시 도랑을 개통해 동쪽으로 흐르게 한 것입니다. 미리부터 닦아 다스리지 않고 북쪽으로 트면 4~5개 군(郡)이 수재 때문에 고통스러워하고 남쪽으로 터서 10여 개 군이 고통스러워한 연후에 걱정하게 되면 늦은 것입니다."

이에 승상(丞相)과 어사(御史)에게 사업을 하달하니 박사 허상(許商)이 천자에게 아뢰고 상서(尙書)를 다스리고 계산을 잘해 능히 공로의 쓰임을 헤아렸다. 행하여 살피는 사람을 보내어 둔씨하(屯氏河)를 만들어서 차고 넘치는 바를 살피게 하고 바야흐로 용도가 부족하다고 여겨 가히 또 깊이 파지 않게 했다.

3년 뒤에 하수가 관도(館都)와 동군(東郡) 김제(金隄)로 터져 연주(兗州), 예주(豫州)도 범람해 평원(平原) 천승(千乘)과 제남(濟南)으로 들어가 모두 4개 군과 32개 현의 땅 15만여 경(頃)을 삼켰다. 그 덮은 깊이는 3장(丈)이나 되었으며 관정(官亭)과 집들을 무너뜨린 것이 4만 곳이나 되었다. 어사대부 윤충(尹忠)이 대답한 대책이 부실하다고 여기고 성제가 이를 매우 꾸짖자 이에 윤충이 자살했다. 대사농(大司農) 비조(非調)를 파견해 하수가 터져 물이 흘러들러간 군(郡)에 돈과 곡식을 고르게 나누어 주었다. 알자(謁者 : 관직) 두 사람이 하남(河南)의 동쪽에 있던 화물선 5백 척을 발동시켜 백성들이 물을 피해 언덕에 옮겨 살게 한 것이 9만 7천여 가구나 되었다. 하수의 제방을 쌓는 사자인 왕연세(王延世)에게 하수를 막으라고 시켰는데, 대나무 길이가 4장(丈)인 것을 눕히고 크게 9번을 두르고 작은 돌을 담아 양쪽 배 옆에 실어서 내렸다. 36일 만에 하수의 제방이 쌓아졌다.

성제(成帝)가 이르기를 "동군하수(東郡河水)가 터져 2개의 주(州)가 표류하는데 교위(校尉)인 왕연세가 제방을 30일 만에 막았다. 그 5년을 하평(河平) 원년으로 삼는다. 끝까지 하수를 다 스린 자들은 밖에서 수자리 사는 6개월과 비교해 기록하라. 오직 왕연세는 계획을 잘 세우고 공사 비용도 절약했으며, 공사를 진행한 날도 단축했으니 짐이 매우 아름답게 여긴다. 왕연세를 광록대부를 삼고 녹봉 2천 석을 내리며 관내후(關內侯)의 작위를 하사하고 황금 100근을 하사한다."고 했다.

　　成帝初 淸河都尉馮逡[1] 奏言 郡承河下流 與兗州東郡分水爲界 城郭所居尤卑下 土壤輕脆易傷 頃所以闊[2]無大害者 以屯氏河通 兩川分流也 今屯氏河塞 靈鳴犢口又益不利 獨一川兼受數河之任 雖高增隄防 終不能泄 如有霖雨 旬日不霽 必盈溢 靈鳴犢口在淸河東界 所在處下 雖令通利 猶不能爲魏郡 淸河減損水害 禹非不愛民力 以地形有勢 故穿九河 今旣減難明 屯氏河不流行七十餘年 新絶未久 其處易浚[3] 又其口所居高 於以分(流)殺水力 道里便宜 可復浚以助大河泄暴水 備非常 又地節時郭昌穿直渠 後三歲 河水更從故第二曲間北可六里 復南合 今其曲勢復邪直貝丘 百姓寒心 宜復穿渠東行 不豫修治 北決病四五郡 南決病十餘郡 然後憂之 晩矣 事下丞相御史 白[4]博士許商治尙書 善爲算 能度功用 遣行視 以爲屯氏河盈溢所爲 方用度不足[5] 可且勿浚

　　後三歲 河果決於館陶及東郡金隄 泛溢兗豫 入平原千乘濟南 凡灌四郡三十二縣 水居地十五萬餘頃 深者三丈 壞敗官亭室廬且四萬所 御史大夫尹忠對方略疏闊 上切責之 忠自殺 遣大司農非調[6] 調均錢穀河決所灌之郡 謁者二人發河南以東漕船五百艘 徙民避水居丘陵 九萬七千餘口 河隄使者王延世[7]使塞 以竹落長四丈 大九圍 盛以小石 兩船夾載而下之 三十六日 河隄成 上曰 東郡河決 流漂二州 校尉延世隄防三旬立塞 其以五年爲河平元年 卒治河者爲著外繇六月[8] 惟延世長於計策 功費約省 用力日寡 朕甚嘉之 其以延世爲光祿大夫 秩中二千石 賜爵關內侯 黃金百斤

1) 馮逡(풍준) : 자세한 기록이 없다.
2) 闊(활) : 드물다. 성기다.

3) 浚(준) : 깊게 하다.
4) 白(백) : 황제에게 아뢰다의 뜻.
5) 用度不足(용도부족) : 재물을 쓰는 데 부족함을 헤아리다. 곧 비용이 적게 드는 것을 계획하다의 뜻.
6) 非調(비조) : 당시 대사농의 이름이다.
7) 王延世(왕연세) : 자는 장숙(長叔). 건위군(犍爲郡) 자중(資中)사람이다.
8) 爲著外繇六月(위저외유유월) : 밖의 수자리를 6개월간 산 것과 같게 기록해 주다의 뜻.

9. 또다시 하수(河水)가 터지다

하수(河水)의 둑을 막은 지 2년 후에 다시 하수가 평원(平原)으로 터져 제남(濟南) 천승(千乘)으로 흘러들어 무너지고 쓰러진 것이 성제(成帝)의 건시(建始) 때의 절반에 이르러 다시 왕연세(王延世)를 파견해 하수를 다스렸다.

두흠(杜欽)이 대장군 왕봉(王鳳)을 위해 설명하기를 "앞에서 하수(河水)가 터졌을 때는 승승사(丞相史)인 양언(楊焉)이 왕연세에게 말해 양언이 명령을 받아서 하수를 막았으나 왕연세에게 가려져 감히 나타나지 못했습니다. 지금은 홀로 왕연세에게 일을 맡겼으니 왕연세가 앞에서 막았던 것처럼 쉽게 여겨 그 피해를 심각하게 여기지 않을 것이 두렵습니다. 또 살펴서 양언의 말과 같이 하면 왕연세의 교묘함이 도리어 양언과 같지 못할 것입니다. 또 물살이 각각 다른데 이해를 폭넓게 의논하지 않고 한 사람에게 맡겼으니 만일 겨울인 지금 성공하지 못하면 내년 봄 복숭아꽃이 필 때는 물이 불어나 반드시 넘칠 것입니다. 또한 진흙으로 메우면 고운 흙이 되돌아오는 피해가 있을 것입니다.

이와 같게 되면 여러 군에서 씨를 뿌리지 못하게 될 것이며, 백성들이 흩어지고 장차 도적들이 생겨 비록 왕연세를 무겁게 벌주어도 일에는 도움이 안 될 것입니다. 마땅히 양언과 장작대장(將作大匠) 허상(許商)과 간대부(諫大夫) 승마연년(乘馬延年)을 함께 보내서 같이 일을 하게 해야 합니다. 왕연세와 양언은 반드시 서로 파괴하고자 깊이 편리한 것만을 주장해 서로 어려움이 다할 것입니다. 허상과 승마연년은 모두 계산에 밝아 능히 공과 이익을 헤아려 족히 옳고 그른 것을 분별해 그 좋은 것을 가려 따를 것이며 반드시 성공함이 있을 것입니다."라고 했다.

왕봉(王鳳)이 두흠의 말처럼 양언 등을 파견하자고 아뢰어 작업을 시작해 6개월 만에 완수했다. 다시 왕연세에게 황금 100근을 하사했다. 하수를 끝까지 다스려 평가를 받지 않은 자들은 밖에서 수자리를 6개월간 산 것과 같은 기록을 삼도록 했다.

後二歲 河復決平原 流入濟南千乘 所壞敗者半建始時 復遣王延世治之 杜欽說大將軍王鳳 以爲前河決 丞相史楊焉言延世受焉術以塞之 蔽不肯見 今獨任延世 延世見前塞之易 恐其慮害不深 又審如焉言 延世之巧 反不如焉 且水勢各異 不博議利害而任一人 如使不及今冬成 來春桃華水盛[1] 必羨溢 有塡淤反壞之害 如此 數郡種不得下[2] 民人流散 盜賊將生 雖重誅延世 無益於事 宜遣焉及將作大匠許商 諫大夫乘馬延年[3] 雜作 延世與焉必相破壞 深論便宜 以相難極 商[4]延年皆明計算 能商功利 足以分別是非 擇其善而從之 必有成功 鳳如欽言 白遣焉等作治 六月乃成 復賜延世黃金百斤 治河卒非受平賈[5]者 爲著外繇六月

1) 桃華水盛(도화수성) : 복숭아꽃이 피고 물이 불어날 때. 곧 우수를 지나서 봄비가 올 때란 뜻.
2) 種不得下(종부득하) : 파종하는 것을 하지 못하다의 뜻임.
3) 乘馬延年(승마연년) : 승마(乘馬)는 성씨이고 연년(延年)은 이름이다.
4) 商(상) : 헤아리다.
5) 平賈(평고) : 노동의 가치. 1개월 간의 임금은 2천 냥에 상당한다고 했다.

10. 허상(許商)의 안(案)을 따르다

하수의 제방을 쌓은 지 9년 뒤인 성제의 홍가(鴻嘉) 4년에 양언(楊焉)이 "하수는 높은 곳에서 내려오는데 지주(底柱)땅이 좁은 것이 걱정됩니다. 파서 넓혀야 합니다." 하고 계획을 말했다.

성제(成帝)가 그의 말을 따라서 양언(楊焉)으로 하여금 파서 넓히게 했다. 파서 넓혀 물 속에 집어 넣어도 능히 제거되지 않고 물살이 더 빨라지고 그 피해도 지난날보다 매우 심했다.

이 해에는 발해 청하 신도하(信都河)의 물이 용솟음쳐 넘쳐 현(縣), 읍(邑) 31개로 흘러들어가 관정(官亭)과 백성들의 집 4만여 곳을 쓰러뜨렸다.

하수(河水)의 제도위(隄都尉)인 허상(許商)이 승상사(丞相史)인 손금(孫禁)과 함께 시찰하며 방책을 도모했다.

손금이 "지금 하수가 넘쳐 생긴 피해가 지난번 평원(平原)에서보다 수 배가 됩니다. 지금 만약 평원과 금제(金隄) 사이가 터지면 대하(大河)를 개통시켜 옛 독마하(篤馬河)로 들어갑니다. 바다의 5백여 리에 이르러 물이 깊고 이로우며 또한 3개 군의 수지(水地)를 마르게 해 아름다운 밭 20여만 경(頃)을 얻어서 족히 피해를 입은 백성들의 전답과 집을 보상할 것이며, 또 관리와 군졸들을 파견해 제방을 다스리고 물을 구제하는 일이 해마다 3만 명 이상일 것입니다."라고 계획을 말했다.

허상(許商)이 말하기를 "옛날 구하(九河)의 이름을 설명함에 도해(徒駭), 호소(胡蘇), 격진(鬲津)이 있는데 지금 보니 성평(成平), 동광(東光), 격(鬲)의 경계 속에 있습니다. 격(鬲)으로부터 북쪽으로 도해(徒駭)의 사이에 이르면서 도의 거리가 2백여 리인데 지금 하수가 비록 자주 이동하지만 이 지역을 떠나지는 않습니다. 손금이 개척하고자 하는 것은 구하(九河)의 남쪽 독마하(篤馬河)에 있어서 물의 자취를 잃고 허세하고 평이해 가물면 진흙이 사라지고 장마가 지면 무너지게 되어 가히 허락할 수가 없습니다."라고 했다.

공경(公卿)들이 모두 허상의 말을 따랐다.

지난번에 곡영(谷永)이 계획을 말하기를 "하수(河水)는 중국(中國)을 대표하는 독(瀆 : 도랑)이니 성왕(聖王)이 일어나면 도서(圖書)가 나오고, 왕도(王道)가 사라지면 다해서 끊어집니다. 지금 무너지고 넘치고 제멋대로 흘러 언덕을 띄웠다 가라앉혔다 해 이상현상이 심합니다. 정사를 닦아 응하면 재앙과 변화는 스스로 없어질 것이다."라고 했다.

이때 이심(李尋)과 해광(解光)이 또한 말하기를 "음기(陰氣)가 성하면 물이 깊어지는 것이므로 하수의 사이가 낮에는 물이 줄어들고 밤에는 물이 불어나며 강수와 하수가 가득 넘쳐 이른바 물이 아래를 적시지 못하는 것입니다. 비록 낮은 땅은 정상이지만 해와 달이 초하루와 보름에 변화를 나타내는 것과 같이 하늘의 도에 따라서 일어나는 것을 밝힌 것입니다. 백성들은 왕연세가 무한한 성은을 입은 것을 보고 앞다투어 편리한 꾀들을 말하지만 가히 쓰지 못할 것들입니다. 의논하는 자들도 항상 구하(九河)의 옛 자취를 찾아 얻고자 해 개통했으나 지금 그 스스로 터뜨린 것에 따라 가히 또 막지 말 것이요, 물의 힘을 관찰해야 합니다. 하수가 있고자 한다면 마땅히 점차 점차 스스로 하천을 이루어 모래땅을 뛰어나온 연후에 하늘의 마음을 따라 도모하면 반드시 성공할 것이며, 비용과 인력을 적게 사용할 것입니다."라고 했다.

이에 드디어 중지해 막지 않았다.

만창(滿昌)과 사단(師丹) 등이 자주 백성들의 가히 슬픈 사연들을 말해 성제가 자주 사자를 파견해 백성들이 편안한 곳에서 넉넉하게 살도록 구제했다.

後九歲 鴻嘉四年 楊焉言 從河上下 患底柱隘 可鐫廣之 上從其言 使焉鐫之 鐫之裁沒水中 不能去 而令水益湍怒 爲害甚於故
是歲 勃海淸河信都河水溢溢[1] 灌縣邑三十一 敗官亭民舍四萬餘所 河隄都尉許商與丞相史孫禁共行視 圖[2]方略 禁以爲 今河溢之害 數倍於前決平原時 今可決平原金隄間 開通大河 令入故篤馬河 至海五百餘里 水道浚利 又乾三郡水地 得美田且二十餘萬頃 足以償所開傷民田廬處 又省吏卒治隄救水 歲三萬人以上 許商以爲 古說九河之名 有徒駭胡蘇鬲津[3] 今見在成平東光鬲界中 自鬲以北至徒

駭間 相去二百餘里 今河雖數移徙 不離此域 孫禁所欲開者 在九河
南篤馬河 失水之迹 處勢平夷 旱則淤絶 水則爲敗 不可許 公卿皆
從商言 先是 谷永以爲 河中國之經[1]瀆 聖王興則出圖書 王道廢則
竭絶 今潰溢橫流 漂沒陵阜 異之大者也 修政以應之 災變自除 是
時李尋 解光亦言 陰氣盛則水爲之長 故一日之間 晝減夜增 江河滿
溢 所謂水不潤下 雖常於卑下之地 猶日月變見於朔望 明天道有因
而作也 衆庶見王延世蒙重賞 競言便巧 不可用 議者常欲求索九河
故迹而穿之 今因其自決 可且勿塞 以觀水勢 河欲居之 當稍自成川
跳出沙土 然後順天心而圖之 必有成功 而用財力寡 於是遂止不塞
滿昌師丹等數言百姓可哀 上數遣使者處業振贍[5]之

1) 溢溢(분일) : 용솟음쳐 넘치다.
2) 圖(도) : 꾀하다. 도모하다.
3) 徒駭胡蘇鬲津(도해호소격진) : 구하(九河)의 세 곳이라 했다. 도해(徒駭)는 성평(成平)에 있고, 호소(胡蘇)는 광동(光東)에 있으며, 격진(鬲津)은 격(鬲)에 있다. 광동(光東)은 발해(勃海)에 속하고, 격은 평원(平原)에 속하며, 도해는 우(禹)임금이 이 하(河)를 다스렸는데 이때 공력을 너무 많이 사용해 모든 사람들이 놀랐다고 했다. 호소는 아래로 흐르는 물이 매우 빠르게 흐르는 모양을 나타낸다. 격진은 그 협소한 것을 말해 막아서 나루로 삼아서 건넜다는 뜻이다.
4) 經(경) : 떳떳하다.
5) 處業振贍(처업진섬) : 편안하게 살게 하고 넉넉하게 구제해주다. 곧 넉넉하게 살 수 있도록 했다는 뜻.

11. 평당(平當)이 하수를 통제하다

애제(哀帝)의 처음에 평당(平當)을 시켜 하수의 제방을 통제하라고 했다. 그가 상주(上奏)해 말하기를 "구하(九河)는 지금 메워져 없어지고 경전(經典)의 뜻에 물을 다스린 것을 살펴보면 하수(河水)를 나누어 물의 흐름을 세게 하고 시내를 깊이 파서 제방을 막았다는 기록은 없습니다. 하수는 위군(魏郡)을 따라 동쪽으로 흘러 북쪽으로 많이 넘쳐 터지고 물의 자취도 어려운 것이 분명합니다. 천하의 백성들을 가히 속이지 못하니 마땅히 개울을 깊게 파고 하수를 잘 흐르게 할 수 있는 자를 널리 구하십시오."라고 했다.

승상(丞相) 공광(公光)과 대사공(大司空) 하무(何武)를 내려 보내 부자사(部刺史)와 삼보(三輔) 삼하(三河) 홍농(弘農) 태수에게 관리와 백성들 가운데 능력 있는 자를 천거해 주청하도록 했는데도 서(書)에 응하는 자가 있지 않았다. 대조(待詔)하던 가양(賈讓)이 상주해 말했다.

"하수(河水)를 다스리는 데 상중하의 대책이 있습니다. 옛날 나라를 세우고 백성들을 살게 하는 데는 토지를 힘써 다스려 반드시 천택(川澤)의 구분을 보류하고, 물의 세력이 미치지 않는 것을 헤아려야 합니다.

대천(大川)을 막지 아니하고 작은 물이 들어오는 것을 얻으며, 제방은 낮게 해 연못을 만들고 가을에는 물이 많게 해 휴식할 수 있게 하고, 좌우에서 물결이 놀아 너그럽고 완만하게 해 촉박하게 하지 않았습니다. 대저 땅에 천(川: 시내)이 있는 것은 사람에게 입이 있는 것과 같습니다. 땅을 다스리는데 그 천(川)을 막는 것은 아이의 울음을 그치게 하는데 그 입을 막는 것과 같은 것으로 어찌 갑자기 그치게 하지 못할 것이겠습니까? 그러나 그가 죽는 것은 곧바로 기다려지는 것입니다. 그러므로 이르기를 '천(川)을 잘 만드는 자는 터서 인도하고, 백성들을 잘 위하는 자는 베푸는데 말로써 한다.'라고 했습니다. 대개 제방을 만드는 일은 가까운 전국시대에 이루어져 온갖 천(川)을 막아 각각 스스로를 이익 되게 했습니다. 제(齊)나라와 조(趙)나라와 위(魏)나라가 하수(河水)로 경계를 삼았습니다. 조(趙)나라와 위(魏)나라는 산에 접해 있고, 제(齊)나라 땅은 낮고 낮아 제방을 만들고 하수(河水)와의 거리는 25리입니다. 하수는 동쪽으로 제나라 제방에 이르면 서쪽으로는 조(趙)나라와 위(魏)나라로 범람하고, 또 조(趙)나라와 위(魏)나라가 제방을 만들면 하수(河水)와의 거리는 25리가 되는 것입니다. 비록 그 바른 것은 아니나 물이 오히려 방탕한 바가 있습니다. 때에 이르렀다가 떠나면 진흙으로 메워져 비옥하고 아름다워져 백성들이 농사를 짓는 것입니다. 혹은 오래 해도 해로움이 없고 점차 집들이 지어지고, 마침내 모여 부락을 이루는 것입니다.

대수(大水 : 홍수) 철이 되어 떴다 가라앉으면 다시 제방을 쌓아 스스로 구제하면 점점 그 성곽을 버리고 수택(水澤)을 배척하고 살게 되어 스스로 그 마땅한 것에 젖어 들 것입니다.

지금 제방이 좁은 곳은 물과의 거리가 수백 보이고, 먼 곳은 수리(數 里)입니다.

가까이 여양(黎陽)의 남쪽은 예로부터 금제(金隄)를 크게 해 하수의 서쪽을 따라서 서북쪽으로 가 서산(西山)의 남쪽 머리에 이르러 이에 동쪽으로 꺾어져 동쪽 산과 서로 이어졌습니다. 백성들이 금제(金隄)의 동쪽에 살며 살 집을 짓고 지나간 10여 년에 다시 제방을 쌓아 동쪽 산의 남쪽 머리를 따라 곧 남쪽으로 함께 해 옛날의 큰 제방과 모여집니다.

또 내황(內黃)의 경계 속에는 택(澤)이 있고, 사방으로 수십 리가 제방으로 둘러싸여 있습니다. 지난 10여 년에 태수(太守)가 백성들에게 부여해 백성들이 지금 그 안에서 살 집들을 짓고 있었습니다. 이러한 것들은 신(臣)이 직접 본 것들입니다.

동군(東郡)과 백마(白馬)는 예로부터 큰 제방이 있었는데 또 다시 자주 거듭하면 백성들이 모두 그 사이에 살게 되는 것입니다.

여양(黎陽)을 따라 북쪽으로 위(魏)나라 경계를 다하면 옛날의 큰 제방이 하수에서 멀게는 수십 리의 거리이며, 안으로 또한 자주 거듭하게 되는 것입니다. 이러한 것들은 모두 전세(前世)와 배척되는 것입니다.

하수가 하내(河內)를 따라 북쪽으로 여양(黎陽)에 이르러 석제(石隄)를 만들게 되면 격렬하게 요동치며 동쪽으로 동군(東郡)과 평강(平剛)에 이르게 됩니다. 또 석제(石隄)를 만들게 되면 서북쪽으로 여양과 관하(觀下)에 이르게 됩니다. 또 석제를 만들게 되면 동북쪽으로 동군(東郡)의 나루 북쪽에 이르게 됩니다. 또 석제를 만들게 되면 서북쪽으로 위군(魏郡)과 소양(昭陽)에 이르게 됩니다. 또 석제를 만들게 되면 격렬하게 요동치며 동북쪽으로 흐르게 되는 것입니다.

1백여 리 사이에서 하수가 2번을 서쪽으로 하고, 3번을 동쪽으로 해서 급박하고 위태함이 이와 같으니 편안한 휴식을 얻지 못할 것입니까?

지금 상책(上策)을 실시한다면 기주(冀州)의 백성들 가운데 물과 충돌되는 곳에 해당되는 자들을 이사시키고 여양(黎陽)과 차해정(遮害亭)을 트고 하수를 내쳐 북쪽으로 바다로 들어가게 하는 것입니다. 하수의 서쪽은 큰 산이 가까이 있고, 동쪽은 금제(金隄)와 가까우므로 형세가 능히 멀리까지 범람하지 못할 것이며 1달이면 스스로 정해질 것입니다.

힐난하는 사람이 앞으로 나와 말하기를 "만일 이와 같이 하면 성곽과 백성들의 집과 묘지 등 수만 가지가 무너질 것이며, 그리고 백성들의 원성이 있을 것입니다."라고 했다.

옛날의 대우(大禹)께서 물을 다스리는데 산과 언덕에 있는 도로들을 모두 없앴습니다. 그러므로 용문(龍門)을 뚫고 이궐(伊闕)을 열고 지주(底柱)를 가르고 갈석(碣石)을 나누고 해 하늘과 땅의 성질을 헐어 단절시켰습니다. 이것이 사람의 공로가 이르는 바이니 무엇을 족히 말하겠습니까? 지금 하수의 10여 개 군에 있는 제방을 다스리면 해마다 비용이 만만(萬萬)이 되고, 만일 크게 터지게 된다면 그 피해는 헤아릴 수가 없을 것입니다. 만일 수년 동안 하수를 다스리는 비용을 지출하더라도 이사하는 백성들에게는 업이 될 것이니 옛 성인의 법을 따라 산천의 지위를 정해 신령과 사람들로 하여금 각각 그 곳에 살게 해 서로 간섭하지 않게 하는 것입니다.

또 거대한 한(漢)나라는 사방이 1만 리나 되는데 어찌 그 물과 함께 지척의 땅에서 다투겠습니까? 이 공사가 한 번 완성된다면 하수는 안정되고 백성들은 편안해져 천년 동안 우환이 없을 것입니다. 그러므로 '상책(上策)'이라고 이르는 것입니다.

　　哀帝初 平當使領¹⁾河隄 奏言 九河今皆寘滅 按經義治水 有決河深川 而無隄防雍²⁾塞之文 河從魏郡以東 北多溢決 水迹難以分明 四海之衆不可誣 宜博求能浚川疏河者 下丞相孔光大司空何武 奏請部刺史三輔三河弘農太守擧吏民能者 莫有應書 待詔賈讓奏言
　　治河有上中下策 古者立國居民 疆理土地 必遺³⁾川澤之分 度⁴⁾水勢所不及 大川無防 小水得入 陂障卑下 以爲汙澤⁵⁾ 使秋水多 得有所休息 左右游波 寬緩而不迫 夫土之有川 猶人之有口也 治土而防其川 猶止兒啼而塞其口 豈不遽止 然其死可立而待也 故曰 善爲川者 決之使道⁶⁾ 善爲民者 宣之使言 蓋隄防之作 近起戰國 雍防百川 各以自利 齊與趙魏 以河爲竟⁷⁾ 趙魏瀕⁸⁾山 齊地卑下 作隄去河二十五里 河水東抵齊隄 則西泛趙魏趙 魏亦爲隄去河二十五里 雖非其正 水尙有所游盪 時至而去 則塡淤肥美 民耕田之 或久無害 稍築室宅 遂成聚落 大水時至漂沒 則更起隄防以自救 稍去其城郭 排水澤而居之 湛溺自其宜也 今隄防陿者去水數百步 遠者數里 近黎陽南故大金隄 從河西西北行 至西山南頭 乃折東 與東山相屬 民居金隄東 爲廬舍 往十餘歲更起隄 從東山南頭直南與故大隄會 又內黃界中有澤 方數十里 環之有隄 往十餘歲太守以賦民⁹⁾ 民今起廬舍其中 此臣親所見者也 東郡白馬故大隄亦復數重 民皆居其間 從黎陽北盡魏界 故大隄去河遠者數十里 內亦數重 此皆前世所排也 河從河內北至黎陽爲石隄 激使東抵東郡平剛 又爲石隄 使西北抵黎陽觀¹⁰⁾下 又爲石隄 使東北抵東郡津北 又爲石隄 使西北抵魏郡昭陽 又爲石隄 激使東北 百餘里間 河再西三東 迫阨如此 不得安息
　　今行上策 徙冀州之民當水衝者 決黎陽遮害亭 放河使北入海 河西薄大山 東薄金隄 勢不能遠泛濫 朞月自定 難者將曰 若如此 敗壞城郭田廬冢墓以萬數 百姓怨恨 昔大禹治水 山陵當路者毀之 故鑿龍門 辟¹¹⁾伊闕 析底柱 破碣石 墮斷天地之性 此乃人功所造 何足言也 今瀕河十郡治隄歲費且萬萬 及其大決 所殘無數 如出數年治河之費 以業所徙之民 遵古聖之法 定山川之位 使神人各處其所 而

不相奸 且以大漢方制萬里 豈其與水爭咫尺之地哉 此功一立 河定
民安 千載無患 故謂之上策

1) 平當使領(평당사령) : 평당(平當)은 시켜서 통솔하게 하다의 뜻임. 사령(使
   領)은 자세한 기록이 없다.
2) 雍(옹) : 옹(壅)과 뜻이 같다. 이하도 같다.
3) 遺(유) : 유(留)와 뜻이 같다.
4) 度(도) : 계(計)와 뜻이 같다.
5) 汙澤(오택) : 물이 고인 연못.
6) 道(도) : 도(導)와 뜻이 같다.
7) 竟(경) : 경(境)과 뜻이 같다.
8) 瀕(빈) : 경계의 뜻임.
9) 賦民(부민) : 백성들에게 나누어 주다의 뜻임.
10) 觀(관) : 현의 이름.
11) 辟(벽) : 열다. 개척하다.

12. 하수(河水)를 사용하는 중책(中策)

만약 뱃길을 기주(冀州)의 땅으로 뚫어서 백성들이 전답에 물을 대어 하수의 성난 물줄기를 잠잠하게 할 수 있으면 비록 성인(聖人)이 사용하는 법은 아닐지라도 또한 무너지는 술책을 구제할 것입니다. 힐난하는 사람이 앞으로 나와 말했다.

"하수(河水)는 평지보다 높고 해마다 제방을 높였어도 오히려 터져 넘치는데 도랑을 뚫는 것은 안 될 것입니다.

신(臣)이 남몰래 차해정(遮害亭)의 서쪽 18리(里)를 살펴보고 기수(淇水)의 입구까지 갔는데 이에 금제(金隄)의 높이가 1장(丈)이나 높았습니다. 이로부터 동쪽으로 땅이 점점 낮아지고 제방은 점점 높아져서 차해정(遮害亭)에 이르러 높이가 4~5장(丈)이나 되었습니다. 지난 6~7년간 하수(河水)의 물이 매우 많아져서 1장(丈) 7자를 쌓았으나 여양(黎陽)의 남쪽 성문이 무너지고 제방의 아래에까지 물이 들어왔습니다. 물이 제방의 2자[尺]

가 되는 곳을 넘지 못하고, 제방 위를 따라 북쪽을 바라보니 하수가 높아져서 백성들의 집으로 들어가 백성들이 모두 산으로 피했습니다. 물이 13일간이나 안 빠져 제방의 무너진 곳이 2곳이며, 이를 관리와 백성들이 막았습니다. 신(臣)이 제방 위를 따라 걸으며 물줄기를 살펴보니 남쪽으로 70여 리에서 기수(淇水)의 입구에 이르러 물이 마침 제방의 반까지 이르렀습니다. 이에 계산해 보니 땅 위로 5자[尺]인 곳에서 나왔습니다. 지금 기수의 입구를 따라서 동쪽으로 석제를 만들면 많은 수문을 넓힐 수 있습니다.

초원(初元)년 중에 차해정(遮害亭) 아래 하수의 제방과의 거리가 족히 수십 보(步)인데, 지금은 40여 년에 이르렀는데도 가서 제방에 이르는데도 족합니다. 따라서 말씀드린다면 그 땅이 단단한 것입니다. 의논하기를 두려워하는 자들은 의심컨대 하수(河水)가 큰물이라 막아 통제하기가 어렵다고 해 형양(滎陽)의 뱃길을 족히 점을 쳐서 그 수문은 나무와 흙을 사용하고 지금도 단단한 땅을 기반으로 해 석제를 만들었으므로 제방은 반드시 완전하고 편안합니다.

기주(冀州)의 도랑의 머리는 모두 이 수문을 올려 봅니다.

도랑을 다스리는데 땅을 개통하지 않고 다만 동쪽의 한 제방만을 위해 북쪽으로 3백여 리를 흐르게 해 장수(漳水)로 들어가 그 서쪽에서 산기슭의 높은 땅을 따라서 모든 도랑들이 이따금씩 작은 물줄기가 되어 이끌어 취할 것입니다. 가뭄이 들면 동쪽을 열어서 수문을 내려 기주(冀州)로 관개합니다. 홍수가 나면 서쪽의 높은 문을 열어서 하수가 흐르는 것을 나누는 것입니다.

도랑을 흐르게 하면 세 가지 이로운 것이 있고, 막으면 세 가지 해로운 것이 있습니다. 백성들이 항상 물을 막는데 주의를 집중하므로 피곤하고 절반의 작업을 하지 못하게 됩니다. 물이 땅 위로 흘러 모여져서 적시고 위로 통해 백성들은 습기에 병들고 나무는 모두 선 채로 말라죽고, 소금밭에는 곡식이 자라지 못할 것입니다.

제방이 터져 물이 넘친다면 물고기와 자라의 먹이가 되는 것입니다. 이것이 세 가지 해로운 것입니다.

만약 도랑에서 관개를 하게 되면 소금밭이 아래를 적셔 들고 진흙이 메워져 더욱더 비옥해집니다. 그러므로 벼와 보리를 심고 다시 메벼와 쌀을 위하며, 높은 곳의 밭은 5배를 수확하고 낮은 곳의 밭은 10배나 이익이 될 것입니다. 뱃길에는 선박의 편리를 도모할 수 있습니다. 이것이 세 가지 이로운 것입니다.

지금 하수의 제방에 다다르면 관리와 군졸들, 군(郡)의 수천 명의 사람들이 나무를 베고 돌을 치는 비용이 해마다 수천만금이니 족히 도랑을 통하게 하고 수문을 완성시켜야 합니다. 또 백성들은 그 관개를 이용해 서로 인솔해 도랑을 다스린다면 비록 수고로우나 피로하지는 않을 것입니다. 백성들이 전답을 고르게 다스려서 하수의 제방 또한 이루어지면 이것이 진실로 국가를 부유하게 만들고, 백성들을 편안하게 하며, 이익을 만들어내고 손해를 없애며 대대로 백년을 기약할 것입니다. 그러므로 '중책(中策)'이라고 이르는 것입니다.

만약 옛 제방을 보수해 완전하게 하고, 낮은 곳을 쌓고 갑절로 덮어 비용이 끊이지 않고 들어가며 자주 그 피해를 당하는 것은 최하의 '하책(下策)'이라고 여기는 것입니다."

若乃多穿漕渠於冀州地 使民得以漑田 分殺水怒 雖非聖人法 然亦救敗術也 難者將曰 河水高於平地 歲增隄防 猶尙決溢 不可以開渠 臣竊按視遮害亭西十八里 至淇水口 乃有金隄 高一丈 自是東 地稍下 隄稍高 至遮害亭 高四五丈 往六七歲 河水大盛 增丈七尺 壞黎陽南郭門 入至隄下 水未踰隄二尺所 從隄上北望 河高出民屋 百姓皆走上山 水留十三日 隄潰(二所) 吏民塞之 臣循隄上 行視水勢 南七十餘里 至淇口 水適至隄半 計出地上五尺所 今可從淇口以東 爲石隄 多張水門 初元中 遮害亭下河去隄足數十步 至今四十餘歲 適至隄足 由是言之 其地堅矣 恐議者疑河大川難禁制 滎陽漕渠足以(下)卜之 其水門但用木與土耳 今據堅地作石隄 勢必完安 冀州渠首盡當卬此水門 治渠非穿地也 但爲東方一隄 北行三百餘里

入漳水中 其西因山足高地 諸渠皆往往股¹⁾引取之 旱則開東方下水
門漑冀州 水則開西方高門分河流 通渠有三利 不通有三害 民常罷
於救水 半失作業 水行地上 湊潤上徹 民則病溼氣 木皆立枯 鹵不
生穀 決溢有敗 爲魚鼈食 此三害也 若有渠漑 則鹽鹵下溼 塡淤加
肥 故種禾麥 更爲秔²⁾稻 高田五倍 下田十倍 轉漕舟船之便 此三利
也 今瀕河隄吏卒郡數千人 伐買薪石之費歲數千萬 足以通渠成水
門 又民利其漑灌 相率治渠 雖勞不罷³⁾ 民田適治 河隄亦成 此誠富
國安民 興利除害 支數百歲 故謂之中策

若乃繕完故隄 增卑倍薄 勞費無已 數逢其害 此最下策也

1) 股(고) : 가지로 나누어지다.
2) 秔(갱) : 메벼.
3) 罷(파) : 피곤하다.

13. 하수(河水)를 다스린 자는 수백 명이었다

왕망(王莽) 때에 불러 능히 하수(河水)를 다스린 자가 수백(數百) 명이었으나 그 대략이 특이한 자는 아래와 같다.

장수(長水)의 교위(校尉)인 평릉(平陵)의 관병(關竝)이 말하기를 "하수가 터지면 항상 평원(平原)과 동군(東郡)의 좌우에서 통제하는데 그 지형이 낮고 땅이 거칠기 때문이었다. 듣건데 우(禹)임금이 하수를 다스리던 때에는 본래는 이 땅을 비워 물이 많아지게 해 가득 차게 되면 흘러넘치게 하고 조금씩 점점 저절로 줄어들게 해 비록 때에 쉽게 처리할 것이라도 오히려 능히 이를 분리하지 않았다.

상고시대는 알기가 어려우나 가까이 진(秦)나라와 한(漢)나라가 내려온 것을 살펴보면 하수를 조(曹)와 위(衛)의 지역에서 트고 그 남북으로 1백80리를 지나치지 않게 이 땅을 비워서 관정(官亭)이나 백성들이 집을 짓지 않게 할 따름이었다."라고 했다.

대사마사(大司馬史)인 장안(長安)의 장융(張戎)이 말하기를 "물의 성질은 아래로 나아가는 것인데 그 흐름이 빨라지면 저절로 깎이어 빈 곳을 채워서 점점 깊어지게 된다. 하수는 거듭 탁해 일석수(一石水)에는 6말의 진흙이 들어 있다고 한다. 지금 서쪽의 제군(諸郡)들이 경사(京師)의 동쪽으로 행함에 이르러 백성들이 모두 하수와 위수(渭水)의 산천의 물을 끌어서 전답에 관개한다.

봄과 여름에는 건조해 내리는 비의 양이 적다. 그러므로 하수가 더디게 흘러 진흙이 쌓여 바닥이 점점 얕아진다. 비가 많이 내려 물살이 사나워지면 넘쳐서 터진다. 국가에서 자주 제방을 막지만 점점 더 평지보다 높아져서 오히려 담을 쌓아 물을 살게 하는 것과 같다. 가히 각각 그 성질을 온순하게 해 다시 관개하지 않게 되면 온갖 천(川)들이 흘러가고 수도(水道)도 스스로 이로워져 넘쳐 터지는 피해가 없을 것이다."라고 했다.

어사(御史)인 임회(臨淮)의 한목(韓牧)이 말하기를 "대략 우공(禹貢)의 9하(九河)인 곳을 뚫는다면 비록 능히 9(九)가 되지는 못하나 다만 4~5는 되어서 마땅히 유익함이 있으리라."라고 했다.

대사공(大司空)의 하급관리인 왕횡(王橫)이 말하기를 "하수는 발해(勃海)로 들어간다. 발해의 땅은 한목(韓牧)이 관통시키고자 하는 곳보다 높다. 지난날 하늘이 일찍이 계속 비를 내렸을 때 동북풍으로 바닷물이 넘쳐 서남쪽으로 나가 수백 리를 침범했다. 9하(九河)의 땅은 이미 바다에 잠겼다. 우임금이 하수를 통하게 할 때는 본래 서산의 아래를 따라서 동북쪽으로 가게 했다. 주보(周譜)에 이르기를 정왕(定王) 5년에 하수를 옮겼는데 지금 통하는 것은 우(禹)임금이 개통한 것이 아니라고 했다. 또 진(秦)나라가 위(魏)를 공격할 때 하수를 터서 그 도읍으로 흘러 들어가게 했는데 터뜨린 곳이 너무 커져서 가히 다시 막지 못한 것이다. 마땅히 물러나 완전하고 평평한 곳으로 옮겨서 다시 개통해 서산의 산기슭을 따라서 높은 지대를 타고 동북쪽으로 바다에 들어가게 하면 이에 수재는 없을 것이다."라고 했다.

패군(沛郡)의 환담(桓譚)이 사공(司空)의 하급관리가 되어서 그 의논을 맡았는데 견풍(甄豊)을 위해 말하기를 "무릇 이상의 여러 가지는 반드시 한 가지 옳은 것이 있다. 마땅히 자세히 고증하고 검토해 모두 미리 살펴보고 계산해 확정한 연후에 사업을 시행한다면 비용이 수억만에 지나지 않을 것이며, 또한 가히 떠돌이가 되어 재산이나 직업이 없는 백성들을 일을 시키는 것이다. 공허하게 살면서 부역을 함께 한다면 함께 의식을 해결하는 것이다. 의식은 천자(天子 : 縣官)께서 만들어 주어야 하는데 이것은 두 가지가 편리한 것이며, 위로는 우임금의 공로를 계승하고 아래로는 백성들의 고통을 덜어 줄 것이다."라고 했다.

왕망 때는 다만 쓸데없는 말만 숭상하고 실행함은 없었다.

찬(贊)해 말했다.

"옛날 사람이 말씀이 있으되 '우(禹)임금의 공로가 아니었다면 우리가 물고기와 같은 신세였을 것이다.'라고 했다. 중국의 천원(川原 : 시내의 근원)이 수백이지만 사독(四瀆)보다 나타난 것이 없고 그 중에서 하수가 으뜸이 된다."

공자가 『논어』에 말하기를 "많이 듣고 기록하는 것은 아는 것의 다음이다."라고 했다. 국가에 이로운 것과 해로운 것은 예로부터 그 일을 준비해서 논했다.

王莽[1]時 徵能治河者以百數 其大略異者 長水校尉平陵關竝[2]言 河決率常於平原 東郡左右 其地形下而土疏惡 聞禹治河時 本空此地 以爲水猥[3] 盛則放溢 少稍自索[4] 雖時易處 猶不能離此 上古難識 近察秦漢以來 河決曹衛之域 其南北不過百八十里者 可空此地 勿以爲官亭民室而已 大司馬史長安張戎[5]言 水性就下 行疾則自刮除成空而稍深 河水重濁 號爲一石水而六斗泥 今西方諸郡 以至京師東行 民皆引河渭山川水漑田 春夏乾燥 少水時也 故使河流遲 貯淤而稍淺 雨多水暴至 則溢決 而國家數隄塞之 稍益高於平地 猶築垣而居水也 可各順從其性 毋復灌漑 則百川流行 水道自利 無溢決之害矣 御史臨淮韓牧[6]以爲 可略於禹貢九河處穿之 縱不能爲九 但爲四五 宜有益 大司空掾王橫[7]言 河入勃海 勃海地高於韓牧所欲

穿處 往者天嘗連雨 東北風 海水溢 西南出 寖數百里 九河之地已爲海所漸[8]矣 禹之行[9]河水 本隨西山下東北去 周譜[10]云定王五年河徙 則今所行非禹之所穿也 又秦攻魏 決河灌其都 決處遂大 不可復補 宜卻徙完平處 更開空[11] 使緣西山足乘高地而東北入海 乃無水災 沛郡桓譚爲司空掾 典其議 爲甄豊[12]言 凡此數者 必有一是 宜詳考驗 皆可豫見 計定然後擧事[13] 費不過數億萬 亦可以事諸浮食無産業民 空居與行役 同當衣食 衣食縣官 而爲之作 乃兩便[14] 可以上繼禹功 下除民疾 王莽時 但崇空語 無施行者

贊曰 古人[15]有言 微禹之功 吾其魚乎 中國川原以百數 莫著於四瀆[16] 而河爲宗 孔子曰[17] 多聞而志[18]之 知之次也 國之利害 故備論其事

1) 王莽(왕망) : 한(漢)나라 효원황후(孝元皇后)의 조카. 자(字)는 거군(巨君). 계획적으로 평제(平帝)를 죽이고 한나라 권력을 빼앗아 즉위한 후 신(新)나라를 세웠으나 내치 외교에 실패해 재위 15년 만에 광무제에게 멸망함. '왕망열전'이 있다.
2) 關竝(관병) : 자는 자양(子陽). 재주와 지혜가 통달했다고 환담(桓譚)의 '신론(新論)'에 기록되어 있다.
3) 猥(외) : 많다의 뜻을 가짐.
4) 索(삭) : 진(盡)과 뜻이 같다.
5) 張戎(장융) : 자는 중공(仲功). 개관의 일을 익혔다고 '신론(新論)'에 기록되어 있다.
6) 韓牧(한목) : 자는 자태(子台). 물을 잘 다스렸다고 '신론'에 기록되어 있다.
7) 王橫(왕횡) : 자는 평중(平中). 낭야(琅邪) 사람이다.
8) 漸(점) : 잠기다의 뜻을 가짐.
9) 行(행) : 통해 흐르게 하다.
10) 周譜(주보) : 주(周)나라의 족보 곧 왕족의 계통을 말함.
11) 空(공) : 천(穿)과 뜻이 같다.
12) 甄豊(견풍) : 자세한 기록이 없다.
13) 事(사) : 사역. 공사.
14) 兩便(양편) : 공적인 것과 사적인 것이 모두 편함을 뜻함.

15) 古人(고인) : 춘추(春秋)에 주(周) 대부(大夫) 유정공(劉定公)을 가리킨다. 『좌전(左傳)』에 있는 말.
16) 四瀆(사독) : 중국에 있는 4개의 큰 강. 곧 민산(岷山)에서는 흐르는 양자강(揚子江), 곤륜산(崑崙山)에서 흐르는 황하(黃河), 동백산(桐柏山)에서 흐르는 회수(淮水), 왕옥산(王屋山)에서 흐르는 제수(濟水)이다.
17) 孔子曰(공자왈) : 『논어(論語)』 술이(述而)편에 있는 말.
18) 志(지) : 기(記)와 뜻이 같다.

한서지리지 원문자구색인(原文字句索引)

[ㄱ]

可墾不可墾/194
可貴哉/218
嘉陵道/143
葭明/132
葭密/94
可不愼哉/221
家屬徙焉/201
嫁者不利其家/221
街泉/147
嫁取無所讎/218
嫁取送死過度/227
嫁取送死奢靡/215
嫁娶尤崇侈靡/200
嫁取之夕/217
菅/108
贛/126
邯溝/98
邯鄲/178
邯鄲北通燕涿/214
敢於急人/217
監於二大而損益之/52
贛榆/117
邯會/98
剛/110
絳/70
江南卑溼/232
江南地廣/229
羌道/144
江都/190
江陵/89
江陵故郢都/229
姜伯夷之後也/211
康叔之風旣歇/205
江乘/125

江陽/134
姜嬴荊芊/211
江原/133
彊陰/161
剛氏道/132
江州/140
江夏郡/90
江漢朝宗于海/30
蓋/110
皆急疾有氣勢/229
皆魯分也/223
開陵/121
皆迫近戎狄/200
開封/77
皆思奢儉之中/205
皆西南外夷/201
皆宋分也/225
開陽/119, 121
改梁曰益/57
皆言車馬田狩之事/201
蓋亦以彊幹弱支/200
皆燕分也/217
改雍曰涼/57
改禹徐/52
皆粤分也/235
皆魏分也/204
皆衛分也/227
皆爲諸侯/220
皆宜屬焉/200
皆以顯名漢興/232
皆在濟東屬魯/224
皆鄭分也/211
皆齊分也/220
皆趙分也/214
皆朝鮮濊貉句驪蠻夷/217
開地斥境/57
開仟伯/200

蓋千八百國而太昊/56
皆韓分也/211
柜/117
莒/185
居丹陽/229
鉅鹿/99
鉅鹿郡/99
去末歸本/212
居巢/91
渠搜/158
鉅壄/93
居延/149
居庸/164
鉅定/111
居就/168
鉅平/110
居風/176
健伶/137
建陵/119
建成/96, 105, 126
建信/107
建陽/92, 119
犍爲郡/134
乾齊/150
建平/96
建鄕/119
黔陬/117
揭陽/173
鬲/106
鬲絕南羌匈奴/201
岠/114
汧/67
鄑城/94
兼幷其地/235
兼徐梁幽幷夏周之制/57
郟/81
涇/125

京/77
敬丘/96
京陵/72
竟陵/90
敬武/99
景武間/201
輕薄無威/217
輕死易發/232
景成/105
更屬于晉/205
涇屬渭汭/36
經數十年/56
京室/155
涇陽/152
頃襄王東徙于陳/229
輕爲姦/215
更制九州/17
京兆扶風馮翊北地/200
京兆尹/60
更稱田氏/221
薊/183
計斤/117
薊南通齊趙勃碣之
　間一都會也/217
桂林/174
稽徐/175
繫水土之風氣/194
季氏逐昭公/224
桂陽/127
桂陽郡/127
界休/72
高(士)仕宦/212
苦/186
高/96
故更爲趙氏/200
故孔子悼道不行/218
故孔子美而稱曰/232

故孔子曰/201, 223	槀城/179	故秦地於禹貢時跨	昆澤/137
高郭/104	郜成/94	雍梁二州/200	共/75
高廣/117	故世傳楚辭/232	故秦天下三分之一/201	鞏/77
高句驪/171	故俗剛彊/205	故輯而論之/195	玪/96
告厥成功/45	故俗稱鄭衛之音/227	故且蘭/139	公季嗣位/232
故今之楚彭城本宋也/225	故率數歲壹反/236	故此數郡/201	公季有聖子昌/232
故其民猶有先王遺風/225	固始/186	故參爲晉星/205	公丘/96
故其民至今好用劍/232	故市/77	高昌/107	貢球琳琅玕/36
故其分墜小/207	高柴/96	故春秋經曰/227	貢璆鐵銀鏤砮磬熊
高氣勢/215	高樂/105	故邶庸衛三國之詩	羆狐狸織皮/34
故其俗剛武/227	故安/104	相與同風/205	貢金三品/28
故其俗夸奢上氣力/212	高陽/104, 117	高平/121, 152	邛都/135
故其俗巫鬼/212	稒陽/159	高鄉/117	公劉處幽/200
故其俗彌侈/221	故吳公子札聘魯觀周樂/205	高顯/168	孔氏序序衰壞/224
故其俗淫/211	高宛/107	苦陘/180	貢鹽絺/25
故其詩曰/205	故曰魯道衰/224	姑姊妹不嫁/221	公曰南方不可乎/211
故冀州之部/215	高要/175	曲江/127	貢羽旄齒革金三品/30
高奴/155	皋虞/117	穀丘/104	孔子閔王道將廢/224
高唐/106	高郵/190	谷口/64	孔子曰/194, 201
故唐詩蟋蟀山樞葛	故魏一號爲梁/205	穀羅/157	貢漆枲絺紵/33
生之篇曰/205	故謂之俗/194	曲梁/178	貢土五色/26
故道/143	故謂之帝丘/227	曲成/114	獷平/165
高都/73	故謂之風/194	穀成/77	公侯百里/56
故獨爲分野/227	古有分土亡分民/221	曲阿/123	過九江/39, 42
皋狼/157	故幽詩言農桑衣食	曲陽/92, 119	果蓏蠃蛤/229
高涼/176	之本甚備/200	穀陽/96	崞/161
故涼州之畜爲天下饒/201	故自高祖增二十六/194	曲易/175	關/101
故魯自文公以後/224	故訾富人及豪桀幷兼	曲逆/180	觀/78
高柳/163	之家於諸陵/200	穀遠/73	冠軍/87
高陵/64, 117	故自爲分墜/224	穀宜稻	館陶/98
固陵/159	故自爲分野/225	穀宜稻麥/52	觀兵周室/229
故立京師/207	故呰窳媮生/229	穀宜四種/52	觀陽/184
姑幕/117	故郪/125	穀宜三種/52	觀津/182
高望/155	姑臧/147	穀宜黍稷/52	廣/111
故民俗略同/232	考迹詩書/57	穀宜五種/53	廣年/178
高密/185	高隄/182	穀糴常賤/201	廣寧/164
高密國/185	故齊詩曰/221	曲周/178	廣都/133
姑復/135	高祖王兄子濞於吳/232	穀昌/137	廣陵/190
故不立尺土之封/56	故周官有職方氏/52	鵠澤/157	廣陵國/190
高富下貧/207	故周於三代最爲長久/207	曲鄉/94	廣望/104
高山/121	故至今其土多好經術/221	昆山/117	廣牧/158
高上氣力/201	故至今多女而少男/232	昆陽/81	廣武/72
高成/89, 105	故秦詩曰/201	昆吾氏居之/227	廣成/166

廣信/175
廣阿/99
廣陽/183
廣陽國/183
廣衍/157
廣饒/111
廣鬱/174
廣柔/133
廣田/157
廣至/151
廣昌/163
廣戚/96
廣川/182
廣平/121, 178
廣平國/178
廣漢/132
廣漢郡/132
廣鄉/178
槐里/67
虢/67
虢會受之/211
虢會爲大/211
教其民以禮義/217
膠東國/184
交黎/167
教民讀書法令/201
膠陽/113
鄢陽/126
巧僞趨利/207
交趾郡/175
教化大行/212
胊/119
九江孔殷/30
九江郡/92
九江納錫大龜/30
口九萬四千二百五十三/173
口九十六萬二千九百十二/70
口九十萬九千六百五十五/98
口九十萬五千一百一十九/105
口九十一萬七千八

百二十二/64
口九十八萬一千四百二十三/186
苟扉/175
口六萬九千四百八十五/177
口六十九萬八千八百三十六/157
口六十六萬四千五百四十三/106
口六十六萬二千二百四十九/132
口六十六萬八千八十/180
口六十萬六千六百五十八/155
口六十萬七千九百七十六/188
口六十萬七千三百八十一/189
口六十四萬二千八百八十四/108
口六十七萬七千九百五十六/101
口六十八萬四百八十八/72
口六十八萬二千四百六十八/60
雏瞀/164
九門/101
九百年/227
口百六十五萬九千二十八/78
口百三萬二千六百四/123
口百三十八萬六千二百七十八/94
口百五十五萬九千三百五十七/119
口百二十四萬五千九百二十九/133
口百二十三萬七千七百六十四/121
口四十九萬七百二十/107
口四十九萬七千八百五十/189
口四十萬六千七百四十八/172

口四十萬五千一百七十一/125
口四十萬八千四百五十/135
口四十五萬七千三百三十三/91
口四十七萬五千九百五十四/69
口四十八萬九千四百八十六/134
九山朶旅/45
口三萬八千三百三十五/150
口三十萬六一十四/130
口三十萬四千三百八十四/182
口三十四萬九千九百五十二/178
口三十三萬七千七百六十六/73
口三十五萬二千三百二十五/167
口三十五萬一千九百六十五/126
口三十二萬三千三百三十一/184
口三十二萬七百八十/166
九世至和而k齊/221
口十九萬二千五百三十六/185
口十九萬八千五百五十八/178
口十六萬七千十三/176
口十六萬三千一百四十/160
口十四萬六千七百五十二/187
口十四萬九千六百四十八/145
口十四萬六千一百六十/175
口十四萬三千二百九十四/152
口十四萬七千二十二/190
口十三萬九千七百三十七十八/129
口十三萬六千六百

二十八/157
口十五萬六千四百八十八/127
口十五萬三千三百六十一/139
口十一萬九千一百一十四/190
口十一萬七千七百六十二/164
口十七萬三千二百七十/159
口十七萬八千六百一十六/179
口十七萬八千六百一十六/191
口十八萬五千七百五十八/128
口十八萬七千六百六十二/182
句陽/94
口五十九萬三千一百五十九/112
口五十萬二千六百九十三/114
口五十五萬四千四百四十四/111
口五十八萬四百六十三/137
口五十九萬五十九萬四千九百七十八/194
句容/125
九原/159
夻猶/121
口二百三萬四百八十/96
口二百五十九萬六千一百四十八/84
口二百二十一萬九百七十三/81
口二百二十九萬三千四百五十四/161
口二百二十六萬四千一百一十六/165
口二百二十六萬一千三百四十八/146
口二百二十八萬五千七百八十四/185

口二十三萬六千八百二十四/144	口七十二萬六千六百四/110	厥土惟白壤/21	及勃海之安次/217
口二十三萬五千五百六十/142	口七十一萬八千五百四十/89	厥土惟壤/33	及司馬相如游宦京師諸侯/201
口二十三萬五千八百二十五/192	口七十八萬五百二十五/92	厥土赤埴墳/26	及成皐滎陽潁川之崇高陽城/211
口二十三萬一千三百二十八/159	口七十八萬二千七百六十四/103	厥土青黎/34	及叔虞子燮爲晉侯云/205
口二十二萬一千七百四十五/171	九澤旣陂/45	厥土黃壤/36	及詩風陳鄭之國/211
口二十二萬七千三十一/184	口八萬八千七百三十一/149	厥土黑墳/23	及安定北地上郡西河/200
口二十一萬九千二百一十八/90	口八十萬一千二百八十八/93	厥包橘柚錫貢/28	急之則離散/221
口二十一萬六百八十八/153	口八十三萬六千七十/67	歸德/84, 153	急疾顓己/226
口二十七萬二千五百三十九/168	口八十二萬七千一百七十七/99	貴慕權勢/201	及車轄四載小戎之篇/201
口二十七萬八千七百五十四/163	口八十七萬五千四百二十二/102	歸于其居/205	秪功名/221
胸忍/140	九河旣道/23	貴財賤義/207	秪夸功名/215
口一百九十四萬二千五十一/87	國亡主/212	貴顯漢朝/232	箕/117
口一百六萬七千九十七/75	國未可量也/221	均江海/28	冀/147
口一百五十萬九千五十/80	國此地/220	劇/113, 184	騏/70
口一百七十九千一百/117	國土變改/194	劇魁/113	祁/72
口一百七十四萬二百七十九/77	軍都/164	劇陽/161	邟/89
龜茲/155	君服於楚/235	棘陽/87	蘄/96
句章/123	群不可墾/194	近夏陽/200	其界自高陵以東/204
句町/139	君若寄帑與賄/211	今去聖久遠/224	其界自弘農故關以西/200
九州迥同/45	君以成周之衆/211	金城郡/145	其穀宜五種/52
九眞郡/176	郡以殷富/212	今我不樂/205	其君禹後/235
九眞南海日南/235	君子深思/205	今於犯禁寖多/218	其能久乎/212
句踐乘勝復伐吳/235	君子有勇而亡誼則爲亂/201	今之南郡江夏零陵桂陽武陵長沙及漢中汝南郡/229	其民鄙朴/215
九川滌原/45	君子之德風也/212	今之東郡及魏郡黎陽/227	其民涉度/224
口七萬六百五十八/183	郡初取吏於遼東/218	今之睢陽是也/225	其民有先王遺敎/205
口八萬六千四百四十九/147	弓高/182	今之蒼梧鬱林合浦交阯/235	其民有先王遺風/200
口八萬六千七百二十六/149	卷/77	今之沛梁楚山陽濟陰東平及東郡之須昌壽張/225	其民有聖人之敎化/223
口八萬一千一百六十二/174	衎氏/163	今之河南雒陽穀成平陰偃師鞏緱/207	其民或以關東下貧/201
口八萬八千九百八十/176	厥貢漆絲/23	今之會稽九江丹陽豫章廬江廣陵六安臨淮郡/232	其本而易其末/194
口七十萬八千一百四十八/140	厥賦上上錯厥田中中/21	今之濮陽是也/227	期思/84
口七十四萬六千二百三十七/175	厥棐檿絲/25	今隴西秦亭秦谷是也/200	其山日霍/52
	厥棐織文/23	汲/75	其山日沂/52
	厥棐織貝/28	及賈人往者/218	其山日岱/52
	厥棐玄纖縞/26	及犍爲牂柯越巂/201	其山日嶽/52
	厥棐玄纁璣組/30	及大夫韓武子食采於韓原/205	其山日醫無閭/52
	厥田中下/23		其山日恒山/52
	厥土塗泥/28, 30		其山日衡/52
	厥土白墳/25		其山日華/52
			其山日會稽/52
			其三千二百二十九九百四十七/194
			其世家則好禮文/200

한서지리지 원문자구색인 279

其少子則季札/232
其俗愚悍少慮/217
旣脩太原/21
其失夸奢朋黨/221
其失巧而少信/232
其失頗奢靡/227
其有陶唐氏之遺民乎/205
其利金錫竹箭/52
其利丹/52
其利松柏/52
其利魚鹽/52
其利玉石其民三男二女/52
其利林/52
其利布帛/52
其利蒲魚/52
其一萬萬二百五十二萬
　八千八百八十九頃/194
箕子去之朝鮮/217
其子武公與平王東遷/211
其田民飮食以籩豆/218
其濟洛河潁之間平/211
其州廣大/236
其周舊乎/201
冀州旣載壺口治梁及岐/21
其中具五民云/221
其川曰河沛/52
其畜宜雞狗/52
其畜宜六擾/52
蘄春/90
其浸曰渭洛/52
其太公乎/221
其土廣俗雜/214
其敝鄙朴/212
祈鄕/97
其後皆不失祠/211
其後三十六世與六
　國俱稱王/217
其後五伯更帥諸侯
　以尊周室/207
其後二十九世爲彊
　臣田和所滅/221
其後稍大/225
金城/145

[ㄴ]

雊/132
樂浪郡/172
樂都/113
樂陵/106, 121
樂望/113
樂信/99
樂安/107
洛都/155
雒陽/77
闌/135
蘭干/147
蘭祺/119
蘭陵/119
蘭陽/121
鸞鳥(鳥)/147
亂于河/34
南賈滇僰僮/201
誹邯/172
南曲/178
南廣/134
南郡/89
南宮/182
男女亟聚會/211
男女無別/217
男女亦亟聚會/227
南頓/84
南得涿郡之易容城范
　陽北新城故安涿縣
　良鄕新昌/217
南繇/99
南陵/60
南武陽/110
南北萬三千三百六
　十八里/194
南山檀柘/200
南成/119, 126
南深澤/104
南安/134
南壄/126
南陽郡/87

南陽好商賈/212
南燕/79
南有泗水至淮/223
南有鄭衛/214
召陵㶏彊新汲西華長平/204
南有陳留及汝南之
南有泰山城陽/220
南有巴蜀廣漢犍爲武都/200
南入于江/42
男子耕農/236
南鄭/131
南至浮水繁陽內黃
　斥丘/214
南至于華陰東至于底柱/42
南昌/126
南置交阯/57
南平/127
南平陽/93
南皮/105
南海郡/173
南行唐/101
南和/178
南興/159
藍田/60
琅槐/107
朗陵/84
狼孟/72
琅邪/117
閬中/140
乃勸以女工之業/221
乃東寄帑與賄/211
萊蕪/110
內滅陳魯之國/229
乃封爲附庸/200
乃修六經/224
乃爲秦所兼/207
來唯/137
萊夷作牧/25
內黃/98
女祁/164
女陽/84
女陰/84
女子桑蠶織績/236

女子爲婢/218
女子彈弦跕躧/214
鹵/152
念死生之慮/205
寧/164
寧陵/80
寧平/186
路/165
魯/189
潞/73
盧/110
魯國/189
盧奴/180
魯東海多至卿相/224
鹵城/163
盧氏/69
魯陽/87
盧容/177
魯一變至於道/223
魯地奎婁之分壄也/223
盧鄕/114
祿去公室/224
鰈得/149
祿福/149
弄棟/137
隴/147
隴西郡/144
耒陽/127
雷夏旣澤/23
㶐/167
婁/123
漏江/139
鏤方/172
樓煩/161
漏臥/139
樓鄕/184
樓虛/106
廩丘/79
淩/190
陵陽/125
陵夷微弱/224
陵夷至於戰國/56
泥陽/153

[ㄷ]

多巧僞/224
多弄物/214
多犀象毒冒珠璣銀銅果布之湊/235
多阻險輕薄/200
多豪桀侵奪/205
鄲/96
端谿/175
丹徒/123
單父/93
丹水/69
端氏/70
丹陽/125
丹揚郡/125
短長相覆爲千里/207
達于河/26
郯/119
談槀/139
鐔成/129
潭中/174
談指/139
沓氏/171
唐/180
當考/224
當塗/92
堂琅/134
當利/114
當城/163
當陽/89
堂陽/99
唐虞侯伯猶存/56
唐有晉水/205
堂邑/121
臺/108
代/163
髳/67
軑/90
岱畎絲枲鈆松怪石/25
代郡/163
臺登/135

大陸旣作/21
大陵/72
大末/123
帶方/172
大伯可謂至悳也已矣/232
大伯卒/232
大伯仲雍辭行采藥/232
大伯初奔荆蠻/232
大成/157
大率精急/214
大壄旣豬/26
大陽/70
對日夫楚重黎之後也/211
大王徙郊/200
大王欲傳國焉/232
大夏/153
殳祊/64
大柘/135
大珠至圍二寸以下/236
大之至也/201
大夏/144
臺鄉/111
稻/117
桃/182
道汧及岐/39
徒經/157
都關/93
道洛自熊耳/42
都梁/129
陶林/159
都夢/139
都/160
道民之道/221
都龐/176
桃山/110
道三十二/194
道弱水/42
都陽/119
堵陽/87
道渭自鳥鼠同穴/42
道沇水/42
都邑頗放效吏及內郡賈人/218

道人/163
到日南象林界云/236
盜賊常爲它州劇/215
都昌/113
道嶓冢/39
都平/119
到皮宗/236
徒河/167
道河積石/42
道荷澤/32
都鄉/101
桃鄉/110
度淮與齊晉諸侯會/235
道淮自桐柏/42
道黑水/42
獨樂/155
獨有濮陽/227
犢和/159
頓丘/78
敦煌/150
敦煌郡/150
僮/121
銅鞮/73
東賈眞番之利/217
桐過/160
東過洛汭/42
東光/105
東郡/78
東南曰揚州/52
東萊郡/114
同勞/137
銅瀨/137
東流爲漢/42
東流爲沇/42
東牟/114
東武/117
東武城/102
東武陽/78
東緡/93
東別爲沱/42
同竝/139
東北曰幽州/52
東北會于澗澧/42

東西南北方千里/235
東西長而南短/207
東城/92
東受江淮/212
東阿/78
東安/119, 185
東安陽/163
東安平/184
東陽/102, 121
鮦陽/84
東莞/117
東雄諸侯/200
東原厎平/26
東爲北江/42
同爲逆河入于海/42
東爲中江/42
東有廣平鉅鹿淸河河間/214
東有漁陽右北平遼西遼東/217
東有雲夢之饒/229
東有甾川東萊琅邪高密膠東/220
東䁘/172
東迤北會于匯/42
東入于海/42
東漸于海/45
東接汝南/211
動靜亡常/194
東至東海/223
東昌/182
東鄒/107
東出于陶丘北/42
東平國/188
東平陸/188
東平陵/108
東平舒/105
東平須昌壽良/224
東平陽/110
東海郡/119
東鄉/97
東昏/80
東會于泗沂/42
東會于灃/42

한서지리지 원문자구색인 281

東匯澤爲彭蠡/42	望平/168	武陵/131	武鄕/117
杜陵/60	亡凶年憂/201	茂陵/67	蕪湖/125
杜陽/67	味/137	武陵郡/128	文/171
杜衍/87	枚乘鄒陽嚴夫子之徒	無門戶之閉/218	汶江/133
屯留/73	興於文景之際/232	務本業/200	文景各六/194
屯有/172	鄳/90	無錫/123	文公徙封楚丘/227
得大州/235	猛陵/175	武城/64, 160	文公後十六世爲韓
得臨淮之下相睢陵	緜曼/179	武隆/182	魏趙所滅/205
僅取慮/223	緜虒/133	武始/98	文國/159
得百里之國萬區/17	沔陽/131	武安/98	文辭竝發/232
得山陽陳留/225	緜諸道/147	武陽/119, 134	文成/167
得上郡西河/200	緜竹/132	無陽/129	文身斷髮/235
得華駵綠耳之乘/200	滅耿以封大夫趙夙/205	舞陽/81	文安/105
鄧/87	滅魏以封大夫畢萬/205	無鹽/188	汶陽/189
	滅曹後五世亦爲齊	武王夢帝謂己曰/205	文翁爲蜀守/201
	楚魏所滅/225	武王封弟叔振鐸於曹/225	文王作酆/200
[ㄹ]	冥安/150	武王崩/205	文章冠天下/201
	名曰巫兒/221	武王定殷/217	聞邶鄘衛之歌曰/205
羅/192	名將多出焉/201	武王治鎬/200	聞喜/70
駱/160	名之曰虞/205	武要/160	鄙/67
	牟/110	武垣/104	未能篤信道德/201
	旄牛/133	武原/189	麋泠/175
[ㅁ]	牟平/114	武威/147	美陽/67
	穆公稱伯/200	武威郡/147	麋有子遺者矣/56
馬領/153	木弓弩竹矢/236	舞陰/87	美哉渢渢乎/205
馬城/163	木禾/155	武邑/182	美哉其細已甚/211
馬邑/161	蒙/187	撫夷/152	美哉淵乎/205
鄚/104	蒙羽其藝/26	無切/176	美稷/157
莫黚/159	蒙陰/110	武帝開廣三邊/194	民皆服布如單被/236
莫善於樂/194	鄨/123	武帝時攘/201	民去本就末/200
萬年/64	巫/89	武帝時置/217	民無得而稱焉/232
曼柏/159	武皐/160	武帝元封元年略以爲	民弗堪也/211
蠻夷賈船/236	武功/67	儋耳珠厓郡/235	崏山道江/42
秣陵/125	毋極/180	武帝二十八/194	崏山之陽/39
芒/96	毋單/139	武帝初開置/201	民俗懁忣/215
望都/180	武當/87	無終/166	民俗略與珠厓相類/236
亡冬亡夏/212	武德/75	武州/161	民俗略與巴蜀同/201
亡林澤之饒/224	武都/143, 159	武進/160	民俗質木/201
亡馬與虎/236	武陶/99	武車/157	民食稻魚/201
亡不克矣/211	武都郡/142	武次/171	民食魚稻/229
亡所變改/52	武都地雜氐羌/201	武泉/159	民五男三女/52
望松/155	無慮/168	毋椶/137	民有五畜/236
望垣/147	毋斂/139	無編/176	民二男三女/52, 53

民二男五女/52
民以富饒/200
民以貪遴爭訟生分爲失/212
民以板爲室屋/200
民人慕之/227
民人遷徙/194
民一男三女/52
民一男二女/52
黽池/69
民至今以爲俗痛乎/221
岷嶓旣藝/34
民戶千二百二十三萬
　三千六十二/194
民化以爲俗/217
密/77
密鄉/113

[ㅂ]

博/110
薄/93
薄姑氏與四國共作亂/220
迫近胡寇/215
博羅/173
博陵/157
博望/87
博山/87
博石/117
博陽/84
薄恩禮好生分/205
博昌/107
博平/78
博鄉/92
撲賣/147
般/106
潘/164
番和/149
班氏/163
般陽/108
反以爲榮/217
反以好文刺譏/201
發干/78

渤海郡/105
房/168
方渠/153
房陵/131
方利/157
房山/117
方城/183
方與/93
房子/101
方制萬里/17
旁行天下/17
白檀/165
白狼/166
百里賦內總/45
百里采/45
白馬/79
白石/145
百歲之後/205
白水/132
伯夷能禮於神以佐堯/211
伯益能儀百物以佐舜/211
柏人/178
伯諸侯尊周室/205
伯七十里/56
白土/155
柏鄉/99
繁/133
樊/188
蕃/189
繁畤/161
燔書阬儒/200
繁安/107
繁陽/98
樊輿/104
番禺/173
番禺其一都會也/235
番汗/171
范/78
凡郡國一百三/194
凡民函五常之性/194
凡四十世/227
凡十三部/57
范陽/104

辟陽/182
卞/189
辯九州之國/52
罄/139
絣/117
兵則矛盾刀/236
幷吞江漢之間/229
報仇過直/215
保邊塞/201
步行可十餘日/236
復累/152
復陸/160
復陽/87, 102
濮陽/78
本高辛氏火正祝融
　之虛也/211
本唐堯所居/205
本大國/225
本陶唐氏火正闕伯
　之虛也/225
本吳粵與楚接比/232
本戎狄地/215
本顓項之虛/227
本周宣王弟友爲周司徒/211
本秦京師爲內史/194
本匈奴昆邪王休屠王地/201
奉高/110
封丘/80
奉明/60
封文武先師適鬻熊
　之曾孫熊繹於荊
　蠻爲楚子/229
封斯/101
奉辭伐罪/211
封召公於燕/217
封陽/175
封於趙城/200
封於會稽/235
奉捷/147
邟/117
涪/132
符/134
鄜/64

不可入也/211
不可偪也/211
不距朕行/45
扶溝/186
不其/117
夫能夏則大/201
負力怙威/200
扶柳/182
富陵/121
涪陵/140
阜陵/92
符離/96
不滿爲附庸/56
不事農商/215
阜城/105
富城/188
父城/81
不成而誅/217
膚施/155
浮食者多/200
不愛後宮美女/217
不夜/114
浮陽/105
富陽/110
傅陽/189
扶陽/96
浮于江沱潛漢/30
不憂凍餓/229
浮于洛入于河/33
浮于汶達于泲/25
浮于潛/34
浮于積石/36
浮于沛漯/23
浮于淮泗/26
不韋/137
夫夷/129
不而/172
婦人貞信不淫辟/218
婦人尊貴/212
富人則商賈爲利/200
不者數年來還/236
賦貞/23
夫租/172

한서지리지 원문자구색인 283

賦中上/25	郫/133	徙壽春/232	三百里蠻/45
賦中中/26	悲歌慷慨起則椎剽攦冢/214	思深哉/205	三百里夷/45
賦中下/36	比景/177	射陽/121	三百里諸侯/45
夫差立/235	非獨爲奉山園也/200	泗陽/190	三封/158
賦錯上中/33	肥纍/179	士與女方秉菅兮/211	三水/152
富昌/157	毗陵/123	奢延/155	三十四世而爲楚所滅/224
富川/175	枲纖纊/33	司吾/119	三十餘年/227
富春/123	肥成/110	四奧旣宅/45	三危旣宅/36
不恥寇盜/201	比蘇/137	使禹治之/17	三以天下讓/232
富波/84	非宋地也/224	士有申子韓非刻害餘烈/212	商/69
富平/106, 153	卑水/135	葰人/72	相/96
賦下上錯/28	比陽/87	愻題/102	桑乾/163
賦下中三錯/34	肥如/167	徙齊諸田/200	上谷郡/164
枹罕/145	非王母弟甥舅則夷狄/211	徙之於野王/227	上曲陽/101
父兄被誅/215	賓客相過/217	徙天下不軌之民於南陽/212	上谷至遼東/217
不好仕官/207	瀕南山/200	四海會同/45	上郡/155
北過降水/42	瀕洙泗之水/223	四會/173	上郡西河安定天水隴西/200
北屈/70	頻陽/64	朔南暨/45	上邽/144
北隙烏丸夫餘/217	賓從/167	朔方/158	上氣力/227
北帶/175		朔方郡/157	湘南/192
莢道/134		索/129	上黨郡/73
北新成/180	**[ㅅ]**	山居谷汲/211	上黨本韓之別郡也/214
北興/159		山多林木/200	相盜者男沒入爲其家奴/218
北有信都眞定常山中山/214	苴/110	山多塵塺/236	桑犢/113
北有千乘淸河以南	徙/133	删丹/149	上雒/69
勃海之高樂高城	沙/98	山都/87	上禮義/224
重合陽信/220	沙南/159	山林竹木疏食果實之饒/201	上祿/143
北地郡/153	徙都大梁/205	山桑/96	象林/177
北置朔方之州/57	邪頭昧/172	山陽/75	常山郡/101
北平/180	邪龍/137	山陽郡/93	相殺以當時償殺/218
北海郡/112	沙陵/159	山陰/123	相傷以穀償/218
北鄕/111	茶陵/192	酸棗/80	象氏/99
賁古/137	駟望/117, 172	山川林澤/194	上艾/72
分其畿內爲三國/204	謝沐/175	山鄕/119	相如爲之師/201
汾陽/72	四方之國/211	三家皆自立爲諸侯/205	上庸/131
分爲百餘國/218	四百里粟/45	三監畔/205	上虞/123
分爲二十餘國/232	史伯曰/211	三絳/135	常爲天下劇/200
汾陰/70	泗瀕浮磬/26	三江旣入/28	賞有功/221
分天下爲郡縣/56	沙羨/90	三江五湖之利/232	尚有數十國/56
分天下作三十六郡/194	賜姓)氏/200	三國厎貢厥名/30	上殷台/171
祓/117	四世敬侯徙都邯鄲/214	三苗丕敍/36	喪祭之禮文備實寡/224
柙/117	泗水國/190	三百里揆文敎/45	桑中/101
費/119	賜受邿鄾之地/200	三百里納秸服/45	上蔡/84

常擇嚴猛之將/215	徐鄉/114	成固/131	所至國皆禀食爲耦/236
桑土旣蠶/23	西華/84	成皐/77	篠簜旣敷/28
上下通焉/201	棲會稽/235	成公後十餘世/227	昭顯天地/211
上鄉/113	錫/131	聲敎訖于四海/45	少昊之世有爽鳩氏/220
徐/121	析/69	成紀/147	小黃/80
西/144	錫貢磬錯/33	成德/92	俗儉嗇愛財/224
舒/91	昔伯益知禽獸/200	成都/133	俗旣益薄/224
西蓋馬/171	石山/117	城都/93	俗不愁苦/201
西頃因桓是倈/34	石城/125	成武/93	俗與趙代相類/217
西傾朱圉/39	石成/166	城父/96	俗猶羞之/218
西捲/177	夕陽/166	成賦中國/45	栗邑/64
西近邛莋馬旄牛/201	昔堯作游成陽/225	聲色生焉/227	束州/105
西都/157	石邑/101	成樂/160	屬之參及生/205
西梁/182	昔在黃帝作舟車以	成安/80, 81	俗稍益薄/218
西陵/90	濟不通/17	成陽/84, 94	俗頗似焉/201
徐無/166	昔周公營雒邑/207	成陽國/185	孫昭王開巴蜀滅周/200
徐聞/176	析支渠叟/36	成王滅之/220	遂死過度/200
西城/130	石泉/185	成宜/159	宋雖滅/225
西隨/139	昔太公始封/221	成帝時劉向略言其	松玆/91
西鄂/87	錫土姓/45	(域)地分/194	宋子/99
西安/111	石鄉/113	成平/105	宋自微子二十餘世/225
西安陽/159	昔后稷封斄/200	成鄉/113, 185	宋地房心之分壄也/225
西安平/171	宣武/157	城鄉/178	鄃/102
西陽/90, 94	善無/161	貰/99	脽/114
舒緩闊達而足智/221	船司空/60	細陽/84	脩/182
西于/175	宣城/125	蕭/96	隨/87
書云/17	善馭習馬/200	昭南/111	壽光/113
西有金城武威張掖	先王建萬國/17	少盜賊/201	遂久/135
酒泉敦煌/200	先王之迹旣遠/57	少禮文/215	隨君上之情欲/194
西有上谷代郡雁門/217	宣威/147	昭陵/192	雟唐/137
西有濟南平原/220	宣帝時/212	召陵/84	修都/158
西有太原定襄雲中	宣帝時韓延壽爲東	昭明/172	修道術/221
五原上黨/214	郡太守/227	昭武/149	壽良/79
西戎卽敍/36	先之以敬讓/212	所封封域皆有分星/53	睢陵/121
西接弘農得新安宜陽/211	船行可(八)二月/236	召父富以本業/212	雖免爲民/218
庶土交正/45	薛/189	蘇示/135	受命而王/232
西通巫巴/229	設輕重以富國/221	少五穀而人民寡/221	脩武/75
西平/84, 121	房陵/129	少日公季/232	收廮/137
胥浦/176	設浮於海/218	昭王曾孫政幷六國/200	綏彌/150
西被于流沙/45	剢/123	小人儉陋/205	數百年間/56
西河郡/157	陝/69	小人有勇而亡誼則爲盜/201	遂伐滅吳/235
西河惟雍州/36	歙/125	小人之德草也信矣/212	羞不相及/200
西鄉/104	成/104	昭帝一/194	遂奔荊蠻/232

洙泗之間壹如也/224　贛條其風俗/194　新汲/81　　　阿武/104
隨山栞木/17　　　承聖恩/227　　　新都/87, 132　　阿陽/106, 147
數相幷兼/232　　　乘氏/94　　　　信都/182　　　　鄂/90
遂成/172　　　　　承陽/192　　　信都國/182　　　樂街/157
修習戰備/201　　　勝休/137　　　信巫鬼/229　　　樂浯/150
修我甲兵/201　　　柴/110　　　　臣服請平/235　　樂浪朝鮮民犯禁八條/218
首陽/144　　　　　是降丘宅土/23　新山/117　　　　樂浪海中有倭人/218
睢陽/187　　　　　是故易稱/17　　信成/102　　　　樂浪玄菟亦宜屬焉/217
藪曰具區/52　　　是故五方雜厝/200　新成/77, 113　　樂成/87, 182
藪曰孟諸/52　　　是其分也/207　　新市/99, 180　　樂陽/101
藪曰昭餘祁/52　　是其先亡乎/211　新息/84　　　　惡衣食/225
藪曰揚紆/52　　　是其衛風乎/205　信臣勸民農桑/212　樂昌/79
藪曰泰壄/52　　　柴桑/126　　　　新安/69　　　　樂鄉/182
藪曰圃田/52　　　恃勢輿險/211　　新安平/167　　　安/106
藪曰弦蒲/52　　　是時秦南海尉趙佗　新野/87　　　　安故/144
藪曰豯養/52　　　　亦自王/235　　新陽/84, 119　　安廣/174
須昌/79　　　　　始安/129　　　　慎陽/84　　　　安丘/113, 117
水艸宜畜牧/201　　是爲武王/229　　身在陪臣而取三歸/221　安國/180
壽春邑/92　　　　是爲文公/205　　新鄭/77　　　　安惠/106
壽春合肥受南北湖皮　是爲北吳/232　　身中淸/232　　　安陸/90
　革鮑木之輸/232　是爲三晉/205　　新昌/104, 168　　安陵/67
水土旣平/17　　　是爲鄭/211　　　新蔡/84　　　　安武/152
遂罷棄之/236　　　是爲太公/221　　新處/180　　　　鴈門郡/161
數被胡寇/217　　　是爲胡公/212　　新郪/84　　　　雁門亦同俗/215
鶉孤/153　　　　　始有河內之土/205　新平/186　　　　安俾/152
昫卷/152　　　　　是以其民終不相盜/218　新豐/60　　　安成/84, 192
循成道/143　　　　是以其民好學/224　信鄉/102　　　安市/168
旬陽/131　　　　　是以其俗風雨時節/201　慎鄉/117　　　安樂/165
舜漁雷澤/225　　　是以采獲舊聞/57　實與諸姬代相干也/211　安陽/84, 131
淳于/113　　　　　始楚賢臣屈原被讒放流/232　鐔封/139　　安邑/70
恂盱且樂/211　　　詩風兼秦幽兩國/200　沁水/75　　　　安夷/145
鶉陰/152　　　　　詩風唐魏之國也/205　尋陽/91　　　　安定/99, 152, 175
椆邑/67　　　　　詩風齊國是也/221　深澤/180　　　　安定郡/152
崟高/81　　　　　詩風曹國也/225　十餘世/200　　　安衆/87
崇禮義/227　　　　詩風邶庸衛國是也/204　十二世爲晉所滅/232　安次/105
崇恩德行簡易/57　　始桓公兄襄公淫亂/221　雙柏/137　　　安昌/84
崟侈貪冒/211　　　始皇旣幷天下/227　　　　　　　　安平/104, 126
隰成/157　　　　　始皇之初/200　　　　　　　　　安豐/191
習俗頗殊/201　　　式/110　　　　　[ㅇ]　　　　　安風/191
淫沃/107　　　　　食物常足/229　　　　　　　　　安漢/140
承/119　　　　　　食采於宗周畿內/211　衙/64　　　　　安鄉/99
乘丘/110　　　　　愼/84　　　　　阿陵/104　　　　安險/180
丞相張禹使屬潁川朱　新淦/126　　　　阿林/174　　　　泱泱大風也哉/221

艾/126	陽安/84	驪軒/149	歷陽/92
掖/114	襄安/91	廬江郡/91	嶧陽孤桐/26
冶/123	襄陽/89	餘暨/123	易爲盜賊/200
夜郎/139	陽原/163	汝南郡/84	亦有所長/217
埜王/75	襄垣/73	汝南之別/229	亦一都會也/229, 232
夜則爲盜/218	養育草木鳥獸/200	予道/144	歷夏殷爲諸侯/200
若/89	襄陰/160	呂都/94	歷鄉/99
歷城/108	陽邑/72	廬陵/126	蓮勺/64
弱水旣西/36	襄邑/80	余名而子曰虞/205	然董蕫物之所有/232
略畔道/153	梁二州合之於雍/52	餘發/176	然其好學猶愈於它俗/224
略陽道/147	陽翟/81	驪成/166	燕丹遺風也/217
楊/70	陽鳥逌居/28	黎陽/98	連道/192
穰/87	陽周/155	與揚州同/52	然東夷天性柔順/218
襄/90	陽泉/191	余吾/73	然量其富什六(秦鹵)/201
梁/77	襄平/121, 168	與吳王閭廬戰/235	延陵/163
陽曲/72	陽平/79	餘姚/123	嬴陵/175
襄公將兵救周有功/200	陽夏/186	黎爲高辛氏火正/211	然本大國/224
陽丘/108	良鄉/104	與幼少相讓/224	延壽之化也/227
襄國/178	陽鄉/104	與應募者俱入海市	連然/137
梁國/187	圉/186	明珠璧流離奇石	燕王太子丹遣勇士荊
梁期/98	魚復/140	異物/236	軻西刺秦王/217
陽臺/178	於是令國中民家長	與子偕行/201	然終未改/217
陽都/185	女不得嫁/221	厲砥砮丹/30	燕地尾箕分壄也/217
襄洛/155	漁陽/165	慮虒/72	燕之分也/218
梁父/110	漁陽郡/165	餘波入于流沙/42	淵泉/151
梁鄒/108	於晉/125	與巴蜀同俗/229	燕稱王十世/217
陽陵/64	於天文別屬燕/215	餘汗/126	延鄉/107
襄陵/70	於天文自若其故/212	與韓同分/212	然後王敎成也/194
襄武/144	偃/80	與韓同星分焉/211	列口/172
陽武/77	鄢/81	餘杭/123	列國秏盡/56
襄賁/119	言近正也/223	厝/102	涅氏/73
陽山/127	鄢陵/81	易/104	涅陽/87
羊石/113	偃師/77	杍/106	列五服/17
陽石/114	言聖王在上/194	酈/87	列爲諸侯/200
陽羨/123	言與行繆/221	歷/182	列人/178
襄城/81	嚴道/133	亦江東之一都會也/232	列侯貴人車服僭上/200
良成/119	鄴/98	亦流于淇/205	廉/153
陽城/81, 84	輿/121	歷陵/126	鹽官/157
陽壽/159	麗/117	亦利交易/236	鹽瀆/121
陽信/105	廬/185	繹幕/102	葉/87
楊氏/99	呂/189	亦亡千金之家/229	葉榆/137
陽阿/73	黎/78	易陽/178	嬴/110
陽樂/114, 167	茹/164	櫟陽/64	酅/192

郢/89	五百里綏服/45	宛西通武關/212	羽/106
靈/102	五百里要服/45	宛溫/139	虞/187
令居/145	五百里甸服/45	緩之則放縱/221	于/190
令遣使獻生犀牛/236	五百里荒服/45	曰雲夢/52	盂/72
靈關道/135	五百里侯服/45	曰此之謂夏聲/201	羽畎夏狄/26
靈丘/163	五伯迭興/56	洼陶/161	又苦逢風波溺死/236
營道/129	烏傷/123	王莽輔政/236	又郡國輻湊/200
廮陶/99	梧成/117	王室多故/211	雩叚/117
泠道129	五世爲秦所滅/214, 221	往往以杯器食/218	右雒左(沛)/211
營陵/112	五世而爲秦所滅/212	外黃/80	雩都/126
零陵/129	烏氏/152	繚/102	又東過漆沮/42
零陵郡/129	於陵/108	饒/113, 157	又東北入于河/42
靈武/153	五原/159	蓼/191	又東爲滄浪之水過三澨/42
靈門/117	五原郡/159	瑤環篠簜/28	又東至于涇/42
領方/174	吳粵之君皆好勇/232	遼東郡/168	又東至于醴/42
嬴伯益之後也/211	烏程/123	繇文翁倡其教/201	又東至于盟津/42
靈壽/101	吳地斗分墅也/232	遼西郡/167	又東至于荷又東北
寧陽/110	吳札觀樂/201	聊城/78	會於汶/42
零陽/129	吳札聞唐之歌曰/205	遼隊/168	又東會于伊/42
潁陽/81	吳札聞魏之歌曰/205	堯時助禹治水/200	又得渤海郡之東平
潁陰/81	吳札聞鄭之歌曰/211	饒陽/104	舒中邑文安束州
靈州/153	吳札聞齊之歌曰/221	要陽/165	成平章武/214
令支/167	吳札聞陳之歌曰/212	遼陽/168	又得涿郡之高陽鄚州鄉/214
潁川郡/81	鄔鄉/119	堯遭洪水/17	雩婁/91
潁川南陽本夏禹之國/212	屋蘭/149	欲居九夷/218	于離/72
潁川之舞陽酇許偃陵/204	玉門/150	欲燿威德/236	又立諸侯王國/194
潁川韓都/212	沃埜/158	欲自贖者/218	又封周章弟中於河北/232
潁川好爭訟分異/212	沃野千里/200	庸管叔尹之/205	禹敷土/17
營浦/129	沃陽/161	容丘/119	右扶風/67
鮔是/157	獄或八年亡重罪囚/212	龍勒/151	又北東入于海/42
禮樂征伐自諸侯出/56	溫/75	龍舒/91	又北播爲九河/42
盠吾/104	薀圍/147	龍頟/106	右北平郡/166
豫章郡/126	雍/67	容陵/192	牛鞞/134
豫章出黃金/232	雍雞/174	春陵/87	又西南有牂柯越巂益州/200
吳/123	雍丘/80	勇士/147	禹錫玄圭/45
梧/189	雍奴/165	用史巫/212	又船行可四月/236
鄔/72	雍沮會同/23	容城/104	又船行可二十餘日/236
五街/153	宛/87	庸曰逐我淇上/205	又曰東門之枌/212
吳大破之/235	宛丘之栩/212	庸曰在浚之郊/205	又曰埃我於著乎而/221
吳東有海鹽章山之銅/232	宛丘之下/212	用宰嚭/232	又曰王于興師/201
吾聞康叔之德如是/205	宛其死矣/205	龍川/173	又曰溱與洧方灌灌兮/211
吳房/84	獂道/147	龍編/175	又爲諸侯所侵/207
五百里米/45	宛陵/125	龍亢/96	盱眙/121

嵎夷既略/25	魏國亦姬姓也/205	游媚富貴/214	律高/137
虞夏時有季則/220	魏郡/98	猶未宣究/194	溧陽/125
于鄉/119	魏其/117	有夫甘都廬國/236	栗鄉/94
郁郅/134	魏得其梁陳留/225	惟士與女/211	隆慮/75
郁夷/67	衛本國既爲狄所滅/227	有諶離國/236	戎邑道/147
郁郅//153	渭城/67	柔弱褊陿/201	鄞/123
郁秩/184	圍宋彭城/225	酉陽/129	濦强/84
雲/117	爲舜媵虞/200	有魚鹽棗栗之饒/217	隱居放言/232
雲南/137	爲十二州/17	有譯長屬黃門/236	殷道既衰/232
雲杜/90	尉氏/80	有鹽鐵之饒/205	殷道衰/217
雲陵/64	衛曰瞻彼淇奧/205	幽王爲犬戎所敗/200	殷末有薄姑氏/220
雲夢土作乂/30	謂虞仲夷逸/232	幽王敗(威)桓公死/211	圜陽/157
雲陽/64	爲粵王句踐所滅/232	逾于洛/30	圜陰/157
雲中/159	爲狄所滅/205	逾于汧/34	殷因於夏/52
雲中郡/159	爲周孝王養馬汧渭之間/200	有鄠杜竹林/200	銀齒革/52
鬱林郡/174	魏地/204	俞元/137	陰/87
熊耳外方桐柏/39	爲之歌秦/201	猶有沙丘紂淫亂餘民/214	陰館/161
璦/106	謂之三監故書序曰/205	有邑盧沒國/236	陰陵/92
垣/70	謂之析木之次/218	有以也夫/218	陰密/152
冤句/94	謂之壽星之次/212	有已程不國/236	陰槃/152
原都/155	謂之鶉首之次/201	幼者扶老而代其任/224	陰山/127, 157
爰得/152	謂之鶉火之次/207	楡中/145	音聲不同/194
沅陵/129	衛地營室東壁之分壄也/227	楡次/72	飮食還給/229
苑陵/77	衛地有桑間濮上之阻/227	柳泉/113	陰安/98
原武/77	爲倡優/214	惟甾其道/25	陰平/119
元城/98	衛遷于帝丘/227	有賢材/232	陰平道/132
原隰底績/36	爲楚子/229	窳渾/158	陰鄕/183
元始二年戶十九萬	爲夏后氏/46	有和氣之應/201	邑居道路/194
五千七百二/60	爲韓所滅/211	有黃支國/236	邑之於秦/200
元氏/101	爲韓魏所侵/227	有漢上風/227	義渠道/153
原陽/159	柔/117	六/191	懿公亡道/205
元帝時/236	攸/192	育犁/114	宜都/155
爰戚/94	留/189	六府孔修/45	宜梁/159
原平/72	有江水沃野/201	陸成/180	宜祿/84
遠韓近趙/214	有教亡類/201	蔘城/107	義陵/129
月(支)氏道/152	由拳/123	六世稱王/212	宜成/89, 108
粵既幷吳/232	惟菌簵楛/30	六安國/191	義成/97
越巂郡/135	有女如雲/211	育陽/87	猗氏/70
粵地牽牛婺女之分壄也/235	有都元國/236	陸渾/69	陭氏/73
衛/205	猶獨置衛君/227	允街/145	宜陽/69
魏/98	柳/105	綸氏/81	宜春/84, 126
爲家主祠/221	柳城/167	允吾/145	利/111
爲九州膏腴/200	隃麋/67	栗/96	勮/125

吏見民無閑臧/218	已氏/187	仁賢之化也/218	入于南海/42
而更封衞於河南曹楚丘/205	夷安/185	日南郡/177	入于渭/34
而輕易淫泆/201	而野王好氣任俠/227	一都之會也/212	入于河/21, 42
蚳丘/110	以漁獵山伐爲業/229	日勒/149	入于海/39, 42
而其剛柔緩急/194	異於三方之外/218	日月其邁/205	
伊其相謔/211	夷輿/164	軼爲榮/42	[ㅈ]
以待游士而妻之/232	而吳有嚴助朱賈臣/232	任/178	
以德輔此/205	以爲在于土中/207	臨江/140	自(大伯)壽夢稱王六世/232
夷道/89	以爲周公主/223	臨羌/145	賚/166
伊雒瀍澗旣入于河/32	以爲周制微弱/56	臨涇/152	字/166
夷陵/89	而人物輻湊/221	臨邛/133	柘/186
而亡積聚/229	而人衆不過什三/201	臨朐/111, 114	秭歸/89
以滅宗周/207	以材力爲官/201	臨沂/119	子男五十里/56
利苗/79	吏卒中國人多侵陵之/236	臨都/97	子男之國/211
而武都近天水/201	而紂之化猶存/205	臨武/127	自唐叔十六世至獻公/205
而武靈王又益厲之/215	二千石治之/201	臨汾/70	自東井六度至弓六度/212
而武王克殷/232	以綴禹貢/57	臨湘/192	自柳三度至張十二度/207
以撫海內/57	以致畜藏/200	任城/188	自武公後二十三世/211
以文辭顯於世/201	而土三等/56	臨水/157	自武威以西/201
而未有興者/211	以通西域/201	臨樂/105	自武帝以來皆獻見/236
吏民相親/201	荔蒲/175	臨安/117	自夫甘都盧國船行
二百里男國/45	移風易俗/194	臨潁/81	可二月餘/236
二百里納銍/45	以避蛟龍之害/235	臨沃/159	子成公徙於帝丘/227
二百里奮武衞/45	而河內殷虛/205	臨原/117	子孫不絶/200
二百里流/45	以河爲竟/200	臨沅/129	子孫分散/235
二百里蔡/45	而漢中淫失枝柱/229	臨渝/167	玆氏/72
而保章氏掌天文/53	伊鄕/117	臨允/176	子襄公時/200
以封師尙父/221	利鄕/104	臨戎/158	自危四度至斗六度/218
而封叔虞/205	離狐/78	臨邑/79	自日南障塞徐聞合浦
以婦侍宿/217	而和自立爲齊侯/221	臨沮/89	船行可五/236
吏不苛刻之所致也/201	已患其剽悍/215	臨洮/144	自任私智/200
以詐力相傾/215	而淮南王安亦都壽春/232	臨塵/174	自全晉時/215
以射獵爲先/201	益/113	臨晉/64	自井十度至柳三度/201
而山陽好爲姦盜/226	益闌/157	臨淄/111	子弟怨憤/215
以生柔嘉之材/211	弋居/153	臨甾名營丘/221	自趙夙後九世稱侯/214
離石/157	益陽/192	臨甾海岱之間一都會也/221	資中/134
利成/119	弋陽/84	任土作貢曰/17	子仲之子/212
以星土辯九州之地/53	益州郡/137	臨平/99	子之營兮/221
二世時乃廢爲庶人/227	益昌/104	臨河/158	自初爲郡縣/236
以歲時來獻見云/218, 232	蘭/157	臨賀/175	子平王東居雒邑/207
以述唐虞三代之道/224	引涇水溉田/200	臨鄕/104	自畢萬後十世稱侯/205
以視吉凶/53	人五十萬/218	臨湖/91	自合浦徐聞南入海/235
二十餘世爲宋所滅/225	因而封之/232	臨淮郡/121	

慈鄕/117	在其板屋/201	鄭/99	濟陰定陶/225
子惠公初稱王/200	梓潼/132	定墾田八百二十七萬	齊一變至於魯/223
自胡公後二十三世	在浚之下/205	五百三十六頃/194	弟子受業而通者七
爲楚所滅/212	在晉之南河曲/205	定官分職/52	十有七人/224
自黃支船行可八月/236	在彼中河/205	鄭國今河南之新鄭/211	齊地虛危之分埜也/220
觜觿參之分野也/204	厗奚/165	鄭國穿渠/200	沛河惟兗州/23
作姦巧/214	齎黃金雜繪而往/236	正南曰荊州/52	提奚/172
作離騷諸賦以自傷悼/232	著/108	定陶/94,160	齊桓公帥諸侯伐狄/205
作十有三年乃同/23	沮/143	正東曰靑州/52	齊桓公以爲大夫/221
莋秦/135	氏道/144	楨陵/159	諸侯蕃屛四方/207
灂/91	沮陽/164	廷陵/166	諸侯畢賀/235
灂街/135	底績至于衡章/21	定陵/81,84	朝歌/75
蠶陵/133	氏池/149	楨林/155	棗彊/102
蠶台/172	揗次/147	正北曰幷州/52	趙國/178
岺/161	且慮/167	正西曰雍州/52	朝那/152
張/178	杼秋/187	鄭詩曰出其東門/211	趙分晉得趙國/214
章/188	狄/107	滇陽/127	鳥鼠至于太華/39
牂柯郡/139	狄道/144	定陽/155	朝鮮/172
長廣/117	翟道/64	定襄/160	脩市/105
藏匿難制御也/212	奠高山大川/17	定襄郡/160	遭我虖嶨之間兮/221
長羅/80	傳國至武帝時/235	定襄雲中五原/215	朝陽/108
長老不自安/224	錢唐/123	定莋/135	洮陽/129
長陵/64	前莫/172	政在大夫/224	朝陽/87
長利/131	田上上/36	定周/174	祖厲/152
章武/105	田上中/26	鄭之分野/212	趙與秦同祖/205
壯武/184	轉相呑滅/56	井陘/101	雕陰/155
丈夫多夭/232	田上下/25	鄭弘召信臣爲南陽太守/212	雕陰道/155
丈夫相聚游戲/214	轉送致之/236	鄭桓公問於史伯曰/211	鳥夷皮服/21
長社/81	戰勝攻取/232	諸/117	鳥夷卉服/28
長沙國/192	田蠶織作/218	齊郡/111	趙中山地薄人衆/214
長脩/70	甸氏道/132	諸暨/123	趙地昴畢之分埜/214
長安/60	湔氐道/133	濟南郡/108	朝平/178
張掖/147	田中上/33	除道/153	尊諫爭/227
長掖郡/149	演池/137	齊得其濟陰東平/225	尊尊而親親/224
將與之唐/205	全椒/92	提封田一萬萬四千	尊賢智/221
長垣/80	田下上/34	五百一十三萬六	卒定號會之地/211
長子/73	田下中賦上下/30	千四百五頃/194	終其本末著於篇/195
長子大伯/232	田下下/28	帝少康之庶子云/235	終南惇物/36
長岑/172	折泉/117	沛食溱洧焉/211	鍾代石北/215
掌天下之地/52	黏蟬/172	濟陽/80	鍾離/92
長平/84	定/105	帝王圖籍相踵而可知/56	鍾武/90,129
漳河之間一都會也/214	挺/184	制轅田/200	樅陽/91
章鄕/105	鄭/60,94	濟陰郡/94	終爲諸侯所喪/56

한서지리지 원문자구색인 291

種禾稻紵麻/236	朱虛/117	至告訐刺史二千石/215	至子爲秦所滅/232
左邑/70	周興以少昊之虛曲阜封	地廣民稀/201	至子胡亥/200
佐諸侯平秦/235	周公子伯禽爲魯侯/223	地廣民希/217	厎柱析城/39
左馮翊/64	竹/96	至句踐稱王/235	至周成王時/220
遀/104	俊靡/166	至今東郡號善爲吏/227	至周有造父/200
州/75	浚儀/80	至今猶然/217	至曾孫武靈王稱王/214
䮺/87	浚遒/92	地東西九千三百二里/194	至曾孫周章/232
郱/90	中丘/101	池頭/150	至昌爲西伯/232
周公問/221	重丘/106	至六十餘條/218	至春秋時/56
周公始封/224	中國往商賈者多取富焉/235	地名又數改易/57	祇台德先/45
周公曰/224	中都/72	至武帝攘卻胡越/57	至玄孫氏爲莊公/200
周公曰後世必有纂	中廬/89	地薄民貧/226	地陿民衆/224
殺之臣/221	重廉恥/224	至成王減唐/205	直路/153
周公遺化銷微/224	中留/174	至孫威王稱王/221	織作冰紈綺繡純麗之物/221
周公誅之/205	中陵/161	至孫稱王/205	織皮昆崙/36
周官/57	中牟/77	厎愼財賦/45	陳/186
周旣克殷/52	中山國/180	至十六世/205	陳國/淮陽之地/212
周旣滅殷/204	衆庶放效/200	枝陽/145	秦旣滅韓/212
周大王亶父興岐梁之地/232	中水/104	池陽/64	陳留/80
周亂而敝/211	中宿/173	至襄王以河內賜晉文公/207	陳留郡/80
酒禮之會/201	中陽/157	至於文公/205	盡亡其旁邑/227
朱盧/176	仲雍立/232	至于碣石/39	盡滅以爲郡云/235
州陵/89	重淫祀/229	至于南河/30	秦幷以爲郡/201
周末有子路夏育/227	中邑/105	至于大陸/42	陳本太昊之虛/212
周武王封舜後媯滿於陳/212	重泉/64	至于大別/39, 42	進桑/139
周武王唐叔在母未生/205	重平/105	至于大伾/42	秦遂擧兵滅燕/217
周封微子於宋/225	重合/105	至于大嶽/39	秦遂幷兼四海/56
周成王時/229	中鄕/94	至于東陵/42	陳雖屬楚/212
周襄將起/211	重厚多君子/225	至于倍尾/39	陳詩曰坎其擊鼓/212
周承休/81	卽丘/119	至于敷淺原/39	辰陽/129
周室旣衰/56	卽來/117	至于三危/42	晉陽/72
朱虢/175	卽墨/184	至于嶽陽覃懷/21	晉於是始大/205
朱吾/177	卽裴/98	至于王屋/39	盡吳分也/232
周元王使賜命爲伯/235	汁方/132	至于龍門/42	秦欲減六國/217
周人之失/207	繒/119	至于龍門西河/36	盡以其地封康叔/205
誅子胥/232	增山/157	至于豬埜/36	秦臧/137
周爵五等/56	增食/174	至于鳥鼠/36	眞定/179
朱提/134	增地/172	至于合黎/42	眞定國/179
周地柳七星張之分野也/207	枳/140	至于衡山/39	秦之分也/201
周之分也/207	軹/75	至于荊山內方/39	秦之先曰柏益/200
盩厔/67	至閩君搖/235	至于荊山逾于河/39	秦地於天官東井輿
酒泉郡/149	枝江/89	至幽王淫褒姒/207	鬼之分埜也/200
州鄕/104	至景公滅曹/225	至子夫差/232	陳倉/67

盡楚分也/229
震澤底定/28
盡河東河內/204
秦漢焉/57
銍/96
斟/113
軝/113
徵/64

[ㅊ]

且居/164
此其風也/211, 212
且如/163
此亦其舒緩之體也/221
次曰仲雍/232
此政寬厚/201
此之謂也/17
此混同天下一之庥中和/194
鄼/87, 96
札讓而不受/232
參纕/152
參封/117
參分其地/225
參合/163
參戶/105
昌/117
昌國/111
昌慮/119
昌武/184
昌城/166
昌成/182
蒼松/147
昌安/185
昌陽/114, 121
蒼梧郡/175
昌邑/93
昌平/164
蔡蒙旅平/34
蔡叔尹之以監殷民/205
蔡陽/87
鄀/132

處近海/235
妻以元女大姬/212
戚/119
斥丘/98
斥章/178
千童/105
泉陵/129
遷陵/129
泉上/164
淺水/155
天水郡/146
天水隴西/200
千乘/107
千乘郡/107
川曰江漢/52
川曰涇汭/52
川曰三江/52
川曰漳/52
川曰河沇/52
川曰滎雒/52
川曰虖池嘔夷/52
川曰淮泗/52
天阺/150
千章/157
泉州/165
穿中央爲貫頭/236
遷邠庸之民于雒邑/205
天下畔之/200
天下分而爲七/56
天下分絕/17
沾/73
墊江/140
輒輿/96
清/78
青蛉/135
青分冀州之地以爲幽幷/52
清水/147
清陽/102
清淵/98
青衣/133
清河郡/102
僉/70
譙/96

楚國/189
初雒邑奧宗周通封畿/207
楚得其沛/225
草木漸包/26
稍復開置/194
招賓客著書/232
楚昭屈景及諸功臣
　家於長陵/200
屮夭木喬/28
屮繇木條/23
楚有江漢川澤山林之饒/229
楚地翼軫之分壄也/229
初置四郡/201
招致天下之娛游子弟/232
初太公治齊/221
初太子丹賓養勇士/217
初和之先陳公子完
　有罪來奔齊/221
初淮南王異國中民
　家有女者/232
蜀郡/133
總其盟會/56
總帥諸侯/229
最後絕/227
騶/189
鄒盧/184
推邪/155
趣商賈/224
騶處/157
鄒平/108
推表山川/57
畜及穀宜/52
祝其/119
祝阿/106
筑陽/87
畜宜四擾/52
畜宜五擾/53
畜宜牛馬/52
畜宜牛羊/52
畜宜六擾/52
畜宜鳥獸/52
杶幹栝柏/30
春穀/125

春秋/57
春秋經曰/225
出自帝顓頊/200
充/129
充國/140
贅其/121
取九鼎/200
取慮/121
聚陽/166
取之不足以更費/232
甾/187
雜/87
治皆見紀/212
致貢於周/235
甾丘/189
值其鷺羽/212
置東郡/227
置刺史/57
寘諸河之側/205
甾川國/184
茌平/78
甾鄉/94
齒革羽毛/28
則明主也/205
親諸侯/17
漆/67
漆絲枲/52
七世爲秦所滅/205
漆垣/155
漆沮旣從/36
郴/127
寖/84
沈陽/64
寖曰沂沭/52
寖曰淶易/52
浸曰盧濰/52
寖曰汾潞/52
寖曰潁湛/52
寖曰五湖/52
寖曰波溠/52
浸曰蒥時/52
寖以彊大/229
稱皇帝/200

[ㅌ]

它人是媮/205
沱潛旣道/30, 34
涿/104
橐/93
橐皋/92
涿郡/103
涿鹿/164
灅陽/84
吞列/172
澟陰/106
碭/187
宕渠/140
盪滅前聖之苗裔/56
湯時有逢公柏陵/220
蕩陰/75
湯止于亳/225
太公問/224
太公曰/224
太公曰擧賢而上功/221
太公以齊地負海舄鹵/221
泰山郡/110
太原郡/72
太原上黨又多晉公
　族子孫/215
太行恒山/39
土鼓/108
土軍/157
土垠/166
土地肥美/201
土陿而險/211
統理人倫必移其本/194
通魚鹽之利/221
通于河/23
通于淮泗/28

[ㅍ]

波/75
破羌/145

巴郡/140
婆娑其下/212
破西戎有其地/200
鄱陽/126
頗有桑麻之業/224
頗有趙齊衛楚之徙/215
播旌/121
巴蜀廣漢本南夷/201
嶓冢道瀁/42
八百餘年至於赧王/207
沛/96
貝丘/102
霸陵/60
浿水/172
邶詩曰/205
邶又曰/205
郜以封紂子武庚/205
敗之鄾李/235
沛楚之失/226
彭城/189
彭陽/152
彭蠡旣豬/28
彭澤/126
便/127
編/89
偏諸侯之後宮/214
平/77
平剛/166
平皋/75
平曲/119
平谷/165
平郭/171
平廣/111
平丘/80
平棘/101
平臺/101
平度/114
平都/155
平陶/72
平陸/67, 157
平利/178
平望/113

平明/166
平舒/163
平城/113, 161
平壽/113
平氏/87
平阿/96
平樂/94
平樂道/143
平安/107, 190
平襄/146
平陽/70
平興/84
平王東遷雒邑/200
平原/106
平原郡/106
平恩/98
平陰/77
平邑/163
平夷/139
平的/113
平定/157
平隄/182
平帝元始中/236
平周/157
平昌/106, 117
平鄕/178
廢中權/232
包匭菁茅/30
蒲領/105
蒲反/70
布山/174
蒲吾/101
蒲子/70
褒中/131
蒲澤/159
剽殺人/236
表是/150
漂陽/96
豐/96
風俗不純/200
灃水逌同/36
馮乘/175
被盟豬/32

彼汾一曲/205
皮氏/70
被陽/107
必將背君/211

[ㅎ]

河間國/182
下曲陽/99
河關/145
瑕丘/94
夏丘/96
下邳/60
下及戰國/57
河南/77
河南郡/77
河南曰豫州/52
河南之開封中牟陽
　武酸棗卷/204
河內郡/75
河內本殷之舊都/204
河內曰冀州/52
河內之野王朝歌/227
河東郡/70
河東曰兗州/52
河東土地平易/205
下落/164
河目/159
下密/184
下博/182
下辨道/143
河北/70
下邽/119
下相/121
何所可以逃死/211
河水洋洋/205
夏陽/64
河陽/75
河陰/159
下邑/187
河以北也/214
何以治魯/224

何以治齊/221
夏人上忠/212
下雋/192
河池/143
下蔡/96
下雉/90
下土墳壚/33
夏后之世/227
部/101
罕幵/147
漢極盛矣/194
韓分晉得南陽郡及
　潁川之父城定陵
　襄城潁陽潁陰長
　社陽翟郟/211
漢承百(年)王之末/194
漢陽/134
韓延壽爲太守/212
韓魏皆姬姓也/205
韓自武子後七世稱侯/212
漢中郡/130
韓地角亢氐之分野也/211
漢之譯使自此還矣/236
漢興六郡良家子選
　給羽林期門/201
漢興立都長安/200
漢興復立搖爲越王/235
漢興以其郡(大)太大/194
漢興以來/224
漢興二千石治者亦
　以殺戮爲威/227
漢興因秦制度/57
漢興號爲難治/215
含洭/127
咸陽/159
咸以兵馬爲務/201
含資/172
咸則三壤/45
咸驩/176
闔廬擧伍子胥孫武爲將/232
合肥/92
合陽/106
郃陽/64

合諸侯成伯功/221
合從連衡/56
合浦/176
合浦郡/176
合鄕/119
項/84
亢父/188
佷山/129
恒衞既從/21
解/70
海曲/117, 119
海岱及淮惟徐州/26
海岱惟青州/25
海陵/121
海冥/172
海物惟錯/25
海瀕廣潟/25
海陽/167
海鹽/123
海昏/126
幸於穆王/200
向/96
鄕黨慕循其迹/201
許/81
虛詐不情/221
虛水/117
險瀆/168
縣九/94, 142, 149, 186
縣六/150, 173, 189
顯美/149
縣四/178, 179, 182,
　183, 185, 190
縣三/171, 184, 190
縣三十六/87, 157
縣三十七/84, 96
縣三十八/119
縣十/129, 147, 149,
　157, 175
縣十九/106, 153
縣十六/146, 159, 166, 178
縣十四/73, 90, 102,
　108, 161, 167, 180
縣十三/128, 132, 145, 192

縣十五/92, 107, 133,
　135, 164
縣十二/60, 91, 111,
　130, 134, 165, 174
縣十一/69, 127, 140,
　144, 159
縣十七/80, 114, 125,
　139, 182
縣十八/75, 89, 98,
　101, 126, 163, 168
汯氏/73
賢於內郡/201
縣五/176, 177, 185, 191
縣五十一/117
縣邑千三百一十四/194
縣二十/81, 99
縣二十九/103, 121
縣二十六/105, 112, 123
縣二十四/64, 70, 110, 137
縣二十三/93, 155
縣二十五/172
縣二十二/77, 78
縣二十一/67, 72, 152
縣十二/160
縣七/176, 188, 189
玄菟郡/171
玄菟樂浪/217
縣八/184, 187
夾右碣石/21
協和萬國/17
荊及衡陽惟荊州/30
荊岐既旅/36
荊蠻歸之/232
滎陽/77
兄弟欲傳國/232
滎波既豬/32
荊河惟豫州/32
猇/108
湖/60
鄠/67
好稼穡/200, 225
豪桀則游俠通姦/200
壺關/73

戶口多多異物/236
壺口雷首/39
戶九萬二千四百四十/175
好氣爲姦/215
狐奴/165
戶六萬六千六百八十九/166
戶六萬四千四百六十一/153
戶六萬三百七十一/146
戶六萬五千五百五十六/182
戶六萬二千八百一十二/172
戶六萬一千二百八/135
戶六萬七千四百六十二/126
戶六萬八千八百二/165
湖陵/93
湖陵邑/91
戶九千六百一十三/173
戶萬五千四百六十/177
戶萬五千三百九十八/176
戶二千四百二十五/174
戶萬一千二百/150
戶萬七千五百八十一/147
戶萬八千一百三十七/149
虎猛/157
好文法/212
浩亹/145
好射獵/215
戶四萬三千四百七十/192
戶四萬五百三十一/185
戶四萬五千六/171
戶四萬五千四十三/182
戶四萬二千七百二十五/152
戶四十六萬一千五
　百八十七/84
戶四十萬九千七十九/96
戶四十萬一千二百
　九十七/78
戶四十三萬二千四
　百九十一/81
戶三萬九千三百二十二/159
戶三萬六千七百七十三/190
戶三萬六千八/164
戶三萬四千三百三十八/157
戶三萬四千一百七十七/128

한서지리지 원문자구색인 295

戶三萬五千七百四十三/176	戶十二萬四千三百八十三/91	戶二十四萬一千二百四十六/75	華陰/60
戶三萬七千一百二十六/179			和夷氐績/34
戶三萬八千四百七十/145	戶十二萬五千五百七十九/89	戶二十三萬六千八百九十六/70	桓公用管仲/221
戶三萬八千三百四十五/191			桓公從其言/211
戶三萬八千三百三/159	戶十二萬七千/112	戶二十三萬五千一百一/64	滑鹽/165
戶三萬八千五百五十九/160	戶十一萬六千七百二十七/107	戶二十五萬六千三百七十七/105	黃/93, 114
戶三萬八千七百九/187			黃帝之後/56
戶三十五萬九千(三)百一十六/87	戶十一萬四千七百三十八/189	戶二十二萬三千三十八/123	黃支之南/236
		戶二十二萬八千九百六十一/117	黃覇繼之/212
戶三十五萬八千四百一十四/119	戶十一萬八千九十一/69		黃韓化以篤厚/212
	戶十一萬八千四十五/189	戶二十一萬六千三百七十一/67	懷/75
好商賈漁獵/212	戶十七萬二千八百四十七/93		會稽郡/123
狐讘/70		戶二十一萬二千八百四十九/98	會稽海外有東鯷人/232
狐蘇/167	戶十七萬二千八百六/110		淮沂其乂/26
胡孰/125	好惡取舍/194	戶二十七萬六千四百四十四/77	裏德/64
戶十九萬五千六百七/103	湖陽/87		淮陵/121
戶十六萬九千八百六十三/72	戶五萬六千六百四十二/185	好訾毀/224	會無/135
	戶五萬六千七百七十一/163	好祭祀/212	裏山襄陵/17
戶十六萬七千四百九十九/132	戶五萬六千八百四十四/90	呼遒/158	會水/150
	戶五萬三千九百六十四/144	好畤/67	淮陽國/186
戶十六萬八千七百三/180	戶五萬五千九百七十二/168	戶七萬三千一百三十八/161	會于渭汭/36
戶一萬九千四百一十九/134	戶五萬二百八十九/184	戶七萬三千七百九十八/73	淮陰/121
戶一萬三千六百八十三/155	戶五萬一千三百七十六/142	戶七萬二千六百五十四/167	淮夷蠙珠臮魚/26
戶一萬三千二百九十二/114	號曰句吳/232	戶七萬二千二/184	淮浦/121
戶一萬一千五百六十/130	號曰孟侯以夾輔周室/205	號稱陸海/200	回浦/123
戶一萬七千五百四十一/125	號爲冠帶衣履天下/221	濩澤/70	淮海惟揚州/28
戶十四萬一千七百四十一/101	戶二萬四千三百五十二/149	戶八萬四千二百二/178	回獲/153
	戶二萬四千三百七十九/175	戶八萬一九百四十六/137	獲嘉/75
戶十四萬七百六十一/108	戶二萬四千二百一十九/139	或骨爲鏃/236	畫壄分州/17
戶十三萬六千三百九十/157	戶二萬五千二十五/190	或報殺其親屬/215	橫/117
戶十三萬五千五百四十四/186	戶二萬一千九百二/129	或以報怨過當/201	洨/96
	戶二萬七百四十/183	或以詩逆亡道/201	效穀/150
戶十三萬一千七百五十三/188	戶二萬七千九百八十四/178	或任殺伐爲威/215	孝公用商君/200
	戶二萬八千一百一十九/127	或火耕水耨/229	孝王曰/200
戶十五萬四千三百八十七/106	戶二十九萬六千二百八十四/80	渾彌/172	秅/94
		弘農/69	厚丘/119
戶十五萬四千八百二十六/111	戶二十九萬二(十)五/94	弘農郡/69	侯國二百四十一/194
	戶二十六萬八千二百七十九/133	鴻門/157	後六世爲楚所滅/232
戶十五萬五十二/92		紅陽/87	後三年/211
戶十五萬五千九百五十一/99	戶二十六萬八千二百八十三/121	華/110	候城/168
		華麗/172	後世寖弱矣/224
戶十五萬八千六百四十三/140	戶二十萬一千七百七十四/102	華陽/34	後世徙吏二千石/200
		華容/89	後世謂之虜/232

後受禪於虞/46　　後五世至嚴王/229　　壽夢盛大稱王/232　　休屠/147
後十四世/221　　後用范蠡大夫種計/235　後二十世/235　　黑水/36
後十世/235　　　後有非子/200　　　候井/182　　　　黑水惟梁州/34
後十餘世/229　　後有宋玉唐勒之屬　　後卒降趙/214　　訖於孝平/194
後十餘世至熊達/229　　慕而述之/232　　後秦滅濮陽/227　　興伯名於諸侯/232
緱氏/77　　　　後有王褒嚴遵揚雄之徒/201　後秦又擊楚/232　　意爲商賈/207
昫衍/153　　　　厚遺黃支王/236　　後稍頗止/217
後五世爲楚所滅/235　後二世而荊蠻之吳子　後八世/200

한서구혁지 원문자구색인(原文字句索引)

[ㄱ]

可各順從其性/272
可空此地/272
可令畝十石/246
可復浚以助大河泄暴水/257
可案圖書/254
可以上繼禹功/273
可以省隄防備塞/254
可鑴廣之/261
歌之曰/250
可且勿塞/262
可且勿浚/257
各萬餘頃/249
各以自利/266
諫大夫乘馬延年雜作/259
間百餘里以車轉/246
疆理土地/266
疆塞之未必應天/244
江河滿溢/262
江河之決皆天事/244
皆可豫見/273
皆可以行船漕/246
開大河上領/254
漑舄鹵之地四萬餘頃/242
漑田四千五百餘頃/250
蓋隄防之作/266
皆穿渠爲漑田/249
開通大河/261
渠不利/244
擧甾爲雲/250
渠成而用注填閼之水/242
渠通利/255
渠頗通/246
乾封少雨/248
搴長茭兮湛美玉/248

激使東北/266
激使東抵東郡平剛/266
遣大司農非調/257
遣行視/257
決渠爲雨/250
決黎陽遮害亭/266
決溢有敗/270
決漳水兮灌鄴旁/241
決之使道/266
決處遂大/273
決河灌其都/273
更開空/273
頃所以闊無大害者/257
涇水一石/250
競言便巧不可用/262
徑易遭/244
更爲杭稻/270
更底柱之艱/244
經中國/254
計定然後擧事/273
計出地上五尺所/269
故大隄去河遠者數十里/266
故道多阪回遠/246
故道河自積石/239
故名曰龍首渠/246
故備論其事/273
高四五丈/269
故使河流遲/272
古說九河之名/261
故曰善爲川者/266
故謂之上策/267
故謂之中策/270
故爲通溝瀆/250
故因其自然/254
古人有言/273
故一日之間/262
高一丈/269

古者立國居民/266
高田五倍/270
故種禾麥/270
故盡河堧棄地/244
故鑿龍門/266
故穿九河/257
穀從渭上/244
空居與行役/273
公卿皆從商言/262
恐其慮害不深/259
恐難改更/254
功無已時兮吾山平/248
功費約省/257
恐水盛/254
功施平三代/239
恐議者疑河大川難禁制/269
孔子曰/273
過家不入門/239
過洚水/239
郭昌發卒數萬人塞
  瓠子決河/248
館陶東北四五郡雖
  時小被水害/254
寬緩而不迫/266
觀地形/254
灌縣邑三十一/261
光祿大夫郭昌使行河/254
廣深與大河等/254
壞黎陽南郭門/269
壞敗官亭室廬且四萬所/257
蛟龍騁兮放遠游/248
校尉延世隄防三旬立塞/257
溝渠甚多/239
九萬七千餘口/257
久不反兮水維緩/248
久之河東渠田廢/244
九川旣疏/239

九澤旣陂/239
九河之地已爲海所漸矣/273
國之利害/273
郡分水爲界/257
歸舊川兮神哉沛/248
近起戰國/266
近黎陽南故大金隄/266
近四百里/246
近察秦漢以來/272
今可決平原金隄間/261
今可從淇口以東爲石隄/269
今漑田之/244
今據堅地作石隄/269
今見在成平東光隔界中/261
今潰溢橫流/262
今其曲勢復邪直貝丘/257
今旣減難明/257
今內史稻田租挈重/250
今獨任延世/259
今屯氏河塞/257
今瀕河十郡治隄歲
  費且萬萬/266
今瀕隄吏卒數千人/270
今西方諸郡/272
今吾臣皆如西門豹
  之爲人臣也/241
禁以爲/261
今因其自決/262
今隄陜者去水數百步/266
今穿襄斜道少阪/246
今河雖數移徙/262
今河溢之害數倍於
  前決平原時/261
今行上策/266
及其大決/266
及盟津雒內/239
豈其與水爭咫尺之地哉/267

其南北不過百八十里者/272
其泥數斗/250
其大略異者/272
其明年/248
其奉邑食邾/244
豈不遽止/266
其西因山足高地/270
其水門但用木與土耳/269
莽月自定/266
其議減/250
其以延世爲光祿大夫/257
其以五年爲河平元年/257
冀州渠首盡當卬此水門/269
其地堅矣/269
其地形下而土疏惡/272
其處易浚/257
其後三十六歲/244
其後嚴熊言/246
其後人有上書/246
其後漕稍多/244
其後韓聞秦之好興事/241

[ㄴ]

難以行平地/239
難者將曰/269
難者將曰若此如/266
南決病十餘郡/257
南七十餘里/269
乃各更穿渠/255
乃醣二渠以引其河/239
乃無水災/273
乃使水工鄭國間說秦/241
內亦數重/266
乃有金隄/269
乃作歌曰/248
來春桃華水盛/259
鹵不生穀/270
勞費無已/270
能度功用/257
能商功利/259
泥行乘毳/239

[ㄷ]

多聞而志之/273
多張水門/269
但崇空語/273
但爲東方一隄/269
但爲四五/272
湛溺自其宜也/266
湛白馬玉璧/248
當稍自成川/262
大九圍/257
大司空掾王橫言/272
大司馬史長安張戎言/272
大水時至漂沒/266
待詔賈讓奏言/266
大川無防/266
大便利/244
度可得穀二百萬石以上/244
度可得五千頃/244
度可令三月罷/244
悼功之不成/248
道果便近/246
度六月罷/244
道里便宜/257
圖方略/261
度水勢所不及/266
盜賊將生/259
跳出沙土/262
獨一川兼受數河之任/257
東郡白馬故大隄亦
    復數重/266
東郡左右/272
東郡河決/257
東潰金隄/242
東南注鉅野/244
同當衣食/273
東薄金隄/266
東方則通溝江淮之間/239
東北經魏郡淸河信
    都勃海入海/254
東北風/273
同爲迎河/239

東注洛/241
東注之海/254
東至山領十餘里間/246
東下底柱/239
東海引鉅定/249
杜欽說大將軍王鳳/259
屯氏河不流行七十餘年/257
得美田且二十餘萬頃/261
得有所休息/266

[ㅁ]

莫有應書/266
莫著於四瀆/273
萬世大利/254
滿昌師丹等數言百
    姓可哀/262
名山川原甚衆/250
名曰宣防/248
明天道有因而作也/262
木皆立枯/270
毋復灌漑/272
無水災/248
無施行者/273
無益於事/259
無溢決之害矣/272
無凶年/242
聞禹治河時/272
勿使失時/250
勿以爲官亭民室而已/272
未易以人力彊塞/244
微禹之功/273
尾入櫟陽/250
民歌之曰/241
民皆居其間/266
民皆引渭山川水漑田/272
民居金隄東/266
民耕田之/266
民芟牧其中耳/244
民今起廬舍其中/266
民得其饒/250
民常罷於救水/270

民人流散/259
民田適治/270
民則病淫氣/270

[ㅂ]

迫阨如此/266
反不如焉/259
半失作業/270
發數萬人作褒斜道
    五百餘里/246
發卒數萬人作渠田/244
發卒數萬人穿漕渠/244
勃海地高於韓牧所
    欲穿處/272
旁南山下/244
方數十里/266
方用度不足/257
放河使北入海/266
排水澤而居之/266
拜湯子卬爲漢中守/246
白渠起後/250
白遣焉等作治/259
白博士許商治尙書/257
百三十六歲/250
百姓皆走上山/269
百姓安之/255
百姓怨恨/266
百姓寒心/257
百姓饗其利/239
百餘里間/266
伐買薪石之費歲數千萬/270
凡灌四郡三十二縣/257
泛濫不止兮愁吾人/248
泛溢兗豫/257
凡此數者/273
辟伊闕析底柱/266
竝北山/241
復遣王延世治之/259
覆軍殺將/254
復南合/257
復賜延世黃金百斤/259

한서구혁지 원문자구색인 299

復禹舊迹/248	徙民避水居丘陵/257	先是谷永以爲/262	數逢其害/270
復奏穿渠/250	使西北抵黎陽觀下/266	善爲民者/266	雖非其正/266
本空此地/272	使西北抵魏郡昭陽/266	善爲算/257	雖非聖人法/269
本隨西山下東北去/273	斜水通渭/246	宣帝地節中/254	隨山浚川/239
鳳如欽言/259	使神人各處其所/266	宣之使言/266	雖常於卑下之地/262
不可復補/273	使焉鐫之/261	䚢桑浮兮淮泗滿/248	水尙有所游盪/266
不可勝言也/249	使緣西山足乘高地	城郭所居尤卑下/257	遂成聚落/266
不可以開渠/269	而東北入海/273	聖王興則出圖書/262	水性就下/272
不可漕/246	賜爵關內侯/257	盛以小石/257	數歲河移徙/244
不可許/262	士卒轉輸/254	聖人作事/254	雖時易處/272
不能去/261	使秋水多/266	成帝初/257	數爲敗/239
不得安息/266	事下丞相御史/257	誠卽得水/246	遂引漳水漑鄴/241
不令北曲/255	事下御史大夫張湯/246	盛則放溢/272	水迹難以分明/266
不離此域/262	四海之衆不可誣/266	細民未知其利/250	水適至隄半/269
不博議利害而任一人/259	朔方西河河西酒泉	歲百餘萬石/244	修政以應之/262
不封禪兮安知外/248	皆引river及川谷以	勢不能遠泛濫/266	雖重誅延世/259
不與郡同/250	漑田/249	歲三萬人以上/261	水則開西方高門分河流/270
不豫修治/257	山陵墓路者毀之/266	許商以爲/261	水則爲敗/262
不隱塞也/254	山行則桐/239	歲因以數不登/248	水隤以絶商顔/246
夫土之有川/266	三百餘里/241	歲增隄防/269	水行乘舟/239
不通有三害/270	三歲而通以漕/244	勢必完安/269	水行地上/270
北決病四五郡/257	三十六日/257	所壞敗者牛建始時/259	旬日不霽/257
北曲三所水流之勢皆	相去二百餘里/262	燒蕭條兮噫乎何以御水/248	巡祭山川/248
邪直貝丘縣/254	上古難識/272	小水得入/266	丞相史楊焉言延世受
北多溢決/266	上旣臨河決/248	少水時也/272	焉術以塞/259
北渡回兮迅流難/248	上旣封禪/248	所謂水不潤下/262	是其地勢西北高而
北邊不憂匈奴/254	上乃使汲仁/248	所以備旱也/250	東南下也/254
北載之高地/239	上使汲黯鄭當時興	所以育五穀也/250	是不仁也/241
北行三百餘里/269	人徒塞之/244	所殘無數/266	是不智也/241
分穀水怒/269	相率治渠/270	所在處下/257	是歲勃海清河信都
蚡言於上曰/244	上遣使者處業振贍之/262	少稍自索/272	河水溢溢/261
分爲屯氏河/254	商延年昔明計算/259	孫禁所開者/262	是時東郡燒草/248
汾陰下/244	上曰農天下之本也/250	收皆畝一鍾/242	是時李尋/262
費不過數億萬/273	上以爲然/244, 246	水居地十五萬餘頃/250	是時武安侯田蚡爲丞相/244
備非常/257	上壯之報曰/254	雖高增隄防/257	是時方事匈奴/254
	上切責之/257	首起谷口/250	時有難處/244
	上從其言/261	水湍悍/239	是以久不復塞也/244
[ㅅ]	西南出/273	水道自利/272	是田惡也/241
	西門豹不知用/241	水道浚利/261	時鄭當時爲大司農/244
徙冀州之民當水衝者/266	西門豹爲鄴令/241	雖令通利/257	時至而去/266
史起進曰/241	書奏/254	雖勞不罷/270	薪不屬兮衛人罪/248
使東北抵東郡津北/266	昔大禹治水/266	水留十三日/269	臣循隄上/269
使民得以漑田/269	宣防塞兮萬福來/248	水未踰隄二尺所/269	臣爲韓延數歲之命/242

新絶未久/257
臣竊按視遮害亭西
　十八里/269
失水之迹/262
深論便宜/259
深者四十餘丈/246
深者三丈/257

[ㅇ]

按經義治水/266
岸善崩乃鑿井/246
謁者二人發河南以
　東漕船五稷/257
哀帝初/266
若乃多穿漕渠於冀州地/269
若乃繕完故隄/270
若有渠漑/270
兩船夾載而下之/257
楊焉言/261
兩川分流也/257
魚弗鬱兮柏冬日/248
御史大夫尹忠對方
　略疏闊/257
御史臨淮韓牧/272
於是關中爲沃野/242
於是東郡大興卒塞之/242
於是上以用事萬里沙/248
於是遂止不塞/262
於是禹以爲河所從
　來者高/239
於是爲發卒萬人穿渠/246
於是以史起爲鄴令/241
於是卒塞瓠子/248
於吳則通渠三江五湖/239
於以分(流)殺水力/257
於齊則通菑濟之間/239
於楚西方則通渠漢川/239
於蜀則蜀守李冰離堆/239
億萬之口/250
言異時關東漕粟從渭上/244
言抵蜀從故道/246

言漕從山東西/244
言此兩渠饒也/250
言便宜者甚衆/254
言河出昆侖/254
鄴獨二百畝/241
鄴有賢令兮爲史公/241
與關中無異/244
與群臣飮酒/241
與東山相屬/266
如使不及今冬成/259
與兗州東/257
予越人/244
如有霖雨/257
如此關東長無水災/254
如此數郡種不得下/259
如此漢中穀可致/246
如出數年治之費/266
慮殫爲河殚爲河兮
　地不得寧/248
歷龍門南到華陰/239
亦可以事諸浮食無
　產業民/273
然渠成亦民之利也/242
然其死可立而待也/266
延年計議甚深/254
然莫足數也/239
延世見前塞之易/259
延世與焉必相破壞/259
延世之巧/259
然亦救敗術也/269
然乃大禹之所道也/254
然河災之羨溢/239
然後順天心而圖之/262
然後憂之晚矣/257
令群臣從官自將軍以下
　皆負薪寘決河/248
令吏民勉農/250
靈鳴犢口又益不利/257
靈鳴犢口在淸河東界/257
令少府以爲稍入/244
令水工準高下/254
令入故篤馬河/261
令齊人水工徐伯表/244

令鑿涇水/241
吾其魚乎/273
吾山平兮鉅野溢/248
雍防百川/266
王道廢則竭絶/262
往六七歲/269
王莽時/272, 273
往十餘歲更起隄/266
往十餘歲太守以賦民/266
往往爲井/246
王爲群臣祝曰/241
往者天嘗連雨/273
欲以漑田/241
欲通褒斜道及漕/246
欲罷之無令東伐/241
用漑田/239
用力日寡/257
用事者爭言水利/249
又乾三郡水地/261
又其口所居高/257
又內黃界中有澤/266
雨多水暴至/272
又民利其漑灌/270
禹非不愛民力/257
又省吏卒治隄救水/261
又審如焉言/259
又爲石隄/266
禹堙洪水十三年/239
又地箭時郭昌穿直渠/257
禹之行河水/273
又秦攻魏/273
雲夢之際/239
遠者數里/266
元帝永光五年/255
爲甄豐言/273
爲廬舍/266
爲萬世功/254
魏文侯時/241
魏氏之行田也以百畝/241
爲魚鼈食/270
魏亦發隄去河二十五里/266
爲著外繇六月/259
爲害甚於故/261

鄃居河北/244
有決河深川/266
有徒駭胡蘇鬲津/261
有令名/241
猶未得其饒/246
猶不能離此/272
猶不能爲魏郡/257
猶尙決溢/269
由是言之/269
唯是爲務/239
有餘則用漑/239
惟延世長於計策/257
猶人之有口也/266
猶日月變見於朔望/262
流入濟南千乘/259
有塡淤反壞之害/259
猶兒啼而塞其口/266
猶築垣而居水也/272
流漂二州/257
六月乃成/259
陸行載車/239
陰氣盛則水爲之長/262
邑收入夕/244
宜卻徙完不處/273
宜遣焉及將作大匠許商/259
宜博求能浚川疏河者/266
宜復穿渠東行/257
宜詳考驗/273
衣食京師/250
衣食縣官/273
儗於巴蜀/246
宜有益/272
議者常欲求索九河
　故迹而穿之/262
而渠下民田萬餘頃
　又可得以漑/244
而渠下之民頗得以漑矣/244
以故薪柴少/248
以觀水勢/262
而關中靈軹成國湋
　渠引諸川汝南九
　江引淮/249
而國家數隄塞之/272

以其水絶壞斷也/254	引涇水/250	鄭國在前/250	民能者/266
而道河北行二渠/248	因名曰白渠/250	正道弛兮離常流/248	奏請穿鑿六輔渠/250
而屯氏河絶/255	因名曰鄭國渠/242	定山川之位/266	遵古聖之法/266
以屯氏河通/257	引渭穿渠起長安/244	井下相通行水/246	中國川原以百數/273
而梁楚之地復寧/248	仁智豹未之盡/241	諸渠皆往往股引取之/270	衆庶見王延世蒙重賞/262
而梁楚之地尤甚/248	引河漑汾陰/244	隄潰(二所)/269	中作而覺/241
而令水益湍怒/261	臨晉民願穿洛以漑	隄防不能禁/254	增卑倍薄/270
而望氣用數者亦以爲然/244	重泉以東萬餘頃	齊與趙魏/266	增丈七尺/269
而無隄防壅塞之文/266	故惡地/246	齊人延年上書/254	至今四十餘歲/269
以別九州/239	任土作貢/239	齊地卑下/266	至淇口/269
吏民塞之/269	入于勃海/239	隄稍高/269	至淇水口/269
而不相奸/266	入漳水中/269	諸夏乂安/239	至文侯曾孫襄王時/241
以富魏之河內/241	入至隄下/269	調均錢穀河決所灌之郡/257	至西山頭乃折東/266
而山東從河無限/246	入平原千乘濟南/257	趙魏瀕山/266	支數百歲/270
以相難極/259		漕從南陽入洺入襃/246	池陽谷口/250
而水多湍石/246	**[ㅈ]**	趙中大夫白公/250	至於大陸/239
而兒寬爲左內史/250		足以分別是非/259	至於它往往引其水/239
以業所徙之民/266	自朔以北至徒駭間/261	足以償所開傷民田廬處/261	至于大伾/239
而兗州以南六郡無水憂/254	自塞宣房後/254	足以通渠成水門/270	至元鼎六年/250
而用財力寡/262	自是東/269	卒幷諸侯/242	知而不興/241
以爲可略於禹貢九	自是之後/239, 249	卒使就渠/242	知之次也/273
河處穿之/272	自鄭國渠起/250	卒治河者爲著外繇六月/257	至遮害亭/269
以爲屯氏河盈溢所爲/257	自中山西邸瓠口爲渠/241	終古＝鹵兮生稻粱/241	地稍下/269
而鑿水道九百餘里/244	自徵引洛水至商顔下/246	從東山南頭直南與	至河三百餘里/244
以爲水猥/272	自河決瓠子後二十餘歲/248	故大隄會/266	至海五百餘里/261
以爲汙澤/266	作隄去河二十五里/266	從黎陽北盡魏界/266	直東經東郡界中/255
以爲前河決/259	作之十餘歲/246	終不能洩/257	秦欲殺鄭國/242
而爲之作乃兩便/273	長水校尉平陵關竝言/272	縱不能爲九/272	秦以富彊/242
而爲秦建萬世之功/242	漳水在其旁/241	從斜下渭/246	秦以爲然/242
袤二百里/250	長我禾黍/250	從隄上北望/269	盡地利/250
以益漑鄭國傍高印之田/250	在九州南篤馬河/262	從河上下/261	秩中二千石/257
而益肥關中之地得穀/244	災變自除/262	從河西西北行/266	朕甚嘉之/257
而底柱之東可毋復漕/244	貯淤而稍淺/272	左右內史地/250	徵能治河者以百數/272
以竹落長四丈/257	適至隄足/269	左右游波/266	
以至京師東行/272	典其議/273	晝減夜增/262	**[ㅊ]**
異之大者也/262	塡淤加肥/270	注勃海/254	
以地形有勢/257	田於何所/250	周譜云定王五年河徙/273	此皆前世所排也/266
以通宋鄭陳蔡曹衛	田者不能償種/244	奏言九河今皆寘滅/266	且漑且糞/250
與濟汝淮泗會/239	轉漕舟船之便/270	奏言郡承河下流/257	此開通後/254
而襃水通沔/246	鐫之裁沒水中/261	注渭/250	此渠皆可行舟/239
而下淇園之竹以爲楗/248	井渠之生自此始/246	湊潤上徹/270	此功一立/267
以河爲竟/266	鄭國曰始臣爲間/242	奏請部刺史三輔三	
而河爲宗/273		河弘農太守擧吏	此功壹成/254

此乃人功所造/266
此三利也/270
此三害也/270
此誠富國安民/270
此損漕省卒/244
且水勢各異/259
此臣親所見者也/266
且以大漢方制萬里/267
此最下策也/270
且襃斜材木竹箭之饒/246
遮害亭下河去隄足
　數十步/269
贊曰/273
處勢平夷/262
穿渠引汾漑皮氏/244
穿得龍骨/246
泉流灌寖/250
穿二江成都中/239
千載無患/267
天下常備匈奴而不
　憂百越者/254
輒復壞/244
淸河減損水害/257
淸河都尉馮逡/257
稍去其城郭/266
初元中/269
稍益高於平地/272
稍築室宅/266
築宮其上/248
畜陂澤/250
春夏乾燥/272
出之胡中/254
忠自殺/257
治渠非穿地也/269
治土而防其川/266
治河有上中下策/266
治河卒非受平賈者/259
則更起隄防以自救/266
則今所行非禹之所穿也/273
則百川流行/272
則西泛趙魏趙/266

則鹽鹵下涇/270
則溢決/272
則填淤肥美/266
則還自臨決河/248
浸數百里/273

[ㅌ]

墮斷天地之性/266
它小渠及陂山通道者/249
湯問之/246
泰山下引汶水/249
太始二年/250
擇其善而從之/259
土壤輕脆易傷/257
通渠有三利/270
通九道陂九澤度九山/239
通於神明/254
通於淮泗/244
隤林竹兮揵石菑/248

[ㅍ]

破磶石/266
播爲九河/239
敗官亭民舍四萬餘所/261
敗壞城郭田廬冢墓
　以萬數/266
沛郡桓譚爲司空掾/273
敗亡甚多而煩費/244
便於底柱之漕/246
平當使領河隄/266
平鯀行水/250
蔽不肯見/259
襃絶水至斜/246
蒲坂下/244
暴骨原野之患/254
漂沒陵阜/262
避沫水之害/239

陂障卑下/266
必羨溢/259
必盈溢/257
必有成功/259, 262
必有一是/273
必遭川澤之分/266

[ㅎ]

河決率常於平原/272
河決於瓠子/244
河決而南則緜無水災/244
河決曹衛之域/272
河決淸河靈鳴犢口/255
河高出民屋/269
河公許兮薪不屬/248
河果決於館陶及東
　郡金隄/257
河復決平原/259
河復北決於館陶/254
夏書/239
河西薄大山/266
河水更從故第二曲
　間北可六里/257
河水高於平地/269
河水大盛/269
河水東抵齊隄/266
河水重濁/272
下丞相孔光大司空何武/266
河欲居之/262
河入勃海/272
河再西三東/266
下田十倍/270
河定民安/267
河隄都尉許商奧丞相
　史孫禁共行視/261
下除民疾/273
河隄使者王延世使塞/257
河隄成上日/257
河隄亦成/270

何足法也/241
何足言也/266
河從魏郡以東/266
河從河內北至黎陽
　爲石隄/266
河中國之經瀆/262
河湯湯兮激潺湲/248
旱則開東方下水門
　漑冀州/270
旱則淤絶/262
漢興三十有九年/242
解光亦言/262
海水溢/273
害中國也尤甚/239
行視水勢/269
行疾則自刮除成空
　而稍深/272
滎陽漕渠足以(下)卜之/269
滎陽下引河東南爲鴻溝/239
胡寇侵盜/254
號爲一石水而六斗泥/272
瓠子決兮將奈何/248
浩浩洋洋/248
或久無害/266
鴻嘉四年/261
患底柱隘/261
環之有隄/266
黃金百斤/257
皇謂河公何不仁/248
孝武元光中/244
孝文時河決酸棗/242
後九歲/261
後三歲/257
後十六歲/250
後二歲/259
後河東守番係/244
興功利/254
興利除害/270

시간과 공간을 초월하여 영원한 고전으로 남아질 수 있는
과거속의 유산을 캐내어 메마른 마음밭을 기름지게 가꾸어 줄 수 있는 —

자유문고의 책들

1. 정관정요 오긍 지음 ●576쪽	22. 한문입문 최영주 해역 ●232쪽	43. 손자병법 조일형 해역 ●272쪽
2. 식경 편집부 해역 ●328쪽	23. 열녀전 유향 저/박양숙 역 ●416쪽	44. 사경 김해성 해역 ●288쪽
3. 십팔사략 증선지 지음 ●254쪽	24. 육도삼략 조강환 해역 ●296쪽	45. 예기 상·중·하 지재희 역 ●상448쪽·중416쪽·하427쪽
4. 소학 조형남 해역 ●338쪽	25. 주역참동계 최형주 해역 ●272쪽	46. 이아주소 최형주·이준영 역 ●424쪽
5. 대학 정우영 해역 ●156쪽	26. 한서예문지 이세열 해역 ●328쪽	47. 주례 지재희·이준영 역 ●608쪽
6. 중용 조강환 해역 ●192쪽	27. 대대례 박양숙 해역 ●344쪽	48. 춘추좌전 상·중·하 남기현 해역 ●상664쪽·중666쪽·하672쪽
7. 신음어 여곤 지음 ●256쪽	28. 열자 유평수 해역 ●304쪽	49. 순자 이지한 해역 ●656쪽
8. 논어 김상배 해역 ●376쪽	29. 법언 양웅 저/최형주 역 ●312쪽	50. 악기 이영구 해역 ●312쪽
9. 맹자 전일환 해역 ●464쪽	30. 산해경 최형주 해역 ●408쪽	51. 가범 이영구 해역 ●336쪽
10. 시경 이상진·황송문 역 ●576쪽	31. 고사성어 송기섭 지음 ●304쪽	52. 원본소녀경 최형주 해역 ●322쪽
11. 서경 이상진·김명관 역 ●444쪽	32. 명심보감·격몽요결 박양숙 해역 ●280쪽	53. 상군서 남기현 해역 ●288쪽
12. 주역 양학형·이준영 역 ●496쪽	33. 이향견문록 유재건 엮음/이상진 역 ●상352쪽·하352쪽	54. 황제내경소문 최형주해역 ●상472쪽·중448쪽·하416쪽
13. 노자도덕경 노재욱 해역 ●272쪽	34. 성학십도와 동국십팔선정 이상진 외2인 해역 ●248쪽	55. 황제내경영추 최형주 해역 ●상496쪽·하496쪽
14. 장자 노재욱 편저 ●260쪽	35. 시자 신용철 해역 ●240쪽	56. 의례 지재희·이준영 역 ●671쪽
15. 묵자 박문현·이준영 역 ●552쪽	36. 유몽영 장조 저·박양숙 역 ●240쪽	57. 춘추곡량전 남기현 해역 ●568쪽
16. 효경 박명용·황송문 역 ●232쪽	37. 채근담 박양숙 해역 ●288쪽	58. 춘추공양전 남기현 해역 ●568쪽
17. 한비자 노재욱·조강환 역 ●상532쪽·하512쪽	38. 수신기 간보 저/전병구 역 ●462쪽	59. 춘추번로 남기현 해역 ●568쪽
18. 근사록 정영호 해역 ●424쪽	39. 당의통략 이덕일·이준영 역 ●462쪽	60. 금낭경·청오경 신성은 해역 ●288쪽
19. 포박자 갈홍 저/장영창 역 ●280쪽	40. 거울로 보는 관상 신성은 엮음 ●400쪽	61. 태현경 김태식 해역 ●448쪽
20. 여씨춘추 정영호 해역 ●1기372쪽·8립464쪽·6론240쪽	41. 다경 박양숙 해역 ●240쪽	101. 한자원리해법 김철영 엮음 ●232쪽
21. 고승전 혜교 저/유월탄 역 ●288쪽	42. 음즐록 정우영 해역 ●176쪽	102. 상례와 재례 김창선 지음 ●248쪽

■ 동양학 100권 발간 후원인(가나다 순)

후원회장 : 유태전
후원회운영위원장 : 지재희

김경범. 김관해. 김기홍. 김소형. 김재성. 김종원. 김주혁. 김창선. 김태수. 김태식.
김해성. 김향기. 남기현. 박남수. 박문현. 박양숙. 박종거. 박종성. 백상태. 송기섭.
신성은. 신순원. 신용민. 양태조. 양태하. 오두환. 유재귀. 유평수. 이규환. 이덕일.
이상진. 이석표. 이세열. 이승균. 이승철. 이영구. 이용원. 이원표. 임종문. 임헌영.
전병구. 전일훈. 정갑용. 정인숙. 정찬오. 정철규. 정통규. 조강환. 조응태. 조일형.
조혜자. 최계림. 최형주. 한정곤. 한정주. 황송문

| 인 지 |
| 생 략 |

동양학총서[62]
한서지리지·구혁지(漢書地理志·溝洫志)

초판 1쇄 인쇄 2007년 10월 22일
초판 1쇄 발행 2007년 10월 29일

해역자 : 이용원
펴낸이 : 이준영

회장·유태전
사장 겸 주간·백상태 / 편집·교정·김진호
조판·태광문화 / 인쇄·천광인쇄 / 제본·기성제책 / 유통·문화유통북스
펴낸곳 : 자유문고
서울 영등포구 문래동6가 56-1 미주프라자 B-102호
전화·2637-8988·2676-9759 / FAX·2676-9759
홈페이지 : http://www.jayumungo.co.kr
e-mail : jayumg@hanmail.net
등록·제2-93호(1979. 12. 31)

정가 12,000원

※잘못 만들어진 책은 구입하신 서점에서 바뀌드립니다.

ISBN 978-89-7030-077-1 04150
ISBN 978-89-7030-000-7 (세트)